JN424896

Human Behavior and Social Environment

인간행동과 사회환경

Human Behavior and Social Environment

김재원
박종섭
이지복
공저

양성원

PREFACE

우리 사회에서 사회복지는 이제 대세라고 해도 과언이 아니다. 우리나라 사회복지 예산은 2020년 512.3조원에서 180.5조원으로 총예산에서 35%를 차지하며, 국가 예산 중 가장 많이 편성된 만큼 우리 삶에서 가장 중요하고 생활과도 밀접한 예산이다. 더욱이 2020년은 총선이 있고 그에 따라서 정치인의 공약을 통해서 사회복지는 신문·방송·인터넷 등 모든 언론에서 매 순간마다 볼 수 있는 단어가 되었다. 우리는 자본주의 시대, 즉 물질 만능의 시대에 살고 있다. 또한 AI(인공지능) 알파고의 인간과의 바둑 대국을 보면서 AI를 이용해서 인간의 독창성을 증가시키고 인간의 무한한 잠재력을 발휘하는 것을 똑똑히 목격하였다. IT산업의 발전으로 인터넷에 접속해서 모든 정보를 쉽게 입수하고 편리하게 이용할 수 있지만, 물질문명의 폐해에 쉽게 빠져들 수 있고 인터넷 사이버 영역에서 정신이 혼돈될 수도 있다. 인간이 만든 AI(인공지능)에게 도리어 인간이 뒤처질 수도 있으며, 4차 산업혁명이 도래해서 우리 삶이 어떻게 변화할지 아무도 예상하지 못하고 있다. 그렇지만 어떤 사회, 어떤 세상이 오더라도 인간이 존재하는 한 우리는 함께 더불어 살아가는 삶에서 벗어날 수는 없다. 인간은 창조될 때부터 홀로 살 수 없었다. 함께 살아가는 것은 우리 인간들의 숙명이었다. 인터넷을 통한 가상현실에서 가능하면 사회적 관계를 피하고 혼밥, 혼술 등 홀로 살아가는 모습이 펼쳐지고는 있지만, 인간들은 근본적으로 더불어 살아갈 수밖에 없는 존재이다. 이처럼 오늘날 인간들은 더불어 살면서도 경쟁하면서 삶을 살아간다. 그래서 가치관과 정체성의 혼란과 불안과 불편을 느끼면서 갈등을 생성해 간다. 게다가 우리 사회는 고령화, 저출산, 다문화로 급격한 변화를 겪으면서 각종 사회문제를 양산해 가고 있다.

소득의 양극화, 정신적 위기, 노령화로 인한 사회동력의 저하, 다문화로 인한 정체성 혼란, 우울증, 자살, 소외감, 저출산으로 인한 발전 노동력 상실 등 온갖 사회문제가 이 사회에 쏟아지고 있다. 이러한 문제를 어떻게 해결할 것인가? 정부와 사회가 정책과 제도 개선을 통해서 해결한다면 사회도 변모하고 개인도 변화해서 우리의 삶의 양과 질이 향상되고 개선되어서 행복도와 만족도도 상승될 것이다. 사회복지는 이런 변화를 만들어 갈 수 있는 작은 주춧돌이 될 것이다.

인간행동과 사회환경은 이런 사회를 만들어 보려고 사회복지사를 공부하는 학생들이 우선적으로 공부해야 하는 기본 교과목이다. 사회복지학, 보육학에서 모두 필수과목이다. 이 책에서는 인간행동과 발달에 대한 기반을 형성해 주고 인간행동과 사회환경에 다양한 사회적 작용에 관한 이론을 소개하고자 한다. 인간은 태어나면서부터 성격이 형성되고 가족, 학교, 사회에서 사회적 환경의 영향을 받으며 성장하기 때문에 인간발달 단계에서 인간행동이 사회환경을 통해서 형성해 나가기에 사회 환경과의 상호 교감을 통해서 인간행동을 이해해야 할 것이다. 그것이 바로 사회복지 실천의 중요한 사례가 되고 그 개선과 변화를 위해 노력해야 하는 것이 우리 과제이다. 따라서 표출되고 겉으로 나타난 인간행동 결과의 원인과 인간행동과 환경의 상호작용을 주도면밀하게 파악해보면서 인간행동과 사회환경의 관계성을 밝혀보는 것이 이 책의 주제가 될 것이다.

인간과 사회환경을 다루는 이 책은 총 14장으로 구성되어 있다. 1장은 인간행동의 이해, 2장부터 8장은 인간의 발달단계인 태아기, 영아기, 유아기, 아동기, 청소년기, 청년기, 중년기, 노년기로 구성되고 9장부터 12장까지는 인간행동에 관한 주요 이론인 정신역동이론, 인지이론, 행동주의이론, 인본주의이론을 다루며, 13장에서는 가족과 조직을, 14장에서는 지역사회와 문화에 대해 살펴본다.

좋은 교재를 만들고자 했던 저자들의 열정과 노력에도 불구하고 미흡한 부분이 많다. 이에 대해서는 지속적으로 수정 · 보완을 통해서 사회복지학의 좋은 기본 교재가 될 수 있도록 다듬어 나갈 것을 약속드리며 출간에 도움을 준 모든 분들께 감사의 마음을 전한다.

2020년 3월

저자 일동

CONTENTS

CHAPTER 05 청소년기

CHAPTER 06 청년기

CHAPTER 07 중년기

CHAPTER 08 노년기

CHAPTER 09 정신역동이론

CHAPTER 01

인간행동의 의의

1. 인간행동

삶이란 참으로 개인적이고 인간은 궁극적으로는 이기적인 존재이다. 누구나 삶에 대해서 분명하고 명확하게 답변하기란 사실상 어렵다. 그래서 삶과 앎은 근본적으로 다르다. 삶은 머리로 느끼는 것이다. 그리고 온몸을 던져서 알게 되는 것이다. 삶은 살아보아야 알 수 있다. 그렇지만 다시 돌아가서 살 수 없다는 것이 우리 인간들의 한계이다. 그래서 인간의 삶을 실험이나 시험을 통해서 보는 데는 한계가 있을 수밖에 없다. 삶을 살고 있으면서 삶에 대해 대답하기는 더욱 어렵다. 아는 것과 사는 것은 다르다. 삶은 그대로 말할 수 없다. 체험해 봐야 한다고 한다. 삶의 대상을 분석할 때 우리는 실체를 쉽게 놓치기 쉽다. 구체적으로 파악해야 한다. 우리는 어떻게 사는 것이 잘 사는 것인지 잘 모른다. 인간행동은 개인적인 상황일 뿐만 아니라 사회환경의 구속을 받게 된다. 따라서 인간의 행동을 얼마나 정확하게 이해하고 설명할 수 있느냐 하는 것은 인간행동과 사회환경에 대한 지식과 정보를 가장 기본적인 요건이라고 볼 수 있다. T. S. 엘리엇이 이야기한 대로 살아간다는 것은 오직 문학가에게 질문을 주고 표현할 뿐이다. 고대 인간의 삶을 보면 유목민의 경우와 정착민의 경우에 서로 필요로 하는 것이 다르다. 유목민은 짐승몰이로 살게 되고 정착민은 경작을 통해서 살게 되는 것이다. 그렇지만 유목과 정착 모두 인간관계를 통해서 살게 되는 것은 동일하다. 인간은 더불어서 생활하는 것이 기본이다. 인간은 나약한 존재이다. 인간은 다른 사람과의 관계를 통해서 살아가고 있다. 우리가 살고 있는 현대사회의 특징을 살펴보자.

첫째, 사회가 거대화되고 조직적으로 체계화되어 가고 있다. 거대한 조직세계에서 우리는 자동화된 기계의 부속품처럼 작은 존재로 살아가고 있다.

둘째, 치열한 경쟁사회에서는 효율과 속도가 중요하다. 분초마다 바쁘게 자기를 돌아볼 여유도 없이 자신의 일과에 부단히 쫓기면서 살아간다. 주위 모두가 궁극적으로는 실제적으로 경쟁하고 있고 잠재적으로도 경쟁 대상이 될 것으로 여겨져 같이 살면서도 서로 경계해야 하는 철저하게 냉정한 경쟁의 사회를 달려가고 있는 중이다.

셋째, 따르고 있는 가치관도 서로 다르고, 정치적인 신념도 다르며, 살아가는 스타일도 판이하게 다른 방향으로 향하는 생활양태를 보이고 있고, 좋아하는 음식도 각양각색이고, 취미생활도 그야말로 제각각이고 공통적인 관심사를 드러내면서도 개성을 절대로 배제하지 않는 다양한 삶의 행태를 나타내고 있다.

넷째, 전통적으로 우리가 중요하게 생각했던 정신적 가치는 등한시 되고 있다. 금전, 재물, 권력, 지위 등 물질적인 가치가 절대적인 사회가 되어서 인간적인 측면은 도외시되고 있는 완전히 물질만능의 사회생활 행태로 변화되었다.

다섯째, 첨단 IT기술의 발전으로 휴대폰, 인터넷, 인공지능 등을 이용한 전자통신을 이용한 수단은 사이버 인간관계가 빈번하게 이루어지면서 직접 만나서 이루어지는 대면관계보다 중요성이 강화되는 시대로 변화하고 있다. 현재를 살아가고 있는 인간들은 인간관계가 무엇보다도 중요한 존재로 규정되어가고 있다. 또한 우리 모두가 다른 사람의 도움 없이는 단 하루도 존재할 수 없다. 끊임없이 누군가로부터 도움을 받고 살고 있으며 전문인으로부터 지식과 기술을 배우지 않으면 안 되는 것이 우리의 삶이다.

사람을 통해서 배울 뿐 아니라 인간들과의 관계를 형성하고 구축해가는 것이다. 인간관계를 만들어 가는 그것이 바로 인간행동이다.

2. 인간관계

인간관계는 만남으로부터 시작된다. 마틴 부버는 '온갖 참된 삶은 만남'이라고 이야기했다. 인간은 살아가기 위해서 사람을 만나야 한다. 만남을 통해서 마음에 드는 서로가 상대를 필요로 하고 이것이 인간관계의 기초로 작용을 하게 된다. 한자의 사람 인(人) 자는 사람과 사람 사이를 나타내는 관계를 뜻했다. 다시 말해서 우리는 서로 의지하고 조화를 이루며 살아가는 것이다. 서로를 신뢰하고 긍정해 주며 서로 도움을 받을 수 있는 관계가 되는 것이 삶의 질을 향상시키는 중요한 요소가 된다. 아인슈타인은 인간은 사회적 동물로서 자신의 생명과 자기에게 가장 가까운 사람들의 생명을 보호하려고 노력하며 자기 자신의 욕망을 만족시키고 자기의 본질적 능력을 개발하려고 시도한다고 했다. 개인에게 있어서 삶은 사회생활의 제반조건을 개선하려고 노력하는 데 있다는 것이다. 우리가 만들어 가는 인간관계 그 자체가 바로 우리들의 삶이다. 인간관계는 서로의 만남을 통해서 이루어지는 실천의 관계이다.

인간관계는 심리적인 개념으로 볼 수가 있다. 첫째, 사람과 사람간의 심리적인 관계를 의미한다. 특정한 목적의 개입 없이 사람과 사람 상호 간에 자연스럽게 형성되는 심리적 관계라고 볼 수가 있다. 둘째, 대면 관계라고도 볼 수가 있다. 사람과 사람을 만나는 경우에 관심을 갖고 형성되는 관계이며 상호 관계 라기 보다는 개인의 수준과 정도에 맞는 행동과 관심을 갖는 상황이라고 볼 수가 있다. 셋째, 공동의 목표의식이 있는 동일집단에서 인간 상호 간에 형성되는 바람직한 심리상태를 의미하기도 한다. 집단의 효과를 극대화시키는 뜻으로 이해될 수 있다.

인간관계에 대한 일반적인 개념은 우리에게 필요한 상호 간의 관계를 만들어 가는 것이다. 인간관계는 우리가 가족에서 시작되어서 사회, 학교, 직장으로 그 영역을 넓혀 가면서 원만한 인간관계를 형성하고 접촉을 통해서 우리의 삶이 왕성해질 뿐만 아니라 지침이 되기도 한다.

인간관계의 필요성은 첫째, 사람을 사람답게 만든다. “사람이면 다 사람이냐 사람다워야 사람이지.”하는 말처럼 인간이 인간을 대할 때 관심을 갖고 만나게 되면서 관계가 넓어지고 인간의 삶을 통해서 인간의 특성이 드러나는 것이라고 볼 수 있다. 둘째, 인간관계는 인간을 가치 있게 만든다. 인간관계는 나도 중요한 사람이고 너도 중요한 사람이고 우리 모두가 중요한 사람이라는 데 있다. 언어를 통해서 인간은 대화를 나누고 신념도 나누고 발전해서 사상, 이념으로도 연결된다. 너의 가치를 낮게 평가할 때 나의 가치도 떨어질 수 있는 것이다. 자신과 다른 사람 모두를 중요하게 여기고 가치 있는 존재로 만드는 것 은 서로를 수용하고 바람직한 인간관계를 만드는 데 있다. 셋째, 인간의 정체성은 관계를 통해서 발현된다. 자기에 대한 자신감, 자신에 대한 위치, 자기에 대한 책임성, 자기 정리를 하고 자아정체성이 확립됐을 때 인간관계의 자신감을 나타낸다고 볼 수 있다. 넷째, 인간관계는 사회생활에 가장 중요한 요인이 된다. 바람직한 인간관계를 형성하지 못할 때 사회에 적응을 하지 못하고 직장에서도 적응하지 못하는 삶을 살게 되는 것이다. 다섯째, 인간관계는 우리의 정신건강에도 중요한 요인이 된다. 신체발달에 있어서 신체적 접촉이나 따뜻한 인간관계가 결핍되었을 때 언어발달, 학업, 대인관계에 부적응을 보이고 바람직하게 성장하지 못하는 반사회적이고 비행을 저지르게 되는 경우로 확장되어 나타나게 된다. 긍정적이고 효율적인 인간관계는 정신건강과도 밀접한 관련이 있게 된다. 여섯째, 바람직한 인간관계 형성은 자기실현뿐만 아니라 이 세상 인류의 삶의 발전에도 관련이 있다. 잠재능력을 실현하고자 하는 욕구가 있다. 인간의 내면에는 싫어하거나 좋아하는 욕구가 있다. 내가 다른 사람으로부터 필요한 존재로 인정받고 사랑받고 있다는 느낌이 들 때 인간은 행복을 느끼고 이는 삶의 질에 긍정적인 영향을 미친다. 또한 좋은 인간관계는 자신의 행복과 사회생활에 중요한 영향을 미치게 되는 것이다.

3. 사회복지 실천에서의 인간행동과 사회환경

1) 인간행동과 사회환경

사회복지사가 개인적인 편견에 근거하여 개인의 행동에 대한 가정을 설정하고 이해하는 것은 부적절하다. 사회복지사가 어떤 목적의 사회복지 실천을 하든지 인간은 매우 복잡한 존재이므로 그 실천활동은 항상 합리적이고 논리적인 합당한 근거에서 이성적으로 이루어져야 한다. 이러한 점에서 이론은 유용하다. 이론은 관찰한 현상을 조직하고 이해할 수 있는 준거를 제공하는 논리적 개념체계로서 관찰한 현상의 설명과 예측에 필요한 포괄적이고 단순하며 신뢰성 있는 원칙들을 제시한다. 그러므로 사회복지사는 인간행동에 관한 이론, 사회환경에 관한 이론들을 활용하여 개인의 현재 행동의 이유를 설명하고 환경이 행동에 미치는 영향을 더 잘 이해해야 하며, 적절하고 합리적인 개입 계획을 하고 개입의 결과를 예측할 수 있게 된다. 사회복지 실천의 초기에는 우호적이고, 보호적인 서비스를 제공하되 상황에 따른 개입 기술이 사용되었으나 현재는 사회복지 실천이론에 근거하여 계획적이고 전문적인 서비스를 제공하게 됨으로써 사회복지 실천의 목표, 즉 개인 · 가족 · 집단의 기능 증진이나 기능의 회복이라는 목표의 달성이 가능하게 되었다.

2) 인간행동과 사회복지 실천

사회복지 실천은 문제가 있거나 욕구를 가진 개인 · 가족 · 집단 · 지역사회 등에 대하여 실제적이고 구체적이며 직접적인 서비스를 제공하는 것이다. 제도적 · 정책적인 관점에서 제공하는 사회적 서비스라기보다는 세밀하고 전문적인 시각에서의 사회복지로 규정될 수 있다. 이에 사회복지 실천은 이런 사람들에게 개인적인 능력의 발전이나 주위환경과의 보다 나은 상호작용을 통하여 만족할 수 있도록 개인, 가족, 집단, 직장, 지역사회를 도와주는 전문적인 활동이나 서비스로 규정된다.

사회복지 실천에서 효과적인 서비스를 제공하기 위해서는 서비스의 주된 이용자인 인간에 대한 분석과 이해가 필수적이다. 그리고 사회복지서비스의 전달이라는 사명을 잘 수행하기 위해서는 인간과 분리되어 생각할 수 없는 환경에 주안점을 두어야 한다. 인간은 환경조건에 수동적으로 반응하는 존재가 아니라, 스스로 역동적으로 변화하는 존재이다. 환경조건에 자신을 맞추거나 때론 환경을 자신에게 맞게 수정하거나 변화시키는 능동적인 존재이다. 사회복지 측면에서 인간과 환경은 분리된 실체가 아니라 하나의 통합된 총체로 인식하고 환경 속의 인간이라는 시각에서 인간과 환경 간의 관계와 그 특성을 이해해야 한다.

지금까지 정립된 사회환경과 사회복지 실천의 관계를 살펴보면 다음과 같다(김동배 · 권중돈, 2005).

첫째, 인간이 상호작용하는 다양한 수준의 체계를 동시에 고려하게 되면서 사회복지 실천의 사상과 개입의 영역이 확대되었다. 개입이 필요한 클라이언트의 문제는 상호의존적이고 상호작용적인 체계들과 뒤얽힌 상태에서 발생한다는 점에서 인간과 환경은 하나의 총체로 간주된다. 따라서 사회복지 실천에서의 사정과 개입은 클라이언트에 국한하지 않고 관련 체계의 영향력까지도 분석대상에 포함하게 된 것이다. 예를 들어 가출 청소년이나 미혼모, 노숙자의 문제를 해결하고자 개입할 때 사회복지사는 개인적인 행동에 관심을 둘 뿐만 아니라 그의 가족관계, 친구관계, 이웃이나 지역사회 내에서의 특정 개인이나 집단, 사회복지기관과의 관계를 함께 파악하고 진단하는 것이다.

둘째, 개인이 서비스를 필요로 할 때 생활공간에서 언제든지 서비스를 받을 수 있는 기반을 제공하게 되었다. 사회복지사는 개인이 속한 환경에서 타인들과 성공적으로 상호작용하지 못하거나 자신의 역량을 최대한으로 활용할 수 없는 생활상의 문제에 관심을 갖는다. 이에 사회복지 실천과정에서 어려움을 유발하는 개인, 가족, 직장지역사회 또는 하위문화가 갖는 문제 상황들을 보다 적응적으로 재구조화하려고 노력한다. 개인의 적응뿐 아니라 각 환경체계에서 일상적인 사회관계망의 기능을 강화하려는 노력은 클라이언트가 자신의 생활공간에서 충실한 서비스를 제공받을 수 있도록 해 준다.

CHAPTER 02

태아기 · 영아기

1. 태아기의 발달과 환경

1) 태아기의 발달과정

태아기는 임신 기간을 말한다. 정자와 난자가 결합하여 수태(conception)되는 순간부터 출생하기까지의 시기이다. 임신의 기간은 10개월, 약 280일 정도로 개인에 따라 차이가 있다. 태아는 어머니로부터 영양을 공급받으며 어머니의 건강 및 정서 상태와 외부적 환경으로부터 영향을 받고 자란다. 어머니의 질병, 연령, 분만횟수 및 흡연, 음주, 약물, 환경오염 등은 태아에게 직접적 영향을 미친다. 임신부들이 좋은 환경에서 음악을 듣고 태교를 하는 것도 이러한 외부적 영향 때문이다. 난자와 정자는 각각 23개의 염색체를 가지고 있는데, 정자와 난자의 염색체 배합이 이루어지고 그중 1쌍의 성염색체에 의해 성별이 결정된다.

태아기는 수정에서 출산에 이르기까지의 기간으로 배란기, 배아기, 태아기 등으로 구분해 볼 수 있다.

(1) 배란기

배란기는 정자와 난자가 수정하여 세포분열을 거듭하면서 자궁벽에 착상하기까지 약 2주간의 시기를 말한다. 이 시기에 자궁 내 환경은 태아의 정상적 성장을 위해 변화하며 양막과 양수가 만들어진다. 또한, 태반이 만들어져 태아에게 필요한 산소, 수분, 혈액 등 영양분을 탯줄을 통하여 공급한다.

(2) 배아기

배아기는 수정란이 착상한 후부터 3주에서 8주까지의 기간을 말한다. 이 기간은 인간의 성장 과정 중 가장 빠른 속도로 성장하는 시기이며, 신체의 주요 기관과 조직의 약 95%가 형성된다. 배아기 동안 수정란의 내면은 외배엽, 중배엽, 내배엽으로 분리되어 발달한다. 외배엽은 피부, 머리카락, 손톱, 발톱, 치아, 뇌, 척추, 감각기관, 신경계로 형성되며, 중배엽은 근육, 골격, 순환기관과 피부의 내층을 형성한다. 내배엽은 폐, 간, 췌장. 소화기관, 호흡기관, 갑상샘 등을 형성한다. 이 시기에는 인체의 모든 기관이 빠르게 형성되므로 산모의 특별한 주의가 요구되며, 선천성 기형이 태어날 수 있어 산모의 영양결핍, 약물, 질병 등 부정적 환경은 될 수 있는 대로 피해야 한다.

(3) 태아기

태아기는 수정 후 3개월부터 출산까지의 시기를 말한다. 태아 발달의 마지막 단계로 태아는 빠른 성장을 보이고 배아기 때 형성된 각 기관의 구조가 외형상으로 더욱 정교해지고 기능이 원활해져 인간으로서의 필요한 체계와 기능을 모두 획득한다. 임신 3개월경에는 태아 성별의 구별이 가능하고 팔, 다리, 손, 발의 형태가 나타난다. 4개월 말경이 되면 모체는 태동을 느끼게 된다. 5개월경에는 손톱, 발톱, 머리털이 나기 시작하며, 6개월경에는 눈이 완성되고 심장박동이 뚜렷해지며, 소변을 방출하고 손가락을 빨거나 딸꾹질도 한다. 임신 7개월 이전에 조산하면 생존 가능성이 희박하나 임신 7개월 이후부터는 생존 가능성이 높다. 이때는 근육 신경이나 순환계 조직이 완성되고 단맛, 쓴맛, 신맛, 짠맛 등을 구별할 수 있다.

2) 태아기의 주요발달

(1) 뇌 발달

뇌는 두개골 안에 있고 신경세포가 모여 있어 온몸의 신경을 지배하는 기관이다. 사람의 신경계는 중추신경계와 말초신경계로 이루어져 있다. 중추신경계는 외부·

내부의 감각기로부터 자극을 받아들이고, 받은 자극을 종합하여 분석하고 판단하며, 그에 대한 반응을 명령한다. 뇌의 구조와 기능으로는 기억, 판단, 창조, 감정 등을 담당하는 대뇌가 있고, 신체의 자세와 균형을 유지하는 소뇌가 있다. 간뇌는 체온과 체액의 수분량을 조절하며 중뇌는 눈동자의 활동과 홍채의 이완과 수축을 조절한다. 연수는 뇌줄기 아래에 위치하며 심장박동, 소화운동, 호흡운동을 조절하고 반사운동을 한다. 임신 10주 이후 대뇌피질의 뇌세포가 하루 약 2억 개 만들어지며, 임신 30주까지는 신경섬유가 만들어져 신경세포와의 연락망 역할을 한다.

(2) 태아의 감각기관과 운동발달

임신 20주가 되면 태아의 감각기관이 크게 발달하는데, 사람이 갖추어야 할 신경세포를 모두 갖추고 근육까지 발달한다. 따라서 듣고 맛보는 기능은 물론 몸을 쭉쭉 뻗고, 회전시키거나 손으로 무엇인가를 잡는 시늉을 한다.

신생아에게 어머니의 심장박동 소리를 들려주면 울음을 그치는 실험은 이미 태내에서 소리에 청각적으로 반응한다는 것을 입증하는 것으로, 아이를 안을 때 심장박동 소리가 가장 크게 들리는 왼쪽 가슴에 안는 것은 이런 사실을 뒷받침한다. 자궁 속에 사카린을 주사하면 태아가 양수를 더 많이 들이마신다거나 갓 태어난 신생아가 키니네를 탄 물보다는 설탕을 탄 물을 더 마시는 것은 맛에 대한 미각을 갖고 있다는 것을 말해 준다(도미향 외 공저, 2015).

2. 태아의 발달에 영향을 미치는 요인

태내 발달에 영향을 미치는 요인은 여러 가지가 있다. 산모에 의한 내부적 영향과 외부환경으로부터의 영향 그리고 유전적 요인의 영향이 대표적이다. 태아에 이상이 생기면 자연유산되기도 하지만 때로는 기형으로 태어나기도 한다. 그러므로 인위적으로 가능한 것은 최대한 예방하는 노력이 필요하다.

1) 모체 영향

(1) 산모의 연령 및 출산횟수

산모의 나이가 많을수록 난산, 임신 중독증, 미숙아 출산, 자연유산의 확률도 높아진다. 특히 35세 이상의 노산일 경우 다운증후군(Down Syndrome) 비율이 높아진다. 다운증후군은 여성호르몬인 에스트로겐의 수준과 관련이 있다. 에스트로겐 수준은 20~35세 사이에 절정을 이루며, 호르몬 부족은 21번 염색체의 이상을 초래한다. 따라서 노산뿐만 아니라 임산부의 나이가 20세 이하인 경우에도 자궁의 미성숙이나 호르몬 분비로 인해 조산아나 다운증후군의 아이를 출산할 가능성이 높다(정옥분, 2013). 출산횟수와 관련해서응 첫 아이보다 둘째 아이부터가 훨씬 수월하고 출산 결함이나 기형의 발생 빈도도 낮은 경향이 있다.

(2) 산모의 질병

임신 기간 중 산모의 질병은 태아에게 치명적인 결함을 유발할 수 있다. 그 가운데 풍진(rubella)은 아주 가볍게 앓았다 하더라도 태아에게 시각장애, 심장질환, 청각장애, 지적장애 등을 일으킬 확률이 아주 높다. 풍진은 임신 3개월까지가 가장 위험하며 이 시기에 산모가 풍진에 걸렸다면 결함을 가진 아이가 태어날 확률은 60~85% 정도이다. 산모가 임질이나 매독 등 성인병에 걸린 경우, 감염된 태아의 30%는 출산 이전에 사망하며, 기형아 출산이나 시각장애를 초래하기도 한다. 산모가 후천성 면역결핍증(AIDS)에 걸렸을 경우 출산과정이나 태반을 통해서 태아에게 감염된다. 태아는 비정상적으로 작은 두개골과 얼굴기형을 보이게 되며, 미숙아로 태어날 가능성이 높다.

그 외에도 개나 고양이의 진드기나 기생충에 의해 감염되는 톡스플라즈마병(toxoplasmosis)은 태아의 눈과 뇌에 심각한 결함을 유발할 수 있다. 따라서 산모는 동물과의 접촉을 피하고 살균제를 쓰거나 고기는 항상 익혀서 먹는 것이 좋다. 또한 B형 간염이나 당뇨병도 태아에게 영향을 미친다. 심지어 감기도 유산이나 신체기형을 유발할 수 있으므로 특별히 건강관리에 유의해야 한다.

(3) 영양

임신 중 산모의 영양은 태아에게 중요하다. 산모가 영양을 충분히 섭취하지 못했을 경우, 유산하거나 저체중아를 출산할 수도 있다. 태아의 정상적 발육을 위해서나 산모의 건강을 위해서 평상시보다 많은 양의 영양분을 섭취해야 한다. 하루 섭취량은 평상시보다 15~30% 많은 정도가 적당하다. 특히 단백질과 철분을 많이 섭취해야 하는데, 철분은 적혈구를 만드는 데 필수 영양소이며, 태아는 모체를 통해서 철분을 흡수하여 자신의 혈액을 만들기 시작하므로 특히 많이 필요하다. 이 외에도 무기질과 여러 가지 비타민의 섭취가 중요하다.

산모가 충분한 영양공급을 받지 못해 영양실조에 걸렸다면, 태아는 심각한 중추신경계 장애를 보이거나 신체적 기형이 될 가능성이 높다.

(4) 음주

흡연과 음주가 태아에게 좋지 않은 영향을 끼친다는 사실은 이미 널리 알려져 있다.

태아는 알코올 분해능력이 성인의 절반 정도에도 미치지 못한다. 알코올은 가장 빠른 속도로 태반에 전달되며 장시간 영향을 미친다. 특히 임부가 알코올 중독인 경우 태아도 알코올 중독증(fatal alcohol syndrome)을 보이게 된다. 그들은 두 가지의 특성을 보인다.

첫째, 중앙 신경계통의 미성숙으로 인해 지적 발달이 원만히 이루어지지 못하고 성격이 불안정하다.

둘째, 성장에 장애를 보여서 출생 시 몸무게와 키가 평균치에 미달한다.

(5) 흡연

흡연은 음주와 마찬가지로 태아에게 좋지 않은 영향을 미친다. 어머니 태반을 통해 전달될 수 있는 산소와 영양분을 줄일 뿐만 아니라 담배 속의 니코틴이 축적되고 혈액 속의 일산화탄소가 헤모글로빈의 양을 급격하게 증가시킨다. 이는 태아에게 공급되는 산소의 양을 급격히 줄어들게 하여 저체중아를 출산할 가능성이 높아진다.

연구에 따르면, 흡연 여성의 저체중아 출산 비율은 비흡연 여성의 2배나 높은 것으로 나타났다. 태아에게 산소가 부족하면 질식하고 세포가 파괴될 수 있다. 임신 기간에 여성이 흡연을 피할 수 있다면 저체중아 출산을 20% 정도 줄일 수 있다고 한다.

직접적 흡연뿐만 아니라 간접적 흡연도 태아에게 영향을 미칠 수 있다. 영국에서는 흡연하는 어머니에게서 태어난 어린이 수천 명을 11살까지 종단 연구한 결과, 신체적 장애와 지적장애가 뚜렷이 나타났고, 읽기나 수학에 뒤처졌을 뿐만 아니라 사회 적응력도 부족한 것으로 밝혀졌다(조복희 외, 2015).

(6) 스트레스

임신 중 스트레스는 태내 발달에 심각한 영향을 주는데, 부정적 정서를 경험할 때 만들어지는 아드레날린은 자궁으로 유입되는 혈류를 제한시키고 산소가 태아에게 공급되는 것도 방해한다(Relied, 2001).

출산과정에서도 스트레스를 받는 경우 조산이나 난산을 할 가능성이 커지는데, 오랜 시간 분만과정을 통해서 태어난 아기는 적응력이 떨어지기 쉽다. 스트레스는 가정불화나 갑작스러운 주변 인물의 사고나 원치 않는 임신일 경우와도 관련되어 일어나며 태아에게도 영향이 크다.

2) 외부 영향

(1) 약물복용

임신 기간에 취하는 약물은 태반을 통하여 그대로 태아에게 전달되어 위험하다. 임신 사실을 모르고 피임약을 복용한 경우 염색체 이상이 나타났으며, 경구용 피임약이나 질 좌약도 정자에 영향을 줌으로써 불임을 초래할 수 있다. 이러한 피임약을 계속 사용할 경우 유산이나 출산 경험을 일으킬 수 있다. 또한 아스피린(aspirin)은 해열과 소염에는 탁월한 기능이 있으나 이를 섭취한 임산부는 주의력 결핍이나 저지능 아이를 출산하거나 유산할 가능성이 높다.

특히 마약류인 헤로인(heroine), 마리화나(marijuana), 코카인(cocaine)은 발달지체나 기형의 위험을 높인다. 또한 우리가 항상 가까이하는 커피를 줄이는 것도 위험을 예방하는 한 방법이다. 카페인(Caffeine) 섭취를 줄이면 저체중아 출산이나 자연유산을 줄일 수 있다는 보고도 있다.

약물복용의 극단적 사례는, 1960년대 유럽에서 팔다리가 없거나 몸체에 붙은 기형아 출생이 임신 초기 신경안정제인 탈리도마이드(thalidomide)를 복용한 결과로 밝혀진 것이다. 임신 시기에 따라 복용의 결과가 다르게 나타났는데 여러 형태의 기형아로 태어났다.

임신 기간 중의 약물복용은 태아에게 치명적인 결과를 초래할 수 있다. 그러므로 예비 모는 임신 가능성을 항상 열어두고 감기약, 마약류, 다량의 카페인 섭취를 주의할 필요가 있다.

(2) 방사선과 환경오염물질

방사선은 태아에게 큰 영향을 미친다. X선 검사를 여러 번 하거나 방사선에 과다 노출될 경우 유산 가능성이 높다. 제2차 세계대전에서 일본 히로시마에 원자폭탄이 투하된 후 방사선에 노출된 어머니들에게서 많은 기형아나 지적장애아가 태어난 것으로 보고되었다. 핵폭발 사고가 있었던 우크라이나의 체르노빌 지역에서는 팔다리가 없는 기형아가 태어나기도 했다.

또한 우리가 마시고 먹는 공기나 음식물에도 오염물질이 들어 있다. 몇 해 전 일본이 쓰나미 피해로 원자로가 노출되어 바다가 오염되었다. 그 오염된 바다의 생선이 우리의 밥상에 올라올지 모른다. 그뿐 아니라 각종 농산물에는 살충제가 뿌려지고 있으며, 모기와 파리의 퇴치를 위해서도 오염물질인 살충제가 뿌려진다.

이 외에도 가정에서 사용하는 수도관 속 중금속이나 페인트 등의 오염도 무시할 수 없다. 크고 작은 환경오염에 얼마나 노출되었는가에 따라 그 위험의 정도는 차이가 있겠지만 될 수 있는 한 오염물질의 사용을 자제하고 가까이하지 않는 것이 좋다. 특히 임산부에게는 잠시의 노출이라도 태아에게 직접 전달될 수 있어 각별한 주의를 기울여야 한다.

(3) 정서상태

임신 중 산모가 안정된 정서 상태를 유지하는 것은 태아에게 매우 중요하다. 예로부터 우리나라는 임산부가 정서적, 심리적, 신체적으로 안정을 취하고 좋은 음식을 섭취하며 태교를 해왔다. 태아를 하나의 생명체로 여기고 일찍부터 교육을 하는 것은 좋은 관습 중의 하나다. 어머니의 정서적 스트레스는 자율신경계에 영향을 미쳐 부신 호르몬을 촉진하게 되고 태아에게 나쁜 영향을 미친다. 태아는 어머니가 받는 스트레스의 영향으로 혈액량이 감소하고 산소나 영양공급의 부족을 느끼게 된다. 정서적으로 불안한 어머니에게서 태어난 아이는 과잉행동을 보이고, 성급한 성격적 특성이 있으며, 소화기 장애를 보이는 것으로 나타났다(Omer & Evenly). 태아와 임부는 신경조직과 내분비 조직이 연결되어 산모의 정서가 그대로 태아에게 전달되기 때문에 가족 모두가 협력하여 평안함 속에서 태교할 수 있도록 노력하는 것이 중요하다.

3) 유전

(1) 유전자 이상 장애

부모는 염색체를 통하여 태아에게 유전정보를 전달한다. 염색체의 특정 부위에 어떤 유전적 특성에 있어 서로 다르게 나타나게 하는 유전인자가 위치하는데, 이것이 대립유전자이다. 대립유전자는 우성과 열성이 있는데, 검은 머리카락은 우성이고 갈색 머리카락은 열성이다.

선천적 장애는 유전인자가 우성이냐 열성이냐에 따라 결정된다. 우리가 알ㄱ 있는 색맹과 근시, 선천적 청각장애 등은 열성인자이다. 지적장애와 혈우병도 열성인자이다. 한편 헌팅턴병(Huntington's chorea)과 같은 우성인자도 있다. 무도증, 정신장애, 치매가 주요한 증상이며, 신경계가 손상됨에 따라 우울증, 환각, 망상과 같은 정신장애와 치매가 나타난다(신명희 외, 2013).

(2) 공유성 유전

공유성 유전이란 부모로부터 물려받은 유전인자가 우성과 열성에 대한 구별이 없이 두 유전인자가 합해져서 혼합형으로 나타나는 경우를 말한다. 예를 들면, A형 부모와 B형 부모로부터 물려받은 혈액형이 우열이 없이 두 특징이 공존하여 자녀에게서 AB형으로 나타나는 것이다.

(3) 반성유전

반성유전(sex-linked inheritance)이란 X염색체에 있는 열성 유전인자에 의해 결정되는 유전을 말한다. 이것은 성염색체에 있는 유전 현상으로 주로 성과 관련하여 문제가 나타난다. 즉, 적색과 녹색을 구별하지 못하는 색맹이 대표적인 예이며, 혈액이 응고되지 않는 혈우병이나 망막의 능력이 감퇴하여 밤에는 사물을 식별하지 못하는 야맹증도 여기에 해당한다.

여성의 성염색체는 XX이고, 남성의 성염색체는 XY인데 남성의 X염색체가 색맹의 열성인자를 갖고 있다면, 이 남성은 색맹의 가능성이 높게 된다. 하지만 여성은 하나의 X염색체가 색맹 유전자를 갖고 있다 하여도 나머지 하나가 우성인 X염색체가 있기 때문에 색맹이 되지 않는다.

(4) 다인자 유전

인간의 특성은 하나의 유전인자에 의해서만 결정되는 것이 아니라 여러 쌍의 대립유전자에 의해 영향을 받게 되는데 이것을 다인자 유전(polygenic inheritance)이라 한다. 사람마다 신장, 체중, 지능, 피부색, 성격 등이 다른 것은 여러 유전자의 위치나 다양한 크기에 의해 영향을 받는다는 것을 의미한다.

3. 태아기와 사회복지 실천

1) 유전적 결함

유전자 이상 장애는 대부분 열성유전자에 의해 발생한다. 페닐케톤요증(Phenylketonuria : PKU)은 열성 유전인자에 의한 유전병 중 하나로 지적장애와 운동신경 장애를 유발한다. 성염색체 이상 장애로 다운증후군(Down's syndrome)이 있는데, 21번 염색체의 이상으로 생겨난다. 다운증후군은 특이한 용모와 저지능을 가진다. 또한 남성에게만 발생하는 클라인펠터 증후군(Klinefelter syndrome)은 성염색체가 XXY로, X염색체가 2개일 때 나타난다. 이 증후군의 남아는 골반이 넓고, 사춘기에 유방이 돌출되는 등 여성의 2차 성징을 보이며, 고환이 미성숙하여 생식할 수 없다. 반면 터너 증후군(Turner syndrome)은 여아에게 생기는 성염색체 이상으로 사춘기의 2차 성적 발달이 이루어지지 않으며 임신을 할 수 없다.

2) 태아기와 사회복지 실천

태아기의 문제는 생리적이고 의학적인 문제로 사회복지 실천의 가장 작은 영역을 차지한다. 하지만 사회복지사들은 다음 몇 가지 사항에 관심을 기울여야 한다.

첫째, 불임부부의 문제이다. 결혼한 부부들이 불임으로 어려움을 겪는 경우 부부 간의 갈등이나 배우자의 외유 등으로 결국 이혼이나 가족해체로 이어질 수도 있다.

둘째, 임산부의 건강문제와 선천성 장애아 발생의 예방이다.

셋째, 계획에 없던 임신이나 성폭력에 의한 임신 등 원하지 않는 임신의 문제이다.

넷째, 직업여성의 가사분담 등 가족 역할의 재조정 문제이다. 직업여성이 과중한 업무와 스트레스로 태아발달에 부정적 영향을 미칠 경우 가정과 직장을 병행할 수 있도록 원조하여야 한다. 따라서 사회복지사는 임산부의 환경과 상황에 적절히 대처할 수 있는 전문능력을 갖추어야 한다(신종우 외, 2015).

4. 영아기의 발달과정

1) 영아기의 신체발달

(1) 신체적 특징

영아기는 신체적으로 발달이 급속하게 이루어진다. 인간은 일생에 두 번의 성장급등기를 겪는데 제1급등기가 영아기이다. 영아기에는 신체적 성장뿐만 아니라 뇌와 신경계의 발달이 급증한다. 즉 신체의 비율, 근육, 골격, 치아와 신경계, 뇌의 구조와 기능, 생리적 기능이 발달하게 된다.

가. 신체 및 체중 비율 발달

신체 및 체중 비율의 변화를 보면, 영아는 출생 후부터 빨기, 삼키기, 뒤집기, 앉기, 걷기 등 급격한 성장이 이루어지며 그 행동반경을 넓혀간다. 신장은 출생 때 약 50cm 정도에서 매월 2~3cm씩 자라며 2세경에는 약 85cm 정도 자라서 성인 키의 1/2 정도 수준이 된다. 체중은 약 3.4kg(남아) 3.2kg(여아)에서 만 2세가 되면 12kg이 되어 성인 체중의 약 20% 정도로 성장한다.

나. 골격의 발달

영아기의 뼈는 성인의 수보다 적으며 매우 약하고 부드러워 휘어지기 쉽다. 그 후 사춘기가 되면 뼈의 수도 증가하고 단단해져 경화(硬化) 현상이 나타난다.

골격발달은 두미 방향의 발달원리에 따라 두개골이 가장 먼저 발달하고 몸통, 발,

다리로 점차 경화되며 사춘기까지 계속 발달한다. 영아기의 근육발달도 두미발달의 원리에 따라 머리와 목 부분이 먼저 발달하고 이후 몸통, 팔, 다리 순으로 발달한다. 바닥에 엎어져 있던 영아가 맨 먼저 고개를 들고, 팔다리의 근육을 활용하며, 다리의 근육을 사용하여 걸음마를 하는 것이다.

다. 뇌와 신경계의 발달

영아기는 뇌의 발달이 급속한 시기이다. 뇌는 뇌간(brainstem), 변연계(limbic system), 대뇌피질(cerebral cortex) 등으로 이루어져 있는데, 뇌간은 두뇌 중 가장 먼저 발달하는 부위로 생존기능인 숨쉬기, 동공반사를 담당한다. 변연계는 뇌의 가운데 부분을 차지하며 본능적 욕구인 성욕, 식욕, 감정과 감성을 다룬다. 대뇌피질은 전체 뇌의 약 80%를 차지하며 언어 및 사고를 담당한다. 즉 지각, 언어, 학습, 사고와 같은 인간의 지적 기능에 결정적인 역할을 한다.

또한 대뇌피질은 엽(lobe)이라는 네 가지 기능을 담당하는 영역으로 구분되어 있다. 전두엽(frontal lobe)은 운동 및 사고, 정서기능을 관장하고, 후두엽(occipital lobe)은 시각을, 측두엽(temporal lobe)은 감정 조절 및 청각을, 그리고 두정엽(parietal lobe)은 신체 감각에 대한 정보 처리를 관장한다. 예를 들어, 영아가 고양이를 접하면 고양이의 모습은 후두엽에서 인지하고, '야옹'하며 우는 고양이의 울음소리는 측두엽에서 인지하게 된다.

(2) 운동기능의 발달

가. 신생아의 반사운동

영아기 때인 신생아는 다른 신체 부분과 비교하면 머리가 커서 목을 잘 가누지 못한다. 신생아는 반사운동에서 차츰 스스로 목을 들고 목 가누기를 하며, 이어서 뒤집기, 앉기, 기기, 걷기 등 자발적이고 의지적인 운동을 하기 시작한다. 신생아의 반사운동은 생존을 위한 필수적인 반응이기도 하다.

신생아의 반사운동에는 손에 닿는 물건은 무엇이든 입으로 가져가 빨려고 하는 빨기반사(sucking reflex), 입 주위에 어떤 자극을 주면 그쪽으로 얼굴을 돌려 입을 벌리는 근원반사(rooting reflex), 손가락을 손바닥에 대면 손을 꼭 쥐는 파악 반사(grasping reflex), 신생아를 들어 발을 땅에 닿게 하면 걸어가듯 번갈아 발을 떼는 걷기 반사(stepping reflex), 발바닥을 간질이면 발가락을 부채처럼 쫙 펴는 모양을 보이는 바빈스키반사(Babinski reflex), 갑작스러운 큰 소리에 활 모양으로 팔을 벌려 무엇인가를 잡으려 하는 모로 반사(Moro reflex) 등이 있다(도미향 외 공저, 2015).

나. 대근육 운동

영아의 운동능력은 대근육 운동과 소근육 운동으로 구분되는데, 신체기능에 따라 각각 개인차를 보인다. 대근육 운동을 살펴보면 생후 6주경이면 턱을 들고 5~6개월경에는 뒤집기를 할 수 있으며, 7개월경에는 혼자 앉기가 가능하다. 7~9개월경이면 기어 다닐 수 있고 12개월경에는 걷기도 가능해진다. 18~24개월에는 계단 오르내리기나 뜀뛰기도 가능하고 자전거도 탈 수 있다.

팔이나 다리 등 큰 근육을 사용하는 것이 큰 근육운동인데, 신생아에게는 큰 근육을 발달시킬 수 있는 다양한 경험을 제공해 주어야 한다. 예를 들어, 생후 1년간은 걷기 등을 통해 독립심을 길러주고, 칭찬을 통하여 자긍심을 심어주고, 생후 2년 동안에는 운동기술에 숙달하도록 걷고, 달리고, 공놀이 등을 하면서 친구들과 잘 적응하는 능력을 길러 주어야 한다.

다. 소근육 운동

소근육 운동은 손가락으로 숟가락을 쥐거나 연필을 쥐는 등 미세한 조정을 할 수 있는 동작을 하는 것이다. 영아가 물건을 잡기 위해서는 눈과 손의 협응이 중요하다. 처음에는 보이는 물건과 손의 동작이 달라 허공을 휘젓게 된다. 그러나 곧 물체를 향하여 몸을 돌리고 손을 뻗어 손가락을 사용하여 물체를 잡게 된다. 신생아는 움켜쥐려는 잡기 반사능력은 있지만, 손을 뻗어 물체에 정확히 닿아 움켜쥐는 통제능력은 부족하다. 물체를 잡으려면 적어도 6개월에서 1년은 되어야 한다. 처음 물체를 잡기 위해서는 손바닥 전체를 사용해야 하지만, 10개월 정도 되면 엄지와 집게손가락을 사용하여 물체를 잡을 수 있을 정도로 발달한다.

2) 인지 · 언어발달

(1) 인지발달

가. 감각 · 지각발달

피아제(Piaget)는 인지발달단계에서 영아기를 감각운동기(sensorymotor stage)라고 하였다. 즉, 인지란 감각기능을 통해서 사물을 지각하고, 지각한 정보를 기억해 두었다가 변화하는 환경에 대해 반응하고 끊임없이 적응해 나가는 과정을 말한다. 지각(percepition)이란 감각기능을 통해서 들어온 자극을 해석하고 조직하는 과정으로 지각에 기초가 되는 감각기능의 발달에는 오감이 있다.

첫째, 시각의 발달이다.

신생아의 시력은 아직 미성숙 단계로 가시거리가 20~38cm에 불과하다. 생후 1년이 되어야 비로소 1.0 정도의 시력이 되며, 특정 색을 선호하는 성향이 있으나 특히 녹색과 적색 두 가지를 구별할 수 있다. 형태지각으로는 친숙한 얼굴을 더 잘 알아보고 기억하며, 이목구비가 뚜렷한 매력적인 얼굴을 더 선호한다(Rubenstein, karakainis, & Langlois, 1999). 영아가 절벽과 같은 위험요소를 피할 수 있는 것은 깊이지각이 있기 때문이다. Gibson과 Walk(1960)의 실험에 의하면, 유리상판을 한 쪽은 평범한 격자무늬 천을, 다른 한 쪽은 아래가 깊어 보이도록 한 천을 깔고 어머니가 아이들을 불러본 결과 7개월 전후의 영아 중 대부분이 깊이가 느껴지는 유리 상판 앞에서 머뭇거리는 반응을 보였다. 실험결과 영아들도 깊이지각이 있음이 증명된 것이다.

둘째, 청각의 발달이다.

태아는 임신 4개월경부터 외부의 소리에 반응하는 것으로 나타났다.

Dicasper와 Spence(1986)의 연구에 의하면 출산 전 6주 동안 태아에게 하루 두 번씩 읽어준 동화를 신생아가 인식하였는데, 이로써 영아의 청각은 이미 발달되었음을 알 수 있다. 또한 영아는 생후 3개월이면 유사한 음소를 알 수 있고 생후 6개월이면 아빠, 엄마의 녹음된 목소리를 듣고 구별하고 반응할 수 있게 된다.

셋째, 미각의 발달이다.

미각은 이미 임신 7개월경의 태아에게서도 발달해 있어 출생 후 영아의 미각은 매우 예민한 상태다. 출생 때부터 맛을 구별할 줄 알아 단 것은 입맛을 다시고 빨지만, 시거나 쓴 맛에는 얼굴을 찌푸린다. 2세경의 영아는 맛에 대한 기호를 결정한다.

넷째, 후각의 발달이다.

사람은 다른 동물에 비해서 후각의 발달이 늦은 편이다. 그러나 출생 때부터 여러 가지 냄새를 식별할 수 있어 달콤한 냄새를 맡으면 얼굴에 만족한 표정을 짓고, 고약한 냄새를 맡으면 얼굴을 찡그리고 괴로운 표정을 짓는다. 영아기는 엄마의 젖 냄새를 맡고 엄마가 가까이에 있다는 것을 안다는 연구결과도 있다.

다섯째, 촉각의 발달이다.

출생 직후 영아는 비교적 양호한 촉각 기능을 갖고 있다. 촉각을 통해 대인관계를 형성하고 사물을 이해하기도 한다. 손과 입을 통하여 사물을 이해하고 사물에 대한 지식을 습득하며 어머니와는 신체접촉을 통하여 신뢰감과 안정감을 형성하기도 한다(조성현 외, 2015).

나. 피아제(Piaget)의 감각운동기의 6단계

피아제는 여섯 단계로 감각운동기의 대상영속성 발달개념을 설명한다.

- 1단계 : 반사 운동기(0~1) 1단계에는 대상영속성의 개념이 전혀 없다. 단지 선천적

반사작용인 빨기 반사가 주가 되는데, 젖꼭지, 손가락, 베개, 옷, 담요 등 입에 닿는 것은 닥치는 대로 빤다. 어떠한 의도나 인식에 의한 행동이라기보다 단순히 경험에 의한 반복작용이라 볼 수 있다.

- 2단계 : 어렴풋이 개념이 형성되는 시기이긴 하나 대상영속성 개념이 없으며 보던 물체가 사라지면 즉시 관심이 없어지는 시기이다.
- 3단계 : 2차 순환반응기라고도 하며 대상이 어딘가에 존재한다는 것을 어렴풋이 이해한다.
- 4단계 : 2차 순환반응의 협응기로 시야에서 사라진 물체를 적극적으로 찾으려는 단계이다. 대상영속성이 생기기 시작하는 단계로 장난감을 천으로 덮으면 찾으려고 노력한다.
- 5단계 : 3차 순환반응기로 장난감을 숨기면 영아는 숨긴 장난감을 이리저리 찾으려 한다.
- 6단계 : 정신적 표상기로 대상영속성의 개념이 발달하는 시기이다. 장난감이 숨겨지는 과정을 보지 않았더라도 장난감을 찾아내는 시기로 가상의 포크로 음식을 먹는 척한다.

  이 단계에서 영아는 사고능력과 추리능력이 생기기 시작하며 언어 상징 학습을 하게 된다.

(2) 언어발달

인간은 언어를 통하여 자신의 생각과 감정을 전달하고 표현한다. 언어는 의사소통의 한 도구이자 인지발달의 주요한 수단이다. 언어를 통하여 사회적 상호작용을 하며 사회적 존재로 살아가게 된다.

가. 언어발달 이론

언어발달에는 학습이론과 생득이론, 그리고 인지이론이 있다. 학습이론에서 스키너(Skinner, 1953)는 언어도 다른 행동과 마찬가지로 조작적 조건형성에 따른 강화 원리에 의해 획득된다고 보았다. 반면 반두라(Bandura, 1977)는 강화뿐만 아니라 모방에 의해서도 언어가 발달한다고 설명하였다. 어렸을 적 다른 사람이 내는 소리를 관찰하고 모방함으로써 언어를 배우고 습득한다는 것이다. 그러나 두 이론 모두 언어발달 과정을 강화나 모방만으로 설명하기에는 무리가 있다.

나. 언어발달 과정

영아는 자라면서 자연스럽게 언어를 습득하고 향상시켜 나가는데, 이것을 수용언어와 표현언어로 구분하기도 한다.

수용언어는 영아들이 말을 할 수는 없지만 간단한 지식이나 익숙한 단어를 들으면 이해하고 반응하는 것이다. 그러나 이것은 자신이 경험한 것에 제한된다. 예를 들면, 자신이 가지고 노는 장난감이 물총이라면 그것을 물총으로만 이해하는 것이다.

영아들이 초기 사용하는 언어는 장난감, 동물, 신체, 가족 등 경험이나 주위 환경에 관한 것들이다.

표현언어는 신생아 단계의 울음이나 옹알이 등으로부터 한 단어나 두 단어의 단계를 거치며 발달한다. 울음은 아기가 자신의 욕구를 표현할 수 있는 최선의 의사표현이다. 이 의사표현을 통하여 배가 고픈지, 소변이 마려운지, 아니면 잠이 오는지 등 어머니와 의사소통을 할 수 있다.

즉, 생후 4~5개월경이 되면 옹알이를 하게 되는데 이것이 최초의 언어와 유사한 의사 표현이다. 옹알이는 언어발달을 촉진할 뿐만 아니라 어머니를 비롯한 외부와 의사소통을 하는 매개체로서 역할을 하게 된다.

생후 12개월경에는 한 단어 이상을 사용하여 자신의 의사 표현을 할 수 있으며 24개월이 되면 두 단어 이상을 사용하여 문장을 만들어 나간다. 두 단어를 결합시키는 것은 대개 50개 이상의 단어를 알았을 때만이 가능하다. 언어발달에서 양육자와의 상호교감은 영아에게 큰 영향을 미친다.

5. 영아기의 정서 및 사회 발달

1) 영아기의 정서발달

정서(emotion)란 감성(feeling)과 혼용하여 쓰이기도 하며, 자극에 대한 생리적 변화와 표정이나 행동의 반응인 미소, 찡그림 등을 나타낸다. 영아의 정서표현은 생존을 위해 필수이며, 타인과의 원활한 교류를 위해서도 필요하다. 영아는 정서표현을 통해 자신을 돌보는 사람의 행동을 유발하고 환경과 상호작용하면서 자신의 인격형성을 해 나간다. 신생아는 표정으로 자신의 정서를 표현하고 생후 2~7개월부터는 즐거움, 놀라움, 공포, 슬픔, 기쁨 등을 나타내는데, 이를 일차적 정서 또는 기본 정서라고 한다. 18개월 경에는 수치, 부러움, 죄책감, 자긍심의 정서가 나타나는데 이를 이차적 정서 또는 복합정서라고 한다. 또한 영아는 정서를 다루기 위해 슬픔이나 분노를 억제할 줄 알게 되고, 이를 참기 위해 노력하는 모습을 보이기도 한다. 즉 정서를 표출할 수 있는 상황과 조절하고 이해해야 하는 상황을 아는 것이다. 예를 들면, 넘어졌을 때 아무도 없는 상황에서는 이를 악물고 참으려고 한다.

2) 영아기의 사회성 발달

영아기의 아기들은 양육자와의 상호작용을 통하여 자신과 타인에 대한 기대를 형성하게 된다. 즉, 배가 고플 때 어머니가 이를 해결해 주고 피부접촉을 통하여 따뜻한 느낌과 포근함을 제공해 준다. 이런 과정을 통하여 어머니와 애착 관계가 형성되며, 이러한 초기 애착 관계가 아이의 성격 형성에 큰 영향을 미친다. 이때 어머니에 대한 신뢰와 믿음은 신뢰감 형성으로 이어진다. 부모와 자녀 사이에서 애착 관계가 형성되면 환경을 긍정적으로 관찰하며, 다른 사람들과도 긍정적인 상호관계를 형성할 수 있다. 아이가 보내는 신호에 어머니가 민첩한 대응을 했을 때는 안정적 애착을 형성하는 반면, 불안정이나 회피적 대응은 부정적 애착을 형성하는 것으로 나타났다. 불안정 애착을 형성한 아이는 분리불안(separation anxiety)을 나타내게 된다.

6. 영아기와 사회복지 실천

1) 영아기의 사회복지 실천

영아기는 신체적인 발달이 급속하게 이루어지는 시기이므로 사회복지 실천에 있어 운동, 감각, 지각 발달을 점검하고 지원하는 노력이 필요하다. 그렇지 않으면 신체적 또는 유전적 장애 요인이 있다고 해도 장애 상태를 발견하기가 쉽지 않다.

첫째, 영아기에 관심을 가져야 하는 부분은 신체적 발달 문제이다. 선천성 질병과 장애, 유전적 또는 출산 과정상 결함, 외부 환경의 오염 등 사회복지 실천에서 신경을 써야 한다.

둘째, 사회성 발달과 감각 및 지각 기능에 대한 관심이다. 부부 사이의 불화로 사이가 좋지 않거나 어머니의 우울증으로 인해 애착 관계에 문제가 생기지 않도록 주의해야 한다. 부부관계의 문제와 어머니의 우울증은 자녀의 정서발달에 부정적인 영향을 주게 된다. 따라서 이러할 경우는 상담과 치료를 즉시 받을 수 있도록 하는 것이 사회복지사가 해야 할 역할이다.

셋째, 선천성 장애와 운동발달 지체의 문제이다. 유전적 질병, 흡연 등 해로운 유해 물질에 오염되지 않도록 사회복지사는 임신한 부부를 대상으로 관심을 가져야 한다. 또한 앉기, 서기, 머리 들기, 걷기 등 운동발달 지체와 다른 언어, 인지 문제도 사전에 점검할 수 있어야 한다.

2) 부모의 역할과 사회복지 실천

(1) 부모의 역할

결혼을 통해 가정을 꾸리게 되고 자녀를 낳게 된다. 결혼을 통하여 비로소 부부가 되면 이제 둘만 있는 것이 아니라 자연스럽게 임신을 하게 되고 아이가 탄생하게 된다. 부모가 되는 것이다. 연인관계로 지낼 때와 자녀를 가진 부모로서의 역할에는 커다란 차이가 있다. 서로의 배우자로서, 아이의 부모로서 지위와 역할을 이해하고 수행해야 한다.

특히, 여성들은 육아기술이나 가사노동에 대한 스트레스와 함께 일을 하는 경우 직장생활에서 오는 피로감과 자녀를 제대로 돌보지 못한다는 자책감으로 괴로워하기도 한다. 따라서 육아를 해야 하는 가정에서는 남편의 도움이 절대적으로 필요하며 가사분담이 적절히 이루어져야 한다.

(2) 부부의 적응문제

여성에게 있어 임신이 계획에 따라 이루어진 것인지 계획되지 않은 것인지에 따라 큰 차이가 있다. 계획된 임신일 경우 어머니로서 해야 할 역할에 쉽게 적응하고 긍정적으로 활동한다. 이러한 부모 밑에서 자란 아이들은 성격적으로 쾌활하고 사회성, 인지 발달에서 더욱 뛰어난 능력을 보인다. 그러나 계획되지 않은 임신의 경우 미숙한 육아기술, 애착의 문제, 산후우울증, 낮은 수입에 의한 경제적 어려움 등으로 부부 간의 갈등이 발생하고 결국 아이들에게 부정적인 영향을 미친다.

남편에게 있어서도 결혼 초기 적응에 어려움이 많다. 아이가 출생하면서 아내와의 부부관계에 소원하게 되고 심지어 부부갈등으로 이어지기도 한다. 아내가 직장과 육아를 병행하는 경우 더욱 힘들어하고 가사노동에 대한 부담도 많아 남편을 신혼 초기처럼 챙겨 주기도 어렵다.

하지만 자녀의 문제는 아내의 역할만으로는 힘들다. 부부가 공동으로 육아를 맡아야 자녀도 건전한 인성을 갖고 자랄 수 있다. 자녀에게는 어머니뿐 아니라 아버지의 도움과 역할이 절대적으로 요구된다. 어머니와 아버지의 사랑을 동시에 받고 자란 아이라야 균형 있는 사회인으로 성장할 수 있다.

따라서 사회복지 실천의 과정에서 사회복지사의 역할은 어린 자녀들을 둔 부모를 지원하기 위한 양육에 대한 지식과 부모 역할에 대한 충분한 지식을 갖고 이들에게 상담 및 필요 자원을 연결하고 도움을 줄 수 있어야 한다.

CHAPTER

03

유아기

1. 유아기의 신체 및 운동발달

1) 유아기의 신체 및 운동발달

유아기의 신체발달은 영아기 때보다 느리지만 꾸준히 성장한다. 체중과 신장, 골격, 치아 및 운동기능이 나이에 따라 달라진다.

(1) 신장과 체중

유아기의 신장과 체중 표준치를 보면, 생후 2~2.5년이 되면 남아는 신장 89.38cm, 체중 13.14kg, 여아는 신장 88.21cm, 체중 12.50kg이 된다. 연령 6~6.5년이 되면 남아는 신장 116.64cm, 체중 21.60kg, 여아는 신장 115.47cm, 체중 20.73kg이 된다(질병관리본부 대한소아과학회, 2007). 이는 유아기에 신장과 체중이 급격히 증가하며 성장하는 모습을 보여준다.

(2) 골격과 치아

유아기의 골격은 연골에서 점차 경화현상이 일어나며 더욱 단단하게 변한다. 뼈는 연골에서 점점 단단해지며 강해지고 외양은 더욱 튼튼해진다. 경화현상은 아동기와 청년기까지 계속 일어나며, 특히 팔 · 다리뼈의 연골 부분인 성장판은 사춘기가 되면 닫히게 되어 성장을 멈추게 된다. 그래서 사춘기 이전까지 충분한 영양을 공급해 주고 섭취하는 것이 매우 중요하다.

치아는 평균 생후 6개월에 나기 시작하여 24~30개월경이면 20개의 유치가 모두 나게 된다. 유치는 5세부터 빠지기 시작하여 영구치로 바뀌기 시작한다. 영구치는 유치가 빠진 자리에 20개와 추가로 12개가 안쪽에 생겨 총 32개가 된다. 영구치는 한 번 빠지면 다시 나오지 않기 때문에 유아기에 좋은 양치습관을 길러 건강한 치아를 유지하도록 특별히 신경을 써야 한다.

(3) 운동기능의 발달

운동기능은 대근육 운동(gross-motor skill)과 소근육 운동(fine-motor skill)으로 나누어진다. 대근육 운동능력은 걷기, 달리기, 공던지기, 기어오르기, 자전거 타기, 점프하기, 계단 오르기, 계단 내려오기 등을 통해 발달된다. 그리고 소근육 운동도 활발하게 이루어지는데 팔, 손, 손가락과 눈의 협응기술을 통하여 발달하게 된다. 더불어 그리기, 자르기, 사물 잡기, 조작하기, 옷 입고 벗기, 단추 채우기 등 정교하고 세밀한 활동이 가능해진다.

2) 신체발달에 영향을 미치는 요소

(1) 영양

균형 잡힌 영양의 공급은 유아의 성장에 큰 영향을 미친다. 편식은 어느 부분의 영양 결핍을 일으키고, 비만은 각종 성인병으로 이어진다. 영양 결핍으로 인한 비타민A의 부족은 야맹증을 유발하고, 철분의 부족은 빈혈과 질병에 대한 면역력을 저하해 유아의 성장을 지연시킨다. 반면 과도한 영양섭취로 인한 비만 또한 심각한 사회문제로 대두되고 있다.

최근 들어 급격한 비만 요인으로 환경과 음식섭취가 지적되고 있다. 전통적인 음식보다 즉석식품(fast food)인 햄버거, 피자, 빵, 과자, 탄산음료 등의 섭취가 늘고 있다. 또한, 인터넷 등의 보급으로 게임이나 컴퓨터 사용, TV 시청 등으로 신체적 활동량이 급격히 줄어, 운동 부족으로 인한 소아 비만이 증가하고 있는 실정이다.

(2) 수면과 스트레스

성장기인 유아에게 수면은 매우 중요하다. 성장호르몬의 최대 분비는 수면 후 1시간 이내에 나타나기 때문에 충분한 수면이 이루어져야 한다. TV 시청이나 컴퓨터 오락시간을 적절히 통제하고 충분한 수면시간을 확보해야 하며, 쾌적한 수면이 이루어지도록 침실 주위의 소음을 줄이고 조명에도 신경을 써야 한다.

스트레스는 유아의 성장에도 많은 영향을 미친다. 부모의 이혼이나 학대, 입원 등 생활에서의 크고 작은 스트레스는 성장호르몬의 생성을 방해하고 각종 질병은 물론 정신적으로 고통을 유발할 수 있다. 그러므로 유아의 스트레스를 방지할 수 있도록 정서적인 안정을 유지하고 평범한 일상과 안정된 환경을 제공해 주어야 한다.

2. 유아기의 인지 및 언어발달

1) 피아제의 인지발달

피아제(Piaget)에 의하면 유아기는 2~6세에 속하며, 인지발달의 전조작기에 해당한다. 전조작기의 특징으로는 상징적 활동, 물활론적 사고, 자아 중심성, 그리고 보존개념의 결핍을 든다.

(1) 상징적 사고

전조작기의 유아는 상징적 사고가 생기면서 언어를 통한 표현을 하고 상상력이 풍부해진다. 상징 놀이(symbolic play)의 예로는 소꿉놀이, 병원 놀이, 인형 놀이 등이 있다.

2~3세경에 긁적거리는 수준이라면, 4~5세경에는 불확실한 사실성 단계에 머문다. 예를 들어 머리에 팔다리가 붙어서 몸통이 없는 그림을 그린다. 5~7세경 유아의 그림은 실제 모습에 가까워지지만, 자신의 관념적 심상을 그림으로 표현한다. 예를 들면, 옆얼굴을 그릴 때도 눈을 두 개로 표현하는 경우이다. 8~9세가 되어야 자신의 심상이 아닌 실제 세계를 그대로 그리는 단계로 발달한다(임지영 외, 2015).

(2) 자아 중심성

자아 중심성(egocentrism)은 유아가 어떤 사물에 대하여 자신과 타인의 관점을 구별하지 못하고 자신의 입장에서 지각하고 이해하는 것을 말한다. 예를 들면, 숨바꼭질할 때 본인이 눈을 감으면 술래도 자신을 볼 수 없을 것으로 생각하거나, 놀이에서 나타나는 집단 독백(collective monologues) 등이다. 아이들은 함께 대화하며 재미있게 놀이를 즐기는 듯하나 실상은 각자 자신의 이야기를 하는 것이다. 소꿉놀이하는 아이는 엄마 아빠 놀이를 자신의 이야기로 하는 것이며, 기차놀이를 하는 아이는 혼자의 언어로 이야기를 하는 것이다. 서로의 의사를 교환하며 소통하는 시기는 전조작기가 아닌 구체적 조작기에 이르러서야 가능하게 된다.

(3) 물활론적 사고

물활론적 사고(animistic thinking)는 인지적 미성숙으로 인하여 무생물에 생명이 있다고 믿는 사고이다. 피아제에 의하면 물활론적 사고는 4단계로 이루어진다. 1단계는 4~6세경에 나타나는 것으로 존재하는 모든 것은 살아있다고 믿는 것이다. 즉 산, 태양, 자전거, 나무 등이 생명이 있다고 믿는다. 2단계는 6세 이후부터 8~9세경에 나타나는 현상으로 움직이는 것은 생명이 있다고 믿는 것이다. 즉 태양, 자전거는 움직이므로 살아있지만 탁자나 산은 움직이지 못하므로 살아있지 않다고 생각한다. 3단계는

8~12세경 아동의 경우로 스스로 움직이는 것만 살아있다고 믿는 것이다. 태양은 동쪽에서 떠서 서쪽으로 지니까 살아있으나 자전거는 스스로 움직이지 못하니까 살아있지 않다고 생각한다. 마지막 4단계인 11~12세가 되어야 비로소 생물과 무생물을 완전히 구별할 수 있게 된다.

(4) 보존의 개념

보존의 개념(conservation)은 사물의 외형이 변하여도 그것의 속성은 변하지 않는다는 것을 이해하는 능력이다. 피아제의 유명한 보존실험은 유아에게 똑같은 물컵의 물을 보여준 후 한 컵은 밑바닥이 더 넓은 컵에 옮겨 부은 후 물의 양이 같은지 물어보는 것이다. 보존개념이 형성되지 못한 유아는 같다는 것을 이해하지 못하고 다른 대답을 하게 된다. 이는 높이의 변화가 넓이의 변화로 보상된다는 점을 깨닫지 못한 결과이다.

2) 언어발달

유아기에는 타인의 말을 이해하고 습득하는 능력이 급속하게 발달한다. 어휘력과 문장의 이해력이 발달하여 가벼운 의사소통이 가능하게 된다. 2~3세 유아는 약 450단어 정도의 어휘를 사용할 수 있으며, 3~4세에는 3~4개의 단어로 문장을 구성할 수 있고, 6세경에는 약 1만 개의 단어를 사용할 수 있다.

유아기에는 음절, 단어, 문장을 결합시키는 문법적 지식도 급격히 발달하게 된다. 3세경까지는 문장이 짧고 간결하며 선언적이다. "나 사탕 줘", "오빠들 미워" 등 조사가 생략된다. 4~5세경이 되면 "엄마, 인형"이라고 하던 데서 발전해 "엄마, 인형 어디 있어?"라는 문장을 사용한다(신명희 외, 2013).

3. 유아기의 정서 및 사회성 발달

1) 정서발달

(1) 유아기의 정서발달

정서발달은 유아기에 발달하는 능력 중 하나로 다른 사람의 감정을 이해하고 자신의 감정을 조절하는 능력이다. 영아기부터 기쁨, 슬픔, 분노, 공포 등 기초적인 정서를 경험하지만, 유아기에는 자신의 감정을 조절하고 다른 사람과 어울려 지내는 능력을 기르게 된다. 그러나 유아기 정서의 특성은 아직 미숙한 단계로 쉽게 변하기 쉽다. 친구들과 잘 놀다가도 쉽게 싸우기도 하며 다시 사이좋게 놀기도 한다. 또한, 조금만 좋은 일이 있으면 좋아하다가도 화가 나면 발버둥 치며 울기도 한다.

(2) 유아기 정서발달의 유형

유아기 정서의 유형으로는 두려움, 분노, 질투, 애정 등이 있다. 두려움은 위험한 상태로부터 느끼는 공포를 말한다. 이것은 자신이 그 위험한 상태에 저항하지 못하여 심리적으로 균형을 잃은 상태이다.

분노는 자기 마음대로 안 되거나, 자신의 물건을 다른 사람이 빼앗거나, 자신에게 불리한 것을 강요당했을 때 나타나는 현상이다. 유아들은 분노를 표현하기 위해 떼를 쓰거나 소리를 지르고 공격적으로 대들기도 한다. 다른 사람을 이해하고 수용하는 능력이 부족하여 자신의 감정을 직선적으로 표출한다. 유아기의 이러한 분노 표출은 성격 형성에도 큰 영향을 미치므로 양육자의 특별한 관심이 요구된다.

질투는 정서표현의 한 형태로 타인과의 비교 때문에 자신의 애정 욕구가 채워지지 않는 데서 나타나는 현상이다. 어렸을 때는 퇴행적 행동으로 나타나기도 하나 5~6세가 되면 사회성이 발달하면서 감소한다.

애정은 부모와의 관계에서 형성되기 시작하여 대인관계로 형성되어 간다. 애정을 많이 받은 유아는 정서적으로 안정되어 있으며 신체적 성장도 빠르다. 그러나 지나친 애정은 자율성과 독립성을 저해하여 사회생활을 하는 데 지장을 초래한다.

2) 유아기의 사회성 발달

(1) 자아발달

유아는 자아개념을 통하여 비로소 자신과 타인, 그리고 주변 사물이 독립적 존재라는 것을 깨닫게 된다. 만 2세가 되면 거울 속 자신의 코를 만질 수 있고, "나"라고 자신을 지칭할 수 있게 된다. 이것은 유아가 자아개념을 획득하고 있다는 표시이다. 만 3~5세 유아는 자신의 신체적 특징을 인지할 수 있고 다른 사람과 비교하여 차이점도 구분할 수 있다. 유아는 옷을 입거나, 신을 신고, 혼자서 음식을 먹는 등 자율적인 행동을 한다. 만 5~7세경의 유아는 남·여성을 포함하여, 나이, 체격 등 구체적으로 자신을 표현할 수 있다.

(2) 자아존중감 발달

자아존중감은 자신의 가치에 대해 형성된 판단과 감정이다. 유아는 자율성, 자존감 및 성공한 경험 등을 기초로 자아개념을 형성해 나간다. 자아존중감이 높은 유아들은 자신의 강점과 약점을 잘 알고 약점은 극복하되 강점은 강화하려는 특성을 가지며, 무엇보다 자기 자신을 사랑하며 자존감을 느낀다.

(3) 도덕성 발달

유아기에는 기초적이지만 옳고 그른 것에 대한 도덕적 개념을 갖고 있다. 피아제는 인지적 성숙과 사회성 경험이 도덕성 발달을 가져온다고 하였다. 도덕적 성숙이란 규칙을 준수하고 사회 정의감, 즉 만인이 사회적으로 정의된 질서의 규칙 아래 정당하고 공평하게 대우받아야 한다는 것에 관심이 생기는 것을 의미한다(신명희 외, 2013).

(4) 사회화 발달

유아는 사회화(socialization) 과정을 통해 사회구성원으로 성장하며 신념, 가치, 행동 등 사회화 개념을 획득해 간다. 부모와 또래, 형제자매들의 상호작용을 통하여 상과 벌의 가치, 동일시, 관찰학습 등을 형성해 간다. 동일시는 자신이 좋아하는 타인의 감정, 행동, 가치 등을 내면화시켜 자기 일처럼 생각하는 것을 말한다. 유아는 부모가 갖는 특징, 행동 등을 내면화시켜 스스로 자기 통제력을 갖게 된다. 또한, 유아는 부모와 형제자매의 행동, 언어, 성격 특성 등의 관찰학습을 통하여 사회화를 이루어나간다(이근홍 외, 2015).

4. 유아기와 사회복지 실천

1) 유아기의 신체발달과 사회복지 실천의 연관성

신체발달과 건강은 유아기에 매우 중요하다. 가정 및 교육기관에서는 유아들의 신체적 발달상태를 정기적으로 검진하고 확인해야 하며, 각종 질병에 대한 예방과 치료에 유의해야 한다. 이 시기에는 신체적 성장이 급속하게 이루어지므로 각종 영양공급을 원활히 해야 하며, 올바른 식습관을 생활화해야 한다.

2) 안전사고 예방

유아기는 활동이 왕성하고 호기심이 많은 시기이므로 각종 기관의 놀이시설과 생활시설 등의 안전점검을 철저히 하여 만일의 경우 발생할 수 있는 안전사고에 대한 대비를 철저히 해야 한다.

3) 질병 예방과 조기 치료

질병에 대한 저항력이 약한 유아기에는 예방활동과 조기 치료가 매우 중요하다. 특히 보육시설이나 육아시설 등에 거주하고 있는 어린아이들에 대하여 정기검진을 의무화하고 각종 질병에 대응할 수 있는 예방 주사와 조기 치료에 전념해야 한다. 또한 유아기의 사회복지 실천과 관련 사회복지사는 가정폭력이나 아동학대 등에도 관심을 가져야 한다.

4) 유아기의 정서 · 사회성 발달과 사회복지 실천

유아기의 정서 및 사회성 발달과 사회복지 실천에서 다음 두 가지는 매우 중요하다.

첫째, 유아기의 정서 발달은 양육자인 부모와의 애착 관계가 크게 좌우한다. 친부모에게서 양육되고 있는 유아는 큰 어려움이 없지만, 시설에 맡겨진 아이들이나 다문화가족 그리고 부모가 모두 직장을 다니는 경우에 기관에 맡겨진 아이들 모두가 사회복지사들이 관심을 가져야 하는 영역이다. 또한, 자폐아 등은 부모와 가족의 관심은 물론 사회적으로도 많은 지원이 필요하다. 자폐아 부모에 대한 경제적 · 심리적 문제도 소홀히 넘길 수 없는 부분이다.

둘째, 아동학대와 폭력에 대한 문제이다. 자신이 낳은 자식이라 해서 가르친다는 명목하에 지나치게 엄격하거나 학대하는 것은 정서적으로 매우 위험하다. 이러한 환경에서 자란 어린이들은 사회성 발달에서도 많은 문제를 갖게 된다. 그러므로 어린이집이나 유치원 등 기관뿐 아니라 가정에서도 건전한 교육방법으로 지도해야 하며 사회복지사는 이 부분에 대해 이론과 실기 기술적으로 준비를 하고 있어야 한다.

CHAPTER

04

아동기

1. 아동기의 발달과정

1) 아동기의 신체발달

(1) 신체발달

가. 신체활동과 운동

아동기는 영유아기보다 성장 속도가 느리지만 아동기 이후 청소년기에는 다시 성장이 급등한다. 성장 속도는 개인마다 다르지만 대부분 영구치가 젖니를 대신하며 만 7세까지는 완전히 발달하게 된다. 아동기에는 몸통이나 팔다리가 길어지고 안으로 휘었던 다리는 펴지고 어깨가 넓어지며 머리의 크기도 성인의 모습과 비슷하게 된다. 10~11세경 사춘기가 먼저 오는 여아는 남자보다 키가 조금 더 크게 된다. 아동기의 신장은 매년 4~5cm 정도 자라며, 체중은 3.5kg 정도 늘어나게 된다. 아동은 학교생활과 함께 신체적인 활동을 많이 하게 되어 대근육과 소근육을 발달시킨다.

아동기의 신체활동은 대근육 운동기능을 습득하면서 방향이나 속도에 대한 조절을 증가시키고 빠르고 정교하며 유연하게 발달한다. 물체를 뛰어넘는 운동이나 점프 능력도 향상되며, 공을 멀리 보내고 받을 수 있고, 줄넘기, 농구, 야구, 자전거 타기 등 모든 체육 활동에 참여한다. 이 시기에는 대근육 능력 못지않게 소근육 기능도 발달한다. 원활한 소근육 사용하기가 가능하여, 혼자서 옷을 입고 벗는 일이 가능하고 혼자서 밥도 잘 먹고, 글씨를 쓰는 속도도 빨라지고 정밀해진다. 활발한 운동은 아이의 성격을 밝게 하고 쾌활하게 하여 적극적이고 창의적인 어린이로 자라게 한다. 아동기의 운동발달은 자신감과 자존감을 갖게 하여 친구들과의 관계 형성에도 크게 기여하며 사회성 발달에 매우 중요한 요인으로 작용한다.

그러므로 아동기에는 적절한 운동으로 대·소근육 활동을 경험하며 성취감과 신체적 성장을 이룰 수 있어야 한다.

아동기는 신체적으로 활발하게 움직이는 시기이므로 그만큼 부상 위험도 따른다. 안전수칙을 잘 지키고 무리하거나 과도한 운동을 피하고 자신의 신체에 알맞은 운동을 찾아 즐기도록 해야 한다.

나. 아동기의 건강관리와 질병

아동기의 또 다른 문제는 지나친 과식이나 무분별한 음식물 섭취에 따른 비만이다. 요즘 식생활의 변화로 햄버거, 빵, 피자 등 밀가루 음식과 탄산음료, 그리고 즉석 음식의 과잉섭취로 비만 인구가 늘어나고 있다. 비만과 과체중의 비율은 지속해서 증가하고 있는데, 고열량 음식 섭취와 운동 부족이 그 원인으로 지적된다. 어릴 때의 비만과 과체중은 성인으로까지 이어질 수 있으며, 아동기 초기에도 고혈압이나 높은 콜레스테롤 수치가 나타나고 성인병이나 소화 장애 및 암 발생을 유발할 수 있다.

이렇듯 비만은 각종 질병에 취약할 뿐만 아니라 비만 아동은 정상적 체중의 아이보다 낮은 자존감을 가질 수 있다. 각종 게임기나 컴퓨터, TV 등 전자산업의 발달과 인터넷, 스마트폰 등 통신기기 발달로 아동들이 실외활동보다 실내활동에 익숙해져 신체활동을 적게 하는 요인이 되고 있다. 생활환경의 발달로 가까운 거리도 걷거나 뛰기보다 편리한 교통시설을 이용함으로써 생활 속에서 운동할 기회를 빼앗아 버린다. 결국, 섭취하는 음식과 운동량의 불균형이 문제이다. 체중이 늘어나면 그 체중을 유지하기 위해 더 많은 음식물의 섭취가 필요하고 몸의 움직임이 둔해져 운동량은 줄어들게 된다. 악순환의 늪에서 벗어나기 쉽지 않은 것이다. 풍요로운 환경에서 좋아하는 음식을 먹지 않고 참기란 아동들에게 견디기 힘든 고통일 수 있다. 그렇기 때문에 학교나 가정에서 하루 중 일정 시간은 반드시 운동하게 하는 등 세심한 관심과 주의가 요구된다.

2) 아동기의 인지발달

(1) 피아제의 구체적 조작기의 사고특성

가. 분류화와 유목 포함

분류화는 사물을 각기 다른 단위나 하위 단위로 나누거나 정렬하고 그들 간의 상호 관련성을 이해하는 능력이다. 유목 포함(class inclusion)이란 한 집단은 더 큰 집단의 일부가 될 수 있다는 것을 이해하는 것이다. 예를 들면, 분류는 크레파스를 비슷한 색깔별로 분류하거나 과일을 사과 배 등 종류별로 분류해 놓는 것이며, 유목 포함은 토끼 5마리와 오리 3마리가 있는 상황에서 토끼와 동물 중 어느 것이 더 많으냐고 물어보면 동물이 많다고 하는 개념을 이해하는 것이다. 즉 상위 유목과 하위 유목의 관계를 완전히 이해하는 것이다.

나. 보존 개념

피아제에 의하면 전조작기 유아들은, 개체의 성질(부피, 질량, 수량)은 형태나 모양과 관계없이 변하지 않는다는 것을 이해하지 못한다. 왜냐하면 논리적 사고가 아직 발달하지 못하여 생각이 일차원적이며 자기 중심화에서 벗어나지 못하였고 가역성을 이해하지 못했기 때문이다. 그러나 구체적 조작기의 아동은 동일성과 가역성, 그리고 탈중심화가 이루어지고 상보성의 개념을 이해하기 때문에 보존의 개념을 획득할 수 있다. 다만 모든 영역에서 보존의 개념을 획득하는 것이 아니라 연령대별로 그 차이가 있다. 수에 대한 개념은 6~7세경에 획득하지만, 무게에 대한 보존개념은 9~10세경에나 획득한다.

다. 서열화

서열화(seriation)는 사물들을 특정 속성에 따라 순서화하는 능력이다. 전조작기 유아들은 자동차를 여러 개 늘어놓고 크기대로 정리하라고 하면 일관성 없이 배열한다.

그러나 구체적 조작기의 아동은 자동차를 크기와 색깔별로 구분하여 정리가 가능하다. 단순 서열화뿐만 아니라 다중 서열화 능력도 획득하여 한 가지 속성에 따른 비교 배열을 하는 동시에 두 가지 이상의 다른 속성에 대한 종료 배반 배열도 가능하다. A가 B보다 크고, B가 C보다 클 때, A는 C보다 크다는 개념을 전조작기에서는 이해하지 못하지만, 구체적 조작기 아동들은 이해할 수 있다. 전조작기에 비해서 구체적 조작기의 아동들은 보존의 개념과 논리적 조작 및 서열화나 탈중심화 능력을 획득하지만, 그것은 특정 사물로만 제한되며 직관적 사고에서 벗어나지 못하고 논리적 추론은 아직 미숙하다.

(2) 아동기 지능발달

아동기의 지능은 부모로부터 받는 유전적 요인과 성장하면서 가정이나 사회와 학교 환경 등으로부터 받는 환경적 요인으로 설명할 수 있다. 학교에서 이루어지는 새로운 지식과 주변 환경에서 이루어지는 직간접 경험이 지능의 발달에 큰 영향을 주게 된다. 이와 관련해 가드너(Gardner, 1980)는 여덟 가지 다중지능이론을 제안하였다. 언어 활용 능력인 언어지능, 문제를 논리적으로 분석하고 수학적으로 해석할 수 있는 논리-수학지능, 공간을 인지하고 잘 다루며, 유사한 양식을 감지하는 능력인 공간지능, 문제 해결을 위해 신체 일부를 사용할 수 있는 신체운동지능, 음악의 정서적 측면의 이해 능력인 음악지능, 타인의 욕구를 이해하고 다른 사람과 효과적으로 관계를 형성할 수 있는 대인 간 지능, 자신을 이해하고 통제하며 효율적인 삶을 살아갈 수 있는 개인 내 지능, 자연과 교감을 이루고 자연을 사랑할 줄 아는 자연지능 등이다(신명희 외, 2013).

(3) 언어발달

아동기에는 어휘와 문법 사용이 정교해져 복잡한 문장을 이해하고 사용할 수 있게 된다. 읽고, 쓰고, 말을 하면서 언어 발달이 이루어지고 논리적 사고와 추리력의 발달로 의사소통에 큰 변화가 일어난다.

아동들은 7세경에 평균적으로 5,200개의 기초어를 축적하며, 10세경에는 약 8,400개의 기초어를 습득한다. 종속절을 사용하면서 문장은 더 길어지고 복잡해진다(예를 들면, 버스가 늦게 와서 학교에 늦었다.). 상황 묘사를 더 정확하게 하며 길고 자세하게 이야기하려 노력한다. 일반적 대화를 할 때는 가정에서 부모나 형제들과 나누었던 대화의 경험이 크게 작용하여 비슷한 언어를 구사하기도 한다. 가정은 언어발달에 큰 영향을 미치며 형제자매의 수, 부모의 사회적 · 경제적 지위와도 관련이 있다. 부모의 사회 · 경제적 지위나 생활 수준이 높을수록 언어발달이 빨리 이루어질 수 있다.

3) 정서발달

사전적 의미로 정서(emotion)란 다양한 생각이나 감정, 행동과 관련된 정신적 · 생리적 상태이다. 정서는 아동의 성격발달에 큰 영향을 주게 되며 어릴 때 어떠한 경험을 하느냐가 중요하다. 정서는 또한 객관적 경험이 아닌 자신의 성격, 기분, 기질 등과도 관련이 있다. 아동기에는 기초적인 정서가 거의 발달하게 되며, 초보적인 인격이 형성된다. 아동기에는 자신의 감정을 이해하고 통제하며, 다른 사람의 정서를 이해하고 상황에 따라 적절하게 대처하는 능력도 발달한다.

아동기에 나타나는 정서로는 애정, 질투, 공포, 분노, 불안 등이 있다.

아동기의 애정은 가족구성원에서 또래 친구에게로 옮겨간다. 이성의 친구보다 동성의 친구와 밀접해지며 친구와 늘 붙어 다니고 친구가 원하는 것이면 무엇이든지 다 들어주고 싶어 한다. 자신의 애정을 방해하는 경쟁자에 대해서는 심한 질투의 감정을 느끼게 된다. 또한, 아동은 자신이 잘 할 수 있는 것과 잘하지 못하는 것에 대해 비교하기를 좋아한다. 따라서 아동기의 정서발달에서 중요한 것은 다른 사람으로부터 지지와 따뜻한 애정을 받는 것이다.

질투는 또래나 다른 대상에게 갖는 감정이며, 자신보다 인기가 좋거나 공부 혹은 운동을 잘하는 사람들에게 갖는다. 감정표현으로 괜한 시비를 걸거나, 조롱하고, 비난하는 말을 한다. 질투는 경쟁심에서 발생하는 것으로 자신을 더욱 분발하게 하는 긍정적인 면도 있지만, 부정적 질투가 일어나는 것은 관계 형성에 지장을 초래할 수 있으므로 주의할 필요가 있다.

공포는 아동기에는 대부분 이전에 일어났던 동물, 사물, 사람들에 대해 무서워했던 직접적 자극보다는 상상이나 비현실적이고 초자연적인 것에 대해 많아진다(이근홍, 2016).

분노는 아동이 사회적 활동이 활발해지면서 자신의 행동에 방해를 받거나 놀림, 꾸중, 비난, 무시, 비교 등을 당하면서 발생한다. 또한, 자신의 욕구가 좌절되거나 부당한 일을 대할 때 느끼게 된다. 많은 사회활동과 경험을 하면서 분노를 느끼게 되지만 아동기에는 떼를 쓰거나 직접 분노를 표현하는 대신 간접적 방법으로 표현하거나 조절하게 된다.

불안은 학교생활에서의 성적, 교우관계, 기타 사회생활의 불확실성에 의해 나타나지만, 부정적 측면만 있는 것이 아니고 성장하는 데 긍정적 영향을 미치기도 한다.

4) 심리 · 사회적 발달

(1) 자아발달

자아개념은 자신의 개성에 대한 체계화된 사고로 자신의 정서적 · 신체적 특성, 능력, 태도, 가치관, 취미와 적성 등을 말한다. 이것은 자신이 다른 사람과 다르다는 것을 인지하면서 발달하게 되며 연령에 따라 구체적인 개념에서 복잡하고 추상적인 개념으로 발달한다. 또한, 자존감과도 연관되며 아동기의 자존감은 학교생활과 친구관계의 성공과도 밀접한 관계가 있다. 자존감이 높으면 교우관계도 원만하게 형성되고 자신의 능력을 충분히 발휘하여 리더로서 활동하는 반면 자존감이 낮으면 학교생활에서도 위축되고 자신을 가치 없는 사람으로 비하하고 두려워하게 된다. 자존감의 형성을 위해서는 부모의 역할이 무엇보다 중요하므로 늘 지지해주고 인정하고 격려해 주는 것이 필요하다.

맥캔들레스(Mccandless)와 에반스(Evans, 1973)는 아동의 연령에 따른 자아개념의 특성을 다음과 같이 밝혔다. 첫째, 연령이 증가하면서 자신에 대한 기술이 단순한 기술에서 복잡한 기술로 바뀐다. 둘째, 나이가 들면서 자신에 대한 주관적인 견해를 갖게 된다. 셋째, 나이가 들면서 점점 안정적인 자아개념을 갖게 된다. 즉, 자신의 판단에 의한 의견을 기술하며, 자신의 개성에 따른 주관적 견해를 피력하고, 외부 상황에 흔들리지 않는 안정된 자아개념을 형성하게 된다(조복희 외, 2015).

자아존중감은 자아개념에 대한 자신의 평가적 측면을 의미하는 것으로 아동의 정신건강에 중요한 역할을 한다. 자아존중감이 높은 아동은 자신의 강점과 약점을 잘 이해하고 긍정적 감정을 갖지만, 자아존중감이 낮은 아동은 자신의 약점에 더 관심을 기울여 자신에 대해 부정적 감정을 갖는다. 자아존중감은 가정의 양육 태도나 교사의 교육 태도에 영향을 받는다. 작은 일에도 칭찬과 격려를 아끼지 않고 지지를 받고 자란 아동은 자아존중감이 높고 매사 자신감이 넘친다. 반면, 무관심과 통제, 간섭과 지적을 받고 자란 아동은 자립심과 자아존중감이 낮아 스스로 뭔가 이루어 보려는 의지가 낮다. 또한, 우열을 가리는 비교사회는 자아존중감에 많은 상처를 주기도 한다. 개인이 가진 개성과 특성이나 자질을 키우는 것이 아니라 일방적인 서열화와 경쟁은 자아존중감 형성에 중요한 장애 요인으로 작용하게 된다.

자아효능감은 자아존중감과 더불어 아주 중요한 의미를 가진다. 자아효능감은 개인이 가진 신념으로 어떠한 상황을 스스로 이겨낼 수 있고 성취할 수 있다는 기대감을 의미한다. 자아효능감이 낮은 아동은 어떤 문제에 대해 두려워하고 성취하려는 의욕을 갖지 못하지만 높은 자아효능감을 가진 아동은 문제를 분석하고 해결하려는 성취욕구가 강하다. 아동기는 자아효능감을 형성하는 중요한 시기이므로 가정에서나 학교에서는 각자의 수준에 맞는 학습방법을 개발하고 부여하여 스스로 문제를 해결하고 성취감을 느끼도록 이끌어 주어야 한다.

아동의 수준보다 높고 어려운 과제로 실패감을 느끼게 하면, 무기력증에 빠져 아예 시도조차 하지 않거나 자신은 아무것도 할 수 없는 존재라는 부정적 인식을 하게 된다. 그러므로 가정과 학교에서는 다양한 난이도와 유형의 과제를 주되 성공 경험을 많이 쌓을 수 있도록 세심한 배려가 요구된다.

(2) 성격발달

에릭슨(Erikson)에 의하면 아동기는 근면성과 열등감의 시기로 근면성을 발달시키지 못하면 열등감을 갖게 된다. 근면성은 외부의 도전을 스스로 극복하고 대처해 나가는 의지와 태도에서 이루어지며 자신의 다양한 성공경험, 성취욕구, 도전의식, 경쟁의식 등으로 강화된다. 도전에 대한 실패로 열등감을 경험하기도 하지만 누군가 용기를 주거나 칭찬, 격려로 사기를 올려 주었을 때 열등감을 극복하고 근면성을 키우게 된다.

Tips 부모나 교사가 알아야 할 아동기의 근면성 격려를 위한 지침(신명희 외, 2013)

- 또래 친구와의 상대적 비교는 삼간다.
- 아동 스스로 현실적인 목표를 세우고 실행할 수 있도록 지도한다.
- 목표를 점진적으로 달성해 가도록 지도한다. 특히 진전 사항 기록일지를 쓰도록 한다.
- 독립심과 책임감을 발휘할 수 있는 기회를 준다.
- 아동의 실수에 대하여 인내한다.
- 낙심한 아동은 진심으로 격려한다. 실패한 결과보다 기록일지에 의한 진전된 모습을 격려한다.
- 아동에 대한 긍정적인 믿음을 가진다.

(3) 성 역할의 발달

성 역할은 가정에서 부모로부터도 배우지만 초등학교에 들어가면 더욱 분명하게 배운다. 사회문화가 요구하는 것이 남자와 여자에 따라 다르다는 것을 알게 된다. 즉, 용모나 의복 등에서 남자와 여자가 다르고 직업도 성별에 따라 다르다는 것을 알게 된다. 가정의 일도 집안일과 자녀 양육은 여자가 많이 하는 일이고 밖에서 돈을 벌어 오는 것은 남자가 하는 것이라는 의식을 갖게 된다. 직업도 의사는 주로 남자고 간호사는 여자의 일인 것처럼 통념화되어 있다.

성 역할에 관한 이러한 고정관념은 가정이나 학교, 그리고 대중매체에서 학습되고 있다. 그러나 남성과 여성의 역할은 신체적 · 생리적 측면에서 각각의 특성을 인정해야 하지만 그것이 배타적으로 사용되어서는 안 되며 존중되어야 한다. 성 고정관념은 과거보다 약화되거나 모호해졌지만, 아직도 존재하고 있는 것이 사실이다. 요즘은 직업에서도 남녀의 경계가 무너지고 자신의 적성과 능력에 따라 얼마든지 도전하고 이겨내는 진취적 모습의 양상을 볼 수 있다.

2. 아동기와 환경

1) 아동기와 가정환경

(1) 아동의 가정환경

아동의 가정환경은 출생과 성장에서 가장 큰 영향을 미치며 부모의 양육 태도 및 양육관과 가족관계도 중요한 요인으로 작용한다. 가정은 아동이 태어나서 가장 먼저 접하는 곳으로 가족으로부터 사회일원으로서의 지식과 태도, 기술을 배우고 보호받으며, 욕구를 충족시키게 된다. 가정이 제 기능을 갖추고 역할을 다할 때 아동은 사회의 일원으로 성장하지만, 제 기능을 하지 못하고 해체되거나 한다면 아동은 심리·정서적으로 불안정하게 되고 방황하게 된다. 이러한 충격으로 비행이나 자살 등 극단적인 선택을 하여 심각한 사회문제를 일으키기도 한다. 부부관계가 원만할 때 자녀들은 안정감을 가지며 부부가 서로를 존중하고 배려하며 긍정적 상호작용을 할 때 자녀들은 부모의 좋은 모습을 보고 학습하게 된다.

(2) 가정의 해체

최근 산업화와 핵가족화, 그리고 전통적 가치관의 변화에 따라 가정이 해체되고 이혼율도 지속적으로 증가하고 있다. 원인으로는 여러 가지가 있지만, 가족 가치관의 변화, 경제적 위기, 여성의 사회경제적 지위 향상 및 대중매체의 영향이 가장 큰 요인으로 작용한다. 부모의 이혼으로 아동이 겪는 심리적 고통은 심각하다. 이혼 과정에서 겪는 부모 간의 극심한 갈등은 자식들에 고스란히 전해지고, 이혼 후 한 부모를 버려야 하는 고통과 미래를 알 수 없는 불확실성은 아직 성숙하지 못한 아동에게 치명적인 상처로 남게 된다. 이혼을 통하여 아동은 우울감을 겪게 되고 반항적이고 공격적인 성격을 나타내며 분노와 감정을 폭발시키는 등 감정조절의 어려움을 겪게 된다. 이혼 방지를 위한 대안 못지않게 이혼이 주는 부정적 영향과 아동의 심리·사회적 발달을 저해하는 영향을 최소화할 수 있는 대책이 마련되어야 한다.

2) 아동기와 학교환경

(1) 교사와의 관계

가정에서의 부모 영향 못지않게 큰 영향을 주는 것은 교사와의 관계이다. 아동은 부모에게서도 영향을 받지만, 교사의 언어와 행동 등 모든 면에서도 보고 배운다.

교사가 아동을 따뜻하고 애정으로 대하면 즐겁고 유쾌한 학교생활을 하게 되지만, 통제적이고 지시적이면 불안해하며 눈치를 보게 된다. 그러므로 교사는 개인적인 접촉을 통하여 유대감을 형성하고, 부모 대리인의 역할과 상담자와 인생 안내자의 역할도 수행할 수 있어야 한다.

성인이 되어 성공한 사람들이 성공의 원인에 대하여 "학교 선생님의 따뜻한 위로와 격려가 큰 힘이 되었다."라고 술회하는 것을 보면 교사의 역할이 얼마나 큰 영향을 주는지 알 수 있다.

(2) 학업과 아동문제

부모의 영향은 아동의 학업성취에도 영향을 미친다. 부모의 학력이나 소득 수준이 높을 경우 자녀에 대한 기대감도 높고 지원도 많아 자녀의 양육에도 긍정적 영향을 미친다. 그러나 빈곤계층일수록 더 통제적이고 억압적인 양육 행동을 하게 되어 아동의 효능감도 낮게 형성되는 것으로 나타났다. 그러나 자녀에 대한 지나친 기대와 관심은 큰 부담을 주어 부작용이 나타날 수 있으므로 적절한 조절이 요구된다.

(3) 또래집단

아동에게 학교는 가정에서의 가족 중심 활동에서 벗어나 외부의 새로운 환경을 접하게 되는 사회화의 장(場)이 된다. 학교에서는 교사를 만나고 같은 나이의 또래집단을 만나게 되는데, 아동기의 또래는 유아기의 놀이관계에서 벗어나 서로의 욕구를 들어주고, 이해하는 상보적 관계를 형성한다. 아동은 또래집단을 통하여 사회를 배우게 된다. 즉 또래집단을 통하여 우정과 적의에 대하여, 질투와 배반에 대하여, 사회적 구조, 내집단과 외집단, 지도력과 추종력, 정의와 부정 등에 대해 배운다(도미향 외, 2015).

아동은 나이가 증가함에 따라 또래를 중요시하고 소중하게 생각하며 관계를 돈독히 하고 의사소통을 하려고 노력한다. 이 시기 또래집단에 자신이 수용된다는 것은 아동의 자아발달에 매우 중요한 역할을 한다. 또래는 공동관심사에 대해 서로 의논하고 함께 해결책을 찾으려 노력한다. 부모나 교사와는 별도로 자신들만의 관심거리인 어떤 일을 도모함으로써 강한 유대감을 형성하기도 한다. 또한, 또래는 반사회적 행동에 대해서는 동조성이 매우 증가하는 것으로 조사되었다(신명희 외, 2013).

또래집단의 특성 중 하나는 부모와의 의사소통이 적을수록, 또래집단의 응집력이 클수록, 독립된 주체가 지녀야 할 결정력이 약할수록 또래 집단의 영향력은 커진다. 그러므로 또래집단의 문화가 기성세대나 학교에 대해 부정적인 태도를 갖게 되면, 또래집단이 아동에게 미치는 영향도 부정적이다. 또래집단의 특성과 관련해 부모나 학교는 간섭한다는 인상을 주지 말아야 하며 좋은 방향으로 유도되도록 관심을 가질 필요가 있다.

또래 수용은 좋아하는 정도, 즉 한 아동이 또래집단으로부터 학급 동료로, 중요한 사회적 파트너로 받아들여지는 정도를 말한다. 연구자들은 사회적 신호를 측정하기 위해 자기 보고를 사용하여 또래 수용을 평가한다. 예를 들어, 아동들에게 '아주 좋아하는' 또는 '아주 싫어하는' 친구를 말하게 한다. 이러한 결과에 의해 또래 수용의 네 가지 점주가 만들어진다(박희숙 외, 2015).

- 인기 아동 : 좋아하는 아동은 많고 싫어하는 아동은 적다.
- 거부 아동 : 싫어하는 아동은 많고 좋아하는 아동은 적다.
- 양면적 아동 : 일부 또래로부터 가장 좋은 친구로 지목되면서도 또 다른 또래로부터는 싫어하는 아동으로 지목되기도 한다.
- 소외 아동 : 상호작용이 적고 학급 또래들이 수줍음을 잘 탄다고 평가하지만, 평균 아동들 정도인 사회적 기술을 가지고 있다.

거부 아동이나 소외 아동들의 또래 관계와 심리적 적응을 증진하기 위한 다양한 중재 프로그램이 있다. 이러한 프로그램을 통하여 사회적 능력과 또래 수용이 지속해서 증가하게 된다. 이런 유형의 아동들에게는 개인지도나 특별지도를 통해서 올바로 관계가 형성되도록 도와주는 것이 필요하다. 또한, 이것은 아동 자신의 문제도 있지만, 부모의 양육방식에도 문제가 있을 수 있으므로 부모와 아동의 상호작용의 관계에도 관심을 가져야 한다.

(4) 미디어 환경

미디어의 발달로 아이들이 TV 등 대중매체 환경에 노출되는 정도가 크게 증가하였다. TV의 긍정적인 면은 좋은 교육 프로그램을 통한 인지능력 향상 및 풍부한 간접지식의 습득에 있다. 반면, 공격적이고 폭력적 장면을 통하여 언어적 · 신체적 공격성을 높이는 부정적 측면이 있다. TV 프로그램 편성 자체가 성인 위주이므로 지나치게 외설적이며 폭력적 성향이 많고 자극적이고 퇴폐적인 광고나 선전 문구들도 많다. 또한, 남자 주인공은 힘을 가진 사장이나 권력자로 묘사되고 여성 주인공은 힘이 약한 여비서나 주부들의 역할로 다루어져 성 고정관념의 문제도 있다. 그리고 수많은 채널의 오락프로가 범람하고 있어 독서나 가족과의 상호작용을 줄어들게 하여 가치 있는 활동에 소홀하게 한다.

인터넷과 컴퓨터 게임의 영향도 적지 않다. 우리나라는 인터넷 보급률이나 정보화에서 세계 최고 수준이며 인터넷과 스마트폰의 확산으로 누구나 편리하게 이를 접할 수가 있다. 이러한 편리함이 긍정적이고 순기능적인 면도 있지만 지나친 사용으로 인터넷 중독이 되거나 폭력적 게임으로 인하여 아동들의 정서를 폭력적, 공격적으로 만들 수 있다. 또한, 이러한 기기들의 활용은 운동 부족과 수면에도 지장을 초래하여 비만이나 시력장애 등 부작용을 수반하기도 한다. 따라서 적당한 미디어 활용과 스스로 통제할 수 있는 능력을 길러 주어 부작용을 최소한으로 줄여야 할 것이다.

3. 아동기의 행동 및 장애

1) 주의력결핍과잉행동장애

주의력결핍과잉행동장애(ADHD : Attention deficit hyperactivity disorder)는 주로 12세 이전에 발병하고 증상이 행동으로 표출되는 장애이다. 부주의, 과잉행동, 충동성의 세 가지 패턴으로 나타나며, 산만하고 충동적이며 과잉행동 특징을 보인다. 이들은 손과 발을 가만두지 못하며, 오래 앉아 있지 못하고 쉴새 없이 움직이는데, 뭔가를 휘두르며 공격적이고 고집이 세어 주위 사람들에게 피해를 준다.

① 부주의 : 주의 집중을 하지 못하고, 규칙이나 지시를 따르지 못하며, 실수가 잦다. 다른 사람의 말에 귀를 기울이지 못하며, 장시간 하는 일에 싫증을 느끼고 지속하지 못한다. 또한, 자신이 하는 일에 체계적이지 못하고 물건을 자주 잃어버린다.

② 과잉행동 : 잠시도 가만히 있지 못하고 쉴 새 없이 움직이며, 수다스럽고 안절부절못한다. 남을 툭툭 치기도 하며 뛰어다니고 기어오르며, 조용히 앉아서 하는 일을 못한다. 끊임없이 지나치게 하는 행동은 마치 모터 달린 것처럼 멈출 줄 모른다.

③ 충동성 : 기다릴 줄 모르고 성급하게 행동하며, 다른 사람이 하는 일을 방해하거나 간섭한다. 순서를 기다리지 못하고 질문이 끝나기 전 불쑥 말을 끊고 대답을 하기도 한다. 충동성으로 인하여 자칫 사고가 발생할 수 있고 결과를 예측하기 힘들다.

주의력결핍과잉행동장애(ADHD)는 성장하면서 그 증상이 완화되지만 치료하지 않으면 학습장애, 우울증, 틱장애 등으로 발전할 수 있다. 조기 발견이 중요하며 약물치료, 인지행동치료, 사회성 훈련과 놀이치료 등으로 증세를 완화할 수 있다.

2) 품행장애

품행장애(Conduct disorder)는 미국정신의학회 정신장애 진단 편람(DSM-5)에 의하면 다음과 같이 나타난다.

① 사람과 동물에 대한 공격성 : 흔히 사람을 괴롭히거나 위협하고 협박하고 싸움을 건다. 사람이나 동물에게 잔혹하게 대하거나 심각한 위험을 초래할 수 있는 무기(칼, 총, 곤봉, 벽돌)를 사용한다. 또한 노상강도, 날치기, 강탈, 무장강도 등 피해자와 대면한 상태에서 도둑질을 한다.

② 재산의 파괴 : 다른 사람의 재산을 일부러 파괴한다. 심각한 손상을 입히려는 목적으로 의도적인 방화를 하며, 차량 · 건물 · 기물 등을 파괴한다.

③ 사기 또는 도둑질 : 다른 사람을 속여 호감을 얻으려 하거나 물건을 탈취하기 위해 거짓말을 한다. 피해자와 대면하지 않으면서 도둑질을 하거나 귀중품을 훔치거나 문서위조 등 악행을 저지른다.

품행장애로 진단하기 위해서는 위 사항들에 대하여 3개 이상 항목이 지난 12개월 동안 있었고, 적어도 1개 항목이 지난 6개월 동안 계속 있어야 한다(고명수 외 6인, 2016).

3) 틱장애

틱장애(Tic disorders)는 일시적 틱장애와 지속적 틱장애 또는 음성 틱장애가 있고 뚜렛장애의 종류가 있다. 틱(Tic)은 특별한 목적 없이 갑작스럽고 반복적이며 빠르게 비율동적이나 음성으로 나타난다. 조용한 수업 중이나 교회 같은 곳에서 예배를 보는 중에 특정 소리를 내거나 동물울음 소리를 내어 주위를 깜짝 놀라게도 한다.

① 일시적 틱장애 : 일시적 틱장애는 틱이 적어도 4주 동안 거의 날마다 몇 차례씩 나타나지만 12개월 이상 지속하지 않아야 한다.

② 지속적 운동 또는 음성 틱장애 : 틱은 1년 이상의 기간 동안 거의 매일 또는 간헐적으로 몇 차례씩 일어난다. 음성 틱과 행동 틱은 이 기간에 함께 존재하지만 동시에 일어나지는 않는다.

③ 뚜렛장애(Tourette Syndrome) : 18세 이전에 발병하며, 1년 이상의 기간에 간헐적이거나 거의 매일 하나 이상의 음성 틱과 여러 가지 운동 틱이 나타난다. 그러나 반드시 두 가지 틱이 동시에 나타나는 것은 아니다. 뚜렛장애가 있는 경우 사회활동이나 학교생활 등에서 다른 사람들에게 불편을 주게 되는 것에 대한 불안으로 힘들어하며, 수치감과 우울감을 나타내기도 한다.

4) 소아 우울장애

소아 우울장애(Major depressive disorder)는 성인 우울증과는 약간의 차이점을 보인다. 성인의 우울 증상은 무기력한 신경과민 상태가 2주 이상 지속하는 경우를 의미하지만, 소아 우울증은 화를 잘 내거나 짜증을 내며 산만하고 반항적이며 난폭한 행동을 나타내는 양상을 보인다. 소아 우울증 증세를 나타내는 어린이는 식사를 적게 하거나 폭식을 하기도 하며, 어떤 활동에도 의욕을 잃어 동기가 저하되거나 학습 부진을 나타낸다. 쉽게 피곤해하거나 집중하지 못하고 산만한 행동을 한다. 게임중독에 빠지거나 비행 행동을 하기도 하며, 불면증에 시달리거나 반대로 온종일 잠만 자기도 한다. 결국, 우울증세에 빠져 의욕을 잃은 채 고립감, 무능감, 죄책감, 자살 충동 등에 사로잡히게 된다. 소아 우울증을 조기에 발견하지 못하면 자존감이 낮고 자살 충동을 반복해서 느낄 수 있으므로 조기에 발견하여 치료해야 한다. 약물치료와 인지치료, 대인관계 심리치료 등이 시행되고 있다.

4. 아동기와 사회복지 실천

1) 학습장애

학습장애에는 읽기장애, 산술장애, 쓰기장애 등이 있다. 읽기장애는 난독증이라고도 불리며 읽기 수행에 있어 자신의 생활연령, 지능, 교육 정도에 비해 뒤처지는 능력을 말한다. 읽기장애는 읽거나 철자를 기억하는 능력이 손상되어 철자 왜곡, 대치, 생략 등을 하고 읽는 속도가 느리고 이해력이 떨어진다. 산술장애는 산술능력이 자신의 연령, 지능, 교육 수준보다 현저하게 떨어져 학업이나 일상생활에 뚜렷한 장애를 겪는 것을 말한다. 산술 용어나 개념, 수의 상징이나 산술 부호, 숫자의 모양과 공식 기호, 계산이나 구구단 암기 등에서 문제가 관찰되기도 한다. 쓰기 장애는 아동의 연령, 지능, 교육 수준에서 현저하게 능력이 떨어져 일상생활에서 뚜렷한 장애가 수반되는 것을 말한다. 잘못된 구두점이나 문장이나 문장 구성의 빈약함, 철자법 실수, 형편없는 필체 등으로 나타나기도 한다. 이러한 아동들은 조기에 발견하여 인지학습치료를 통한 다양한 치료를 받아야 한다.

2) 학교 공포증

불안장애의 일종으로 학교 가기를 두려워하고 회피하려는 성향을 나타낸다. 학교거부증, 학교 회피증, 장기결석, 학교중퇴, 분리불안 장애까지 포함하는 개념이다(신명희 외, 2013).

학교 가기를 거부하는 이유는 뚜렷이 밝혀지지 않았으나 과제를 못했을 때의 두려움, 왕따에 대한 두려움, 또래나 교사에 대한 관계 및 분리불안 장애 등이 거론된다. 흔히 이런 아동들은 머리가 아프다거나 토할 것 같다는 말을 한다. 학교나 학부모들은 이런 아동들이 학교에 잘 적응할 수 있도록 세심한 관심이 필요하며 뒤처지지 않도록 체계적인 대책이 요구된다.

CHAPTER
05

청소년기

1. 신체발달

1) 신체 성숙

청소년기(靑少年期)는 키와 체중이 증가하는 제2성장급등기라고도 한다. 이 시기에는 사춘기가 시작되면서 호르몬이 증가하여 체중이 늘고 각종 신체기관의 크기와 특히 뼈, 근육의 증가가 두드러진다. 이러한 성장급등현상은 남자는 12~14세경에 나타나며 19세경 정점에 이르게 된다. 여자는 10~12세경에 급등현상이 나타나며 16세경 정점에 이르게 되는데, 남녀의 개인차는 물론 유전적 영향, 영양 상태, 사회환경 등에 따라 차이가 존재한다.

청소년기가 되면 남아는 어깨가 넓어지며, 근육이 발달하여 남자다운 외모를 갖추게 되며, 여아는 엉덩이가 성인처럼 넓어지며 어깨가 좁고 피하지방이 발달하여 여자다운 외모를 갖추게 된다.

2) 성적 성숙

청소년기에 있어서 가장 큰 변화는 성적 성숙이다. 이 시기는 성호르몬의 분비가 증가하면서 신체상의 성적 특징이 나타난다. 성적 성숙은 1차 성징(first sex characteristics)과 2차 성징(secondary sex characteristics)으로 나누어진다. 1차 성징은 생식을 위해 필요한 기관들로 남자의 고환, 음경, 음낭, 정낭을 말하며, 여성은 자궁과 질, 난소, 나팔관 등을 말한다. 일차적 성징에 의해 남자는 보다 남성스러워지고 여자는 보다 여성스러워진다. 이러한 신체적 변화는 개인에 따라 발달 속도의 차이는 있지만, 그 순서는 동일하다.

(1) 호르몬의 변화

청소년기의 발달에 큰 영향을 미치는 것은 호르몬의 변화이며 남성은 테스토스테론(testosterone)이, 여성은 에스트로겐(estrogen)이 많이 생성된다. 이 두 가지는 남녀의 모두에게서 검출되나 상대적으로 어느 호르몬이 많이 검출되느냐에 따라 남성과 여성의 특징이 나타나게 된다.

(2) 남자 청소년의 성적 성숙

소년기의 성숙을 나타내는 최초의 표시는 고환과 음낭의 확대이다. 고환은 정자를 만들고 테스토스테론을 분비한다. 테스토스테론은 음경과 음낭을 확대하고 어깨뼈를 발육시키는 등 남성 특유의 성적 발달을 일으킨다. 음모와 체모가 자라고, 성대의 크기가 증가해서 저음의 목소리를 내게 된다. 또한, 남자는 13세경에 처음으로 몽정을 하게 되고, 성적 충동이 일어나게 된다. 이럴 때는 욕구조절에 도움이 될 수 있는 스포츠 활동 같은 것을 통하여 욕구를 발산하도록 유도하고 선배나 같은 성인 아버지의 역할이 바른길로 유도하는 데 도움이 된다.

(3) 여자 청소년의 성적 성숙

소녀들이 성숙해지는 최초의 징표는 유방의 확대이며, 동시에 음모가 발달하고 자궁과 질의 성장이 급속하게 일어난다. 이와 함께 초경이 발생하게 된다. 초경은 소녀에게 불안과 공포, 수치심을 나타내기 쉬우나 사전에 예비지식을 통하여 자연스럽게 받아들일 수 있다. 초경은 보통 14세 전후에 시작되며 인종, 문화, 기후, 영양 상태, 개인의 건강 상태에 따라 다르게 나타난다. 여성의 초경은 임신을 가능케 하여 성인이 되고 있는 것이므로 월경에 대한 부정적 태도를 갖지 않도록 가정과 학교에서 사전 교육이나 지도가 중요하다.

소녀들의 특징인 유방의 발달은 사춘기 동안 시작된다. 처음 유두가 돌출되고, 유두 주위 유방이 융기하여 부풀어 오르고 청소년기 중반에 이르러 풍만하게 발육되어 성장이 멈추게 된다. 유방 발육 또한 개인차가 크며 발육이 빠른 소녀는 초경도 빨라지게 된다. 요즘 청소년기의 소녀들은 신체적 성숙이 빨라 비교적 일찍 가슴이 발육되어 초경도 일찍 하는 현상이 나타나고 있다.

3) 운동발달

청소년기에는 여성보다 남성의 운동능력이 훨씬 뛰어나다. 남성은 2차적 성 특징인 근육이나 골격이 크게 발달하고 여성은 신체적 변화인 월경이나 외모에 대한 미적 관심, 사회적 관습으로부터 제약을 받게 되어 운동능력에서 차이가 난다. 남성은 남자다운 외적 활동인 뛰기, 던지기, 민첩성 등 활동적인 운동을 많이 하게 된다. 운동능력은 남녀 모두에게 중요하며 사회활동을 하는 데 자신감을 갖게 한다. 운동능력이 뛰어난 청소년들은 성격이 명랑하며 사회적 적응을 잘하는 반면, 운동능력이 부족한 청소년은 부정적 정서를 갖게 되어 열등감을 느끼거나 사회생활에서 위축되어 점점 활동이 소외되기 쉽다.

4) 신체상(Body image)

누구나 자신의 외모에 대한 관심은 크다. 외모에 자신이 있으면 사회 활동도 자신있게 하나 외모에 자신이 없으면 괜히 위축되거나 자신감을 잃게 된다. 여성은 남성보다 자신의 체형이나 몸무게에 대해 더 불만족스러워하고 덜 매력적이라고 생각한다. 자신을 과체중이라고 생각하여 낮은 자존감을 느끼거나 우울해하기도 하며 심한 경우 결국, 외모 불만족으로 섭식장애의 원인이 되기도 한다. 섭식장애의 하나인 거식증이나 폭식증은 단순히 음식물을 많이 먹거나 덜 먹는 문제가 아니라 위험한 상태에 이를 수 있는 증상이기도 하다. 거식증으로 사망한 프랑스 모델 겸 배우인 Isabelle Caro(28세)의 소식이 알려지면서 섭식장애의 심각성에 주목하게 되었다. 그녀는 어린 나이부터 거식증을 앓아 키 160cm, 체중 31kg의 저체중인 상태였다. 미국정신과학협회에 따르면 거식증은 표준 체중 이하인데도 체중 증가나 비만에 두려움을 갖는다거나, 정상 체중 유지를 거부한다. 또한, 폭식증은 폭식과 구토 등 부적절한 보상 행동이나 굶거나 지나친 운동, 또한 약물 사용을 하는 것을 의미한다. 대부분 섭식장애 환자들은 자신의 병이 외부로 노출되는 것을 꺼리기 때문에 치료의 시기를 놓치는 경우가 많다. 섭식장애의 치료에는 약물치료, 인지행동치료, 정신상담치료, 가족치료 등이 있다. 약물치료 외에 인지행동치료 역시 중요한데, 폭식과 보상 행동에 대한 악순환을 조절하고 체중과 음식, 자아상에 대한 왜곡의 교정을 통해 치료한다. 이렇듯 섭식장애를 앓고 있는 병적인 환자에게는 전문적인 치료가 필요하다. 하지만 환자의 상태가 아닌 외모의 아름다움을 추구하는 여성의 지나친 신체상의 두려움은 다분히 왜곡적인 요소가 많다. 이는 주관적 판단에 의한 잘못된 의식에 의한 것이기 때문에 어떠한 경우라도 지나치게 남을 의식하지 말고 자존감을 키워 자신 있게 사회생활을 해 나가는 것이 자신의 삶을 가치 있게 영위하는 길이 될 것이다(신명희 외, 2013).

2. 인지발달

1) 형식적 조작기 사고

청소년기는 피아제(Piaget)의 인지발달 단계에서 구체적 조작기에서 형식적 조작기로 변화하는 과정이다. 이 시기는 추상적 논리 사고 능력이 있으며 추상적 명제에 대한 논리적 사고 능력이 발달한다. 즉 '어떠한 현상에 대해 가설을 세우고 가설을 검증하는 자료를 수집하여 가설 연역적인 논리적 사고가 가능하다. "사람은 죽는다(명제). 소크라테스는 사람이다(명제). 그러므로 소크라테스는 죽는다(결론)."는 논리적 사고가 가능하다. 이렇듯 청소년기에는 추상적 사고가 가능하므로 사회적 · 이념적 문제에 대해서도 논리적 · 진보적 추론이 가능해져 사회, 문화, 정치, 종교, 철학, 경제 등으로 관심이 확대된다. 청소년은 또한 조합적 사고를 할 수 있다. 어떠한 문제에 직면했을 때 모든 해결책을 논리적으로 궁리해 봄으로써 결국 문제를 해결하는 능력이다. Piaget(1958)와 Inhelder는 진자 과제(pendulum task)를 통해 추의 길이와 무게에 따라 추의 진동이 느리고 빠름의 차이를 추론해 내는 해결능력이 있음을 밝혀냈다. 청소년들은 여러 명제 간의 논리적 추론을 끌어내는 명제적 사고를 할 수 있게 되어, 한 가지 측면의 사고에 국한되지 않고 다차원적인 사고능력이 발달한다. 따라서 역지사지의 관점에서 상대를 관찰할 수 있으며 이에 따라 인간관계에서 성숙한 모습을 갖추게 된다.

2) 언어발달

청소년기의 뇌는 신경세포 수가 증가하고 연결이 복잡해지면서 사고 수준도 높아진다. 특히 전전두엽 피질(prefrontal cortex)은 20대 초반까지 지속해서 발달한다. 전전두엽은 청소년기 동안의 복잡한 지적 과제를 수행하는 데 기초가 되며, 작업기억과 정보 처리의 중요한 역할을 하여 기억할 정보와 필요 없는 정보를 구분한다. 전전두엽이 중요한 것은 청소년의 감각과 감정을 조절하는 데 매우 중요하기 때문이다. 청소년기는 성인기보다 감각과 감정에 비해 조절능력이 부족하므로 충동적이고 산만하여 일탈에 빠지기 쉽다.

신경과학 전문지 Nature Neuroscience(1999년 11호)의 발표에 의하면, 생후 15개월 때 폭행을 당하고 쓰러져 전전두엽을 다친 20세 여자와 생후 3개월 때 뇌수술로 역시 전전두엽이 손상된 23세 남자가 조사되었다. 당시 이들은 뇌 손상에서 회복되어 안정된 가정에서 정상적 교육을 받고 성장했음에도 사춘기가 되자 습관적으로 거짓말을 하고 도둑질, 폭력, 무책임한 성행위를 하기 시작했으며, 자신의 행동에 죄책감도 전혀 보이지 않았다고 한다. 정신과 테스트 결과, 두 사람은 현실적인 상황에 올바로 대처할 능력이 없는 것으로 나타났다. 따라서 전전두엽이 제때, 제대로 성장하기 위해서는 가정과 학교의 적극적인 지원으로 적절한 신체활동과 원만한 대인관계가 유지될 수 있도록 해야 할 필요성이 있다는 것이다(신명희 외, 2013).

청소년기에는 타인의 관점을 이해하고 식별하는 능력, 즉 사회적 조망능력이 발달한다. 그들은 은유, 비유, 풍자 등을 즐겨 사용하고 인터넷, 휴대폰을 통해 그들만의 통신 용어를 사용한다. 긴 문장 대신 짧고 간결한 축약형의 단문을 사용한다. 또한, 그들이 사용하는 통신 공간의 사용어는 상대방을 비난하거나 비꼬는 투의 단어가 많다. 이러한 청소년의 언어는 기성세대와의 소통의 단절을 가져오기도 하고 일상생활에서 아무런 의식 없이 사용하고 있어 표준어 사용이나 국어의 올바른 사용에도 문제가 되고 있다.

3) 자아중심성

자아중심성은 타인과 자신의 세계를 구분하지 못하고 자신만이 특별한 존재라는 착각에 빠져 자기중심적이 되는 현상을 말한다. David El kind(1967)는 청소년의 사고의 특징을 '청소년기 자아중심성'으로 정의하고, 이는 '상상적 청중(imaginary audience)'과 '개인적인 우화(personal fable)'의 두 가지 문제로 나타난다고 제안하였다. 상상적 청중이란 자신의 행동이 모든 사람의 관심 대상이라고 생각하는 지나친 자기도취적 사고이다. 예를 들어 거리를 걸어가면 모든 사람이 자신을 쳐다보리라고 생각을 하거나, 자신이 무슨 옷을 입었는지 관심을 가질 것으로 생각하는 것이다. 그들은 아무리 바빠도 거울 앞에 서서 머리를 만지고 옷을 고르며, 상대방이 자신에 대해 어떻게 생각할까에 지나치게 신경을 쓰는 특징을 갖는다.

개인적 우화란 자신은 특별한 존재이기 때문에 다른 사람과는 차원이 다르다고 믿는 믿음이다. 이들은 사회에서 일어나는 불행한 사건 사고들이 자신에게는 결코 일어나지 않을 것으로 생각하며, 자신과는 상관 없는 일이며 설령 일어난다 하더라도 그러한 고통은 없을 것으로 생각한다. 이러한 생각은 자신의 행동에도 영향을 미쳐 위험한 행동을 하더라도 자신은 괜찮을 것이란 비합리적 관념을 갖게 된다. 사고가 나도 자신은 다치지 않을 것으로 생각하고 심지어 성관계를 해도 자신은 임신이 되지 않을 것이라고 믿는다. 이러한 개인적 우화는 자신감과 위안을 주는 측면도 있지만 지나치면 자신의 행동으로 위험한 상황에 빠져도 문제를 회피하고 자신을 합리화하는 생각을 가질 수 있게 된다.

3. 정서발달

1) 정서발달의 특징

청소년기의 가장 큰 특징은 사춘기를 경험하면서 신체적으로나 성적으로 급격한 변화를 겪고 강한 성적 충동을 일으킨다는 것이다. 이들은 성적 성숙에 있어 호기심과 낙관적 감정을 갖지만, 동시에 비관적 감정을 갖는 등 자부심과 수치심이 교차하며 이중적 정서를 나타내기도 한다. 이러한 정서적 특성 때문에 청소년기를 '질풍노도(storm and stress)의 시기'라고도 부른다. 청소년기에는 수치심, 고독감, 애정, 정조, 우울, 죄책감, 열등감, 분노, 질투, 불안과 근심 등을 경험하며 이들의 정서는 일관성이 없고 불안정하다. 이러한 정서의 변화는 청소년들이 겪게 되는 이성문제, 학업문제, 진로와 취업문제 등에 대한 고민이며 이들이 직면하는 사회 · 문화적 문제와 정치 · 경제 · 종교와도 관계가 깊다. 이들은 높은 이상과 열정을 가졌으나 문제를 해결하는 데는 미숙하여 실제로는 공상과 동경의 상태에 머무는 경우가 많다.

2) 정서의 형태

청소년기의 특징 중 정조(sentiments)란 개인이 가지고 있는 이념이나 이상, 목적과 같은 지적인 활동에 수반되는 정서의 한 부분이다. 정조는 자아 이상, 자아의식, 미적 추구 등과 관계가 있어 올바른 정조 형성은 매우 중요하다. 정조는 지적인 정조, 윤리적 정조, 심미적 정조, 종교적 정조 등 4가지 정도로 나누어 볼 수 있는데, 그 내용을 간략하게 요약하면 다음과 같다(신종우 외, 2015).

첫째, 지적 정조(intellectual sentiment)란 인지작용에 따른 감정의 총칭이라고도 한다. 지적 정조란 모든 흥분된 감정을 배제하고, 진리를 추구하고 허위를 싫어하며 감정이나 부조리 또는 의혹에 대한 불만이 해결되면 만족하는 학습된 교양을 의미하는 정조이다.

둘째, 윤리적 정조(ethical sentiment)란 도덕적 정조라고도 한다. 사회적 행동과 규범을 도덕성에 비추어 평가할 때 나타나는 감정으로 타인 또는 자신의 감정을 엄격하게 바라보는 정조를 의미한다. 윤리적 정조는 도덕적인 사회의 가치와 규범에 따른다.

셋째, 심미적 정조(aesthetical sentiment)란 예술적 정조를 의미한다. 자연계나 인생 혹은 예술(미술, 음악, 문학, 예체능) 등의 미적 가치를 감상할 때에 일어나는 우아하고 고상한 감정을 의미한다.

넷째, 종교적 정조(religious sentiment)란 종교 그 자체가 자신의 가치에서 일어나는 감정으로 인간의 나약함, 한계성에 대한 열등감이나 존재 의미를 어떤 절대자에게 의지함으로써 열등한 감정을 극복하고 정서적 안정감을 유지하기 위한 것이다. 인생의 고뇌, 염원, 신앙, 귀의, 달관, 무념, 무소유 등의 감정이 종교적 정조의 대표적인 것들이다.

청소년기의 또 다른 특징 중 불안은 미래에 생길지도 모르는 일을 미리 두려워하고 걱정하는 것으로 실제적 원인보다는 상상에 가까우며, 고독은 자아를 통찰하고 본질을 파악하는 데 매우 중요한 경험이다. 분노는 간섭, 압박, 무시, 욕구불만, 불공평한 취급 등에서 발생하며, 분노의 표현으로 반항이나 물건을 걷어차거나 집어 던지는 등 과격한 표현을 하기도 한다. 열등감은 타인과 자신의 비교를 통해서 자신이 부족할 때 나타나므로 열등감을 해소하고 자신의 삶이 긍정적인 방향으로 진행될 수 있도록 도움이 필요하다. 애정은 자신에게 만족감과 쾌락을 가져다주는 상대방에 접근하고 노력하는 것으로 동성의 친구들로부터 이성의 친구에게로 옮겨진다.

4. 심리 · 사회적 발달

1) 자아정체감의 발달

(1) 자아정체감의 개념

자아정체감(ego identity)이란 자신의 과거, 현재, 미래에 대한 총체적, 함축적, 일관적인 믿음과 느낌이다. 에릭슨(Erikson)에 따르면 인간은 자신의 과거 노력과 현재의 문제점들, 그리고 미래의 기대 간의 일관성을 추구하는 존재로서 기본적으로 정체성을 추구하는 동물이다(Erikson, 1968). 자아정체감은 상황이 바뀌거나 시간이 흘러도 여전히 변하지 않고 일관된 자기 자신에 대한 인식으로 고유성과 통합성, 일관성을 계속 견지해 나가는 것을 의미한다. 자아정체감을 확립하기 위해서는 인간의 존엄성, 의지, 신뢰감, 자기통제력을 갖고 있어야 한다. 또한 타인과 취미, 가치, 동기 등을 공유하고 있더라도 자신은 그들과 다른 개성과 가치를 가진 독특한 개인이라는 자각이 있어야 하며, 어떠한 경우에서든 자신은 일관성을 가지고 있다는 자기지각을 하고 있어야 한다. 따라서 자아정체감이란 자신과 타인을 다른 유기체로 인식하고, 자신의 경험, 능력, 신념, 가치 등을 타인과 조화롭게 협력하며 자신을 일관성 있게 견지하려는 하나의 체계라고 할 수 있다.

(2) 자아정체감의 상태

에릭슨(Erikson)에 의하면 정체성 위기는 '나는 누구인가?'라는 의문으로부터 출발한다. 청소년기에는 자신에 대한 타인의 생각에 관심이 많고 장차 자신의 진로와 평생 직업에 대한 갈등을 겪게 된다. 이에 대한 답을 추구하는 과정에서 자신의 심리적 위기를 잘 극복하면 긍정적인 정체감이 발달하지만, 그렇지 않을 경우 부정적 정체감이 형성된다. 이러한 양극적인 갈등과 이를 극복해 가는 과정이 곧 정체감의 위기이다. 청소년기 동안 자아는 여러 형태의 변화를 경험하면서 안정되고 통합된 자기평가에 도달한다. 이 통합된 자기평가의 결과가 자아존중감이다. 자아존중감이 타인에 의해 혹은 여러 하위체계에서 중요한 역할로 인정받을 때 높은 자아존중감을 느끼지만 그렇지 못할 때는 낮은 자아존중감을 느끼게 된다. 청소년들에게는 또래집단이나 학교 급우들의 인정 여부가 부모보다도 훨씬 큰 영향을 받는 것으로 보고되어 있다. 자아존중감(selfesteem)은 청소년기에 큰 영향을 미치며 자아존중감이 낮은 청소년들은 대인기피증이나 우울증을 겪는다. 부모의 지나친 기대나 요구에 부응하지 못하고 무력감에 빠지면 우울증의 원인이 된다. 따라서 부모의 지지와 적극적인 격려가 청소년기의 우울증을 벗어나 자아존중감을 회복하는 데 큰 도움이 된다.

마르샤(Marcia, 1980)는 에릭슨(Erikson)의 이론을 발전시켜 정체성 지위(status of

identity)에 관한 연구를 하였다. 즉 '정체성 위기 경험 여부'와 '과업에 대한 전념'이라는 두 가지 기준에 따라 정체감의 상태를 정체감 유예, 정체감 유실, 정체감 혼미, 정체감 성취의 네 가지 수준으로 구분하였다.

가. 정체감 혼란

정체감 혼란 상태에 있는 청소년은 위기를 경험하지 않았고 직업이나 이념을 선택하지 않은 경우이다. 인생의 방향을 선택하지 않았으며 이러한 의사결정을 하는 데 어려움을 보이며 위기 또한 해결하지 못한다. 이들은 여러 가지 사회의 변화, 생리적 변화를 겪으면서 자신에 대한 존재와 삶에 대한 의문을 던지면서 방황하기도 한다. 정체감 혼란상태에 있는 청소년은 자아존중감이 낮으며, 정체감이 없고 혼란과 무력감에 빠져 있다. 부모로부터 거부당했다고 느끼거나 애착 관계가 형성되지 않아 부정적인 문제아로 발전할 가능성이 높다. 정체감 혼란의 청소년은 정체감 유예나 정체감 성취 수준의 청소년보다 자존감, 자기 통제력, 자발성이 떨어진다.

나. 정체감 유실

자기 스스로 주도적인 생각을 갖지 않고 부모나 사회의 가치관을 그대로 받아들여 위기를 경험하지 않은 상태이다. 직업과 가치 선택에서도 자신이 선택하기보다 이미 부모가 선택해 놓은 것을 받아들이는 것이다. 부모가 선택한 직업을 그대로 받아들이거나 부모가 선택한 배우자를 그대로 받아들여 결혼하는 경우이다. 정체감 유실은 자신의 가치관이나 진로에 있어 '나는 누구인가?'라는 의문이나 어떠한 대안을 선택할지 고민해 보는 위기를 경험하지 않고 부모나 어떠한 다른 역할모델의 가치나 의견을 그대로 수용하여 그들과 비슷한 선택을 한 결과로 어떠한 위기 없이 조건 없는 의사결정을 내린 상태이다. 따라서 겉으로는 아무런 문제가 없어 보이나 내적으로는 미성숙한 상태로 청소년기는 안정적으로 보내다가도 성인이 되어 정체감의 위기를 경험하는 경우도 있다. 정체감 유실 수준의 사람은 정체감 유예나 정체감 성취 수준의 사람에 비하여 부모와 강한 애착 관계를 가지며, 자신에 대해서는 자존감이 낮고 의존적이며 사려 깊지 못하다.

다. 정체감 유예

정체감 유예는 현재 정체감 위기나 변화를 경험하고 있는 상태로 정체감 확립을 위해 노력한다. 자기 삶에 자신감과 주체성이 없어 독립성이 없고 성인도 아동도 아닌 어중간한 상태로 청소년의 특권을 계속 유지해 나가려는 일종의 정체 시기라 할 수 있다. 이들은 정체감 형성을 위해 다양한 실험, 행동, 역할 등을 시도하고 있으나 아직 의사결정을 하지 못한 상태에 있다. 직업에서 정체감 유예에 있는 사람은 자신의 능력 · 희망 · 적성, 부모의 기대, 사회적 요구를 총동원하여 자신에게 최선의 길이 어떤 것인가를 탐색하기 위하여 여러 가지 다양한 실험을 한다. 하지만 그 과정에서 자신의 선택과 타인의 견해 사이에서 동요를 보이며 불확정 상태에 빠지기도 한다. 이들은 자신의 역할과 과업에 몰두하지 못하고 정체성을 적극적으로 탐색하게 된다. 결국, 이 과도기적 시기가 지나면 정체성을 확립하게 되기도 하고 정체감 혼미 쪽으로 기울어지기도 한다(이근홍, 2015).

라. 정체감 성취

정체감 성취는 자아정체감을 확립한 상태로 삶의 목표와 가치, 직업, 인간관계 등에서 위기를 경험하고 자신감을 성취한 상태다. 이들은 위기를 기회로 만들 수 있으며 자존감이 높고 스트레스에 대한 저항감도 높다. 자신의 성 역할에 대한 분명한 인식 태도와 소속 집단에 대한 소속감을 갖는다. 이들의 특징은 성실하고 목적의식이 뚜렷하며 성취 욕구가 있고 현실적이며 원만한 대인관계를 갖는다. 이들은 부모 · 형제들을 비롯하여 다른 사람들과 인간관계가 돈독하며 안정적이고 자기 확신과 자기 주도적인 경향이 있으며, 확고한 자기 정체성을 갖고 있어 인성발달 등 모든 면에서 성숙한 모습을 보인다.

2) 자아정체감 형성

자아정체감 형성은 오랫동안 진행된다. 정체감의 위기를 경험하지 못해 방황하고 의사결정을 하지 못하는 정체감 혼란으로 시작하여 자신의 역할을 찾고 매사 주도적이며 어떠한 위기도 스스로 해결해 나갈 수 있는 정체감 성취로 이루어진다. 이러한 과정을 겪는 동안 영향을 끼치는 변수로는 부모와 또래집단이 있다. 부모가 자녀에게 주는 영향은 거의 절대적이다. 부모가 자녀와 소통하고 각별한 애정을 쏟으며 자녀의 자율적 의사를 존중하고 지지해 주면 자녀는 스스로 인생에 대해 고민하고 의사결정을 하게 되어 정체감이 성취되거나 유예상태가 된다. 하지만 부모의 통제와 간섭이 심하다면 자녀는 자주적인 의사결정을 하지 못하고 부모가 요구하는 대로 따라가게 되어 위기를 경험하지 못하고 타율적이 되어 버린다. 이렇게 되면 자신의 문제를 스스로 결정하지 못하고 타인에 의해 결정하거나 의존적이 되어 정체감 유실의 상태가 되고 만다. 한편, 부모가 무관심하고 내버려 두며 아무런 영향도 미치지 않는다면 자녀는 정체감 혼미에 빠지기 쉽다.

청소년기의 또래집단 또한 정체감 형성에 많은 영향을 준다. 부모보다 자신의 고민이나 진로문제를 또래집단인 친구들과 상의하는 경우가 많기 때문이다. 이들은 자신의 미래, 진로, 이성 문제 등 비슷한 문제를 갖고 있고 같은 어려움을 겪고 있다. 친구는 다른 누구보다도 자신들의 이야기에 공감하고 소통하는 데 가장 손쉬운 상대이기에 정체감 형성에 주는 영향이 크다. 이러한 정체감 형성에는 성에 따라 다소 차이가 있으며 남성은 미래 진로나 이념, 사회적 가치관에 관심이 있으나 여성은 관계 형성과 결혼 등에 더 많은 관심이 있다.

5. 사회성 발달

1) 가족관계

청소년은 신체적인 성숙과 더불어 정체감의 혼란을 겪으면서 자신의 정체감을 찾으려는 시기이다. 부모의 도움이 필요하면서도 부모에게서 독립하여 자유로워지고 싶어 하는 이중적인 요소를 갖고 있다. 아직은 자신의 품에서 떠나는 것이 두려운 부모와 자신의 욕구대로 뭔가 찾아보려는 자녀의 가치관이 충돌하게 되어 갈등의 상황을 맞이하기도 한다. 부모와 가족의 구속에서 벗어나려는 자녀에 대해 부모는 상처를 받고 배신감을 느끼게 되고 자녀는 부모가 통제하려고 할수록 반항아가 되기 쉽다. 청소년은 성인이 된 것처럼 독립된 인격체로 인정받기를 원하지만, 부모는 아직 그것을 수용할 준비가 되어 있지 않아 갈등하게 된다. 여기서 부모와 자녀 간의 역할을 재정립할 필요가 있다. 부모는 자녀의 자율성과 독립을 인정하면서 이해하고 지지해줄 필요가 있으며, 자녀는 부모의 마음을 이해하며 부모의 관심을 수용할 수 있어야 한다. 이때 필요한 것이 많은 대화이며 상호 존중의 자세이다. 이러한 솔직한 소통이야말로 갈등을 해결하는 가장 건전한 방법이며 정상적 관계를 유지할 수 있는 기제이다.

2) 또래관계

청소년기가 되면 부모에게서 벗어나 같은 또래들과의 관계를 중요시하게 된다. 같은 공동관심사로 마음이 통하고 대화가 통하기 때문이다. 또래들과 많은 시간을 보내고 활동하면서 서로를 지지하게 되고 영향을 주고받으며 관계가 형성되고 사회성이 발달하게 된다. 서로 간에 정서적 안정감을 제공하며, 우정을 통하여 자신을 나타내며 타인을 받아들이고 이해할 수 있게 된다. 이들은 서로 간에 취미와 가치를 공유하고 필요한 정보를 제공하며 자신을 개방하여 신뢰관계를 형성하게 된다. 이러한 신뢰와 믿음은 때로는 세상을 떠난 친구를 따라 자신의 삶도 마감하는 위험성 상태로 발전하기도 한다. 그만큼 관계를 중요시하기 때문이다. 우정을 통하여 서로 간에 안정감을 느끼게 되고 격려, 지지, 피드백을 통하여 자신들의 존재감을 높이고 매력 있는 사람들이라는 자존감을 느끼게 한다.

그러나 또래 관계가 항상 긍정적인 것만은 아니다. 서로 간에 오해하기도 하고 갈등과 긴장으로 비난하고 돌아서기도 한다. 이러한 관계는 고통과 혼란을 준다. 또한, 또래관계는 그들만의 집단에 소속되도록 하고 잘못된 규칙을 지키도록 강요하거나 학습시키기도 한다.

3) 이성관계

청소년기는 동성의 또래관계에서 이성의 관계에 눈을 뜨는 시기이기도 하다. 초기에는 동성관계에 강한 애착을 보이다가 점차 이성에 관심을 갖게 된다. 이러한 현상은 성에 대한 정체성을 더욱 분명하게 하며 자신의 역할에 대한 인식을 새롭게 하는 기회가 된다. 건전한 이성관계는 한층 더 서로를 성숙하게 하고 존재감을 느끼게 한다. 이성관계는 서양에서는 비교적 개방적이고 자연스러우나 동양권에서는 아직도 부자연스러운 것이 현실이다. 특히 한국에서는 지나친 교육열로 인하여 학업에 지장을 초래한다는 이유로 일부 이성 간의 교제를 염려스러워 하는 경향도 있다. 그러나 이성교제를 부정적 시각으로 보기보다는 자연스러운 과정으로 보고, 건전하게 발전할 수 있도록 개방된 공간을 만들어 주고 지지해야 할 것이다.

4) 청소년기와 가상공간

정보통신의 발달은 청소년 문화를 새롭게 바꾸어 놓았다. 언제 어디서나 컴퓨터와 스마트폰으로 소통할 수 있으며 이메일, 카페, 블로그, SNS 등 가상공간을 통하여 공동체 생활을 하고 있다. 주요 여가활동으로 컴퓨터나 스마트폰으로 게임을 즐기거나 정보를 주고받는다. 이러한 정보통신의 발달은 긍정적인 면과 부정적인 면을 모두 가지고 있다.

긍정적인 면은 장소와 시간에 구애받지 않고 필요한 정보를 서로 나누고 취미를 공유하며 지식을 습득할 수 있다는 것이다. 시·공을 초월한 이러한 교류는 전통적인 집단 거주지의 공동체 개념을 완전히 뒤집는 것으로, 대면조차도 하지 않고 가상의 공간에서 공동의 취미와 관심을 공유하는 새로운 영역의 활동이 전개되는 것이다. 결국 학습에 필요한 지식과 정보의 습득도 인터넷을 통하여 도움을 받을 수 있고 강의도 받을 수 있다.

그러나 이러한 편리함이 있지만, 부정적인 면은 사이버 공간에서의 교류로 인하여 대인관계가 위축될 수 있고 비인간화를 초래할 수 있다. 지나친 컴퓨터 활용으로 시력의 저하, 비만 등 건강에 영향을 줄 수 있고, 게임중독이나 음란성 동영상 시청, 사행성 게임 접촉 등 유해 환경에 쉽게 노출될 수 있다. 또한, 가상공간에서의 익명성으로 인하여 타인을 비방하는 음해성 글이나 음란물 불법 유출, 스팸 메일 등의 발송으로 부정적 영향을 미치기도 한다.

5) 성 역할 정체감의 발달

남성과 여성은 사회가 요구하는 성 역할에 따라 차이를 갖게 된다. 사회는 그들에게 적절한 특성, 태도, 행동들을 요구한다. 남성과 여성은 각각의 성 역할이 있어 내면화시키지 못하면 심리적으로 문제가 있는 것으로 인식될 수 있으며 손가락질의 대상이 될 수도 있다. 남성은 신체적인 힘과 운동능력으로 외부적 활동에 맞는 특성을 요구하며, 여성은 내부적인 활동, 즉 가정에서의 자녀 양육이나 전통적인 여성상을 요구받는 경향이 있다. 우리 속담에 '암탉이 울면 집안이 망한다'라거나 '남자는 부엌에 들어가면 고추가 떨어진다'라는 말은 성 역할을 고정화하는 사례라고 할 수 있다.

성 역할 정체감의 발달 요인으로는 부모, 또래, 학교, 대중매체 등이 있다. 부모가 가정에서 어릴 때부터 남자와 여자의 역할이 다름을 가르쳤고, 학교 또한 각각의 성 역할을 하도록 지도하고 있다. 자연스럽게 남녀의 성 역할 정체감을 발전시키는 요인이 된다.

6. 청소년기와 사회복지 실천

1) 신체발달과 사회복지 실천

급격한 신체적 변화가 이루어지는 청소년기는 신체 변화에 대한 이해와 교육을 통하여 건전한 신체발달을 지원할 필요가 있다. 지나친 외모에 대한 편견으로 약물을 사용하거나 식이요법으로 건강에 장애를 가져올 수 있어 적절한 프로그램 개발과 교육이 필요하다. 또한, 신체적 변화로 인한 여성의 초경 불안, 몽정, 자위행위와 이성으로부터의 성적 요구에 적절히 대응할 수 있는 교육과 심리적인 상담을 수행할 필요가 있다(임은희, 2010).

우리 사회가 성에 대해 개방적이 됨에 따라 혼전 성 경험률도 꾸준히 증가하고 있으며, 원치 않는 임신이 결국 낙태로 이어져 사회문제가 되고 있다. 또한, 미혼모의 문제는 사회의 따가운 눈총 속에 가정과 사회로부터 소외되거나 고립되어 산모 자신의 심리적 갈등과 건강을 해치기 쉽다. 십 대 미혼부모는 건강, 학업 지속 여부, 직업 선택, 재혼, 자녀 양육과 입양 등에서 많은 난관에 직면하게 된다. 십 대 미혼부모를 위한 사회복지 실천은 예방적 사전 서비스와 사후 서비스로 나눌 수 있다.

첫째, 예방 차원 서비스로 학교 교과 과정으로 성교육과 홍보가 이루어지고 있다. 상담서비스는 전국 청소년 종합상담실, 한부모가족 복지상담소, 성폭력 피해상담소, 미혼모시설, 입양 알선 기관을 통해 이루어지고 있다.

둘째, 양육을 원하는 미혼모의 증가에 대한 지원체계뿐만 아니라 미혼부의 지원체계도 마련하여 이들이 양육에 큰 어려움이 없도록 복지서비스를 해야 할 것이다. 즉 예산의 확보로 이들 가정에 재정적 지원을 해주어야 한다.

셋째, 정부 차원의 재정적 지원과 함께 십 대 부모가 학업을 계속할 수 있도록 가족과 주변 사람들의 정서적 · 심리적 지원도 이루어져야 한다. 취업 지원이나 다양한 직종 및 훈련과정 개발 주거환경 마련, 생활주기에 따른 자녀 양육방법에 대한 교육 등 효율적인 통합서비스가 제공되어야 한다(도미향 외, 2015).

2) 심리발달과 사회복지 실천

청소년기에 완성해야 할 심리발달은 자아정체감을 형성하는 일이다. 자기 삶의 의미를 찾고 인생을 개척해 나갈 수 있는 문제해결능력과 판단력, 의사결정 능력을 갖추는 일은 매우 중요하다. 그러나 우리나라의 교육문화는 아직도 전근대적인 사고에서 벗어나지 못하는 경향이 있다. 전문성보다 중시하는 학벌, 안정적인 직장의 대명사인 공무원, 힘을 쓰는 판 · 검사나 의사와 교수직 등 특정 분야의 직업에 대한 선호도가 높다. 이것은 개인의 적성이나 능력이 아닌 부모의 희망사항일 경우가 많다. 그래서 본인의 의사와는 관계없이 부모가 원하는 전공과 학교를 선택하게 된다. 결국, 이들은 자신의 의사가 아닌 부모의 기대를 그대로 받아들이는 '정체감 유실'을 경험하게 된다.

과도한 입시경쟁에 시달리는 우리나라 청소년들은 '고3 증후군'인 시험불안이나 우울증에 시달리고 있다. 이러한 경쟁은 청소년들에게 심각한 스트레스를 주고 정신질환을 유발하기도 한다. 또한, 외모지상주의의 사회 풍조는 무리하게 살을 빼는 다이어트를 하게 되어 거식증, 폭식증의 섭식장애를 가져오기도 한다. 특히 이러한 환경을 극복하지 못하는 청소년의 자살률이 증가하는 등 사회문제가 되고 있다. 사회복지 실천의 역할로서 사회복지 기관에서는 이러한 청소년들의 상담을 통하여 정서 · 심리 건강을 돌봐야 하며, 스트레스 관리법이나 가족치료 등을 제공할 수 있어야 한다.

청소년들은 신체적 · 심리적으로 매우 혼란스러운 시기에 있으므로 유혹이나 일탈행위에 빠지기 쉽고 비행과 범죄로 이어지기 쉽다. 청소년 비행의 대부분은 가정폭력 경험이나 가족갈등과 관계가 깊다. 그러나 우리나라의 대책을 사전 예방보다는 보호관찰, 교정교육, 갱생보호 등 사후 대책에 집중되어 있다. 그러므로 사전 예방이 될 수 있는 다양한 프로그램을 개발하고 제공하여 적극적인 개입을 하여야 할 것이다 (도미향 외, 2015).

3) 사회성 발달과 사회복지 실천

청소년기는 가족관계의 영향이 매우 크다. 그러므로 가족관계 강화 프로그램을 개발하여 가족 대상으로 실시하고 가족상담이나 가족치료를 보다 강화해 나가야 한다. 또한, 건전한 이성관계를 형성할 수 있도록 개인 및 집단상담 프로그램을 시행하는 것이 요구되며, 각종 인터넷 중독과 인터넷 비행 및 범죄를 예방하기 위한 감시운동과 같은 사회운동을 전개해 나가야 할 것이다. 이에 여성가족부에서는 2011년 12월 30일, 위기 청소년 지원강화를 위한 '청소년 복지 지원법 전부 개정안'을 국회에서 통과시켜 청소년 복지에 대한 다양한 수요에 대응하고 청소년 위기상황별 지원정책의 근거를 마련했다. 그리고 학교폭력피해, 인터넷 중독 등 어려움에 직면한 청소년들에게 건강한 상담 · 치료 · 생활지원서비스를 제공하는 '국립중앙청소년치료재활센터'의 설치 근거를 마련했다. 또한, 이주로 인하여 사회 · 문화적 어려움을 겪는 이주청소년을 위한 근거 규정을 마련하고 청소년쉼터 등 청소년복지 관련 시설의 설치 · 운영 시 신고의무를 신설하는 등 관련 규정을 정비함으로써 청소년복지시설의 체계적 관리가 가능하게 되었다(조형숙 외, 2014; 도미향 외, 2015).

CHAPTER 06

청년기

1. 신체발달

1) 비만과 운동

채식을 주로 하던 우리의 식단은 경제발전의 풍요로움 속에서 기름진 음식의 과다 섭취와 패스트푸드로 대체하는 등 많은 변화를 거쳐왔다. 이러한 식품들은 고열량 식품으로 포화지방, 당류, 나트륨 같은 비만을 유발할 수 있는 성분은 높으면서 단백질 함량은 낮아 비만을 초래한다. 비만은 고혈압, 당뇨병, 심장질환 등과 같은 성인병을 유발할 뿐만 아니라 수명까지 단축하는 등 건강을 파괴할 수 있으므로 기름진 음식이나 즉석 음식 등을 피하고 채식 위주의 생활습관을 기르는 것이 중요하다.

비만을 방지하기 위해서는 식생활도 중요하지만, 평소 운동하는 습관이 매우 중요하다. 규칙적인 운동은 뼈와 근육, 심장과 폐를 튼튼하게 한다. 또 혈압을 낮추어 심장마비, 암, 골다공증 같은 질병도 예방한다.

운동 중에서 걷기, 달리기, 자전거 타기, 등산, 수영 등 유산소운동은 우리 몸을 건강하게 만든다. 그러나 우리의 생활은 모든 면에서 편리하게 만들어져 있다. 지하철 계단에는 에스컬레이터나 엘리베이터가 설치되어 있다. 몇 십분 안 되는 거리도 걷기보다는 차량을 이용하는 등 신체적인 운동을 할 기회가 거의 없다. 어린이부터 어른에 이르기까지 섭취하는 열량이 소비하는 열량보다 많아 비만이 생길 수 있으므로 주의하여야 한다.

청년기의 신체적 특징으로 외모의 변화를 들 수 있다. 남성도 그렇지만 특히 여성들은 30세를 넘으면서 피부에 탄력성이 떨어져 주름이 생기고 머리카락의 양도 감소하기 시작한다. 무엇보다 외모를 중시하는 사회에서 이러한 신체적 변화는 자아개념을 약화하고 스트레스를 느끼게 한다. 따라서 청년기에는 음주, 흡연, 약물남용, 스트레스를 줄이고 규칙적인 운동을 하며 적절한 영양을 공급해야 한다.

2) 음주 · 흡연

과도한 음주와 흡연은 신체적 건강에 나쁜 영향을 끼친다. 만성적 음주는 신체 손상을 유발하며 알코올중독을 일으키기 쉽다. 과음은 간, 위장, 심장, 뇌, 신경계통에 심각한 손상을 줄 수 있으며 구강암, 후두암, 인후암, 식도암과 골다공증, 유방암의 유발 원인이 될 수 있다.

미국은 성인 남성의 9%, 성인 여성의 4% 정도가 알코올중독자이며, 우리나라의 경우는 30~40대의 남성이 주로 많이 중독되어 있고 그 인구도 약 100~200만 명으로 추산되고 있다.

흡연은 음주보다 더욱 해롭다. 흡연은 폐암, 식도암, 후두암, 신장암, 췌장암뿐만 아니라 위장의 질환 및 심장마비, 기관지염, 폐기종과 같은 호흡기 질환과도 관련이 있다. 니코틴, 타르, 일산화탄소 등은 담배 연기의 성분으로, 담배 연기를 마시면 조직 전체에 전달되는 산소가 줄어들어 심장 박동과 혈압이 상승한다. 또한, 남성의 경우 정자 수 감소와 성 불능 비율이 높아지고 여성의 경우 난자의 감소와 조기 폐경 문제가 나타난다.

흡연은 태아를 가진 여성에게 치명적인 영향을 줄 수 있다. 최근 여성 흡연인구의 증가는 매우 우려할 만하다.

3) 스트레스와 약물 남용

현대인들은 바쁘게 살아가면서 크고 작은 많은 스트레스를 경험한다. 스트레스는 심리적 · 생리적 안정이 흐트러지는 유쾌하지 못한 상태라고 정의할 수 있다. 청소년들은 학교생활이나 교우관계에서, 불안정한 가정의 환경에서, 진로와 취업 등에서 갈등을 겪고 스트레스를 경험한다. 스트레스로 인해 긴장과 불안이 나타나며, 혈압이 높아지고 심장질환이나 위궤양 같은 여러 가지 질병을 유발하기도 한다. 스트레스 해소에는 자신만의 공간을 갖거나 가벼운 운동을 하는 것도 하나의 방법이다. 고민이 있다면 혼자서 고민하지 말고 속마음을 터놓을 수 있는 친구를 만나 이야기를 하면서 해소하는 것도 좋은 방법이다.

청년기에 환각제, 흥분제, 진정제, 마약 등 약물을 사용하는 경우가 간혹 있다. 마약에는 헤로인, 코카인, 모르핀과 같은 것이 있는데 중독성이 강하고 내성이 생겨 후유증이 심각하다. 약효가 있을 때는 환각 상태에 빠지고 도취감을 느끼게 하나 약효가 떨어지면 무력감이나 우울감이 생겨 또다시 마약의 유혹에 빠지게 되어 건강에 악영향을 끼치게 된다.

2. 인지발달

1) 인지발달의 견해

피아제는 인지발달 단계의 마지막 단계인 청소년기에 형식적 조작사고가 발달한 이후에는 인지발달이 거의 이루어지지 않는 것으로 보았다. 반면 Arlin(1975)이나 Riege(1973)는 그 이후에도 인지발달은 지속해서 이루어진다고 하였다. 최근 연구에 의하면 인지능력은 기계적 암기나 지적 과제 수행속도는 10대 후반이 가장 뛰어나지만 판단, 추론, 창의적 사고 등은 전 생애를 통하여 발달하는 것으로 알려져 있다(김동배 · 권중돈, 1998; 이소희 외, 2005).

Bultes와 Schaie는 연령에 따른 지능의 변화에 관한 종단적 연구에서 지능을 다음과 같이 4가지 유형으로 구분하고 이 네 가지 차원의 지능 중에서 시각-운동적 융통성은 청년기, 즉 25세 전후를 정점으로 하여 쇠퇴하였으나 인지적 융통성에는 변화가 없었으며, 결정성 지능과 시각화 능력은 오히려 연령이 증가함에 따라 향상되었다고 한다(Bultes & Schaie, 1974).

2) 지능변화의 4가지 유형

① 결정성 지능 : 언어적 이해력, 수에 관련된 기술, 귀납적 추론과 같이 교육과 경험이 축적을 통해 습득되는 능력(연령이 증가함에 따라 향상)

② 인지적 융통성 : 동의어나 반대어를 생각해 내는 것처럼 익숙한 지적 운용의 맥락에서 한 사고로부터 다른 사고로 전환하는 능력(변화 없음)

③ 시각-운동적 융통성 : 시각과 운동능력의 통합을 요구하는 과제에서 익숙한 방식에서 새로운 방식으로 전환할 수 있는 능력(청년기를 정점으로 쇠퇴)

④ 시각화 : 복잡한 그림에서 간단한 형상을 찾아내거나 불완전한 그림을 확인해 내는 것처럼 시각적 자료를 조직하고 처리하는 능력(연령이 증가함에 따라 향상)

Perry(1970)는 하버드대학교 학생들을 대상으로 인터뷰를 통하여 대학 생활 동안 사고의 변화를 연구하였다. 그 결과 저학년 학생들은 주로 이분법적 사고방식을 취하였고 고학년 학생들은 이러한 방식에서 벗어나 유연한 사고방식을 갖고 있음을 알아냈다. 즉 저학년 학생이 옳고 그름, 선과 악, 우리와 그들 등으로 나누거나 권위자의 전문지식에 의존하는 반면, 고학년 학생들은 절대적인 사고방식에서 벗어나 타인의 다양한 견해나 관점에 대해 인식했다. 절대적 진리의 가능성을 포기하고 상대적인 여러 개의 진리가 존재하는 것으로 유연한 사고를 갖게 되었다. 또한 다른 사회, 문화, 각 개인에 대한 가치 기준을 이해하여 틀린 것이 아닌 다른 것으로 모두 타당하거나 동등한 것으로 인식하게 되었다(신명희 외, 2013).

3. 심리 · 사회적 발달

1) 성격발달

(1) 에릭슨의 심리 · 사회적 발달단계

에릭슨(Erikson, 1968)의 청년기 심리 · 사회적 발달단계는 친밀성 대 고립감이다. 청년기가 되면 다른 사람과 친밀해지기를 원한다. 사회생활을 하기 위해서 다른 사람과 어울려야 하고 협조하여야 한다. 이때 자아정체감이 형성된 사람은 타인을 배려할 줄 알고 이해하며 공감하는 능력을 발휘하여 친밀감을 형성하게 된다. 이러한 친밀감 때문에 직장 동료들과 어울리고 원만한 대인관계를 유지하며 연인과의 사랑을 통하여 결혼하고 안정된 가정을 이루어 나가게 된다. 반면 자아정체감에서 실패한 사람은 타인과 어울리지 못하고 고립되어 대인관계를 기피하게 된다. 친밀성 대 고립감이 형성되는 이유이다.

(2) 레빈슨의 인생 사계절

레빈슨(Levinson, 1978)은 35~40세 남성을 심층 면접한 결과 『남자가 겪는 인생의 사계절(The season of a Man's Life)』이라는 책을 집필하였고, 여기서 성인기에 일어나는 변화를 단계적으로 구분하여 제시하였다(신명희 외, 2013).

Levinson에 의하면, 인간의 인생주기는 대략 25년씩 지속하는 일련의 시대를 통해 전개된다. 아동기와 청소년기(0~22세), 성인 전기(17~45세), 성인 중기(40~65세), 성인 후기(60세 이후)의 네 가지 시대와 각 시대가 시작하는 시점으로부터 5번의 전환기가 있다. 그중 청년기(성인기)에 해당하는 17~33세 사이에 남자들은 첫 번째로 잠정적인 삶의 구조를 형성한다. Levinson은 이 시기를 "에너지와 풍요로움, 모순과 스트레스가 최고"인 시기라고 하였다. 이 시기에 남자들은 학교를 졸업하고 입대를 하게 된다.

우리나라에서 군입대는 모병제가 아닌 4대 의무 중의 하나로 누구나 피할 수 없는 과정이기도 하다. 2년여의 군 복무를 마치고 제대를 하게 되면 배우자를 선택하거나 첫 직장을 잡게 된다.

배우자를 선택하는 것은 아주 중요한 일이다. 일생을 함께해야 할 반려자를 맞이하는 일이기 때문에 자신의 성격과 잘 맞아야 하고 어느 정도 생활능력이 있는지도 기준이 된다.

배우자의 선택만큼 중요한 것이 직업의 선택이다. 자신의 적성과 꿈에 맞는 직업인가를 고려한다. 지금까지 생각해 왔던 실현 불가능한 꿈이나 환상은 더이상 추구하지 않고 현실적으로 돌아와 자신의 미래를 구체적으로 생각하게 된다. 30세를 전후한 전환기에는 자신의 선택에 대해 재평가를 한다. 자신의 선택이 최선인가 생각해 보고 더 좋은 방법이 있다면 과감히 도전도 해보고 그렇지 못하면 현재에 적응하고 이미 선택한 일에 최선을 다하고 성취하려고 한다. 그러다 30세 후반이 되면 어느 정도 가정적으로나 직업적으로 정착단계에 들어서게 된다. 따라서 가정에 충실하게 되고 한 가장으로서의 위치를 정립하게 된다. 직장에서도 승진 등에 관심을 두며 직장 내에서 자신의 목표를 재설정하고 적응해 나간다.

Levinson은 그 후 45명의 여성을 면접하여 『여자가 겪는 인생의 사계절(The season of a Woman's Life)』을 집필하였다. 여성을 면접한 결과 남성의 모델과 유사하였으나 여성에게는 남성의 직업성취보다는 가정에서의 역할 수행이 더 중요한 요인이며 일과 가정의 양립을 하는 데 많은 어려움이 있다는 사실이 밝혀졌다.

2) 사랑과 결혼

청년기의 발달과업 중 사랑과 결혼은 매우 중요한 관심사다. 행복한 인생설계는 첫 단추를 어떻게 시작하느냐에서부터 달라지기 때문이다. 사랑하는 사람과 결혼을 하고 자신의 미래를 맡기는 일은 일생을 결정하는 일이다. 이성에 대한 관심은 청년기가 되면서 인생의 동반자를 구하는 애정으로 발전하게 된다. 이 시기에는 정서 지향적이고 낭만적 사랑에서 벗어나 영속적 관계를 유지할 수 있는 동반자를 구하게 된다(김동배 외, 1998). 친구와 연인을 구분하게 되고 좀 더 현실적으로 자신의 편안한 안식처가 될 사람을 찾게 된다. 현재의 경제 능력이나 직업 등을 보는 것도 그런 이유 중의 하나다. 그러나 사랑을 버리고 지나치게 경제적인 안정을 찾는 경우 결혼 후에 성격이 맞지 않아 후회하거나 끝내 갈등을 극복하지 못하고 이혼을 선택하기 쉬우므로 결혼은 그만큼 신중히 해야 한다. 청년기의 교제는 평생의 동반자를 탐색하고 결정하는 결혼을 전제로 하므로 더욱 큰 의미가 있다.

청년기의 이성 교제와 배우자 선택은 결혼을 위한 마지막 단계이며 행복한 결혼생활을 위해서는 현명한 배우자 선택이 필수조건이라 할 수 있다. 배우자 선택을 위해서는 자신을 알아야 하고, 상대방의 욕구, 성격, 관심, 가치관을 파악해야 한다. 그리고 두 사람 관계가 타인에게 미칠 영향을 고려해야 하며, 서로의 일치성을 확인해야 하고, 사랑이 있어야 하며, 결혼의 지속성 여부를 고려해야 한다(이소희 외, 2005).

Lesis(1973)는 배우자 선택단계를 유사성(similarity) 단계, 라포르(rapport) 단계, 자기공개(self-disclosure) 단계, 역할탐색(role taking) 단계, 역할조화(role fit) 단계, 상호결정 단계 등 6단계로 제시하였다.

① 유사성 단계 : 상대방의 사회적 배경, 가치관, 성격 등이 유사함을 지각한다.
② 라포르 단계 : 상대방에 대해 긍정적 평가를 하고 호감과 친밀감을 느낀다.
③ 자기공개단계 : 상대방에 대한 신뢰감이 증진되며 서로 자유롭고 솔직히 자기표현을 한다.
④ 역할탐색단계 : 밀접한 관계 속에서 자신의 역할을 구축해 가고 상대방의 역할에 대해 기대를 형성한다.
⑤ 역할조화단계 : 서로에 대한 역할기대와 역할수행을 통해 상호보완적 조화를

이루어간다.

⑥ 상호결정단계 : 서로의 역할을 수용하여 확정하고 동반자로서의 정체감과 일체감을 느낀다(곽형식 외, 2002).

Stemberg(1986)에 의하면 사랑에는 친밀감, 열정, 책임 등의 세 가지 구성요소가 있는데, 친밀감은 사랑의 정서적 요소로서 남녀 간의 사랑이나 친구, 부모와 자녀 간에도 존재한다. 열정은 사랑의 동기적 요소로서 신체적 매력, 성적 욕망 등을 의미하며 남녀 간의 사랑에만 존재한다. 책임은 인지적 요소로서 관계를 유지하기 위한 약속이며 관계를 지속하고자 하는 노력이다. 즉 즐거울 때만 사랑하는 것이 아니라 괴로울 때, 아플 때도 평생 신의를 지키며 상대를 사랑하고, 사랑하고자 노력하며 사는 것이 책임이다(도미향 외, 2015). 혼인서약을 하는 것은 이 책임을 의미하는 것이다. 몸이 건강하고 아무런 문제가 없을 때는 누구나 잘 지낼 수 있다. 그러나 배우자 중 한 사람이 아프거나 힘든 상황에 빠져 있을 때 누군가가 버팀목이 되어 준다는 것은 인생에 있어 매우 중요한 일이다.

결혼 초기의 몇 년은 상호적응의 과정이다. 실제 이 시기를 보내는 것이 매우 어려운데, 이는 긴장이나 갈등이 존재하리라고 미처 예상하지 못했기 때문이다. 이것은 결혼 후 2~4년 사이에 이혼율이 가장 높다는 보고에서도 알 수 있다. 결혼 초기에 긴장의 요인이 될 수 있는 것은 사회 계층적 · 문화적 배경의 차이로 여러 가지 결정을 내리는 데 둘 사이의 타협을 요구하기 때문이다. 부부들은 결혼 초기에 결혼생활의 문제를 가장 예민하게 의식하며 배우자로서 부적합하거나 어색한 감정을 느끼는 경향이 있다(이인정 외, 2000).

3) 직업의 선택과 준비

청년기에 성취해야 할 가장 중요한 발달과업은 직업을 선택하는 일이다. 이에 따라 성인기 삶의 방식이 결정되기 때문에 직업선택에 신중하고 자신이 원하는 직업을 갖기 위해 노력해야 한다. 직업을 선택하고 준비하는 과정을 직업발달이라고 하며 이런 과정에서 개인의 인성 및 특성과 사회적 · 경제적 · 직업적 현실과 조화를 맞추는 것이 가장 이상적이다.

긴즈버그(Ginzberg, 1971)는 직업발달 과정을 3단계로 나누고 있다.

첫째, 11세 이전의 환상적 시기로 이들은 직업선택을 환상적으로 생각한다. 자신의 능력, 성격 등을 고려하지 않고 자신의 소망이나 직업의 외관적인 모습만 보고 결정한다. '제복이 멋져 보여 군인이나 경찰이 좋다.'고 하거나 좋아하는 '배우가 멋져 보여 배우가 되겠다.'고 한다. 요즘은 TV프로에서 하는 여러 가지 경연들을 보고 가수의 길을 걷겠다는 사람들도 많다. 어릴 때는 부모의 영향을 받아 자신의 의지와는 관계없이 대통령이 되겠다고 하거나 과학자가 되겠다고 하는 아이들이 많다.

둘째, 시험적 시기로 11~18세 사이의 청소년 시기이다. 이들은 자신들의 소망과 현실적인 문제를 함께 생각한다. 자신의 취미와 능력을 생각하고 다양한 직업 세계를 탐색한다. 자신의 인생목표와 가치관에 부합한지 생각하고 평생직장으로서의 직업관을 갖게 된다. 이러한 고민은 대학의 학과를 선택할 때 결정된다. 자신에게 맞는 학과를 선택하는 일은 중요하다. 그러나 자신의 적성과 관계없이 점수에 맞추어 전공을 선택한다면 적응하지 못하여 갈등하게 된다. 직업선택의 첫걸음은 전공의 선택이라 할 수 있다. 물론 전공과 상관없이 성공하는 사람들도 많다. 하지만 자신의 적성에 맞는 직업을 찾아 전공을 선택한다면 그만큼 전문가가 될 기회를 갖게 되는 것이다.

셋째, 현실적 시기로 18세 이후가 된다. 이 시기는 구체적으로 자신의 능력, 적성을 자각하고 자신에게 맞는 직업을 선택하는 시기이다. 근무조건은 어떠하며, 수입은 어떠한지, 그리고 자신의 능력을 발휘할 수 있는 직업인지도 관심사다. 개인적 특성과 사회적 인지도, 그리고 평생직장으로서의 안정성에도 관심을 둔다.

▌표 6-1▌ Ginzberg의 직업선택 과정

1단계	시기	특성
환상적 시기	~11세	현실적인 문제에 대한 고려 없이 자신의 소망만을 고려하여 직업 선택
시험적 시기	11~18세	흥미, 노력, 가치관, 인생목표 등을 고려하여 직업 선택
현실적 시기	18세~	특정 직업에 필요한 훈련, 자신의 흥미나 재능, 직업 기회 등을 현실적으로 고려하여 직업 선택

Super(1957)는 직업 선택은 자아개념의 발달과 밀접한 관계가 있다고 하면서 직업 선택과정을 5단계로 나누어 설명하고 있다.

① 직업개념 형성단계(14~18세, 결정단계) : 직업활동을 하는 자신의 이미지를 자아개념에 포함한다.

② 희망직업 세분화 단계(18~21세, 구체화 단계) : 선택 가능한 직업의 범위를 좁히고 그에 필요한 기술과 전문지식을 습득한다.

③ 직업 수행단계(21~24세, 실행단계) : 직업훈련과 교육을 마치고 직업 세계로 진입한다.

④ 안정단계(25~35세) : 자신에게 적합하다고 평가한 직업에서 어느 정도 안정을 이룬다.

⑤ 공고화 단계(35세~) : 자신이 선택한 직업 분야에서 높은 지위를 획득하고 능력을 인정받고 성공한다.

여기서 구체화 단계, 실행단계, 안정단계는 청년기에 속하며 직업에 대한 준비와 선택의 중요한 시기이다.

Holland는 성격유형이론에서 자신의 성격에 적합한 직업을 선택하는 것이 바람직하다고 했다. 자신의 성격에 적합한 직업을 선택해야 하는 이유는 자신의 성격에 적합한 직업이 적응하기 쉽고, 즐겁게 일할 수 있으며, 성공할 가능성이 높기 때문이다.

Holland는 현실적 유형, 지적 유형, 예술가적 유형, 사회적 유형, 기업가적 유형, 관습적 유형의 6가지 기본 성격유형을 제시하였다(신명희 외, 2013).

(1) 현실적 유형

현실적 유형이 선호하는 활동은 기계, 도구를 다루거나 사물을 조작하는 것이다. 실내에서보다 밖에서 활동하는 것을 선호하고 소규모 그룹이나 혼자서 일하는 것을 선호한다. 회피활동으로는 타인과의 상호작용을 부담스러워 한다. 자신에 대한 신념으로는 실제적인, 손재주와 기계적 기술을 가졌으나 사회생활을 하는 사회적 기술은 세련되지 못했다.

현실적 유형에 대한 타인들의 평가는 솔직하고 평범하며, 단순하고 확고한 신념의 소유자라는 것이다. 이들의 가치는 성취에 대한 반대급부가 반드시 있어야 하고 일의 결과를 중시하며 인생을 실재적이고 단순한 것으로 여긴다. 이들에게 맞는 직업은 몸을 움직여 하는 기계공, 트럭운전자, 측량기술자, 농업인, 운동선수, 소방관, 경찰관, 군인 등이다.

(2) 지적 유형

지적 유형의 선호활동은 꼼꼼하고 과학적이며 학문적인 활동이다. 뭔가 탐구하는 것을 좋아하고 조사활동과 문제 해결에 관심이 많다. 회피활동은 외향적인 활동, 즉 물건을 판매하는 활동이나 활발한 대인관계이다. 행동하기보다는 사색을 좋아하고 창의적이고 분석적인 일이나 혼자 하는 일을 좋아한다. 자신에 대한 신념으로는 지적이고 탐구적이며 분석적이나 대인관계의 부족함을 인식한다. 타인들도 이들을 사교성은 부족하지만, 지적이고 합리적이며 논리적인 사람으로 평가한다. 자신의 가치로는 인생을 탐구할 만한 가치가 있다고 여기며 끊임없이 자기 계발과 탐구를 한다. 이들의 직업으로는 의사, 과학자, 물리학자, 생물학자, 심리학자, 작가, 컴퓨터 전문가가 어울린다.

(3) 예술가적 유형

독창적이고 창의적이며 상상력이 풍부하다. 선호활동으로는 독창력을 활용한 작품 활동을 선호하고 자신의 재능이나 기술을 나타내는 활동을 좋아한다. 회피활동은 어떠한 틀에 매이거나 구속되는 것과 반복적으로 일상화된 일을 싫어한다. 자신에 대한 신념으로는 창의적이고 자유로운 상태를 좋아하고 타인의 평가도 창조적이거나 판에 박히지 않은 자유로운 영혼으로 평가한다. 예술적 가치를 추구하고 풍성한 감성과 정서를 갈구하고 도전한다. 이들의 직업으로는 화가, 음악가, 지휘자, 시인, 배우, 작곡자, 디자이너, 무대감독 등이 적합하다.

(4) 사회적 유형

사회적 유형은 낙천적이고 대인관계가 좋으며 소통능력이 뛰어나다. 사교성이 있어 낯을 가리지 않고 모임에서 중심 리더가 되고 싶어 한다. 선호활동으로는 이타적인 행동과 가르치는 활동을 좋아한다. 반면, 기계적이고 기술적인 활동을 싫어하며, 삶의 목적을 다른 사람을 위해 봉사하는 것을 최고의 가치로 여긴다. 타인이 보는 사회적 유형의 평가도 상냥하고 외향적이며 사교적인 모습으로 평가된다. 문제에 직면했을 때 이성적 해결보다 감성에 호소한다. 이들에게 맞는 직업은 성직자, 사회적 사업가, 교사, 상담가, 간호사 등이다.

(5) 기업가적 유형

기업가적 유형은 기업형 스타일로 다른 사람을 거느리거나 지배하려는 유형이다.

타인을 이끌거나 장악하려 하고, 대인관계가 뛰어나며 자기 주장이 뚜렷하다. 반면 불확실하고 모호한 활동을 싫어한다. 타인의 평가는 성실하고 안정적이며 빈틈없는 완벽주의자이다. 이들에게 맞는 직업은 법조인, 정치가, 경영인, 세일즈맨, 회계사, 비서, 은행원 사무원 등이다.

(6) 관습적 유형

관습적 유형은 만들어진 규칙이나 권위에 순응하는 유형으로 체계적이며 질서를 잘 지킨다. 선호활동으로는 기준을 잘 따르고 법을 잘 지키며 따르는 활동을 좋아한다. 모호하고 불확실한 활동을 좋아하지 않으며 타인의 평가 또한 성실하고 안정적인 사람이다. 인생은 예측 가능하다고 여기며 조직 내에서의 안정적인 위치를 중요시 여긴다. 어휘력보다는 사무능력과 수리력이 높은 편이다. 이들에게는 은행원이나 사무원, 회계사, 비서, 사서 등이 적합하다.

Holland는 처음에는 개인이 하나의 유형에 속하는 것으로 생각하였으나 이론을 수정하면서 대부분 사람이 두세 가지 유형이 복합된 유형을 가지고 있음을 알게 되었다.

청년기에 자신에 맞는 직업을 선택하기 위해서는 무엇보다도 자신의 능력, 흥미, 적성, 성격, 자신에 관한 올바른 이해가 있어야 한다. 직업은 일생을 통하여 자주 바꿀 수 있는 것이 아니다. 자주 바꿀수록 승진이나 사회적 성취에 불리하게 작용할 수도 있기 때문이다. 그러므로 직업을 선택할 때는 신중하게 생각하고 판단을 내려야 한다.

4) 성 역할 정체감 확립

남녀는 각각의 성 역할 정체성이 있다고 한다. 긍정적 의미에서 성 역할에 따른 정체감은 의미가 있다. 신체적인 특성을 인정하고 배려해주는 노력 등이 그것이다. 잘못 사용되는 예가 성 역할 이해가 아니라 힘에 의한 구분이다. 성 역할 정체감이란 사회가 특정 성에 적절하다고 인정하는 특성, 태도, 가치관, 흥미 등을 동일시하는 과정으로 그 성에 따른 사회의 역할기대를 내면화하는 과정이다. 청년기에는 성 역할 정체감을 형성해야 사회적 역할을 적절히 수행할 수 있다.

인지발달이론에서는 한 인간을 자기 성에 적합한 역할을 하도록 키우는 것은 자녀의 성별에 따라 부모가 다르게 대하고 자기 자신의 성을 인식하는 데 있다고 본다(이소희 외, 2005). 직접학습이란 남성과 여성으로서 적절한 행동을 할 때 칭찬과 격려로 강화하고 부적합한 행동에는 벌을 줌으로써 학습이 이루어진다고 보고 있다.

그리하여 남아는 단호하고 경쟁적이며, 여아는 얌전하고 협동적으로 자기 성에 적합한 행동을 학습하고 이러한 행동유형은 강화를 통해서 내면화된다고 한다.

성 역할은 아동기부터 형성되기 시작하는데, 성에 따라 성 역할 정체감은 남성과 여성이 서로 다른 특성을 보인다. 남성의 경우 아동기에는 신체적 힘과 공격성, 정서표현의 억제 등과 같은 전통사회의 남자다움을 동일시하려 한다. 그러나 청년기부터는 경제적 성취, 정서적 통제와 정서적 민감성의 겸비, 자기주장능력 등과 같은 현대사회의 남자다움과 동일시해야 하므로 성 역할 정체감 형성에 많은 갈등과 긴장을 경험한다. 여성의 경우 아동기에는 성과 관련된 제약을 적게 받지만, 청년기에 이르게 되면 엄격한 성 역할을 강요당한다.

그리고 청년기가 되어서 전통적 여성상인 현모양처와 현대적 여성상인 유능한 여성이라는 두 가지 성 역할 사이에 갈등과 긴장을 경험한다(김동배 외, 1998).

특히 현대사회에서 바람직한 여성상은 여성의 특성인 온화함, 이해심, 부드러운 감정표현뿐 아니라 모험심, 지성, 야망, 성취 등과 같은 남성적 특성을 고루 갖추는 것이 바람직하다는 주장이 우세해지고 있다(Bem, 1975).

4. 청년기 발달과 사회복지 실천의 관심 영역

1) 청년기의 사회복지 실천

우리나라의 청년기는 많은 변화과정을 겪게 된다. 그중 하나가 국방의 의무인 군 복무이다. 군 복무는 청년기에 해야 한다. 2년여의 군대생활은 기존에 자신이 영위했던 생활과는 전혀 다른 행동양식을 요구한다. 자신의 의지대로 움직이는 것이 아니라 군대라는 특수한 조직에 의해 짜인 시간표에 따라야 하므로 적응하기 힘들 수 있다. 군대에서 총기사고나 탈영의 문제가 일어나는 것도 달라진 생활양식에서 비롯된 것이다. 따라서 이들이 군 문화에 적응할 수 있는 각종 프로그램이나 욕구를 만족하게 할 수 있는 군 사회복지 실천모델을 제공해야 한다.

또한 청년기 직업선택은 일생의 문제이며 삶에 대한 이정표이기 때문에 자신에 대한 이해가 중요하다. 적성과 취미, 성격과 가치관, 자아개발과 성취에 대한 기대에 맞는 직업을 선택할 수 있도록 적절한 정보가 제공되어야 하며 일할 수 있는 환경이 마련되어야 한다. 그러므로 사회복지 실천의 문제로는 이들이 자신에 맞는 직업을 선택할 수 있도록 적성검사, 고용정보 제공, 직업훈련, 취업알선 등 적극적인 활동을 할 수 있다.

청년기에 진정한 자신의 배우자를 만나는 일은 일생의 행복을 좌우하는 일이다. 결혼에 대한 다양한 정보와 예비부모 교육 프로그램, 예비부부교실 등에 참여하여 준비된 결혼생활을 할 수 있는 기회를 제공해야 한다. 부부 간에도 지켜야 할 원칙이 있고 예의가 있다. 서로를 존중하고 배려해야 하며 가사도 분담해서 도와야 한다. 자녀가 태어나면 공동으로 자녀를 양육하는 데 도움을 주어야 하고 함께 노력해야 한다. 최근 늘어나는 이혼은 이러한 체계적인 교육 없이 결혼한 부부들이 많기 때문이기도 하다.

2) 배우자 학대와 이혼

전통적으로 가부장적 사회에서 이어져 온 관습과 사회적 문화는 그 뿌리가 깊다. 남존여비와 남아선호 사상으로 어릴 때부터 남자가 우월한 지위에서 여자를 지배하는 역할을 해왔다. 그러다 보니 주로 남편에 의해서 배우자의 학대가 이루어져 왔고 그것은 결국 가정 파탄으로까지 이어지기도 한다. 학대는 주로 신체적인 것으로 발로 차거나, 흉기, 물건 등을 사용해 구타를 하는 것이다. 언어적 폭력은 멸시, 폭언, 차별, 협박 등이다.

배우자 학대 원인에는 여러 가지가 있다. 개인적 요인으로 알코올 중독이나 약물 남용, 정신장애 등이 있고 가정적 요인으로 부부갈등, 가부장적 가족구조가 있다. 그 외에도 경제적 무능이나 실직 등으로 인한 경제적 원인이 있다. 이러한 요인이 부부 간의 갈등과 가정불화로 이어져 이혼으로 가는 사태를 초래하게 된다. 이혼은 심각한 후유증을 남기며, 부부 모두에게 심한 스트레스와 우울증, 외로움, 죄의식, 실패감 등을 가져오고 자녀에게는 비행, 범죄, 정신장애의 간접적 요인으로 작용한다(김정희, 2001). 또한 이혼은 부모와 자녀 간의 갈등, 양육의 문제, 가사문제, 경제적 어려움 등 예상치 못한 많은 상황을 맞게 한다. 이혼 후 또 다른 어려움은 사회적 인식이다. 이혼을 단순한 헤어짐으로 보는 것이 아니라 인생의 실패로 보는 경향이 있고 주위의 시선도 우호적이지 않다. 그래서 이혼 후 대인기피증이 생기기도 하여 주변 사람들과 어울리지 못하고 우울증에 빠지기도 한다.

배우자 학대와 이혼의 문제에서 사회복지 실천의 관심은 매우 중요하다. 배우자 학대를 예방하기 위해서 학대가 이루어지는 가정에 대한 이웃이나 지자체 등의 역할이 필요하다. 학대는 학대가 일어나는 가정 가까이에서 알 수가 있고 도움을 줄 수도 있다. 빈번한 학대가 일어나는 가정에 관련된 교육이나 정보를 제공할 수 있고 가족치료 등의 도움을 주어야 한다. 경제적인 문제나 실직 등으로 가정불화가 일어난다면 일자리를 마련해주는 지자체의 노력도 중요하다. 가정불화에서 이어지는 이혼의 문제는 더욱 심각하다. 경험해 보지 못했던 상황이 부부에게나 자녀에게 닥쳐온다. 어쩔 수 없이 이런 상황을 맞이했다면 고통을 최소화하고 새로운 생을 살아나갈 수 있도록 해야 한다. 우선 심리적으로 힘들어하기에 극복할 힘과 용기를 북돋워 주고 다양한 사회활동에 나서도록 이끌어 주어야 한다. 경제적인 어려움을 극복하기 위한 일자리 제공과 자녀교육에 대한 관심, 그리고 재혼에 대한 문제도 함께 생각해봐야 할 문제이다.

CHAPTER

07

중년기

1. 신체적 특성

중년기(장년기)는 일반적으로 40세부터 65세 이전까지이며 인생의 전성기로 간주되기도 한다. 의학이 발달하고 생활 수준이 향상되면서 신체적인 관리를 어떻게 했느냐에 따라 중년의 나이도 달라진다. 사람에 따라 신체적, 인지적, 사회적 관계 능력이 많이 다르고 그 구분도 명확하지 않다. 분명한 것은 중년의 시기가 쇠퇴와 상실의 시기가 아니라 성숙과 완성의 시기라는 것이다. 평균수명이 20~30년이 연장되어 60~70대 나이에도 신체적으로나 사회적으로 왕성한 활동을 하는 사람들이 많다. 이들은 경제적으로나 시간적으로 안정되어 있고 여유도 많다.

에릭슨은 이 시기를 '생산성 대 침체감'이라고 표현하였다.

중년기에는 신진대사의 저하가 일어나며 체중이 늘기 시작하여 건강상의 문제가 일어나기 쉽다. 질병에 취약해질 뿐 아니라 질병으로부터 회복되는 시간도 길어진다. 고혈압, 순환기질환, 암도 청년기보다 이 시기에 발병 비율이 높아지며, 류머티즘이나 디스크, 천식 등도 빈번하다. 감각기관의 능력도 감소하고, 시력도 원시가 되는 경향이 있으며 청각도 예민성을 상실하기 시작한다.

중년기의 특징은 피부의 노화로 인한 신체적인 변화이다. 피부가 건조해지고 주름이 생기기 시작한다. 콜라겐 섬유가 감소하면서 피부의 탄력성이 줄어들고 노화되어 검버섯이 생긴다. 남성보다는 여성의 피부가 노화가 빠른데 이는 여성의 진피가 더 얇기 때문이다. 자외선에 노출되거나 흡연 시 더 빠르게 노화가 진행된다. 될 수 있는 대로 자외선을 피하고 선크림을 발라 피부를 보호해야 한다.

1) 감각기능의 변화

(1) 시력과 청력

중년이 되면 가장 직접적으로 느껴지는 변화가 시력의 저하이다. 잘 보이던 글씨가 보이지 않아 신문을 보는 데도 불편을 겪게 된다. 40세쯤 되면 초점을 맞추는 근육과 수정체의 조절능력이 약해지면서 노안이 되는데, 50대에 더욱 약해지고 60대가 되면 수정체가 두꺼워져 가까운 것을 보기 어려워진다. 어두운 곳에서는 더욱 시력이 떨어져 밝은 곳을 선호하고 야간운전이 힘들어진다.

나이가 든다는 것을 느끼는 또 하나의 현상이 청력의 약화이다. 평소 잘 들리던 TV 소리가 잘 들리지 않아 볼륨을 자주 높이게 된다. 청력의 감퇴는 자연적인 세포감소와 동맥경화증으로 인한 혈액감소로 내이 구조의 쇠퇴와 신경 메시지 처리 기능의 약화에 기인한다(신명희 외, 2013). 청력의 손실은 여성보다는 남성이 두 배 정도 빨리 진행된다. 청력손실 예방을 위해 지나친 이어폰 사용이나 시끄러운 작업환경에 긴 시간 노출을 피하는 것이 좋다. 또한, 흡연이나 음주 및 각종 질환도 청력감퇴에 영향이 있으므로 주의할 필요가 있다.

(2) 기타 감각 기능

미각은 50세 정도에서 감퇴하지만 '맛의 미묘한 차이'를 구별하는 능력이 약간 감소할 뿐 크게 다르진 않다. 나이가 들면 맛이 없다고 하나 이것은 맛의 문제라기보다 심리적인 영향이 클 수 있다. 가족이나 친구들과 함께 먹으면 맛있게 먹으나 혼자서 외롭게 먹으면 입맛이 떨어져 그렇게 느낄 수 있기 때문이다.

촉각의 쇠퇴는 손가락 끝이나 손바닥에서 느껴지며, 후각은 감각기관 중 가장 늦게 쇠퇴한다. 후각의 쇠퇴는 우리의 일상생활을 불편하게 한다. 냄새를 잘 맡지 못하여 이웃을 불편하게 하거나 맛있는 음식도 그 향을 느끼지 못하면 그만큼 즐거움이 줄어들게 된다. 후각의 감퇴로 위험한 상황에 노출될 수도 있다. 가스레인지에 음식을 올려놓고 다른 일을 하다 타는 냄새를 맡지 못해 화재로 이어질 수도 있다.

2) 외적 기능의 변화

(1) 비만과 근육

나이가 들면 먹는 양에 비해 살이 찌게 된다. 배가 나오고 허리가 늘어나 평소 입던 옷이 맞지 않게 된다. 원인은 체지방이 늘고 근육과 뼈의 체질량이 감소하기 때문이다. 체지방은 남성의 경우, 배 상복부에 더 많이 축적되고, 여성에게는 팔뚝이나 허리 부분에 축적되어 팔뚝이 굵어지거나 허리가 불룩해진다. 비만은 여러 가지로 건강에 좋지 않으므로 평소 몸 관리가 중요하다. 열량이 높은 빵, 피자, 과자와 같은 밀가루 음식을 줄이거나 기름진 고기 대신 등푸른생선과 채소, 과일 등을 섭취하는 것이 효과적이다.

비만은 음식 조절과 동시에 근육량을 늘이는 운동이 필수적이다. 몸에 무리가 갈 정도로 한 번에 오래 하는 것이 아니라 조금씩이라도 꾸준히 규칙적으로 운동을 하는 것이 좋다. 무거운 것을 들거나 힘에 벅찬 운동은 오히려 건강을 해칠 수 있다. 나이가 들면 마라톤을 완주하는 것보다 매일 규칙적으로 걷기 운동을 하는 것이 중요하다. 이 시기에 근육이 약해져 팔과 다리가 가늘어지는 현상이 나타나는데 헬스 등으로 근육운동을 별도로 하는 것이 도움된다.

(2) 모발

중년기에 나타나는 외적 변화에서 두드러지는 것이 모발의 문제이다. 모발은 양과 굵기, 강도, 곱슬머리 등 유전적 영향을 받는다. 머리카락은 하루에 50~100개 정도가 빠지는데, 50세가 되면 머리숱도 적어질 뿐 아니라 흰머리가 생기기 시작한다. 흰머리가 생기는 것은 모근에 있는 멜라닌 색소가 점차 감소하기 때문이며 모발의 굵기도 점차 가늘어진다. 모발은 유전적 영향이 크지만, 중년이 되면 남자는 이마 양옆에서 M자 모형의 탈모가 이루어지며 심한 경우 대머리가 되기도 한다. 여성은 폐경기 이후 심한 모발의 손실을 경험하기도 한다. 모발의 손실을 방지하기 위해 모발에 좋다는 샴푸나 영양제 또는 머리가 자란다는 약을 사용하기도 하는데 검증이 된 것인지 살펴보고 부작용에 주의해야 한다. 쉽게 머리를 보호하기 위해서는 빗질 사용법을 익히거나 지나친 드라이 열을 줄이고 직사광선에 장기적인 노출을 피해야 한다.

3) 내부기능의 변화

(1) 신경계통

중년기에는 신경 자극이 뇌에서 신체의 근육조직에 전달되는 속도가 평균 10% 정도 감소한다. 그중 5% 정도가 50세까지 감소하며 그 후 뇌와 척수의 신경세포가 점차 감소한다. 나이가 들면 신경계통의 전달 속도가 느려져 운전하는 데도 장애 요인으로 작용한다. 위험한 상황에 대처 능력이 떨어지는 것이다. 신경계의 장애는 치매의 주요 원인이 된다.

(2) 호흡기 계통

중년기에는 폐의 탄력성도 감소하고 흉곽도 작아지기 시작한다. 흉곽이 딱딱해지고 숨을 들이쉬고 내쉬는 동안 가슴을 움직이게 하는 근육도 약해진다. 호흡기 계통도 심장혈관계통과 마찬가지로 운동 부족의 영향을 받기 때문에 규칙적인 운동으로 강화할 수 있다(도미향 외, 2015).

(3) 심장혈관계통

연령이 증가하면 적은 움직임에도 숨이 가빠져 힘들어한다. 이것은 나이가 들수록 심장조직의 탄력성이 떨어지고 경화되며, 심박력과 혈액의 양이 감소하기 때문이다. 50세에는 30세 심장 기능의 80% 정도가 되며, 80세에는 70%로 감소한다. 심장혈관 기능의 감소는 공기조절의 부족과 관련성이 있으므로 꾸준하고 규칙적인 운동이 필요하다.

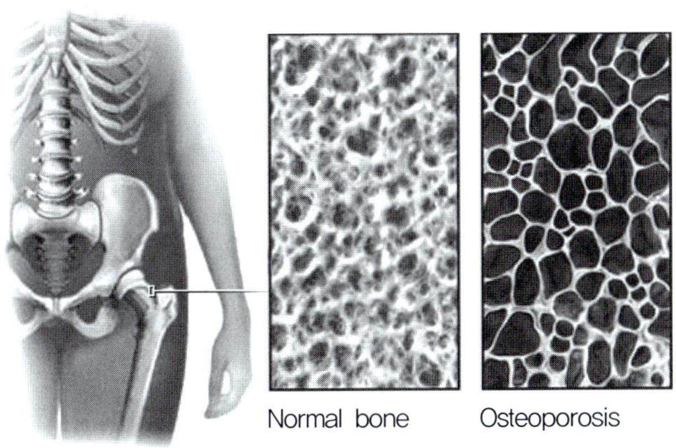

⟨http://blog.naver.com/rapha365/150097055009⟩

(4) 골량과 골밀도

나이가 들면서 일어나는 심각한 신체적 변화 중 하나는 뼈의 질량 감소이다. 이것은 무기질 함유량이 점차 감소해 뼈에 구멍이 많아지고 골량이 감소하는 현상이다.

골량은 여성이 남성보다 20~30% 정도 더 감소한다.

골밀도 감소는 뼛속이 벌집처럼 구멍이 뚫리게 되는 골다공증을 유발하며 뼈를 약하게 만들어 작은 충격에도 쉽게 부서지고 척추뼈의 변화로 키도 줄어들게 된다. 골다공증은 여성에게 많이 발생하는데 그 이유는 폐경기 이후 에스트로겐의 감소로 뼈의 손실이 가속화되기 때문이다. 성장기에 칼슘 등 충분한 영양을 섭취하지 못한 것이나 흡연, 음주, 카페인, 소금 섭취 등 식생활도 관련이 있다. 칼슘 섭취와 꾸준한 운동은 골다공증을 완화하는 데 효과적이다.

4) 생식과 성적 능력의 변화

(1) 여성의 갱년기

여성의 갱년기는 난소 기능의 저하로 생리적 기능 및 성 기능이 감소하는 과도기를 의미한다. 이 시기 여성은 배란과 월경을 멈추고 더는 임신할 수 없는 생물학적 변화를 맞이하게 된다. 1년 이상 월경이 멈추는 과정이 계속되면 폐경이라 말하고, 갱년기는 폐경 전후 수년간의 과도기를 의미한다. 이 시기에 갱년기 증상을 겪게 되는데 개인에 따라 다양한 증세를 나타낸다. 춥고 덥기를 반복하고 신경이 예민해지며 손발 저림, 발한 증상, 변비, 설사, 가슴 두근거림, 피로, 두통, 불안, 우울, 불면증을 겪기도 한다.

(2) 폐경기의 신체적 증상

폐경은 여성이 배란과 월경을 멈추고 더는 임신할 수 없게 되는 것으로 마지막 월경 후 약 1년 정도 걸린다. 폐경기 여성은 쉽게 짜증을 내고, 정서가 불안정하고 특별한 이유 없이 눈물을 흘리거나 우울해 한다. 폐경의 시기는 대개 45세에서 55세 사이가 된다. 학자에 따라 그 원인을 설명하였는데 Hoskin(1946)은 여성이 개인적 가치에 대한 상징을 잃어버림으로써 자아에 위협을 받고 불안이 생긴다고 하였다. Kaluger는 폐경은 여성이 경험할 수 있는 신체적 변화 중에서 가장 스트레스를 주는 요인이며 이는 폐경을 여성의 매력과 젊음의 상실, 노년기로의 이행으로 받아들이기 때문이라고 보았다(신명희 외, 2013).

폐경기의 신체적 증상은 다음과 같다.

첫째, 여성호르몬인 에스트로겐 분비의 감소로 폐경 여성의 2/3 정도가 번열증(hot flashes)을 경험한다. 번열증은 몸 전체가 달아오르는 갑작스러운 현상으로 주로 얼굴이나 상체에 갑자기 열과 땀이 나는 현상인데, 잠시 오한을 수반하기도 한다.

둘째, 질 내벽이 얇아지고 건조해지는 질 건조증을 경험한다. 질이 위축되고 분비물이 적어지므로 성관계 시 통증을 느낄 수 있다.

셋째, 폐경 여성의 1/4 정도가 골다공증을 경험한다. 골다공증은 남성보다 여성의 위험도가 높다. 몸이 마르고 운동을 적게 하거나 흡연 여성에게 주로 나타난다(도미향 외, 2015).

폐경에 대한 태도도 긍정과 부정의 두 가지로 나뉜다. 긍정적 태도로는 더 이상 피임을 하지 않아도 되고, 임신에 대해 걱정을 하지 않아도 되며, 불편한 월경 기간이 없어지므로 상실보다는 획득의 시기로 본다. 반면, 부정적 태도는 출산 능력의 상실, 여성성의 상실, 신체적 건강에 대한 걱정, 노화의 시작 등이다(신명희 외, 2013).

(3) 남성의 갱년기

남성은 여성처럼 갱년기가 지나도 계속 정자를 생산할 수 있고 호르몬이 중단되지 않는다. 일부 남성에게서 수정능력의 감소와 발기불능의 발생빈도가 감지되기도 하는데, 남성호르몬인 테스토스테론의 분비가 감소하는 것이다. 테스토스테론 분비의 감소는 근육조직의 손실과 더불어 심장질환의 위험을 증가시키며 성 기능에도 영향을 미친다(정옥분, 2006).

남성은 노인이 될 때까지 생식기능을 유지하지만, 정액의 양이 줄어들고 임신 가능성도 줄어든다. 테스토스테론의 감소는 뼈의 밀도, 근육량의 감소와 관계가 있으며 에너지 감소, 성욕 감소, 과체중, 우울증, 무기력, 가슴 두근거림, 얼굴이 달아오르는 증상 등을 보일 수 있다. 또한, 체중이 증가하고 배가 나오며 복부비만이 뚜렷해진다. 이러한 증상은 당뇨 및 심장병과도 관련이 있다(신명희 외, 2013).

미국 보스턴시의 40~90세 되는 남성 1,290명을 대상으로 한 연구(Feldman et al. 1994)에서 발기 빈도와 지속시간, 그리고 발기불능 정도를 조사하였다. 연구결과 일부 남성은 발기불능이 발생하였으나 대부분의 남성은 활발한 성생활을 하는 것으로 나타났다. 한편, 중년기 남성은 전립선비대증이 발생하여 소변 보기가 힘들어지고, 일부 남성의 경우에는 암이 발병되기도 한다(Williams, 1977; 도미향 외, 2015).

2. 인지발달

1) 기억능력

연령이 증가하면서 사람들은 기억력 감퇴를 걱정한다. 방금 사용하던 휴대폰이나 TV 리모컨을 찾게 된다. 자동차 키를 어디에 두었는지 기억하지 못하거나 전화번호를 잊어버려 애를 먹곤 한다. 그러나 연구결과는 생각하는 만큼 기억력이 감소하지 않으며 건망증은 젊었을 때도 있었던 것이라 한다.

나이가 들어 건망증이 심하다고 느끼는 것은 무엇 때문일까?

그것은 정보를 효율적으로 저장하지 않아 인출이 어렵기 때문이다. 예를 들어 젊었을 때는 노래에 관심도 많고 가사를 줄줄 외워 노래 부르는 데 지장이 없었다. 그러나 나이들어 알고 있는 노래 가사가 없다고 기억력 감퇴를 걱정한다. 하지만 이런 현상은 나이 든 어른들에게만 있는 것이 아니다. 젊은이들에게도 있다. 다만 젊은이들은 노래에 관심이 많고 더 열심히 부르고 기억에 저장하려 노력한다. 나이가 들면 음악에 관심도 덜 갖게 되고 일상에 쫓겨 바쁘다 보니 노래 부를 기회도 없어 잊어버리는 것이다.

그런가 하면 노래방 기계에 의해 부르다 보니 가사를 기억하지 못하는 것이다.

내비게이션이 나오기 전, 기억에 의해 지리적 장소도 잘 찾았다. 그러나 이제 "내비게이션 없으면 아무 곳도 못 찾아 간다."고 넋두리 한다. 첨단 장비는 우리에게 편리함을 제공해 주었지만 기억력에는 지장을 초래한다. 그 결과 전화번호도 단축 번호로 해놓아 가족들 전화번호조차 기억하지 못하는 상황이 되어 버렸다.

건망증은 기억력의 문제가 아니라 부주의한 습관에 의해 생기는 문제일 수 있다. 백화점 지하에 차를 세워 두고 쇼핑을 마친 후, 어디에 차를 두었는지 모를 때가 있다. 생각해보면 주차하고 나오면서 차의 위치를 정확히 확인하여 기억하지 않고 쇼핑할 생각에만 몰두하여 자리를 떠났음을 알 수 있다.

개인의 지능이나 사회 경제적 요인 또한 지적 기능의 변화와 관계가 있다.

직업에 따라 요구되는 인지능력이 다르므로 어떤 직업에서 계속 똑같은 일을 하게 되면 그 일에 관한 능력은 덜 저하된다.

종단적 연구에서도 성인이 나이가 들수록 직업의 복잡성 수준이 그들의 지적 기능 수준에 계속 영향을 미치는 것으로 나타났다(Schooler et al. 1999). 단순한 직업을 가진 사람들은 기억능력이 감소하는 반면 복잡한 업무를 처리하거나 직업을 가진 사람들은 지적 기능 감소의 비율이 덜 감퇴한다.

1980년대 말 중국 상하이에 사는 5,000명을 대상으로 한 역학조사 결과에 의하면 교육을 받지 못한 사람들이 중학교나 초등학교를 나온 사람들보다 치매에 걸릴 위험이 두 배나 높았다. 이후 프랑스와 이탈리아, 스웨덴, 이스라엘에서 시행된 치매율 조사에서도 유사한 결과들이 나왔다(Strauch, 2010에서 재인용) (신명희 외, 2013).

노후에도 열정적인 건강강의를 해온 정신과 의사 이시형 박사는 세로토닌의 필요성을 역설하며 세로토닌 분비를 늘리는 방법을 제시했다.

세로토닌은 최적의 뇌 컨디션을 만들어 주고 행복감을 느끼게 해주는 호르몬이다. 세로토닌은 정서적이거나 감정적인 행위, 수면이나 기억, 식욕조절 등에 관여하며 인간의 몸과 정신에 생기와 활력을 불어넣어 주는 호르몬으로 씹고 걷고, 심호흡하고 사랑하고, 사람들과 모여 있을 때 분비된다. 품격있는 건강한 중년을 보내기 위해 세로토닌 분비를 늘리는 방법은 다음과 같다(이시형, 2009 재인용).

- 좋은 음식 잘 씹어 먹기
- 배 속까지 깊게 심호흡하기
- 차 없이 즐겁게 걷기
- 몸과 마음으로 사랑하기
- 모이고 어울려 정답게 살기

2) 문제해결능력

문제해결능력은 시기별로 어느 연령대가 높을까? 한 연구결과(Denney & Palmer, 1981)에서 20세에서 79세 사이의 84명의 성인을 대상으로 두 가지 종류의 문제를 제시하였다. 그중 하나는 '스무 고개' 놀이와 같은 것으로 지능검사의 기존 과제와도 비슷한 것이었다. 피험자들에게 흔히 있는 사물들을 그린 그림 42가지를 '네'나 '아니오'의 대답이 나오도록 질문하면서, 실험자가 그중 어떤 것을 생각하고 있는지 알아맞히도록 하는 것이었다. 점수는 정답을 맞히기까지 몇 번 질문을 했는가와 한 가지보다는(예: "그것은 개입니까?"), 한 번에 한 개 이상을 고려한 질문(예: "그것은 동물입니까?")의 비율에 근거하는 과제이다.

연구결과 나이가 많을수록 '스무 고개'를 잘하지 못하였으나 실제적인 문제를 가장 잘 해결한 사람들은 40대와 50대였다. 이들 중년은 자신의 일상생활에 근거하여 문제를 해결하고 대답하였다. 중년기의 사람들은 자신의 경험을 통하여 얻은 통찰력, 판단력으로 높은 수준의 문제해결능력을 갖추고 있었다(도미향 외, 2015).

3) 창의성

창의성은 주로 20~30대의 젊은 나이에 나타나는 사례가 많다. 예를 들어 아인슈타인이 상대성 원리를 발견할 당시 26세였고, 빌 게이츠나 스티브 잡스의 컴퓨터 관련 창의적 업적도 20대에 이루어졌다. 바이러스 퇴치 프로그램을 개발한 〈안철수 연구소〉 안철수 소장의 나이도 20대였다. 그뿐만 아니라 창의적 예술가들에 의한 위대한 업적은 주로 20~30대에 이루어졌다. 하지만 과학자나 수학자의 생산성 또는 창의성에 대한 연구(Simonton, 1991)에서 수천 명의 과학자 대상으로 조사한 결과 그들이 가장 훌륭한 업적을 이룬 평균 연령은 40세경인 것으로 보고 되었다. 이처럼 창의성은 중년기에도 활발히 발현되는 것으로 볼 수 있다(도미향 외, 2015).

3. 정서적 특성

중년기의 가장 중요한 도전은 외부세계에 대한 책임감으로 인한 부담과 동시에 자신의 내적 충동을 잘 제어하는 것이다. 중년기에 스트레스를 잘 대처하지 못하면 우울감, 분노, 적개심 등의 병리적 증상을 갖는다. 학자들은 중년기에 성취해야 할 발달과제를 다음과 같이 제시하였다.

1) 융의 견해

융(Jung)은 중년기를 인생의 전반에서 후반으로 바뀌는 전환점으로 보고 매우 중요시했다. 특히 개별화(individuation)라는 개념으로 인생 후반부에 발생하는 발달과제를 설명하면서 인생 후반부에는 외적 자아를 내적 · 정신적 차원으로 전환해서 진정한 의미의 자기실현을 이룰 수 있다고 하였다. 또한 "인간이 의식과 무의식을 모두 포함하는 정신에 의한 자기인식을 통해 개별화를 향해 나아갈 때 중년의 위기가 해결될 수 있다."고 하였다. 개별화는 진정한 의미의 자기실현이라 할 수 있으며, 자기답게 사는 과정을 뜻한다.

중년기에 이르러 개인은 외부세계를 향하여 쏟았던 에너지를 전환하여 내적 자아에 초점을 맞추도록 자극받으며, 이제껏 묻혀 있던 자아에 대해 관심을 두고자 하는 충동을 느끼며, 지나간 생의 의미에 대해서도 의문을 제기하기 시작한다. 40세 이전에는 남녀 모두가 자신의 역할에 충실하게 산다. 여성은 양육 등을 중시하는 반면 남성은 사회생활에서 성취 지향적인 특성을 보인다. 그러나 중년이 되면 내적, 영적 자아로 옮겨가며 개성화가 두드러지게 된다. 남성과 여성 모두 자신이 이전에 소유하지 않았던 다른 성과의 통합을 추구하게 되어 양성적이 된다. 따라서 남성은 가정과 자녀에 관심이 커지고 내성적이 되는 반면, 여성은 사회에 대한 관심이 많아져 외향적 성향으로 바뀌게 된다. 편협된 성 역할이 아니라 균형 잡힌 성 역할로 자리 잡게 되는 것이다.

2) 에릭슨의 견해

에릭슨(Erikson, 1968)의 중년기는 심리사회발달 8단계 이론 중 제7단계인 '생산성 대 침체감'에 해당한다. '생산성'이란 일차적으로 다음 세대를 낳고 이들을 지도하는 데 관한 관심을 말한다. 대부분의 경우 자신이 지닌 자원이나 기술, 재능 등을 활용하여 젊은 세대 생활의 질을 향상시킬 의무가 있다고 느끼기 시작하며, 자신의 사후에도 계속될 사회적 · 개인적 공헌을 하고자 하는데, 이러한 공헌은 개인의 가치관, 목표에 따라 각기 다양한 방식으로 표현된다. 즉, 생산성이란 단순히 자녀를 출산하고 양육하는 것에 한정하는 것이 아니라, 다음 세대에게 기술을 전수하거나 문화를 창조하고 보존하는 행위를 전수하는 포괄적 개념이다.

이 시기의 주된 관심은 부모 됨과 직업에서의 성취를 통해 자신의 흔적을 영속적으로 남길 수 있는 무엇인지를 생산하는 것이다. 이 시기에 생산성을 발달시키지 못하면 침체감을 경험하는데, 타인에게 거짓된 친밀성을 갖고 자기에게만 탐닉하는 것으로 자기만을 우선으로 보호하는 것을 말한다. 이러한 침체는 주로 직장에서 승진의 탈락, 노부모 부양, 부부갈등과 이혼 등으로 인하여 무능력을 경험할 때 형성되며 새로운 기술의 발달과 생활양식의 변화도 장년기 성인이 침체상태에 이르는 원인이 된다. 침체성이란 다음 세대를 위해 자신이 한 일이 아무것도 없다는 것을 깨닫는 경우를 말하는 것이다. 이것은 인생을 지루하고 따분하다고 생각하는 사람, 불평불만을 일삼는 사람, 매사에 비판적인 사람들이 침체성을 보여주는 전형적인 경우라고 할 수 있다(정옥분, 2007 재인용).

3) 펙의 견해

펙(Peck, 1968)은 성인기에 발달시켜야 할 7가지의 과업을 제시하였는데, 그중 4가지가 중년기의 과업이다(Specht & Craig, 1987 : 216-128).

첫째, 지혜를 중요시할 것인가? 아니면 육체적 힘을 중요시할 것인가?

중년기에는 생물학적 체중과 근육의 감소로 에너지를 육체적 힘보다는 정신적 활동에 기울이도록 한다. 따라서 이 시기를 효과적으로 보내는 사람은 육체적 힘보다는 정신적 능력을 평가의 기준과 문제 해결의 수단으로 삼는다.

둘째, 대인관계를 사회화할 것인가? 아니면 성적 대상화할 것인가?

중년기에 경험하는 신체적 변화와 배우자의 사망 때문에 초래되는 사회적 변화는 대인관계를 성적 친밀성이나 경쟁보다는 친구 사이를 강조하는 관계로 재정립하도록 만든다. 다시 말해, 갱년기의 변화는 남녀관계에서 상대방에 대하여 성적 대상으로 가치를 두기보다는 개인적 인격에 가치를 두도록 한다.

셋째, 정서적 융통성 대 정서적 빈곤으로 정서적 융통성이란 정서적 투자를 한 사람 또는 한 활동에 집중하던 것으로부터 다른 사람, 다른 활동으로 전환할 수 있는 능력을 말한다. 중년기에는 부모의 사망, 자녀의 독립, 친지의 사망 등으로 인하여 정서적 초점이 되었던 대상이 사라지는데, 감정을 다른 사람이나 활동에 재투자하지 못하면 정서적 빈곤을 경험한다.

넷째, 지적 융통성 대 지적 엄격성으로 중년기의 사람은 견해나 활동에 융통성이 있어야 하고 새로운 사고에 대하여 수용적이어야 한다.

4) 레빈슨의 견해

레빈슨(Levinson, 1978)은 융의 이론을 토대로 성인의 사회심리발달과정을 설명하는 인생계절론 모델에서 '생애 구조(life structure)'라는 개념을 사용하였는데, 중년기 생애 구조 형성을 위한 근거로 젊음과 노화(young & old), 파괴와 창조(destruction & creation), 남성성과 여성성(masculine & feminine), 애착과 분리(attachment & separateness) 등을 제시하였다.

레빈슨(Levinson)에 의하면 중년의 성인들은 자기 자신과의 관계, 다른 사람들과의 관계를 재평가하기 위해 4개의 발달과제에 직면해야 하는데, 자기 내부의 2개의 대립한 경향을 화해시킴으로써 내적 조화를 얻게 된다고 하였다.

첫째, 젊음과 늙음이다. 상징적 의미로서 젊음은 탄생, 성장, 가능성, 힘 등을 뜻하며, 늙음은 죽음, 종말, 황혼, 결실 등을 뜻하는 것으로 무한성에 대한 욕구와 함께 후손에 남길 가치 있는 유산을 창조하고자 하는 소망이 중년기 생활을 보다 풍부하게 할 수 있다. 또한, 자신의 내부에 존재하는 젊음의 상징적 사망을 수용하면서 노화에 대한 긍정적 의미를 발견해야 한다.

둘째, 파괴와 창조이다. 중년기 전환기에 자신의 생애를 회고하고 주변 사람들에게 고통을 주거나 파괴적인 행동을 해온 것을 반성하고, 자신과 주변 사람들에게 가치 있는 결과를 만들고 인간복지를 향상하는 행동에 참여해야 한다. 중년기에는 파괴성과 창조성의 균형을 통해 힘과 사랑의 새로운 균형을 추구해야 한다.

셋째, 남성성과 여성성이다. 일반적으로 남성성은 도구적 · 수단적 역할, 과업 중심, 합리적 사고, 과업의 수행 등으로 표현되고, 여성성은 표현적 · 애정적 역할, 정서적, 감정이입적, 부드러움 등으로 표현된다. 중년기 남성들은 양육에 관심을 보이고 여성은 사회성에 관심을 보이며 자기주장이 강해지게 되어, 중년기 전환기에는 남성성과 여성성의 균형이 이루어진다. 그래서 중년기의 개인은 자아의 내부에서 남성성과 여성성이 더욱 융통성 있게 통합되었을 때 직업, 대인관계, 생활경험 등에서 양성을 보다 창의적으로 복합할 수 있으며 성장 발달이 가능해진다.

넷째, 참여와 분리이다. 참여는 인간과 환경을 연결해 주는 모든 힘을 뜻하는 것으로, 외부세계에 대한 적응이나 참여, 정복 등이 포함된다. 이에 대하여 분리는 개인의 주된 관심이 외부세계에 대한 적응이 아니라 자신의 내적 세계에 있음을 의미한다. 중년기의 남성은 사회적 활동에서 벗어나 자신의 야망과 성취에서 물러나 자신에게 더 관심을 가지는 반면, 여성은 더욱 적극적으로 사회적 활동이나 공동체에 참여하게 된다. 그러나 어느 것 하나 지나쳐서는 곤란하며 모든 개인은 이 두 가지를 적절히 통합할 수 있어야 한다.

5) 굴드의 견해

정신분석학자인 굴드(Gould, 1978)는 중년기는 그릇된 가정을 깨트리고 삶의 목표를 재조정해야 하는 시기로 다음의 다섯 가지 가정을 극복해야 한다고 하였다.

첫째, 가정의 안정이 영원히 지속할 것이라는 착각이다. 중년기는 자녀가 독립을 요구하는 시기이다. 또한, 지금까지 권위적이고 엄격한 지배자였던 부모가 주도권을 상실하고 의존적으로 변화하는 시기이다. 이러한 노부모의 요구를 수용해야 한다. 반면 자녀가 독립해 나가도 현재의 가족생활이 그대로 유지될 것이라는 착각에서 벗어나야 한다.

둘째, 사망은 나와 내 가까운 사람에게는 발생할 수 없다는 생각이다. 중년기는 부모가 병들거나 사망하는 시기이다. 내 부모나 형제자매 등 가까운 친지들은 그런 일이 일어나지 않을 거라는 착각에서 벗어나야 한다. 사건 사고는 예측할 수 없이 언제 어디서라도 일어날 수 있다. 심지어 치명적인 질병에 의한 사망도 예고 없이 찾아올 수 있다.

셋째, 보호자 없이 살아간다는 것은 불가능하다는 생각이다. 여성은 그들도 이해할 수 없는 어떤 것에 통제됨을 느끼게 된다. 어린 시절에 최초의 보호자이자 모델은 어머니이며, 어머니를 닮는 것이 안전한 일이라고 생각하면서 성장한다. 중년기에 이르러 여성은 진정한 자아를 추구하면서 억압되고 잠재되었던 권력, 자립, 지위에 대한 갈망이 출현한다.

넷째, 현재의 가족을 떠난 나의 생활은 존재할 수 없다는 생각이다. 자녀는 언젠가 부모의 곁을 떠난다. 중년기에 있는 부부는 자녀가 결혼해서 독립해 나가는 것을 겪게 된다. 이 시기에 부부는 부모 역할에 대한 상실감을 경험하면서 '빈둥지 증후군(empty nest syndrome)'을 경험한다. 자녀가 떠난 가정엔 부부만이 남게 된다. 이로 인해 부부는 '갱년기 우울증'과 같은 심리적 변화를 겪는다. 그러나 한편 달리 생각해 보면 지금까지 자녀를 위해서 희생해야 하는 부담에서 벗어나 부부만의 시간을 되찾을 수 있는 시기이다. 그러므로 부부관계를 재정립할 필요가 있다. 중년기에는 상호존중과 이해를 바탕으로 새롭게 부부관계를 조명해야 한다.

다섯째, 나는 깨끗하고 순수하다는 생각이다. 중년기는 외면적으로는 별문제 없이 균형이 잡힌 듯 보이나, 내면적으로는 분노, 속은 것 같은 느낌, 탐욕 등의 양면적 갈등에 빠지기 쉽다. 그러나 성장과 변화를 위해 부정적 자아를 적절히 다루고 활용한다면 중년기 개인의 생활은 보다 풍부해질 수 있다. 중년기에는 모든 욕심과 걱정 근심을 내려놓고 초월할 수 있어야 마음이 편안하다.

4. 심리 · 사회적 특성

1) 부부관계

중년기의 부부관계는 매우 중요하다. 자녀들이 독립하고 부부만 남기 때문이다.

중년기의 결혼 만족도는 남편과 아내의 경우 약간의 차이가 있다. 남편들은 비교적 긍정적 시기로 보지만 아내들은 그렇지 못하다. 중년 부부를 대상으로 한 연구에서 남성은 80%가 긍정적으로 평가하지만, 여성은 40% 정도만이 긍정적이라 평가하였다. 주된 불만은 남편이 너무 의존적이라는 것이다. 남성은 나이가 들수록 배우자를 중요하게 인식하는데 여성은 사회생활을 하며 바삐 살아온 남편에 비해 자유스럽게 살아왔기 때문에 자유에 대한 구속의 의미로 생각하게 되는 것이다(도미향 외, 2015).

적응이나 정신건강에 관한 연구자들은 만족스러운 결혼관계가 성인의 행복과 삶의 만족에 영향을 미치는 것을 발견하였다(Veroff, Douvan, & Kulka, 1981). 부부관계는 역동적인 것으로 부부의 성숙, 가족구성의 변화, 가족의 위기나 사건의 발생과 같은 요소에 따라 변화한다. 결혼을 건강하고 활기 있게 유지하기 위해서는 결혼생활에 초점을 맞추는 노력이 필요하다.

뉴만은 건강한 결혼관계를 유지하기 위한 조건으로 다음 세 가지를 제시하였다.

첫째, 부부는 각자의 개인적 성장과 부부로서의 성장에 헌신해야 한다.

둘째, 부부는 효과적 대화체계를 개발해야 한다. 직업이나 자녀 양육과 같은 역할에 몰두함으로써 부부 간의 상호작용 기회가 감소하면 부부는 서로 고립된다.

셋째, 갈등을 창의적으로 활용해야 한다. 각자의 개별성과 동등성을 인정하는 결혼에서 갈등은 필연적으로 존재한다.

결혼생활에서 활기를 유지하는 것은 장기간에 걸친 과제로 부부는 안정과 신뢰, 공감을 성취한 후에도 상대방에 대한 지속적 관심과 이해를 위해 노력해야 한다.

2) 자녀와 노부모와의 관계

중년기 부모들은 자녀에 관한 두 가지 경험을 하게 된다. 자녀가 사춘기를 지나면서 치열한 갈등관계가 해소되고 부모와 관계가 개선된다. 그러다 자녀가 독립하게 되면 심각한 '빈둥지 증후군'을 겪게 된다. 부모는 자녀가 독립되는 과정을 인정해야 한다. 중년기 부부의 가장 큰 관심사항은 자녀이다. 자녀의 진로문제, 대학진학 문제, 자녀의 앞날에 대한 걱정 등이다. 중년기 후반이 되면 자녀의 취업, 결혼, 손자녀와의 관계로 인하여 새로운 부모의 역할이 요구된다.

중년기의 대부분 세대는 노부모가 생존해 있다. 기대수명이 연장되면서 대부분의 부모가 생존해 있으며 따라서 자신을 키워준 부모를 돌봐야 하는 책임감을 느낀다. 부모를 부양해야 하는 중년기 부부는 서로 갈등을 겪기도 한다. 혹 부모의 건강상 문제로 인하여 병원비를 계속 부담해야 하는 상황은, 은퇴한 중년기 부부에게 경제적 정신적 부담을 가중시킨다. 때로는, 이 문제로 형제 간에 심각한 갈등을 겪기도 한다. 고액의 병원비는 부담이 될 수밖에 없다. 노인들이 병원비에 대한 큰 부담 없이 치료받을 수 있도록 정부의 지원정책이 필요하다.

3) 직업관리

중년기는 자신의 분야에서 직업적 목표를 성취하여 안정적인 단계에 정착하게 되는 시기이다. 축적된 경험과 기술에 의해 전문성을 인정받고, 책임 있는 지위를 갖고 존경받는 위치에 있게 된다. 하지만 근래에는 외부적인 요인으로 인해 정년 전 구조조정이 진행되어 평생직장의 개념이 점점 없어지고 있는 추세다. 따라서 갑자기 직장을 떠나야 하는 아픔을 겪는 중년들도 많다. 중년기는 정년퇴직이나 명예퇴직을 예측하고 가정경제에 대한 계획을 재설정하고 준비해야 할 필요성이 있는 시기이다.

직업은 성인기의 발달이 일어나는 중요한 배경이며 직업에서의 성공은 개인의 성장, 삶의 만족 등과 높은 상관관계가 있다. 그러므로 중년기에 자신의 직업을 관리하는 것은 개인적 성취와 사회적 통합을 위한 중요한 과제이다.

중년기 성인의 직업만족도에 영향을 주는 요소는 직업의 미래, 급여 수준, 노력에 대한 결과의 만족도, 과업수행 여부의 평가 등이다.

5. 중년기의 사회복지 실천

중년기에 겪는 사회문제, 즉 신체적·생리적 변화, 직장 상실, 가족해체 등 다양한 문제 해결을 위한 사회복지 실천이 필요하다.

첫째, 실업에 대한 관심이다.

사회복지사는 중년기 실직자의 고용보험 혜택과 재정지원에 관한 상담, 재취업 관련 정보제공과 직업훈련 등 고용 관련 서비스, 정서적으로 도움을 줄 수 있는 지지체계의 활성화 등을 제공할 수 있다.

둘째, 부모 부양으로 인한 중년들의 신체적 부담 해소를 위한 복지실천이다.

건강한 부모도 있지만, 질병 상태에 있는 부모들도 많다. 이럴 경우 재정적 부담뿐 아니라 병간호로 인해 신체적 활동이 제약받는다. 아울러 우울, 불안, 좌절, 무기력증을 느낄 수 있으므로 이를 위하여 사회복지사는 지역사회 내의 주간보호시설이나 가정봉사원 파견서비스 등을 통해 가족을 원조할 수 있다.

셋째, 중년기 남성 특히 40대 남성의 건강과 관련한 복지 프로그램이 필요하다.

중년기 남성은 과중한 업무량, 직업이나 업무에 대한 갈등, 직장과 개인 생활의 부조화 등으로 스트레스를 받고 과로사하거나 심각한 질병에 노출되어 있다. 이러한 직업 스트레스를 완화하기 위해 직장에서는 상담, 교육, 위기개입, 여가활동 등의 사회복지상담 프로그램 등을 실시해야 한다. 업무의 완급을 조절하고 잠시 여유를 가질 수 있는 직장 내 제도적 장치가 마련되어야 한다.

넷째, 중년기의 정신적 상담과 사회복지 실천이다.

중년기는 여성은 우울증 등에 취약한 시기이고, 남성들은 은퇴 준비와 부부생활에 대한 재적응이 필요한 시기이다. 이러한 남녀를 위한 집단상담이나 치료 및 회복을 위한 프로그램 지원이 이루어져야 한다. 또한, 갈등으로 인한 이혼위기의 부부들을 위한 다양한 프로그램 개발이 제공되어야 한다.

CHAPTER

08

노년기

1. 노년기의 개념과 일반적 특징

1) 노년기의 개념

노년기는 인간발달의 마지막 단계를 말한다. 노년기의 구분도 나라마다 다르다. 서구에서는 노년기를 사회보장제도 수급자격을 기준으로 한 65세부터 시작된다고 본다.

우리나라 노인복지법도 65세부터 노인으로 규정하고 있으나 노인복지기관 및 시설에서는 60세 또는 65세로 설정하고 있다. 노년기를 연령대별로 연소 노인(young-old, 74세 이하), 고령 노인(old-old 또는 middle-old, 75~84세), 초고령 노인(oldest old, 85세 이상)으로 구분하기도 한다.

그러나 단순히 연령에 의해 구분하는 것도 바람직하지 않다. 요즘은 의학 · 과학의 발달로 평균수명이 연장되어 노인세대가 급속도로 증가하고 있으며, 70세가 넘어도 활동하는 데 지장이 없기 때문이다. 대한노인연합회에서 노인을 70세로 제안했던 것도 전혀 무리가 아니다.

2) 일반적 특징

노년기에는 일반적으로 자기중심적이고 외양에 무관심하며, 사회적으로 은둔적이며, 적응을 잘 못하는 특징을 나타낸다. 이러한 특징 때문에 허록(Hurlock, 1959)은 노년기를 가리켜 '제2의 아동기'라 명명하였다(김경희, 1999).

노화는 2가지 요인으로 인해 나타난다. 일차적 노화(primary aging)는 인체의 내재적인 생물 발생학적 과정으로 인해 일어나는 노화이며, 이차적 노화(secondary aging)는 신체의 사용 정도, 질병, 장애 등 통제 가능한 외적 요인으로 인해 나타나는 노화이다. 따라서 이차적 노화 요인을 이해하고 통제하면 예상수명을 증가시킬 수 있다.

한편, 일차적 노화가 나타나는 원인에 대해 다음과 같은 여러 가지 이론이 제시되고 있다(송명자, 2004).

(1) 사용으로 인한 마모이론이다

노화는 인체의 모든 기능을 오랜 시간 사용해서 나타나는 현상이라고 본다. 자동차를 오래 사용했을 때 부속 하나하나가 마모되고 녹슬 듯 인체도 마찬가지다. 따라서 자동차를 잘 관리하듯 인체도 관리를 잘해야 성능도 오래가고 고장도 잘 나지 않는다.

(2) 유전적 계획이론

인체는 많은 세포로 구성되어 있다. 이 세포는 유전적으로 정해진 일정한 수명이 있다. 세포는 우리가 살아있는 동안 증가와 감소의 변화를 계속한다. 노화는 이러한 세포의 생성과 죽음에 의해 일어난다.

(3) 면역이론

노년기에는 면역체계가 약해져 외부의 세균 등을 막아내지 못하고 쉽게 감염됨으로써 노화가 일어난다고 본다. 심장, 근육세포와 신경원은 특히 면역체계의 변화에 영향을 많이 받는다. 따라서 노년기에 심장병과 알츠하이머와 같은 노인성 치매가 흔히 나타난다. 면역체계 변화에 의한 T세포의 손상은 암의 발생을 설명해줄 수 있다.

(4) 노화 시계이론

노화 시계이론은 호르몬의 분비가 노화에 영향이 있음을 강조한다. 여성의 갱년기에서 보듯 호르몬의 분비가 약해지면 노화가 시작된다고 본다. 또한, 사춘기 이후부터

뇌하수체는 소량의 죽음 호르몬을 분비하는데 이것이 점차 축적되어 다른 기능에 영향을 미치며 노화로 연결된다는 것이다.

(5) 성격적 노화

인간은 인생주기 가운데 어느 한 시기에만 성공했다 해서 성공이라 단언하기 어렵다. 노년기에 이르러 지난 일생을 되돌아보고 자신의 삶이 만족할 만한 수준에 도달했다고 평가할 수 있을 때 성공적이었다고 말할 수 있다. 이것은 개인의 성격과 상황에 따라 다를 수 있으나 성공적 노화를 설명하는 방법 중 하나다.

가. 이탈이론

이탈이론은 노년기를 신체적, 심리적, 사회적으로 점진적인 철회를 하는 시기로 본다(Gumming & Henry). 하지만 개인의 체력과 능력, 사회의 수용 여부에 따라 노인들이 계속 활동하고 사회에 참여하는 일이 많다. 따라서 이탈이 모든 노인에게 적용된다고 보기는 어렵다.

나. 활동이론

활동이론에 따르면 노인은 세상에 적극적으로 참여하여 활동할 때 제일 행복하고 만족감이 높다고 본다(Maddox). 그러나 젊었을 때 사회에 적극적으로 참여하고 활동했던 사람은 노인이 되어서도 계속 활동하는 것이 만족도가 높을 것이고, 혼자 독립적인 생활을 해 왔던 사람은 현재 그대로 살아가는 것에 만족해할 것이다.

다. 성공적 노화와 성격유형

이탈이론과 활동이론은 모두 성공적인 노화를 단일한 유형으로 규정지으려 할 뿐 개인차를 크게 고려하지 않았다.

뉴가텐 등은 70~79세 노인을 대상으로 6년간 종단적으로 추적하여 연구한 결과 성공적인 노화를 노인의 활동 및 관여 수준만으로 평가하기보다는 개인의 성격과 관련시킬 때 더 효과적으로 설명할 수 있다는 것을 밝혔다.

노년기는 신체적으로 노쇠하여지고 심리적으로 위축되어 심신이 모두 늙어 가는 시기로 점진적으로 노화가 이루어진다.

신체적으로는 근육의 양이 줄어들고 다리가 가늘어진다. 뼈의 골밀도가 줄어들어 약해지고 쉽게 부서지기도 한다. 따라서 노인들은 자신에게 맞는 적절한 운동을 선택하여 무리하지 않게 규칙적으로 꾸준히 해야 한다.

신체적 건강 여부는 곧 심리적 건강과도 연결된다. 신체적으로 허약해서 움직이기 싫어지면 심리적으로도 위축되기 마련이다. 생물학적 노화는 어쩔 수 없는 현상이라 하여도 심리적으로 위축되면 건강한 삶을 유지할 수 없다. 모든 일을 긍정적으로 생각하고 적극적으로 참여하며 좋아하는 취미 활동을 하는 것은 정신적 건강을 유지하는 데 도움이 된다.

사회적으로는 이웃과 친지 동료들과 관계를 계속 유지하고 친분을 쌓아야 한다.

나이가 들수록 베풀고 배려하는 자세를 가져야 이웃들과 가까이할 수 있다.

따라서 노년기에는 신체의 변화에 대응하여 적절히 운동하고, 자신의 인생에 대한 긍정적인 생각을 가져야 한다. 또한, 이웃과 주어진 여가를 최대한 활용하며 죽음에 대한 준비도 하는 등 노년기의 적합한 생활환경을 조성하여 발달과업을 적절히 수행하여야 한다.

2. 신체발달

1) 노년기의 신체적 발달

노년기에 이루어지는 신체적 발달을 생물학적 노화라 한다. 이는 생물학적 퇴화과정이 생물학적 재생산과정을 능가하여 유기체 내에 퇴행적 변화가 나타나는 현상이다. 이는 시간이 지남에 따라 또는 나이가 들어감에 따라 신체구조 및 신체 내부의 세포, 조직, 장기 등 유기체 전반에 걸쳐 일어나는 쇠퇴적 발달현상을 의미한다(Atchley, 2000).

그러나 최근에는 과학·의학 기술의 발달 및 유전적·환경적 요인에 의해 전과는 비교할 수 없을 정도로 평균수명이 연장되었다.

통계청 발표에 의하면 이미 한국사회는 2000년에 고령화 사회(aging society)에 진입하였고, 2018년에는 65세 이상 고령자 비율이 14.3%가 되어 고령 사회(aged society)에 진입하며, 2026년에는 20.8%로 초고령 사회(super-aged society)에 도달할 것으로 예측된다. 기대수명의 증가도 인구 피라미드를 2020년 항아리형에서 2050년 역피라미드형으로 바꾸어 놓을 것으로 예상한다. 그만큼 출산율에 비해 노인 인구가 늘어난다는 의미이다.

2) 신체구조의 변화

노년기의 체중은 60세부터 점차 줄어들고 연골조직의 퇴화로 인하여 신장도 30대에 비해 60대에는 2% 정도 줄어들며, 치아는 색이 탁해지고 잇몸이 수축되며 손상되거나 빠져 줄어들게 된다. 머리카락이 많이 빠지고 멜라닌 세포의 감소로 인해 흰머리가 많아진다. 이러한 머리카락 색에 비유하여 노인을 '실버세대'라고 부르기도 한다.

피부는 멜라닌 색소의 불규칙한 감소로 인해 전체적인 피부색이 동일하게 유지되지 않으며, 얼굴은 창백해지고, 얼룩 반점이 생기며 건성화된다. 노출된 피부는 표피증식이 감소하여 얇아지게 되고, 피하지방의 감소로 주름살이 생기며 노인성 반점이 생긴다. 피부 탄력성이 현저하게 줄어들게 되고 피하조직과 피부의 신경세포 감소로 인하여 체온유지능력이 감소하여 추위를 많이 느끼고 온도변화에 쉽게 적응하지 못한다.

또 지방분은 증가하는 반면 근육과 수분은 줄어드는 신체 조직상의 변화가 일어난다. 뼛속의 칼슘분이 고갈되어 뼈의 질량이 감소하고 골밀도가 낮아져 골다공증에 걸리기 쉬워지며 골절을 당하기 쉽다. 근육의 힘과 무게도 감소한다. 특히 여성은 폐경기 이후 성호르몬 분비가 감소하고 신체활동이 줄어 남성보다 골다공증에 걸릴 위험이 더 높다.

연골조직이 얇아지거나 탄력이 약화하여 관절염을 일으키기도 하며, 팔다리 및 골격 일부에 붙어 있는 수의근의 근육 용적이 감소되고 수축력이 약화되어 운동능력이 감퇴된다.

중추신경계의 변화를 보면 뇌 크기가 약간 감소하고, 노인반, 신경원 섬유 농축제, 수상돌기의 감소 등으로 인하여 뇌의 기능이 저하되기도 한다.

3) 신체 내부기능의 변화

노년기의 신체 내부의 장기는 40세부터 중량이 감소하는데, 25세 청년을 100으로 하였을 때 75세 노인의 뇌 중량은 95% 정도, 신장 중량은 81% 정도, 간장은 67% 정도, 비장은 45% 정도로 줄어들지만, 오히려 심장은 140% 정도로 증가하는 것으로 나타나고 있다(장인협 · 최성재, 2002).

심장근육 주변 모세혈관의 동맥경화에 의한 심장 비대, 지방분 증가 등이 원인이 되어 심장의 중량이 늘어나면서 심박출량과 심장박동 능력은 감소된다. 또, 심장판막의 석회화로 인하여 세포가 사멸하게 되어 노년기에는 각종 심장질환에 걸릴 가능성이 커진다.

노년기 혈관계는 주로 동맥벽이 비대해지고 경화되어 탄력성이 줄어들게 된다. 이러한 동맥의 구조적 변화와 기능 저하로 혈액순환이 원활하지 못하여 노년기에는 고혈압, 동맥경화, 뇌졸중 등의 순환기계 질환을 앓게 될 가능성이 커진다.

폐 조직의 탄성이 저하되고, 폐 용적이 감소되며, 죽은 공간이 증가하는 반면 기관지는 약간 확장되어 기관지 질환이나 호흡기 질환에 걸릴 가능성이 커진다. 폐활량은 폐 세포의 탄력성 저하로 20세에 비하여 80세에는 절반가량으로 감소한다.

치아결손, 타액과 위액 등의 소화효소 분비량이 감소하고, 위 근육의 약화 등으로 인해 소화기능이 감소한다. 노년기가 되면 소장과 대장조직이 변형되고 운동성이 저하됨에 따라 변비, 숙변, 각종 장 질환의 병에 걸릴 가능성이 커진다.

또한, 신장 질환의 병에 걸릴 가능성이 높고, 방광이나 요도 기능의 저하로 인해 야간에 소변을 보는 횟수가 증가하게 된다. 실제로 60세 이상 노인은 밤에 평균 1~2회 정도 소변을 보는 것으로 나타났다(아산사회복지사업재단, 1985).

성 기능 또는 생식기능도 저하된다. 여성은 폐경으로 인한 월경 중단과 생식능력이 상실되고, 남성은 생식기능이 저하되고 발기 능력과 음경 크기의 감소, 음경 강직도의 저하 등으로 인하여 성 능력이 저하된다. 하지만 여성보다는 성 기능 저하가 덜하다.

팩(Peck, 1968)은 노인이 이러한 신체적 노화에 성공적으로 적응하고 이를 극복하게 되면 생활만족도가 높아지지만, 신체적 노화에 지나치게 몰두하게 되면 생활만족도가 낮아지고 심리·사회적 기능에 손상이 일어난다고 하였다.

4) 감각기능의 변화

노년기는 수정체 탄력성이 떨어져 멀리 있는 물체의 초점은 맞지만 가까운 곳에 있는 물체의 초점은 맞지 않아 가까운 사물을 보기 어려운 원시적 시각이 나타난다. 빛의 양을 조절하는 홍채 기능도 떨어져 빛의 변화에 민감하지 못하고 색채 지각에도 문제가 생겨 마치 노란색 안경을 쓰고 물체를 보는 것 같은 황화현상이 나타난다.

노년기에는 백내장이나 녹내장에 걸리기 쉬워 정기적인 검진을 할 필요가 있다. 노년기의 시력은 70세 이후부터 교정시력으로도 정상 시력을 유지하기 어렵다.

청각은 55세 이후부터 음의 고저에 대한 변별력이 감소하고 노년기 후기에는 보청기와 같은 청력보조기구의 사용 필요성이 증가한다. 청각 기능의 장애로 타인과의 의사소통에 장애가 되어 대인관계에 문제가 발생하기도 하며, 점차 고립되거나 정서 장애가 일어나기도 한다.

미각은 50세부터 서서히 저하되다가 80세 이후 맛봉오리가 감소하여 단맛, 신맛, 쓴맛, 짠맛의 구별능력이 현격히 쇠퇴한다. 연세가 드신 어른들이 반찬을 만들거나 국을 끓이면 소금을 많이 넣어 짜게 만드는 것도 이처럼 맛을 구별하는 능력이 쇠퇴하기 때문이다.

후각은 65세 이후부터 감소하며, 80세 이후 노인의 75% 정도가 후각의 문제를 경험한다.

노년기의 대표적인 특징으로 지각기능의 반응속도가 저하되어 운동 반응, 반응시간, 문제 해결, 기억력, 정보처리 반응속도 등이 둔화한다. 따라서 노인들은 변화에 반응하는 속도가 늦어져 안전사고를 유발할 가능성이 커진다. 실험결과, 운전면허 시험장에서 차를 몰고 낮은 속도로 주행했을 때 세워 놓은 안전판을 밟고 지나가는 확률이 젊은이들보다 매우 높은 것을 확인할 수 있다.

3. 인지발달

1) 지능의 변화

지적 능력이 노년기에 감퇴한다는 사실은 주로 횡단연구의 결과로부터 나온 것이었다. 횡단연구에서는 젊은이와 노인들을 단순 비교하였다. 이러한 연구의 문제점은 같은 지능검사 도구로 출생 당시 집단 효과를 고려하지 않은 단점이 있다. 종단연구는 이러한 횡단연구의 문제점을 개선할 수 있다. 그러나 개인에 대한 타당한 정보를 얻을 수 있는 대신 같은 검사지를 계속해서 사용하는 데 따른 학습효과를 막을 수 없고, 선택적 탈락으로 우수한 피험자들만 남게 되는 문제점을 피할 수 없게 된다.

샤이에(Schaie)의 시애틀 종단적 연구(노년기 지능변화를 가장 잘 보여주는 대표적인 연구)는 횡단연구와 종단연구의 결점을 해결하기 위한 시도로 횡단법과 종단법을 결합시킨 순차적 접근법을 사용하였다. 이 연구에서 사용된 여섯 가지 정신 능력은 언어적 의미, 단어 유창성, 수(계산) 능력, 공간 능력, 귀납적 추리, 지각 속도이다. 이 연구에서 노년기 지능변화에는 큰 폭의 개인차가 있으며, 대체로 60세 이전까지는 지능검사 점수에 감퇴가 없지만 70세경부터는 인지능력이 감소한다고 결론지었다.

샤이에(Schaie)는 시애틀과 워싱턴에서 20~70세까지의 연령에 걸쳐 우선적으로 표집된 500명을 대상으로 인지능력 검사를 하였고 피험자들은 7년마다 한 번씩 재검사를 받았다. 또한, 새로운 피험자들이 연구에 계속 포함되었다. 그 결과 5,000명 이상이 검사에 참여하였는데 이 연구를 통해 발견한 노년기 지적 변화에 대한 몇 가지 결론은 다음과 같다.

① 지능변화는 일정한 패턴이 없이 다차원적이다. 모든 지적 능력에서 성인기에 연령과 관련된 단일한 형태의 변화는 없다. 어떤 능력은 25세부터 감퇴가 시작되나 어떤 능력은 비교적 일정하게 지속된다. 즉, 유동적 지능은 빠른 감소를

보이나 결정적 지능은 70세가 되어야 점진적 감소가 나타난다.

② 지능 변화의 패턴에는 개인차가 있다. 어떤 사람은 지적 감퇴가 30대부터 시작되는가 하면 80세가 되어도 쇠퇴하지 않는 사람이 있다. 실제로 70대의 1/3은 성인들의 평균점수보다 높다.

③ 환경적·문화적 요인이 지능 변화에 영향을 준다. 지적 능력의 감소를 보였던 사람은 대부분 교육 수준이 낮고 삶을 불만족스럽게 느꼈다. 그러나 인지적 감퇴가 적게 일어나는 사람들의 특성은 만성적 질병이 없고 사회경제적 지위가 높으며 지적으로 자극적인 환경에 놓여있는 경우가 많았다. 또한, 생활양식에서 융통성이 있고, 지적으로 우수한 배우자와 결혼했으며, 지각적 처리속도 기능이 좋고 성인기와 중년기의 성취에 대해 만족감을 느끼고 있었다.

지적 능력의 급격한 감퇴는 사망하기 5년 정도 앞두고 일어나며 지적 기능의 변화는 연령 그 자체와 관련된 것이 아니라 죽음과 관련된 것이다. 기타 문제 해결력은 성인전기부터 노년기까지 안정적으로 유지되다가 감소한다(신명희 외, 2013).

2) 연령과 지적 능력의 변화

노년기 언어능력은 대체로 70세까지 지속되거나 증가한다. 독해능력은 큰 개인차가 있으나 대체로 50~60세경부터 감퇴하기 시작하며, 수리능력은 50세까지 유지되다가 이후부터 감소한다. 공간능력은 가장 빨리 감퇴하는 영역으로서 성인 전기부터 감퇴가 시작된다.

환경적 요인이 지적 감퇴와 관련된다는 사실은 지적 기능 유지를 위한 방법을 개발할 수 있음을 시사한다.

샤이에와 윌리스(Schaie & Willis)는 64~95세 사이에 걸쳐있는 피험자들을 대상으로 추론 및 공간기술 과제에 대해 훈련프로그램을 시행하여 유의미한 훈련 효과를 나타내었다. 노년기에 지적 감퇴가 일어날 수 있는 이유는 좋지 못한 건강, 지적으로 자극을 받지 못하는 생활환경 등이 원인이 될 수 있다. 건강이 나빠지면 뇌에 혈액순환이나 산소공급이 원활하게 이루어지지 않을 가능성이 커지고 병을 치료하기 위해 복용하는 약물도 지적 감퇴를 촉진할 수 있다. 고립되어 있거나 생활양식이 지나치게 단순한 경우(예를 들어, 배우자가 없고 사회경제적 지위가 낮은 여성노인)가 가장 큰 지적 감퇴가 나타났다. 이들은 삶에 대한 만족도가 낮으며 지적인 자극을 거의 받지 못하는 생활을 하는 경우가 많았다.

노년기 지적 능력에 영향을 미칠 수 있는 또 하나의 요인으로는 킬리마이어(Kleemeier)의 '최종 급강하(terminal drop hypothesis)'가 있다. '최종 급강하'는 킬리마이어가 12년 동안 4회에 걸쳐 노인의 지적 능력을 검사하였는데 검사 후 얼마 있다 사망한 노인이 생존해 있는 노인보다 급격한 지적능력의 감퇴를 보였다. 지적 능력이 급격히 감퇴한 노인이 그렇지 않은 노인보다 일찍 사망한다는 사실을 밝혀낸 것이다. 그러나 이러한 감퇴는 비교적 점진적이었고 20%만이 급격한 감퇴를 보였다.

시애틀 종단연구에서는 아주 나이 든 노인에게서만 '최종 급강하'가 나타났고, 젊은 노인의 경우는 사망 전 지적능력의 감퇴가 크다는 증거는 발견되지 않았다. 따라서 '최종 급강하'는 지능뿐 아니라 지각능력, 정신 운동기능, 성격 영역 등 전반적인 영역에서 나타난다. 사망하기 직전에 신체와 뇌에 혈액을 공급하는 심혈관계 기능의 저하가 나타나고 동시에 영양공급도 원활히 이루어지기 어려우므로 뇌 기능의 수행이 떨어지는 것은 당연하다고 할 수 있을 것이다.

3) 기억능력의 변화

노년기가 되면 주로 기억력 감퇴를 걱정한다. 조금만 물건을 찾아도 건망증이 아닌가 의심하며 찾기도 하고 심지어는 치매가 아닌가 염려하게 된다. 이렇듯 대부분 노인은 기억력 문제를 호소하는데 대개 물건을 둔 장소, 약속 시각을 지키는 것, 사물의 이름을 명명하는 것, 전화번호 등을 잊거나 혼동하는 것으로 나타난다. 기억력 감퇴를 노화로 여기며 스트레스를 받기도 하고 일상생활에 어려움을 호소하기도 한다.

그러나 실제로 노인들의 기억은 생각하는 것만큼 감퇴하지 않는다는 연구도 있다. 45~54세 집단과 65~77세의 두 집단을 대상으로 단서가 주어지는 기억검사에서 65~77세 집단은 기억력 감소 경향을 보였지만 두 집단 간에 통계적인 유의미한 차이는 없었다(신명희 외, 2013). 한 연구에 의하면 노인을 존중하고 대접하여 노인이 자존감을 크게 잃지 않는 아시아권 문화의 노인은 노인을 중시하지 않는 문화권 사람보다 기억 감퇴가 크지 않다고 한다. 이는 기억력의 변화에 심리적인 요인도 영향을 미칠 수 있음을 의미한다.

노인들의 기억력 변화는 감각기억, 단기기억, 장기기억과 관련이 있다. 노년기에는 주의 집중하기가 어렵고 감각기억은 성인전기 및 중년기보다 민감하지 못하기 때문에 더 많은 감각 자극이 필요하다. 그러나 노년기의 감각기억 감퇴는 속도 과제를 제외하면 일상생활에 큰 지장을 초래하지 않는다. 노년기에 기억력 감퇴가 그리 크지 않음에도 그렇게 느껴지는 것은 신체적인 기능의 저하로 의욕이 떨어져 있거나 선입견에 의한 영향도 무시할 수 없다. 단지, 노년기에 가장 두드러지는 것은 단기기억의 감퇴이다. 특히 언어적으로 빠르게 제시되는 정보, 낯선 사람의 이름과 얼굴을 기억하는 것, 문장에 대한 기억력 등을 효과적으로 처리하고 저장하는 데 어려움을 보인다. 이러한 어려움을 극복하기 위해서는 더욱 집중하고 몰입하여 기억하고 저장하는 습관을 들이는 것이 좋다.

(1) 단기기억

단기기억은 작업기억이라고도 하는데 마음속에 여러 가지 정보를 동시에 갖고 있다가 의사결정 시 그 정보를 사용하는 경우에 사용한다.

노년기 단기 기억의 감퇴는 새로운 정보를 처리하는 정보처리 역량의 감소, 즉 정보에 주의를 기울이는 주의 역량과 작업기억 역량의 감소로 인해 나타난다.

전통적으로 단기기억은 기억폭을 검사하여 측정해왔다. 일련의 숫자를 제시하고 즉각적인 기억을 요구하는 단순한 기억폭 측정에서는 연령차가 거의 나타나지 않았다. 그러나 보다 능동적인 정보처리 과정을 필요로 하는 작업기억은 연령에 따른 변화가 나타났다.

또한, 과제의 의미상 여부와 복잡성 여부는 단기기억의 감퇴에 영향을 미칠 수 있다. 과제의 의미상 여부와 관련하여 노인과 젊은 성인을 대상으로 신문을 읽고 그 읽은 내용을 글자 그대로 회상하라는 과제와 읽은 내용의 의미를 요약하라는 과제를 실험으로 주었다. 글자 그대로 회상하라는 과제에 대해서는 노인의 수행 수준이 낮았지만, 주요 의미를 요약하는 과제에서는 젊은 성인과 비슷한 수행 수준을 보였다. 과제 성격의 복잡성과 관련하여 단순한 시연 혹은 암송이 필요한 과제에서는 연령에 따른 기억력의 감퇴가 적었지만, 복잡한 과제에서는 연령에 따라 기억력의 감퇴가 더 크게 일어났다(신명희 외, 2013).

이처럼 과제의 성격에 따라 노년기의 단기 기억력은 달리 나타났다. 기억력 감퇴의 극복을 위해서는 반복적인 암기와 기존의 알고 있는 정보와 결합하는 방법, 기억할 것을 형상화 또는 입체화시키고 좀 더 의미를 각인시킬 수 있도록 하여 암기하는 것도 하나의 방법이 될 것이다.

(2) 장기기억

입력된 정보는 작업기억에 계속 남아 있는 것이 아니라 잊혀지거나 장기기억으로 넘어가 저장되어 있다가 필요시에 인출된다. 그러나 노년기에는 작업기억의 감퇴가 일어나 부호화 및 인출에 어려움이 있다.

장기기억에서 연령효과는 기억요소에 따라 달라진다.

일화적 기억과제의 경우 젊은 사람에 비해 기억하는 데 시간이 더 걸리고 정확성도 떨어졌다.

인생에서 일어났던 사건의 의식적 기억인 일화기억(episodie memory)에 있어 노인은 어떤 일이 언제 일어났고 거기에 누가 있었는지 등 맥락에 대한 치중을 덜하기 때문에 연결고리가 적어 젊은 사람보다 회상 능력이 낮았다. 그러나 옛날 기억이 개인적으로 중요한 사건, 즉 자녀 출생이나 직업에서의 성취와 같은 자서전적 기억과 관련된 경우는 수차례 반복되어 회상하는 경향이 있으므로 비교적 분명하게 기억되는 경향이 있었다. 노인은 특히 10~30세 사이에 경험했던 개인적으로 중요하고 자기 삶에서 두드러지는 사건을 가장 잘 기억하였다.

이에 비해 사실에 관한 지식인 의미기억(semantic memory)은 일화기억과는 달리 연령에 따른 감퇴가 적거나 영향을 받지 않는다. 이는 노인이 젊은 사람보다 알고 있는 것이 많아 보다 풍부하고 정교화된 의미적 연결망을 이루고 있기 때문으로 볼 수 있다.

흔히 노년기에는 과거의 오래된 것은 잘 기억하지만, 오히려 최근의 것은 잘 기억하지 못한다고 여겨져 왔다. 그러나 노인에게 시청한 텔레비전 쇼의 내용을 회상하도록 했을 때 이전의 것보다는 최근에 방영된 것을 더 잘 기억하였고 시간이 지남에 따라 과거 사건에 대한 기억은 덜 생생해지고 상세함도 떨어졌다. 어휘 및 문법에 대한 지식은 심지어 증가하기도 한다(Horn, 1982).

성인기 기억에서 흥미로운 또 하나의 형태는 전망적 기억(prospective memory)이다.

전망적 기억은 사건을 중심으로 한 기억과 시간을 근거로 한 기억으로 나눌 수 있다. '저녁 식사 후 친구와 병문안 가기'와 같은 사건 중심 기억은 연령감퇴가 크지 않지만 '특정 시간에 친구 만나기'와 같은 시간을 근거로 한 기억에는 연령감퇴가 보고되고 있다. 전망적 기억에서의 감퇴는 일상생활에 영향을 줄 수 있다. 예를 들어, 약을 먹는 시간을 자꾸 잊어버리면 건강에 문제가 올 수 있고 타인과의 약속을 지키지 못한다면 사회적 관계도 위축될 가능성이 있다.

기억과 노화에 대한 결과들을 요약하면 의미기억(semantic memory)이나 일화기억(episodie memory)과 같이 친숙하고 자주 인출되는 것은 특별한 의식적 처리 과정을 필요로 하는 것이 아니므로 비교적 잘 보존되어 있다. 그러나 인지적 자원에 부담을 많이 주는 작업기억의 처리형태에 많이 의존해야 하는 과제에서는 연령에 따른 감퇴가 나타난다고 볼 수 있다. 최근 노인의 단기 기억력과 판단 능력은 떨어지지만, 장기 기억력은 그대로 유지된다는 연구 결과도 나왔다.

연령이 증가할수록 사회적 기술과 감성 지능, 어휘 능력은 좋아지며 충동적인 반응을 일으키는 도파민 등의 호르몬 변화가 크지 않기 때문에 젊은 사람보다 합리적인 결정을 내릴 수가 있다(신명희 외, 2013).

4) 기억장애 : 노인성 치매

노인성 치매(dementia)는 노년기에 찾아오는 가장 흔한 기억장애이다. 옛날부터 우리는 노망이 들었다고 부르면서 정상인과 구별했다. 노인이기 때문에 당연히 오는 기억상실증 같은 것이라고 여기고 당연시해왔다. 그러나 치매는 노인이 겪는 질병으로 예방과 치료를 병행해야 한다. 흔히 오는 노화 현상으로 생각하여 적절한 치료 시기를 놓치면 여러 가지 어려움을 겪게 된다.

우리나라의 경우도 65세 이상의 노인 중 약 8%에 해당하는 사람이 치매 환자로 집계되고 있고, 2020년에는 노인 인구의 약 10%가 치매 환자일 것으로 전망하고 있다.

치매 발병률은 나이가 많아짐에 따라 점점 증가하여 85세 이상이 되면 20% 이상의 높은 비율을 나타낸다. 또한, 남성보다 여성의 발병률이 높다. 전체 치매 환자의 50%는 알츠하이머형으로 가장 많은 비율을 차지하고, 20~30%는 혈관성 치매로 추정되며, 나머지 20% 정도는 파킨슨병, 두부 손상, 헌팅턴병 등 기타 질병으로 인한 치매에 해당한다.

치매의 증상은 원인 및 질환의 종류와 정도에 따라 매우 다양하게 나타나는데, 초기에는 아주 가벼운 기억장애를 보이다가 점차 사고력, 추리력, 언어능력, 문제해결능력 등의 전반적 영역에 감퇴가 나타나며 점점 진행됨에 따라 정서조절능력의 손상, 신체운동기능의 결함과 더불어 모든 심리적 기능이 와해되어 가면서 인격의 황폐화가 나타난다(김태련 외, 2005).

5) 노년기 정신병리의 종류

(1) 기능적 장애

노년기 정신병리의 기능적 장애에는 조현병(Schizophrenia), 조울증, 망상증이 있다.

조현병은 사고, 감정, 감각, 의욕, 행동 등의 측면에서 인격의 황폐를 일으키는 병으로 노년기에 와서 생기는 것이 아니라 청소년기부터 시작된 것이 계속되는 경우가 많다.

조울증은 조 상태와 울 상태가 극단적으로 변하는 주기를 나타내는 징후로서 사고의 장애가 없고 정서적 장애만 갖는다. 50대 이후에는 주로 우울증 하나만 나타나는 것이 일반적이다.

망상증은 피해망상, 과대망상, 관계망상, 부정망상(의부증, 의처증) 등이 주된 징후로서, 망상이 조직적이고 체계화된 것이 특징이다. 이러한 망상증은 청각 장애인, 감옥생활, 고립상태, 전염병 감염, 시력 상실 등의 경우에도 나타난다. 노년기에는 물리적, 환경적 제한 때문에 과잉반응으로 나타나는 경우가 많다(Allen & Clow, 1950).

(2) 기질적 장애

노년기 정신병리의 기질적 장애에는 노인성 정신병, 노인성 치매 등이 있다. 노인성 치매로 인해서 나타나는 노인성 정신병의 원인은 분명하지 않다.

노인성 정신병은 인지적 기능이 점점 쇠퇴해 가는 만성적 정신장애이다. 이 병은 여성에게 더 많으며, 임상적 징후로는 초기에는 판단 착오, 청결 습관의 감퇴, 추상적 사고능력의 손상, 흥미의 상실과 무감각 등이 나타난다. 그 다음으로 불안, 우울증이 나타나는 동시에 신체적, 정신적 기능이 쇠퇴하기 시작하면서 전형적인 징후인 환각, 이해의 혼란, 시간, 장소, 사람에 대한 지남력 상실, 횡설수설, 불면증 등이 함께 나타나는 수도 있다.

노인성 치매란 65세 이후 노년기에 발병한 치매를 총칭한다.

과거에는 노인성 치매를 망령, 노망이라고 부르면서 노인이면 당연히 겪게 되는 노화 현상이라고 생각했으나 최근 많은 연구를 통해 분명한 뇌질환으로 인식되고 있다. 증세는 노인성 정신병과 비슷하다. 노인성 치매의 대표적인 것으로는 알츠하이머병과 혈관성 치매가 있다.

알츠하이머 병은 뇌의 구조적 · 화학적 퇴화로 인해 행동 및 사고 능력이 점진적으로 상실되는 병이다. 정신 능력이 급속도로 쇠퇴하는 것으로, 정신 능력의 심한 결핍과 흥분 경향까지 수반한다. 행동 불일치, 실어증, 실인증, 파킨슨병에서 나타나는 걸음걸이, 흥분성 발작을 보이기도 한다. 몸 전체가 경직되고 서지도, 걷지도 못하다가 완전히 무기력하게 된다.

이 병의 원인에 대해서는 아직 알려진 바가 없으나 대개는 노화 과정, 유전요인, 환경적 요인, 약물과 세균감염 등에 의한 것으로 추측하고 있다. 따라서 치료방법이 없는 절망적인 노인성 질환으로 알려져 있다.

비타민 E, 땅콩, 열매, 생선, 달걀과 같은 불포화 지방이 풍부한 음식들은 알츠하이머를 예방하는 반면, 붉은 고기, 버터, 아이스크림과 같은 트랜스 불포화 지방이 많은 음식은 알츠하이머를 유발하는 위험 요인으로 알려져 있다(신명희 외, 2013).

4. 노년기의 성격발달

1) 노년기의 성격이론

(1) 에릭슨의 자아통합과 절망

에릭슨의 심리·사회적 발달 8단계 중 마지막 단계인 노년기는 자신의 삶을 되돌아보고 평가하며 통합하는 때이다.

통합은 지난날 자신의 잘못, 결점, 실패 등을 인정하고 수용하는 데서 온다. 자신에게 주어졌던 삶의 중요한 기회를 놓쳤고 원하던 것을 이루지 못했다고 느낄 때 절망과 우울을 경험하게 되며 죽음에 대해서도 불안을 느낀다. 그러나 통합성을 이루게 되면 아무런 동요 없이 남은 인생을 평온하게 보내고 죽음에 대해서도 유연하게 대처할 수 있다.

인간은 자기 죽음에 직면해서 자신이 살아온 삶을 되돌아보게 된다. 비록 살아온 과정이 힘들고 후회스러운 부분이 있었다 해도 전체적으로 자신의 삶이 의미 있었다고 긍정적으로 수용할 때 통합감이 이루어진다. 통합감은 이전 단계와의 연속 선상에서 이루어지는 것이다. 청소년기에 자아정체감 확립에 실패한 사람은 친밀감을 이루기 어렵고 이는 중년기의 침체성으로 연결된다. 이러한 부정적 발달이 계속되어 온 사람은 노년기에 자신의 삶을 통합하기 어렵고, 후회와 불만족감으로 자신의 삶을 평가하게 되고 이러한 절망감을 다른 사람에 대한 원망과 비난으로 표현한다. 노년기에 자아 통합을 이루기 위해서는 후회 없이 사회 속에서 적극성을 유지하며 자신의 단점과 장점 모두를 긍정적으로 수용하는 자세가 필요하다.

(2) 레빈슨(Levinson)의 인생 마지막 계절

레빈슨은 60대 초반에 전환기를 거쳐 노년기에 진입한다고 보았다. 이 시기의 노인은 사회의 부정적 고정관념을 인식하고 이제 자신이 더 이상 사회의 중심인물이 아니라는 사실에 갈등을 느낀다. 힘과 존경과 권위의 상실을 받아들이는 것은 자신의 삶을 통제할 수 있다고 여겨온 사람에게 쉬운 일은 아니다. 그러나 결국에는 신체적 쇠퇴와 질병, 가까운 사람의 죽음을 통해 자신이 늙었다는 사실을 받아들이게 된다. 레빈슨은 이를 '다리 위에서의 조망'이라 하였다. 마지막 단계에서 궁극적인 과업으로서 죽음을 이해하고 자아에 대한 관심이 증가하며 자신과 화해를 하게 된다.

(3) 펙(Peck, 1968)의 발달과업

펙은 노년기 심리적 과업에 대한 에릭슨의 관점을 바탕으로 이 시기에 해결해야 하는 중요한 위기를 강조하였다.

첫 번째 위기는 자아 분화 대 과업 역할 몰입(redefinition of self vs preoccupation with work role)이다. 사람은 자신의 직업을 통해 정체감, 자존감, 자아개념을 유지 및 발전시킨다. 그러나 노년기는 은퇴를 하는 시기로서 직업 역할과 관련시키지 않고도 자신의 가치를 발견하고 자신을 재정의해야 한다. 은퇴는 사람이 자신을 보는 관점에 변화를 일으키므로 직업 역할 없이도 자존감과 자기 개념을 유지할 수 있도록 자신에 대한 재정립이 필요하다.

두 번째 위기는 신체 초월 대 신체 몰두(body transcendence vs body preoccupation)이다. 노년기에는 신체적으로 쇠퇴를 경험하므로 이러한 변화에 지나치게 걱정하거나 몰두하지 않고 다른 사람과의 친밀한 관계, 관심을 기울일 수 있는 다른 활동을 찾아야 신체적인 불편함을 극복할 수 있다.

세 번째 위기는 자아 초월 대 자아 몰두(ego transcendence vs ego preoccupation)이다.

노인은 죽음이 곧 다가올 것이고 불가피하다는 것을 받아들일 때 현재의 자기 자신과 삶을 뛰어넘을 수 있게 된다. 죽음에 대한 수용을 통해 타인의 행복과 안녕에 이바지함으로써 자아 초월이 이루어진다. 그렇지 못하면 자신의 삶이 가치가 있었는지 타인에게 도움이 되었는지에 대해 의문을 갖게 된다(신명희 외, 2013).

펙(Peck)은 이러한 위기의 성공적인 해결을 통해 자신의 인생 목적에 대해 폭넓은 이해를 할 수 있다고 보았다.

2) 노년기 성격의 가변성

노년기 성격은 더 내성적이며, 더욱 주의 깊고 느리며 실제적으로 변화한다. 그리고 야심 · 용기 · 능력 등 도구적 가치로부터 성취감, 자유로움 등 절대적 가치로 변화하지만 개방성과 외향성 수준은 지속한다.

핀(Finn, 1896)은 1947년에 17~25세와 43~53세 두 집단의 피험자를 대상으로 MMPI를 실시하고 30년 후인 1977년에 재검사를 하였다. 이 종단적 연구에서 성인 전기에서 성인 중기 사이의 성격 변화가 성인 중기에서 성인 후기 사이의 변화보다 크게 나타났다. 일반적으로 노년기에 강하게 지속하는 경향은 비행과 종교적 성향이다(송명자, 2004).

노년기에 나타나는 특징적 성격 변화를 보면 다음과 같다.

① 내향성과 수동성의 증가 : 외부 사물이나 행동보다는 내적인 측면에 관심과 주의를 기울이며, 자신의 사고나 감정에 따라 사물을 판단하고 능동적 문제 해결보다는 타인에 대한 의존성이 증가한다.

② 조심성의 증가 : 노인 자신이 정확성을 중시하고, 감각 능력이 감퇴하며, 결정에 대한 자신감의 결여로 인하여 확실한 것을 추구하는 경향이 강해진다.

③ 경직성의 증가 : 자신에게 익숙한 습관적 태도와 방법을 고수하며, 이로 인해

학습능력과 문제해결능력이 저하되는 것이 일반적이다.

④ 우울 성향의 증가 : 신체질병, 배우자 사망, 경제 사정 악화, 사회로부터의 고립, 일상생활에 대한 통제력 약화, 과거에 대한 회상의 증가로 인하여 우울 성향이 증가하고 이로 인한 불면, 무감각, 강박관념, 증오심, 체중감소 현상이 나타나기도 한다.

⑤ 생에 대한 회상의 경향 : 과거의 인생을 회상하여 남은 시간에 지금까지 해결하지 못한 것을 찾아서 새로운 해결을 시도하고 새로운 인생의 의미를 발견하려 한다.

⑥ 친근한 사물에 대한 애착 증가 : 사용해 온 물건에 대한 애착이 증가하며, 이를 통해 과거 인생을 회상하고 마음의 평온을 추구한다.

⑦ 성 역할 지각의 변화 : 남성은 친밀성, 의존성, 관계 지향성이 증가하는 반면 여성은 공격성, 자기주장, 자기 중심성, 권위주의 성향이 상대적으로 높아진다.

⑧ 의존성의 증가 : 노화가 진행됨에 따라 경제적 의존, 신체적 의존, 정서적 의존, 사회적 의존성이 전반적으로 증가한다.

⑨ 시간 전망의 변화 : 남아있는 시간을 계산하고 시간이 얼마 남지 않았다는 사실을 회피하기 위해서 과거에 대한 회상에 집중하거나 또는 과도하게 미래지향적이 된다.

⑩ 유산을 남기려는 경향 : 죽기 전에 자손, 예술작품, 기술, 지식, 재산 등 무엇인가를 남기려는 성향이 강해진다.

3) 생의 회고와 회상

노인은 지난날 경험했던 사람, 사건, 감정에 대해 자주 되돌아보고 이야기한다. 에릭슨(Erikson), 레빈슨(Levinson), 펙(Peck) 모두가 노년기 성격발달의 주요한 특징을 자신의 삶을 회고하는 것이라 보았다.

회고는 과거를 되돌아보면서 오래 해결되지 않았던 문제나 갈등을 좀 더 객관적으로 바라보고 새로운 시각으로 보게 함으로써 미결의 과제를 끝내거나 현재의 삶을 더 진지하게 바라보도록 해주는 기능을 한다. 또한, 사람은 나이가 들수록 자신의 삶을 되돌아보는 것을 통해 죽음에 대한 인식을 더욱 분명히 해나가고 수용하게 된다. 따라서 자신이 살아온 인생을 되돌아보는 것은 과거와 현재 사이에 연속성을 부여하고 현재에 대한 인식을 증가시키면서 지나간 일에 대한 통찰력을 줄 수 있다. 이러한 의미에서 회고과정은 노년기 자아통합감을 촉진하고 현재에 더 효율적으로 기능할 수 있게 해주는 것으로 보인다.

5. 사회성 발달

1) 사회적 관계망과의 상호작용

(1) 부부관계

노년의 부부관계는 그 어느 때보다 소중하다. 대가족제도 사회였을 때는 늙어도 손자 손녀들까지 한집에 살며 노후가 외롭지 않았다. 할아버지 할머니는 가정에서 가장 높은 자리에서 우대를 받으며 노년기를 보냈다. 그러나 핵가족 시대가 도래하며 상황이 급변했다. 자녀들도 많지 않지만 결혼하게 되면 독립해서 사는 것이 사회적인 추세가 되었다. 결국, 어린 자녀들과 살았던 집은 부부만 남게 되고 그 어느 때보다 부부관계가 중요해졌다. 인생의 반려자로 서로 의지하고 상의하며 대화할 유일한 상대가 된 것이다.

최근에는 노년기 부부의 결혼생활 만족도가 중년기보다 더 높게 나타나고 있다.

노년기에는 부부가 더 많은 이야기를 나누게 되고 서로 의지하며, 친밀감을 느끼고 '함께'라는 생각을 더 갖게 되기 때문이다. 노년기의 부부관계가 더욱 성공적이기 위해서는 애정, 서로에 대한 존중, 공통 관심사의 증진, 동료의식, 성적 친밀감, 서로 간의 감정을 솔직히 표현할 기회의 증진 등이 필요하다(정옥분, 2000).

노년기까지 결혼생활을 지속해 온 부부는 이 시기에 서로에 대한 만족감이 비교적 높은 것으로 보인다. 웨이샤우스와 필드(Weishaus & Field, 1988)는 17쌍의 부부를 50~69세 사이에 걸쳐 종단 연구하였다. 그 결과 이들은 환경의 변화에 실질적으로 잘 대처하는 능력을 갖추고 있었는데, 예를 들어 한쪽 배우자가 병이 날 경우 이러한 일이 관계를 악화시키기보다는 유대관계를 더 단단하게 하는 역할을 하였고 결혼에 대한 기대도 시간이 지나면서 부부 간에 더욱 일치해가는 특징을 보였다. 또한, 레빈손 등은 중년 부부와 노인 부부를 비교한 연구에서 노인 부부가 중년 부부에 비해 갈등이 더 적었고 더 만족했으며, 서로에 대해 긍정적인 감정을 더 많이 갖고 있었다. 아마도 이 시기까지 함께한 부부는 서로에 대해 동반자 의식을 느끼고 정서적 지지를 제공하고 서로에 대한 더 많은 통찰력이 있는 것으로 보인다.

그러나 결혼의 모든 측면이 만족스러운 것은 아니며 상황에 따라 심각한 스트레스를 경험할 수도 있는데, 예를 들어 한쪽 배우자가 은퇴하거나 질병을 앓게 되면 부부 간의 관계에 영향을 줄 수 있다. 배우자 병간호를 하는 경우 배우자에 대한 사랑과 헌신의 마지막 기회로 여기고 배우자에 대한 책임을 다하는 데서 만족감을 느낀다는 보고도 있다(Zarit & Reid). 그러나 대부분의 경우, 도움을 제공해야 하는 배우자는 이를 스트레스로 지각하며 생에 대한 만족감이 떨어지고 오랜 병간호는 부부 간의 동반자 의식과 친밀감을 저하시킨다(Aneshensel et al., Cavanaugh). 이러한 이유는 돌보는 배우자 자신도 같은 노화 과정을 겪고 있으므로 신체적으로 힘들고 부담이 되기 때문이다.

(2) 결혼만족도

직업, 자녀 양육 부담의 감소, 윤택해진 경제적 여건 등으로 만족스러웠던 결혼생활이 은퇴 후 점점 나이 들고 병들면서 결혼만족도도 감소하게 된다(Miller et al., 1997). 일반적으로 노년기의 결혼만족도는 건강상의 문제로 위협을 받기 이전까지는 높은 편이다(Gilford, 1984; Pearson, 1996).

노년기에는 결혼만족도뿐만 아니라 갈등 또한 증가한다.

우리나라 부부의 가족생활주기에 따른 결혼만족도와 부부갈등에 관한 연구(박영옥, 1986)에 따르면, 신혼 초기부터 자녀를 양육하는 시기까지는 부부갈등이 증가하나 자녀의 결혼에 즈음하여 감소하다가 다시 노년기에 들어 약간 증가하는 경향이 있는 것으로 나타났다.

특히 노년기에 자녀와 동거하는 경우, 노인 부부의 행동이 자유롭지 못하므로 만족도가 떨어진다고 한다.

(3) 성적 적응

노년들은 성욕이 없을 것이라 흔히들 생각하는데 그것은 잘못된 생각이다. 물론 신체적으로 쇠약해지고 각종 질병으로 고통을 받고 있어 육체적인 성적 적응은 못할지라도 성에 대한 욕구가 없어진 것은 아니다. 노인들의 그러한 행동을 주책없다고 무시해 버리기보다 정상적인 행위에 대해 인정하고 존중해 주는 것이 바람직하다.

실제로 성은 육체적인 목적 이외에도 여러 가지 목적으로 작용한다. 적극적인 성생활은 부부의 애정과 친밀감을 확인시켜 주고, 서로의 계속된 생명력을 확인시켜 준다(Turner & Rubinson, 1993).

우리나라 60세 이상의 남녀노인 250명을 대상으로 노인의 성 의식을 조사한 이윤숙(1990)의 연구에서는, 남성의 성적 능력은 정도의 차이는 있어도 89.4%가 지속되고 있으며, 80세 이상까지도 유지되고 있음을 나타내고 있다(도미향 외, 2015).

(4) 이혼

최근에 와서 황혼이혼이 증가하고 있다. 수십 년을 잘 살아왔고 자녀들도 출가시킨 노부부가 서로 의지하고 인생의 마무리를 해야 하는 시점에 이혼하는 이유가 무엇일까?

노년기의 이혼이 증가하는 이유에 대해 박재간 등(1995)은 다음과 같이 설명한다.

첫째, 가족생활주기의 변화 때문이다.

자녀들이 독립한 뒤 부부만 함께 사는 '빈 둥지(empty nest) 시기'가 등장하면서 부부간의 문제가 발생한다. 이때 원만한 부부관계를 형성하면 '제2의 신혼기'가 되겠지만, 부부관계가 원만하지 못하면 여생을 고통 속에서 보내는 것보다 다소 희생이 따르더라도 이혼을 선택하게 된다.

둘째, 여성의 경제적 능력이 증대되어 여성 쪽에서 그동안 누적된 불만으로 인해 이혼을 청구한다.

셋째, 결혼생활에 대한 남편과 아내의 사고의 차이 때문이다.

이혼이나 별거 중인 기혼자 노인, 배우자와 사별한 노인은 평생 독신인 노인보다 생활만족도가 낮은 것으로 나타났다. 정신질환과 사망률도 높은 것으로 나타났는데, 이것은 아마도 이혼한 노인을 위한 마땅한 사회적 지원체계가 없기 때문으로 보인다(Uhlenberg & Myers, 1981).

(5) 사별

부부가 함께 살다 배우자 중 한 사람이 먼저 세상을 뜨게 되면 혼자 남은 사람은 정서적으로 힘든 시간을 보내게 된다. 노년의 시기는 부부가 서로에게 배우자이면서 말벗이며 친구이다. 어느 날 갑자기 그 대화 상대가 없어진 것이고 가사를 분담했던 동료가 없어진 것이다. 결혼생활이 원만했던 사람은 그 공허감으로 인한 상실감이 크다. 원만하지 않았던 사람도 그 빈자리가 적지 않다고 한다. 또 남아 있는 배우자가 여성일 경우 겪게 되는 심각한 문제 중 하나는 경제적 곤란이다. 남편의 수입에 주로 의지했던 미망인은 사별 후 수입이 끊긴다. 반면, 남성의 경우에는 아내가 해주던 가정 내 생활서비스 대부분을 혼자 해결해야 한다.

배우자 사별로 부부 중심의 사회에서 모임과 같은 사회적 교류에 더는 참여하지 못하게 될 수 있으며, 혼자 식당이나 영화관에 가는 것이 익숙지 않아 집 안에만 머물거나 고립될 수 있다.

(6) 재혼

이혼율이 늘어나는 만큼 재혼율도 늘어난다. 이혼이든 사별이든 함께 살다 혼자 남게 되면 심리적인 고통이 크다. 여성은 남성보다 잘 지내는 편이다. 노년기의 재혼은 남성이 여성보다 3배 정도 많은 것으로 보고된다. 남성이 재혼의 필요성을 더 많이 느끼기 때문인 것으로 보인다.

재혼의 가장 큰 이유는 고독감 때문이다. 그 외에도 노후에 부양해 줄 자식이 없는 경우, 자녀들로부터 재혼의 권유를 받는 경우 등이 그 이유이다.

앞으로 우리나라의 재혼은 평균수명의 증가와 더불어 자녀들의 노인부양의식 약화로 더 늘어날 것으로 예측된다.

(7) 성인 자녀와의 관계

우리나라 노부모와 성인 자녀 관계에서 대부분 노부모는 자녀에게 물질적인 혜택을 주고, 자녀에게 어려운 일이 발생하면 정서적으로뿐만 아니라 경제적으로도 도움을 주고자 한다. 따라서 자신의 노후부양도 자녀에게 기대한다.

우리나라 노인이 자녀에게 기대하는 도움은 잦은 방문과 대화, 정신적, 경제적 도움인 것으로 나타나고 있다(김태현, 1994). 노인들은 사회의 경험자로서 자신들의 경험과 지혜를 자녀들과 나누며 함께 살고 싶어 하지만 산업화와 정보화 사회에서 노인들의 경험과 지혜가 필요하다고 느끼는 젊은 세대들은 점점 줄어들고 있다.

(8) 손자녀와의 관계

대가족제도에서 핵가족으로 가족형태가 변하면서 가장 큰 손실은 인성교육의 부재이다. 우리나라가 예로부터 동방예의지국이라는 칭찬을 들었던 것도 대가족제도에서의 가정교육 덕분이었다. 부모님이 할아버지 할머니를 모시는 행동 하나하나가 자녀들에게는 교육이었고 학습이었다. 그러나 대가족이 무너지고 핵가족화가 된 요즘은 밥상머리 교육의 부재를 논하는 일들이 많아졌다. 가정에서도 학교에서도 걱정하는 목소리가 높아지자 결국, 인성교육의 필요성을 느끼고 인성 교육법이 국회를 통과하여 시행되게 되었다.

노인은 손자녀와의 관계를 통해서 생산성을 표현할 수 있는데, 조부모의 역할을 자기개념에서 가장 중심에 놓는 노인은 손자녀를 돌보는 데 적극적으로 참여하였다. 특히 노년기에 양육의 역할을 더욱 잘 수용하는 남성은 조부의 역할을 적극적으로 수용하였다(Kivett).

이들은 손자녀의 존재를 생물학적으로 자신의 존재가 영속되는 것으로 느끼고 손자녀의 성취에 자부심을 가지고 있었다. 그 결과 손자녀와 관계를 갖는 노인은 그렇지 않은 노인에 비해 젊은 사람에 대해 더 많은 것을 알고 있었고 생에 대해서도 더욱 넓은 조망을 가지고 있었다(Neugarten & Weinstein).

노년기 배우자 상실 시에 손자녀의 존재는 상실감을 극복하고, 잘 대처할 수 있게 해줄 수 있는 매개체 역할을 할 수 있다. 조부모와 손자녀 관계에서 부모는 중요한 요인이 된다. 부모가 조부모와 친밀한 관계를 유지하면 자연히 손자녀도 조부모와 친밀한 관계를 갖게 된다.

그러나 모든 조부모가 조부모 역할을 맡고 싶어 하거나 즐기는 것은 아니다. 손자녀의 양육방법에 관해 자녀와 갈등을 겪기도 하고, 자신의 자유로운 생활을 위해 손자녀의 양육 담당을 원치 않는 경우도 있다.

한편 이혼의 급증으로 조부모가 부모의 역할을 대신하는 경우도 많아지고 있다. 일반적으로 조모는 조부보다 손자녀와 더 가깝게 지내고 손자녀도 조모를 더 가깝게 지각한다. 또한, 대부분 손자녀는 외조부모를 친조부모보다 더 친밀하게 지각하는 경향이 있다(Kalliopuska).

(9) 형제자매 관계

나이가 들수록 형제자매와의 관계는 더욱 중요해진다. 어린 시절 경쟁심이 성인기까지 계속될 수 있지만, 대부분 형제자매는 서로에게 친밀감을 느끼며, 그 관계에서 상당한 만족감을 얻는다.

형제자매 관계에서 자매 사이는 접촉이 빈번하고 친밀하지만, 형제 사이는 접촉빈도가 낮다. 우리나라 노년기 형제자매 관계의 특성에 관한 연구(전혜정, 1992)에 의하면 노년기 형제자매 간 친밀도에 영향을 미치는 변인은 종교 일치 여부로 나타났으며, 사회적 상호작용을 가장 잘 설명해줄 수 있는 변인은 지리적 근접성, 교육 수준, 형제자매의 수인 것으로 나타났다.

(10) 친구관계

노년기에 외로움을 달래주고 서로 대화해 줄 상대로는 친구가 가장 좋다. 친구는 서로를 이해해 주고 공감하며 자아의 중요한 지지기반이 된다. 노년기에는 직장이나 단체, 조직 등 사회활동을 하지 않아 친구가 많지 않으며 새로운 친구를 사귀기도 쉽지 않다. 사회적 활동도 제한을 받아 멀리 있는 친구를 자주 만나는 것도 무리다. 그래서 가까운 이웃 친구가 대부분이다.

대다수 노인은 자신이 거주했던 집에서 살고 싶어 하며, 주거지를 변경하는 경우가 많지 않다. 그러나 노년기에 퇴직이나 자녀와의 동거를 위하여 새로운 지역사회로 주거환경을 바꾸는 경우가 있는데, 이처럼 노년기에 주거환경을 바꿀 경우 사회적 관계망의 위축, 지역사회에서의 상징적 지위의 상실, 새로운 이웃과의 관계설정 과정에서의 어려움 등 부정적 영향을 받는 경우가 있다(정옥분, 2004).

2) 사회적 지위와 역할

노년기에는 친구와 가족의 죽음, 직업적 지위와 수입의 상실, 신체적인 건강, 아름다움의 저하, 전체적인 삶의 목적 상실 등 얻는 것보다는 잃는 것이 더 많은 시기이므로 '상실의 시기' 또는 '역할이 없는 역할(roleless role)을 갖는 시기'라고도 한다.

로소우(Rosow, 1985)는 사회적 지위와 역할을 다음 4가지로 유형화하였다.

첫째, 제도적 지위와 역할로 기업체의 과장, 가정의 생계유지자 등과 같이 지위와 역할이 분명한 경우이다.

둘째, 희박한 지위와 역할로 명예총장, 실직한 과장, 퇴직 가장 등과 같은 지위는 있지만, 역할이 없거나 있어도 아주 작은 경우이다.

셋째, 비공식적 지위와 역할로 비공식적 지도자, 약장수 등과 같이 공식적 지위는 없으나 역할은 있는 경우이다.

넷째, 무역할의 지위와 역할로 지위도 역할도 없는 상태로서 실제적으로는 사회적인 의미가 전혀 없다고 할 수 있다.

노년기에는 청 · 장년기에 누렸던 지위와 역할을 상실하고, 아무런 명예나 지위도 없는 힘없는 노인의 위치로 평가절하됨으로 인하여 상실감이 크고 자존감이 떨어져 삶의 만족도 등이 낮아지게 된다.

6. 노년기의 은퇴

1) 노년기의 은퇴 의미

은퇴(retirement)란 신체 및 정신기능의 약화로 인한 노동능력의 저하, 경제적 생산기술과 생산체계의 변화에 대한 적응 능력의 부족 등으로 인하여 사회적 지위에서 물러나 그 지위에 관련된 역할 수행을 중단하게 된 현상이다.

은퇴는 사회 제도적으로 묶어놓은 일종의 규칙이다. 본인의 의사나 능력, 자질, 체력 등과 관계없이 정해진 나이가 되면 직장을 떠나게 된다. 현재 직장에서 정해 놓은 정년은 각 개인의 능력이나 신체적 조건과는 아무런 상관도 없는 연령 기준이다. 평균수명이 연장되어, 60세가 되어도 아직 젊다고 느끼는 사람들이 대부분이다. 그러나 그러한 상황은 고려의 대상이 되지 못한다.

문제는 직장을 나온다는 것은 지금까지 갖고 있던 소속감, 정체감, 자존감을 내려놓는 것이다. 퇴직으로 인하여 직장동료와의 관계가 단절되고 사회활동 참여도가 낮아짐으로써 사회적 소외와 고독을 경험할 가능성이 크다. 이러한 상실감이 은퇴자들을 힘들게 한다. 뿐만 아니라 퇴직에 따른 생활 변화를 보면, 수입이 급격하게 줄어들거나 상실되는 반면, 지출은 계속 이루어지기 때문에 퇴직 이후의 경제적 어려움을 경험할 가능성도 크다.

그러나 삶의 만족도는 퇴직의 영향을 직접 받는다기보다는 개개인의 성격적 특성에 따라 결정되는 경향이 강하다(Reis and Gold, 1993).

노년기의 주요 발달과업 중 하나가 퇴직에 대한 적응일 정도로, 퇴직 이후의 생활 적응은 노년기 삶의 질을 결정하는 중요한 요인 중 하나다. 따라서 노년기에는 퇴직에 따르는 지위와 역할의 변화, 경제적 조건의 변화, 상황적 요인의 변화, 사회적 관계망의 변화 등과 같은 생활 전반에 나타나는 변화를 수용하고 자신이나 주변의 대체 자원을 활용하여 능동적으로 적응해 나갈 수 있어야 한다.

2) 은퇴의 단계

앳첼리(Atchley)는 사람은 일련의 단계를 거치면서 은퇴에 적응해 간다고 보고 다음과 같은 단계를 제안하였다. 은퇴자는 은퇴 직후에는 밀월기에 있어서 생활만족도가 높았으며, 13~18개월 된 사람은 탈환상기의 특징을 나타냈고, 6~7년이 지나야 은퇴의 상황에 무난히 적응할 수 있었다(Ekerdt, Bosse, & Levkoff). 그러나 모든 사람이 이러한 단계를 겪는 것은 아니며 순서도 일정하게 나타나는 것은 아니다. 그보다 은퇴에 대한 반응은 은퇴의 원인, 경제적 상태, 사회적 지원망의 존재 여부, 개인의 성격 등 여러 요인이 복합적으로 상호작용하여 영향을 미치는 것으로 보인다.

3) 은퇴 후 적응

은퇴는 시기의 차이는 있지만 누구나 겪는 삶의 과정이다. 전문직이나 개인 사업을 하는 자유업종이 아닌 직장인들은 은퇴 시점이 미리 정해져 있다. 그러나 최근에는 그 정년도 보장되지 않아 평생직장의 개념이 무너지고 있다. 경영상의 이유로 오랜 경력자들을 명예퇴직이라 하여 조기 은퇴 시장으로 내몰고 있기 때문이다. 조기 퇴직이든 정년 퇴직이든 이제 그 퇴직이 자신에게 생각보다 일찍 다가올 수 있다는 생각을 갖고 미리 대비할 필요가 있다. 그것이 은퇴의 부담으로부터 충격을 줄이는 길이다.

은퇴 후의 적응 여부는 은퇴 시기, 원인, 준비기간, 사회경제적 지위, 수입, 성격, 사회적 지지망 등의 여러 요인이 복합적으로 상호작용한다고 볼 수 있다. 일정한 시기에 예상되었던 은퇴가 아닌 조기 은퇴인 경우, 은퇴자는 더 많은 스트레스와 부적응을 경험하는 것으로 나타났다. 예상치 못한 강제 은퇴자보다 자발적 은퇴자가 스트레스가 적고 흥밋거리나 부업을 더 많이 계획하는 경향이 있었다(Stallings, Dunham, Gatz, Baker, & Bengston).

은퇴를 준비한 시간도 개인의 적응에 영향을 미쳐 대개 약 2년 전부터 은퇴를 준비해 온 사람은 6개월 전에 은퇴를 결정한 사람보다 은퇴를 더 긍정적으로 받아들인다(Hardy & Quadagno).

은퇴자로서 자신을 어떻게 지각하느냐도 은퇴의 질과 관련되어 있다. 은퇴에 대한 자기 효율성이 높은 사람, 즉 자신이 은퇴라는 사건에 무난히 만족스럽게 잘 적응하리라 생각하는 사람은 자기 효율성이 낮은 사람보다 불안 수준이 낮다(Carter & Cook).

자신에 대한 통제가 높은 사람은 은퇴 만족도가 높으며, 자신을 매사에 유능한 사람으로 지각하고 있거나 은퇴 전에 높은 자존심을 가진 사람은 은퇴 후에도 높은 수준의 자존심을 유지하고 있었다(Reitzes, Mutran, & Fernandez).

은퇴 후 적응에 가장 큰 영향을 주는 것은 가족과 사회적인 지지이다. 은퇴가 주는 충격은 예상보다 크고 견뎌내기 어렵다. 일반적으로 일반 직장인들이 퇴직하는 시점은 자녀가 학업을 마치지 못했거나 결혼을 시키지 못한 상태가 대부분이다. 경제적으로 많은 부담이 있는 시기에 퇴직을 하게 되는 것이다. 따라서 퇴직 후 마냥 여유를 즐기고 살기에 경제적으로 어려움이 따르고 새로운 직장을 잡기도 쉽지 않다.

은퇴 후 부부가 온종일 같이 지내야 하는 환경도 익숙하지 않다. 서로 힘들게 하고 적응하기 어려워 긴장과 갈등이 높아질 수도 있다. 그러나 은퇴 후의 부부관계는 은퇴 전 부부관계의 연속선상에서 볼 수 있다. 이전부터 돈독한 관계를 유지하던 부부는 은퇴 후에도 만족감이 높으며 더 많은 시간을 같이 보낸다(Reitzes, Mutran, &

Fernandez). 따라서 은퇴에 대한 지각과 만족도 및 적응 여부는 은퇴 이후뿐 아니라 은퇴 이전의 생활양식이나 적응도와 관련된 연속선상에서 평가할 필요성이 있다.

7. 노년기 사회복지 실천의 관심 영역

1) 우울증과 학대 및 자살

노년기의 우울증 발생 원인은 신체적 질병과 기능 상실, 사별과 같은 생활 사건, 사회적 지지체계, 재정적 문제, 교육 수준, 성격 등이다. 우울증의 정도는 만성 질환 및 기능 상실의 정도와 비례하고 건강의 악화는 새로운 우울 증상을 유발하는 주요 요인이 될 수 있다(신명희 외, 2013).

노인 우울증을 극복하는 방법은 가족이나 친구들의 지속적인 격려와 지지, 자원봉사, 종교 생활, 취미 생활, 운동 등 여가를 활용하고 이러한 사회관계망을 형성하여 관계를 맺게 함으로써 예방할 수 있다.

또, 인지행동치료를 통하여 부정적인 사고를 긍정적으로 바꾸어 줌으로써 극복할 수 있다. 노년기의 또 다른 문제는 학대당하는 노인들의 증가이다. 노인들은 뼈가 약하고 골다공증 등 신체적으로 허약하여 조그만 충격에도 다치거나 골절될 수 있다. 이러한 신체적 장애는 노인들에게 우울증으로 발전될 가능성이 크다. 우울증이 생기면 노인들은 위축되고 심리적으로 견디기 어려워 자살의 충동을 느끼기도 한다. 전국 노인보호 전문기관에 접수된 노인학대 신고 건수에 의하면 언어·정서적 학대가 가장 많았고 그다음이 신체적 학대, 방임과 유기 등의 순서였다.

노인학대를 예방하기 위해서는 취약한 가정에 경제적 여건을 개선할 방안을 모색하고, 아동학대와 마찬가지로 학대 가능성이 있는 가정이나 시설에 대한 교육과 상담이 필요하며, 부양부담을 경감시킬 수 있는 제도적 보완이 마련되어야 한다.

최근 들어 노인 자살이 점차 증가하여 사회적 문제가 되고 있다. 자살의 주요 원인은 신체적 질병, 경제적 어려움, 외로움과 고독, 가정불화 등이며(통계청, 2009) 그 외에도 우울증, 직업 역할의 상실, 정신적 장애, 사회관계 범위의 축소, 건강 악화, 배우자의 상실 등이 있는 것으로 나타나고 있다(한국노인복지학회 편, 2006).

노인 자살을 예방하기 위해서는 노인의 신체적 질병을 조기에 발견하고 치료하기 위한 국가적 대책이 필요하다. 또한, 노인들의 사회 참여 기회를 확대하고 노인의 자존심 회복을 위한 다양한 프로그램의 제공과 노인상담 및 노인교육 그리고 기초생활 보장을 위한 지원이 확대되어야 할 것이다(이근홍 외, 2015).

2) 노년기 정책

고령 사회에서 초고령 사회로 진입하는 우리나라는 고령 사회에 대한 근본적인 패러다임의 전환이 요구된다. 100세 시대에는 100세 시대에 맞춰진 정책의 전환이 필요하다. 단순히 신체적 건강의 문제가 아니라 가족생활 재설계가 필요하다. 예를 들어 은퇴 후 가족생활 적응을 위한 교육 프로그램, 은퇴자의 지역사회 참여를 위한 프로그램, 이웃 공동체를 위한 프로그램 등이다. 자기관리를 위한 프로그램을 개발 확산하여 스트레스와 어려움을 극복할 수 있도록 지원해 주어야 한다, 우리나라는 현재 고령화 추세의 지속으로 만성질환 유병률이 증가하고 있어 의료비 부담을 경감할 수 있는 제도도 보완·개선해야 한다.

노년기의 사회복지 실천을 위해서는 노인장기요양보험의 수혜를 위한 사각지대를 없애고 모두가 혜택을 누리도록 하며, 특히 홀로 사는 노인들에 대한 다양한 돌봄 서비스가 필요하다. 또한 증가하는 노인 자살률을 최대한 방지할 수 있는 제도적 장치를 마련하고 항시 노인들이 고통을 호소하고 위로받을 수 있는 상담 창구의 확대와 접근성에 관심을 기울여야 한다.

노인들이 외로움과 고독감에서 벗어날 수 있도록 여가를 활용할 수 있는 프로그램을 개발하고 보급하여야 한다. 또한, 노인들의 건강을 주기적으로 체크하여 노인성 질환을 사전에 예방하고 노인 본인은 물론 가족의 고통도 나눌 수 있는 교육 및 상담도 확대되어야 한다. 누구에게나 중요한 것은 존재감이고 소속감이다. 따라서 노인들이라고 무능력자로 취급할 것이 아니라 체력에 맞는 일감을 개발하고 일자리를 마련하여 보람을 느낄 수 있도록 일자리 창출에 국가와 지자체 모든 기관이 노력해야 할 것이다(신명희 외, 2013).

CHAPTER

09

정신역동이론

1. 프로이트의 정신분석이론과 인간행동

프로이트(Sigmund Freud)의 정신분석이론은 정신치료와 인간행동의 이해에 대해 새로운 세계를 열었다. 이 이론은 20세기의 정치, 경제, 문학, 사회, 예술 등 많은 부분에 큰 영향을 미쳤다. 사회복지 실천의 과학적 토대를 마련하기 위하여 노력하는 과정에서 학자들은 정신분석이론에 대해 지속적인 관심을 가지게 되었다(Hamilton, 1958; Hollis, 1964). Richmond(1917)의 '원인을 발견함으로써 치료방법을 찾을 수 있다.'는 전제는 바로 프로이트에 의해 창안된 의료적 모델(medical model)에 근거한 것이며, 이후 대부분의 개별 사회복지사들도 의료적 모델에 많은 관심을 가지게 되었다.

사회복지사들이 프로이트의 의료적 모델에 입각한 직선적 원인론(linear casuality)을 채택함에 따라 '시행착오의 예술(trail-and-error art)'로 불리던 개별 사회사업 실천은 '과학인 동시에 예술(science and art)'이라고 불릴 수 있는 지적 기반을 형성할 수 있게 되었다(Wood, 1971). 그리고 1920년대의 진단학파에서는 개별 사회사업 실천을 내담자의 초기 아동기의 해결되지 않은 정신적 외상에 대한 진단과 치료를 강조하는 정신분석적 치료와 동일시할 정도(임상사회사업연구회 역, 1991)로 프로이트(Freud)의 정신분석이론이 사회복지 실천에 미친 영향은 지대하다.

이상에서 살펴본 바와 같이 정신분석이론은 사회복지 실천에 매우 큰 긍정적 영향을 가져왔지만, 부정적 영향도 있다. 특히 프로이트(Freud)의 정신분석이론은 사회복지의 이중적 초점(dual focus)이라 할 수 있는 인간과 환경 중에서 인간의 정신 내적 현상을 지나치게 강조하고 기계론적이고 결정론적 인간관과 이에 따른 실천을 만들게 됨으로써, 사회복지전문직의 분열과 사회복지 실천의 불균형을 초래하는 문제점을 발생시키기도 하였다.

1) 인간관

프로이트(Freud)의 인간본성에 대한 기본적인 정의는 그 당시 사회적인 전통과는 매우 다른 모습을 보이고 있다. 프로이트(Freud)는 합리적 존재로 생각하던 인간을 그 시대의 지적 분위기에 반항하여, 인간을 의식의 영역 밖에 존재하는 비합리적이고 통제할 수 없는 무의식적 본능의 지배를 받는 존재로 보았다. 프로이트(Freud)는 인간의 생각, 행동, 감정은 신체적 건강상태에 의해 발생하는 무의식적인 성적 본능과 공격적 본능에 의하여 결정된다고 보고 있다. 따라서 인간은 이러한 본능적 긴장을 해소하기 위하여 행동을 한다고 한다. 다시 말해 인간은 자아실현이나 성장을 추구하기보다는 거대한 빙산에 비유되는 무의식적 본능에 의해 발생하는 긴장상태를 해소하여 '긴장 없는 열반상태(nirvana)'에 도달하기 위하여 행동을 하게 되는 것이다.

프로이트(Freud)는 인간의 자기결정, 자발성, 책임감, 자유의지와 선택을 할 수 있는 능력, 즉 인간의 자유를 인정하지 않았으며, 인간의 모든 행동은 무의식적인 힘에 의하여 결정되고, 인간은 이런 힘의 지배를 받는 수동적 생활인이라고 보고 있다.

이와 같은 인간본성에 대한 비합리적인 관점과 생물학적 결정론은 인간의 성격에 대한 불변성의 신념과 연결되어 있다. 프로이트(Freud)는 인간의 기본적 성격구조에 대해 초기 아동기 특히 만 5세 이전에 어떠한 경험을 하였는가에 따라 결정되며, 이러한 기본적 성격구조는 성인기가 되어서도 변하지 않고 지속된다고 한다. 따라서 프로이트(Freud)는 "현재는 과거의 축적물에 불과하므로, 현재를 바꾸기 위해서는 과거를 변화시켜야 한다."는 가정하에 정신치료에서 개인이 기본적 성격구조를 변화시키고자 하며, 그중에서도 초기 아동기의 경험을 재구성하는 것이 필수적이라고 보고 있다.

(1) 경제적 모델

프로이트는 정신적 에너지를 발산하는 것을 목적으로 보고 인간의 모든 행동은 본능에 의해 지배를 받는다고 했다. 하지만, 소망(wishes)의 집합체를 본능(instinct)이라고 단정하고 있기 때문에 인간행동은 생리적 기원을 가지고 있다고 할 수 있다. 본능은 목표, 원천, 대상, 추동(drive)이라는 네 가지 요소로 구성되어 있다(전병재, 1993). 본능의 원천은 신체 장기의 긴장상태(예: 위장에 아무것도 없어서 느끼는 허기)이며, 목표는 신체적 긴장상태의 해소를 통한 쾌락의 획득(예: 음식물 섭취를 통한 포만감 획득)이며, 대상은 목표성취에 활용되는 수단(예: 음식물)이며, 추동은 특정 본능이 가지고 있는 에너지의 양, 즉 본능의 강도(예: 음식물을 섭취하려는 소망의 강도)이다. 만약 이러한 본능적 욕구를 표현하고 충족시키는 데 방해를 받게 되면 불안을 경험하게 된다.

삶의 본성은 성욕, 식욕, 갈증 등과 같이 생존과 번식에 목적을 둔 신체적 욕구의 정신적 표상으로서 생명을 유지시키고 발전시키며, 타인과 사랑을 나누고 개인의 창조적 발전을 향해 나아가는 본능이다.

이러한 삶의 본능 중에서 성적 에너지를 리비도(libido)라고 하였다. 하지만, 점점 그 개념을 확대하여 삶의 본능 전체를 의미하는 것으로 해석했다.

죽음의 본능은 불변의 무기질 상태로 회귀하려는 충동으로 여기에는 공격욕, 파괴욕 등이 포함된다. 즉 죽음의 본능 때문에 인간은 살아있는 동안에 자기 자신을 파괴하고 자학하며, 타인이나 환경을 파괴하며, 생명을 외부의 자극에 의하여 생긴 긴장상태로 보고 생명의 종식을 고하고 초기의 침정(자학)상태로 되돌아가게 되는 것이다. 죽음의 본능은 파괴적 및 공격적 행동의 근원이라고 도식화할 수 있다. 만약 한 개인의 죽음의 본능이 너무 강하게 되면 자학적 행위, 살인, 강도 등을 일으키기도 한다.

하지만 삶의 본능과 죽음의 본능은 서로 영향을 미치며, 서로 융합되어 있기도 하다. 예를 들어, 음식물을 섭취하는 것은 생명을 위협하는 배고픔을 해결하고자 하는 삶의 본능의 표현이긴 하지만 음식물을 파괴하여 섭취한다는 점에서 죽음의 본능이기도 하다.

(2) 지형학적 모델

프로이트(Freud)가 인간의 성격을 이해하는 데 공헌한 것 중에서 가장 큰 부분은 마음(mind)의 세 가지 수준을 제시한 것이다(Corey, 1986). 프로이트(Freud)는 눈에 보이지 않는 인간의 정신을 일종의 지도로 제시하여 가시화하였는데, 그것이 바로 지형학적 모델이다. 이 모델에서는 인간의 정신을 의식(conscious), 전의식(preconscious), 무의식(unconscious)으로 구성되어 있다고 보고 있다.

의식이라 불리는 정신과정은 한 개인이 어느 순간에 인식하고 있는 모든 것(예: 감각, 지각, 경험, 기억 등)을 대표한다. 그러나 프로이트(Freud)는 각 개인이 인식할 수 있는 것은 정신생활의 극히 작은 부분에 지나지 않는다고 믿었으며, 빙산의 일각에 불과하다고 하였다. 따라서 프로이트(Freud)의 관점에서 보면 의식은 일시적인 것이며, 규칙(rule)이라기보다는 예외적인 것이다. 전의식이라는 정신과정은 즉시 인식되지는 않지만 조금만 노력하면 접근할 수 있는 영역이다. 예를 들어 지금 당장은 초등학교 1학년 때의 담임선생님의 이름과 얼굴을 기억해낼 수 없지만, 조금만 집중하고 연상해보면 기억을 되살려낼 수 있을 것이다. 무의식이라는 정신과정은 욕구나 본능이 깊게 자리하고 있는 영역으로, 인식할 수 없고, 직접적으로 확인할 수도 없는 접근불가능한 창고에 해당하는 것이다(Freud, 1960).

정신의 세 가지 상태 또는 마음의 층은 구분되거나 절대적인 범주로 볼 수 없으며 정도의 범주로 보아야 하지만, 개인의 사고와 감정의 대부분은 의식 외부에 존재한다고 보고 있다. 이에 대해 프로이트(Freud, 1960)는 심리적 생활을 의식적인 것과 무의식적인 것으로 구분한다는 것은 정신분석의 기본적 전제이며, 이와 같이 구분하여야만 정신분석에서 정신생활의 병리적 과정을 이해하고, 이를 과학의 준거틀 내에서 설명할 수 있게 된다고 하였다. 아울러 프로이트(Freud)는 개인의 내적 고통이나 쾌락의 강도가 임계치(臨界値; thresold value)를 넘어설 때 개인은 그것을 의식하게 되지만, 임계치를 넘어서더라도 반대충당으로 인하여 의식화하지 못할 수도 있다고 하였다.

프로이트(Freud)는 무의식이 작용하는 증거로 잘 알고 있는 사람의 이름이나 인상 그리고 생활상의 경험을 잊어버리는 경향, 소유물을 잃어버리는 경향, 말 실수, 실수로 잘못 쓴 문장, 틀리게 읽는 것(誤讀),행동상의 실수를 하는 것 등을 제시하였다. 프로이트(Freud)는 무의식적 과정의 우월성을 받아들여 자유연상, 저항, 선호도, 생활양식, 농담과 실수, 예술작품, 그리고 신경증적 증상에 관심을 가지게 되었다. 그리고 무의식적 정신생활에 흥미를 가짐으로써 꿈에 대한 연구를 하게 되었다. 그는 꿈을 '무의식적인 어떤 것을 왜곡하여 대치한 것'으로 간주하고, 무의식을 파악하기 위해서는 꿈을 해석해야 한다고 보았다(Freud, 1966).

(3) 구조적 모델

프로이트(Freud)는 지형학적 모델 다음으로 초기의 많은 개념들을 통합한 구조적 모델을 제시하였다. 구조적 모델에서 프로이트(Freud)는 성격은 원초아(id), 자아(ego), 초자아(superego)라는 세 부분으로 구성되어 있다고 보았다. 이러한 성격의 세 부분은 각기 다른 독특한 기능과 속성을 지니고 있지만, 이들 부분이 상호작용하여 전체 성격체계를 구성하고, 각각의 하위체계는 개인의 행동에 각기 다른 영향을 미친다. 성격의 각 부분은 실존하는 것이 아니다.

가. 원초아

원초아는 성격의 본질적인 체계로서 본능을 포함하고 있으며, 출생부터 타고나는 것이다. 우리들이 흔히 얘기하는 본성과 같은 것이다. 생리적 긴장상태에 의해 생기는 본능적 충동은 원초아 속에 들어있게 되어있다. 이러한 충동은 긴장상태를 만들어내고 개인으로 하여금 이러한 긴장상태를 감소시키기 위하여 행동하게 만든다. 원초아는 단지 활동이나 꿈, 환상과 같은 상상에 의하여 긴장을 해소시키려고 한다.

원초아는 성격의 근본이며, 평생 동안 그 기능은 기초적인 수준에서 변화가 없다.

예를 들어 성인기에 원초아가 대부분의 정신적 에너지에 대한 통제력을 가지고 있다면, 이런 성인은 야만적이고, 충동적이며, 비이성적인 행동을 하게 될 것이다.

프로이트(Freud)는 두 가지 사고유형, 즉 1차적 과정과 2차적 과정이 있다고 보았다(Lowenstein, 1985).

원초아의 첫 번째 특징은 1차적 사고과정(primary process)이다. 1차적 사고과정은 무의식에서 유래된 것으로 신체적 긴장을 줄이는 데 필요한 대상(object)의 기억표상을 만드는 과정이다. 이러한 1차적 사고과정은 논리성이 없고 무질서한 것이 특징이다. 이러한 형태의 사고과정은 현실을 객관적으로 알지 못하고, 이기적이고, 낙천적이고, 전지전능하다.

1차적 사고과정은 초기 아동기에 나타나지만, 평생에 걸쳐서 일어난다고 했다. 유아기에 있어서 이러한 형태의 사고는 자기 외부의 세계를 인식하지 못하는 것을 의미하며, 어린 아동들은 모든 욕구가 마술과 같이 충족될 것이라고 믿고 신체적 긴장이 원초아에 전달되는 즉시 방출하여야 한다.

성인기에 나타나는 1차적인 사고는 현실을 전혀 고려하지 않고, 긴장 경감에 필요한 실제 대상을 대신할 수 있는 가상적 정신표상을 만들어내는 소원충족(wish fulfillmant)적 사고(예: 물이 없는 사막에서 오아시스를 보는 신기루 현상 등)에 몰두하는 개인에게서 엿볼 수 있다. 프로이트(Freud)는 1차적 사고가 지배적인 성인을 병리적이라고 보았다. 원초아는 실제 대상이 아니라 대상의 이미지를 만들어냄으로써 본능적 충동을 만족시키려 하는데, 마술적이고 낙천적인 사고를 자주 활용하는 성인내담자가 바로 1차적 사고과정이 강한 사람들이라 할 수 있다.

원초아가 본능적 충동을 만족시켜 주고 긴장을 감소시켜 줄 수 있는 대상에 정신에너지를 투입하는 것을 대상선택(object choice) 또는 대상충당(object cathexis)이라고 하였다.

원초아에 의한 충동적 행동은 사회로부터 처벌을 받게 되므로 고통이나 긴장을 증가시킬 뿐이다. 이와 같이 원초아가 긴장을 감소시키지 못하기 때문에 긴장해소의 효과적인 방편을 마련하기 위해서는 현실을 고려할 수 있는 자아의 형성이 불가피해지게 되고, 결국 심리적 발달이 이루어지게 된다고 보았다. 즉, 1차적 사고과정을 통하여 긴장이 감소되지 않을 경우에는 이러한 긴장은 현실적 충족방안을 계획하고 집행할 수 있는 자아기능에 의하여 경감될 수 없는 것이다.

나. 자아

자아는 외적 세계의 직접적 영향에 의해 수정된 원초아의 일부(freud, 1960)이다. 성격의 조직적이고 합리적이며 현실지향적 체계로서, 성격의 집행자이며 관리자이다. 자아는 열정을 내포하고 있는 원초아와는 달리 이성을 가지고 있다. 자아가 가지고 있는 에너지는 원초아에서 유래된 것이긴 하지만 이러한 에너지는 초자아와 원초아 사이의 갈등을 조정하고 원초아를 통제하는 데 사용된다. 이외에도 자아 에너지는 주의집중, 지각, 기억, 학습, 판단, 상상, 추리 등의 정신과정을 발달시키거나, 욕구충족과 관련 없는 자아관심(ego interest)을 형성하는 데도 사용된다.

자아는 본능적 충동을 충족시킬 수 있는 바람직한 대상과 방법이 발견될 때까지 정신에너지의 맹목적인 방출을 지연시키고 만족을 지연시킨다. 즉 자아는 쾌락원칙이 포기되는 것이 아니며 쾌락의 획득이 일단 유보되는 것이며, 결국에는 쾌락을 획득하게 된다. 사회적으로 바람직한 또는 수용될 수 있는 방출방법이 발견될 때까지 긴장을 참아내고 실제적인 만족을 얻어내는 것이 자아의 1차적인 기능이며, 이것을 현실원칙(reality principle)이라고 한다.

자아의 또 다른 특성은 2차적 사고과정을 활용한다는 점이다. 2차적 사고과정은 긴장 감소를 위해 수립한 행동계획의 실현가능성을 판단한다. 이것을 현실검증이라고 한다. 현실검증을 통하여 충동을 더욱 잘 지배할 수 있게 되며, 환상과 현실을 구분할 수 있는 능력이 생기게 된다.

프로이트(Freud)는 자아가 지속적인 원초아의 요구와 외적 현실의 압력을 다루어나

가는 것에 관심을 가지고 있었다. 성공적으로 심리성적 발달단계를 거친 성숙한 성인이라도 이러한 요구들 사이에서 갈등을 경험하게 되며, 이러한 갈등은 불안을 동기화하는 긴장상태를 만들어낸다. 불안(anxiety)은 신체의 내부 기관에서의 흥분에 의해 생기는 고통스러운 감정의 체험이다(전병재, 1993).

만약 자아가 위험신호에 반응하여 불안을 통제하지 못하게 되면 신경증이 유발된다. 불안은 원인에 따라 현실불안, 신경증적 불안, 그리고 도덕적 불안으로 구분된다.

- 현실불안(reality anxiety)은 외부 현실세계의 위험을 지각하는 데서 비롯되는 고통스러운 심리적 체험(예: 비행기가 갑자기 추락하여 도시에 추락하는 것)을 말한다.
- 신경증적 불안(neurotic anxiety)은 본능에서 유발된 위험을 지각하는 데서 비롯되는 고통스러운 심리적 체험으로서, 자아의 반대충당이 원초아의 대상충동을 통제하는데 실패하면 어떻게 되나 하는 불안이다. 그 예로는 성적 본능이나 공격적 본능이 표출되는 것에 대해 걱정하는 경우를 들 수 있다.
- 도덕적 불안(moral anxiety)은 원초아가 부도덕적으로 욕구를 충족하려 할 때, 초자아의 처벌이 따를 것이라고 생각함으로써 발생하는 불안이다. 그 예로는 아동이 부모에게 거짓말을 하고 부모의 처벌을 두려워하는 경우를 들 수 있다.

이러한 불안을 다루고자 하는 시도를 하는 과정에서 자아방어기제를 사용하게 된다. 프로이트(Freud)는 불안을 정상적인 인간의 조건으로 보았다. 자아방어기제를 적응적으로 활용할수록 더 건강하다고 말할 수 있다.

다. 초자아

초자아는 마지막으로 발달하는 성격이다. 초자아는 사회의 전통적 가치와 이상으로 구성되어 있으며, 현실적인 것보다는 이상적인 것, 현실이나 쾌락을 추구하기보다는 완전을 추구하는 속성을 지니고 있다. 초자아는 성격의 도덕적인 부분이며 최종 심판자로서, 자아와 함께 작용하여 개인이 자신의 행동을 통제할 수 있게 해준다.

이와 같이 초자아는 원초아의 절대자이긴 하지만 가끔은 대리자로서의 기능을 수행하기도 한다(예: 자아 기능 상실에 의한 자살, 이성적이지 않은 타인의 사회적 매도).

이러한 초자아의 발달은 심리성적 발달단계 중 남근기 갈등의 결과이기도 하다. 부모를 동일시(identification)하는 과정에서 초자아를 형성하게 된다. 이때 아동의 초자아에는 부모의 실제 행동이 아니라 부모의 초자아가 반영되어 있다. 즉, 부모의 말이나 행동 등에 담겨 있는 사회적 가치를 내면화하여 초자아를 형성하게 된다. 그러나 이때 반드시 부모를 동일시하는 것이 아니라 어린이집 보육교사, 학교 교사 등과 같은 아버지 모습(father figure) 또는 어머니 모습(mother figure)에 의해서 형성되기도 한다.

초자아는 자아이상(ego ideal)과 양심(conscience)이라는 두 개의 하위체계로 구성된다. 자아이상은 부모가 도덕적으로 올바른 것이라고 생각하는 것으로서, 부모의 칭찬에 의해 형성되는 부분이다. 이에 반대로 양심은 부모가 도덕적으로 나쁘다고 생각하는 것으로서, 부모의 처벌에 의해 형성된다.

이와 같이 초자아는 긴장을 감소시켜 주는 물리적 및 심리적 보상, 긴장을 증가시키는 처벌이라는 두 가지 요인에 의해 발달하게 된다.

(4) 역동적 모델

역동적 모델은 전통적 정신분석이론의 중요한 부분을 차지하고 있으며, 개인의 충동 또는 원초적인 욕망에 의해 추진력을 가지게 된다.

프로이트(Freud)는 타고난 본능이 성격의 핵심을 형성하고, 자아방어나 사회적 힘에 의해 제지당하지 않는다면 성적이고 파괴적인 목적을 달성하려는 내적인 성향이 표출된다고 보았다. 성적 및 공격적 에너지를 방출하고자 하는 개인 내부의 쾌락을 추구하는 힘과 이의 억제를 요구하는 사회적 환경 사이에 갈등이 존재한다고 하였다.

정신활동은 본능적 긴장을 감소시키고 심리적 안정을 되찾으려는 욕구에 의해 결정된다고 주장하였다. 행동에 대한 이러한 관점을 역동적 모델이라 한다. 역동적 모델에서는 궁극적으로 충동이 모든 행동을 결정하며, 정서적 긴장을 해소하려는 욕구가 심리적이고 사회적인 행동을 일으킨다고 본다(Wood, 1971). 그리고 인간 유기체를 신체적 에너지가 심리적 에너지로 변화되거나 그 반대의 에너지 흐름이 이루어지는 복잡한 에너지 체계로 본다. 프로이트(Freud)는 정신에너지가 흥분상태와 사고, 감정과 같은 행동과 심리적 활동을 추진시키는 힘을 만들어낸다고 보았다.

프로이트(Freud)는 아동은 각각의 심리성적 발달단계에서 적절한 대상(예: 자녀에게 젖을 먹이고 구순욕구를 충족시켜 주는 어머니)에게 정서적 에너지를 투입하게 된다고 보았다. 어떤 대상이나 사람에게 특정한 양의 정신 에너지가 많이 투여되거나 지나치게 투입될 수 있다고 보았다. 대상이나 사람의 심리적 중요성이 크면 클수록 그것에 투입되는 정신에너지의 양은 많아진다. 성격은 에너지 체계이며, 에너지는 원초아, 자아, 그리고 초자아 사이에서 지속적으로 배분된다고 가정했다. 성격을 움직이는 모든 에너지는 타고난 본능에서 나오며, 처음에 원초아에 저장된다. 점진적으로 일정 양 또는 제한된 양의 에너지가 성격의 다른 하위체계인 자아와 초자아에 재배분된다.

삶을 살아가면서 원초아가 충동의 영향을 더 강하게 받을 때가 있다. 때로는 자아기능의 결과로서 다른 때보다 더욱 현실적이 될 때가 있다. 그리고 어떤 때는 초자아의 영향 때문에 다른 때보다 더욱 도덕적이 되는 경우가 있다(Nye, 1975). 만약 원초아의 에너지가 많을 경우에는 매우 충동적이거나 공격적인 행동이나 성향이 나타날 것이다. 자아에 더 많은 에너지가 있을 경우에는 현실적 적응을 잘하는 성격이나 행동이 형성될 것이며, 초자아의 에너지가 집중되는 경우에는 도덕 또는 이상주의자와 같은 행동을 하게 될 것이다.

(5) 자아방어기제

삶을 살아가면서 공격적 충동, 성적 충동, 좌절감, 원한, 적개심, 욕심 등의 여러 요인에서 오는 갈등을 경험할 수밖에 없다. 따라서 인간은 스트레스로부터 자신을 방어하고 갈등을 일으키는 충동들을 타협시키고 내적 긴장을 완화시킬 수 있는 다양한 심리적 기제를 사용하게 된다. 이와 같이 자아가 불안에 대응하고 대처함에 있어서 활용하는 여러 가지 심리적 책략들이 바로 자아방어기제(ego defense mechanism)라고 한다. 자아방어기제는 정신 내적 갈등의 원천을 왜곡하거나 대체하거나 차단하는데 이는 무의식적으로 채택되며, 대부분 한 번에 한 가지 이상의 방어기제가 동시에 동원되는 경우가 많다. 이러한 방어기제는 불안을 감소시킬 뿐만 아니라 긍정적인 사회적 결과를 가져오기도 하므로 정상인들도 자주 사용하게 되며, 자아방어기제의 사용이 적응을 도모하고 정신건강을 향상시키기도 한다(Taylor and Brown, 1988).

하지만 불안을 해결하기 위하여 사용되는 자아방어기제는 정신병리적 기능도 내포되어 있기 때문에 과다하게 사용하게 되면 심각한 정신증상을 야기하게 된다. 그 이유는 자아방어기제의 과다한 사용으로 인하여 다른 자아기능의 발달에 투입되어야 할 정신에너지를 고갈시키기 때문이다.

현실 생활에 잘 적응하는 사람은 자아방어기제를 융통성 있고 선택적으로 사용하는 경향이 있지만, 그렇지 못한 경우에는 한두 가지 방어기제만을 편중적이고 고착적으로 사용하는 경향이 있다.

자아방어기제가 정상적인지 또는 병리적인지를 판단하기 위해서는 ① 한가지 방어기제를 사용하는지 혹은 여러 가지 방어기제를 사용하는지와 관련된 균형, ② 방어의 강도, ③ 사용한 방어기제의 연령 적합성, ④ 위험이 사라졌을 때 사용한 방어기제를 철회할 수 있는 가능성이라는 네 가지 요소를 근거로 판단하여야 한다고 했다. 또한 특징적인 방어기제들 간에는 위계적 서열이 있다고 보았다(Anna Freud, 1965).

① 억압

억압(repression)은 갈등을 해결하기 위하여 가장 흔하게 사용되는 무의식적 정신기제이다. 억압을 통해 자아는 위협적인 충동, 고통, 기억, 감정, 환상, 소원 등을 무의식

속으로 추방시켜 의식화되는 것을 막아준다.

특히 죄책감이나 수치심 또는 자존심을 상하게 하는 경험일수록 억압되기 쉽다. 그 전형적인 예가 기억상실이며, 하기 싫고 귀찮은 과제를 하지 않고 '깜박 잊었다'고 말하는 경우가 여기에 해당된다. 이와 유사한 방어기제가 바로 억제(suppression)인데, 받아들이고 싶지 않은 욕구나 기억을 의식적으로 잊으려고 노력하는 것으로 무의식적인 억압과는 구별된다. 예를 들어 실연이나 창피를 당한 기억들을 머리에서 지우려 하는 경우는 억압이 아닌 억제인 것이다.

② 반동 형성

반동 형성(reaction formation)은 어떤 충동을 의식해서 추방하는 것이다. 그러나 반동 형성은 용납할 수 없는 감정이나 충동을 정반대의 감정이나 행동으로 대체시켜 표현하는 방어기제이다. 이러한 반동 형성의 방어기제는 '미운 놈에게 떡 하나 더 준다.'는 속담에 잘 반영되어 있다. 예를 들면, 부인에게 폭력을 자행하는 남편 앞에서 그를 매우 사랑하는 것처럼 행동하는 것, 회사 상사에 대해 지독한 증오심이 있음에도 예의 바르게 행동하고 걱정해주거나 관심을 보여주는 태도 등이다.

③ 퇴행

퇴행(regression)이란 실패의 가능성이 높거나 불안한 상황에 대한 해결책으로 초기의 발달단계나 행동양식으로 후퇴하는 것이다. 그 예로 동생이 태어나 부모의 관심이 동생에게 집중되면 관심을 끌기 위해 울거나 이상행동을 하는 경우가 이에 속한다.

④ 동일시

동일시(identification)란 용납할 수 없는 충동 그 자체는 부정하고 그 충동을 갖고 있는 사람 또는 그 사람의 일면과 동일화하여 받아들이는 과정을 말한다. 예를 들면 강한 공격적 충동을 억압하고 있는 사람이 강력하고 공격적인 히틀러와 같은 사람과 동일시하거나, 아버지를 무서워하는 아들이 그 아버지를 닮아가거나, 강한 성적 욕망이 있는 여자가 화려한 여배우와 동일시하는 것 등이다.

어떤 이상과 공생하려고 노력함으로써 권력을 쥐고 있다는 느낌을 얻기 위해 애쓰는 경우가 있는데, 이러한 경우를 병적 동일시라 한다. 그 대표적인 예로는 어렸을 때 부모의 충격적인 이별을 경험한 경우에 부모역할에 대해 병적 동일시를 형성하게 됨으로써 자기 자녀들에 대해 지나치게 집착하는 태도를 지니게 되는 경우를 들 수 있다.

⑤ 합리화

합리화(rationalization)는 아주 빈번히 사용되는 방어기제로서 우리가 인식 · 의식하지 못하는 동기에서 나온 용납할 수 없는 충동이나 행동에 대해 지적으로 그럴듯한 설명이나 이유를 대는 것이다.

예를 들어 친구의 잘못을 선생님께 고자질한 것은 내가 그렇게 해야 할 의무 때문이었다고 이유를 대지만 친구와의 경쟁에서 이기려고 하는 욕망이 실제적인 이유인 것이다. 이러한 합리화의 방어기제에는 ① 자신의 결함이나 실수를 자기 이외의 다른 대상에게 책임을 전가시키는 투사(projection)형, ② 자기가 현재 가지고 있는 것이야말로 바로 원하던 것이라고 스스로 믿는 달콤한 레몬(sweet lemon)형, ③ 어떤 목표를 달성하려 했으나 실패한 사람이 자신은 처음부터 그것을 원하지 않았다고 변명을 하는 신포도(sour grapes)형, ④ 원하는 일이 마음대로 되지 않을 때 자신의 능력에 대해 허구적 신념을 가짐으로써 실패의 원인을 합리화시키는 망상(delusion)형 등이 있다.

⑥ 보상

보상(compensation)은 심리적으로 어떤 약점이나 제한점이 있는 사람이 이를 보상받기 위하여 다른 어떤 것에 몰두하는 경우를 들 수 있다. 보상이라는 방어기제를 흔히 사용하는 사람들은 사회적 칭찬을 받는 경우가 많으나 때로는 신경증적 욕구에 대한 보상일 수 있다는 점도 알아두어야 한다. 대표적인 예로서는 가족에게는 매우 엄격하고 폭력적인 아버지가 회사에서는 굉장히 자상한 경우가 이에 속한다.

⑦ 대치

대치(substitution)는 정서적으로 아주 중요하지만 심리적으로 수용할 수 없는 대상을 심리적으로 수용 가능한 비슷한 다른 대상으로 무의식적으로 대치하는 것을 의미한다. 예로서 아빠를 좋아하는 딸이 아빠와 비슷한 용모를 가진 사람과 사귀는 것을 들 수 있다.

⑧ 전치

전치(displacement)는 실제로 있는 어떤 대상에게 향했던 감정 그대로를 다른 대상에게 표현하는 것이다. 전치와 대치는 유사한 개념이지만 대치는 대체물이 되는 대상 자체를 강조하며, 전치는 대상에 대한 감정에 강조점을 두는 차이가 있다. 그 예로서 자기의 도덕적 타락에 대해 강한 무의식적 죄책감을 느끼는 사람이 하루에도 몇 번씩 옷을 갈아입고, 수십 번씩 손을 씻으며, 시내버스 손잡이도 장갑을 끼고서야 잡는 경우 등을 들 수 있다.

⑨ 투사

투사(projection)도 전치의 한 형태이나 부정이란 기제와 밀접하다. 용납할 수 없는 자기 내부의 문제나 결점이 자기 외부에 있는 것으로 생각하는 기제로서, '잘 되면 내 탓, 잘못되면 조상 탓'이라는 속담에 비유할 수 있다. 이러한 투사의 예로는 어떤 사람을 미워할 때, 그 사람이 자기를 미워하기 때문에 자신도 그 사람을 미워한다고 말하는 경우와 부도덕한 성적 충동을 강하게 억압하고 있는 부인이 "남자는 모두 도둑이다."라고 말하는 경우 등을 들 수 있다.

⑩ 상징화

상징화(symbolization)는 어떤 사람이나 사물에 부착된 감정적 가치를 어떤 상징적 표현으로 바꾸는 것이다. 이러한 상징화에 사용되는 주제나 대상은 사회적으로 금기로 규정되어 있는 경우가 많다. 그리고 상징화를 통하여 원래 대상은 중립적인 대상으로 전치되는 경우가 많다. 신화, 꿈, 공상 등은 상징화의 가장 빈번한 예로 볼 수 있는데, 남자의 성기(penis)가 길게 팽창하는 것이나 뱀 등으로 상징화되며, 아이를 낳고 싶은 강렬한 소망을 지닌 여인은 꿈에서 달걀이나 알을 보기도 한다.

⑪ 분리

분리(isolation)는 고통스러운 기억이나 생각을 동반된 감정상태와 분리시키는 것이다. 따라서 고통스러웠던 사실은 기억하지만 감정, 정서는 억압함으로써 지각하지 못하게 된다. 이러한 방어기제는 강박장애에서 흔히 나타나며, 그 예로는 남편의 죽음에 대해 말할 때는 슬픈 감정을 느끼지 못했던 한 부인이 남편을 연상시키는 권위적인 남자 주인공이 죽는 영화를 볼 때는 처절하게 우는 경우를 들 수 있다.

⑫ 부정

부정(denial)은 의식화되면 도저히 감당할 수 없는 어떤 생각이나 욕구를 무의식적으로 부정하는 것이다. 즉, 현실에 존재하는 부정한 현실이나 위험을 인정하지 않음으로써 그로 인한 불안을 회피하고 편안한 상태를 존속시키는 방어기제이다. 이러한 방어기제의 예는 아버지가 돌아가셨음에도 이를 인정하지 않고 잠시 동안 여행을 갔다고 생각하는 경우, 말기 암환자가 자신의 병을 인정하지 않는 것, 암투병을 하면서 치료를 하지 않고 긍정적으로 자신의 죽음을 준비하는 것 등을 볼 수 있다.

⑬ 승화

승화(sublimation)는 사회적으로 용납되는 다른 형태로 전환하여 표출하는 경우이며, 원초적이고 용납되지 않는 충동을 적절히 억압할 수 없을 때 나타난다. 즉, 그 충동에 수반되는 에너지를 사회적으로 용납되는 건설적이고 유익한 목적을 달성하는 방향으로 전환시켜 표출하는 기제로서, 가장 건전하고 바람직한 기제이다. 예를 들어 예술은 성적 욕망을, 종교는 막강한 아버지를 찾는 의존심을, 의사가 되는 길은 잔인한 충동을 승화시키는 길이다.

⑭ 해리

해리(dissociation)는 성격의 일부가 그 사람의 의식적 지배를 벗어나 마치 하나의 다른 독립된 성격인 것처럼 행동하는 경우이다. 즉 성격의 부분들이 있으며, 이들의 의사소통이 잘 이뤄지지 않을 때 괴롭고 갈등을 느끼는 성격의 일부분을 다른 부분과 분리시키는 기제이다. 예를 들어 한 사람 안에 여러 사람의 인격이 존재하는 것이다. 흔한 예로는 몽유병, 잠꼬대, 건망증 등을 들 수 있다.

⑮ 저항

저항(resistance)이란 억압된 재료들이 의식화되는 것을 방해하는 것을 의미한다.

억압된 감정이 의식화되면 너무 고통스럽기 때문이다. 이럴 경우 대개가 기억이 없다는 답변을 하는 경우가 많다. 억압에 대한 개념을 체계화할 수 있었던 것은 자유연상 과정에서 억압된 내용을 상기시킬 때 흔히 부딪히게 되는 연상의 단절, 당혹, 침묵, 불안 등의 관찰을 통해서이다.

⑯ 내면화

내면화(introjection)는 자기 내면의 자아체계로 외부의 대상을 받아들이는 기제이다. 특히 애증(愛憎)과 같은 강한 감정을 직접적으로 표현하는 것을 피하기 위하여 다른 사람을 자기로 간주하는 경우이다. 외부 대상에 대한 적대적이고 부정적인 감정을 자신에게로 지향시키기 때문에 우울증에서 흔히 발견된다. 예를 들어 아버지를 미워하는 감정을 받아들일 수 없기 때문에 대신 자기 자신을 미워하는 것으로 대치하는 경우로, 투사와 반대되는 개념이다.

⑰ 원상복귀

원상복귀(undoing)는 무의식에서 어떤 대상을 향해 품고 있는 자기의 성적인 또는 적대적인 욕구로 인해 상대방이 당할 것이라고 생각되는 피해를 원래 상태로 되돌려 놓은 것을 의미한다. 이러한 원상복귀의 기제는 굿과 같은 의식(ritual)에서 주로 활용된다.

⑱ 전환, 신체화, 역전

전환(conversion)이란 심리적 갈등이 신체감각기관과 수의근계통의 증상으로 표출되는 것을 말한다. 예로는 회사에서 갈등을 느끼는 회사원이 갈등으로 인해 실어증이나 마비증상이 생기는 것, 군에 입대하기 싫어하는 사람이 입영영장을 받고 지체장애가 생기는 경우를 들 수 있다.

신체화(somatization)란 심리적 갈등이 감각기관, 수의근계를 제외한 기타 신체부위의 증상으로 표출되는 경우를 말한다. 예를 들면 사촌이 땅을 사면 배가 아픈 경우이다.

역전(reversion)은 감정, 태도, 관계를 반대로 변경하는 것을 말한다. 이러한 역전은 반동형성과 구별된다. 엄밀한 의미에서 반동형성은 감정의 역전에 해당되는 개념이다. 역전의 예로는 극도로 수동적이며 무기력한 어머니에게 무의식적으로 반항하면서 유능한 여성으로 성장한 사람이 자신의 성공에 대해 죄책감과 불안을 느끼는 경우를 들 수 있다.

⑲ 지성화

지성화(intellectualization)란 고통스러운 감정과 충동을 누르기 위해 그것들을 직접 경험하는 대신 그것들에 대해 생각을 많이 하는 것을 말한다. 이는 여러모로 체계적인 생각을 많이 하고 그 생각에 붙어있는 정서를 제거하여 용납 못할 충동에서 유발되는 불안을 막는다는 심리적 책략이다.

2) 심리성적 발달단계

(1) 경제적 모델

프로이트(Freud)의 발달이론은 생물학적 성숙과 이와 관련된 심리적 발달이라는 이중적 과정이 주축을 이루고 있다. 프로이트는 성격유형을 유전적 요인의 기능과 개인의 초기 생활경험의 결과로 본다. 즉, 개인이 초기 발달단계를 어떻게 경험하였는가에 따라 후기의 생활사건이 어떻게 처리될 것인지가 결정된다고 보는 것이다. 이러한 관점은 개인의 의식적 선택을 최소화한 것이라고 말할 수 있다(Baker, 1985).

프로이트는 특정 시점에서 1차적인 성적 만족을 제공해주는 신체영역, 즉 성감대를 중심으로 출생에서부터 성인기에 이르기까지의 일련의 발달단계를 제시하였다. 이러한 단계를 심리성적 단계라고 한다. 각 단계에서 해결해야 할 심리적 과업은 다음의 표에서 보는 바와 같다.

표 9-1 프로이트의 심리성적 발달과업 단계

No	과업 단계	내용
1	구순기	대상관계의 형성, 개별화 및 분리
2	항문기	권위적 인물과의 협상, 통제와 책임성의 수용
3	남근기	윤리적 지향과 사회의 가치를 다룰 수 있는 능력의 표현
4	잠재기	높은 수준의 자아방어기제 활용 및 이용
5	생식기	일과 성공적인 사랑

정신분석이론에서는 성격발달이 생리적으로 결정된 발달의 결과이거나 이와 병행된다고 본다. 가장 중요한 생리적 발달은 심리적 에너지가 투입되고 성격발달에 매우 중요한 신체 부위를 말하는 성감대의 발달이라고 할 수 있다. 성격은 이와 같은 심리성적 발달단계가 해결된 결과이다. 그러므로 신체적 발달과정에 따라 1차적인 쾌락의

영역이 다른 신체영역으로 전환되며, 이러한 발달과정에서 경험하는 것들이 개인의 성격 차이라는 최종 결과물에 영향을 미치게 된다(Nye, 1975).

(2) 구순기

프로이트의 심리성적 발달단계상의 첫단계는 구순기(oral stage)이며, 이 단계는 생후 약 1년 반 정도까지이다. 이 시기에 유아는 자신의 생존을 위하여 전적으로 다른 사람에게 의존할 수밖에 없다. 약 6개월까지 유아는 젖을 빨면서 어머니의 따뜻한 품속을 경험하지만 어머니의 존재를 자신과 분리된 타인으로 인식하지는 못한다. 그리고 추위를 느끼거나 기저귀가 젖었거나 배고플 때 긴장과 공포를 경험하지만 그것을 경감 또는 제거해줄 수 있는 사람의 존재는 인식하지 못하며, 단순히 쾌락의 회복만을 기대하게 된다.

유아의 쾌락 획득 및 생존과 밀접한 관련성을 지닌 신체부위는 입, 혀 그리고 입술이다. 따라서 유아의 성감대는 구순(口脣)영역에 집중되며, 빨기와 삼키기가 긴장을 감소시키고 쾌락을 성취하는 주된 전략이 된다. 이 단계는 대개 출생부터 8개월 정도까지 지속되며 구강적 빨기 단계 또는 구순동조적 단계라고 불린다. 그러나 프로이트는 빨기는 생존에 필요한 영양분을 섭취하는 것 이외에 유아에게 또 다른 쾌락을 가져다주기 때문에 배가 고프지 않아도 가짜 젖꼭지나 손가락을 빨게 된다고 보았다. 이러한 쾌락을 자애적(autoerotic)이라 하였는데, 1차적 나르시시즘(primary narcissism)과 일맥상통한다(최순남, 1997).

생후 8개월 정도가 되어 이가 나기 시작하면 유아는 좌절감을 경험할 때 깨물고 싶은 충동을 느끼게 된다. 이 단계는 약 18개월까지 지속되며, 구순적 깨물기 단계 또는 구순공격적 단계라고 한다. 이러한 과정에서 공격성이 발달하게 되며, 자신이 어머니와 분리된 존재라는 것을 인식하고 동시에 어머니에 대한 개념을 발달시킨다. 이와 같이 입, 입술 그리고 혀의 자극이 어머니 상(mother figure)과 연관된다. 이러한 어머니 상은 구순동조적 행동(즐거운 생각, 감정 그리고 대상을 받아들이는 것)과 구순공격적 행동(원초적 방식의 때리기)을 처음으로 받아주는 사람이다.

구순동조적 단계에서 과도하게 만족감을 얻거나 불만족한 경우에는 성인이 되었을 때 세상 일에 대해 매우 낙관적이며, 타인을 믿고 의존하며, 모든 것을 희생해서라도 타인의 인정을 받으려고 한다. 이러한 사람은 수동적이고, 미숙하며, 안정감이 없고, 남에게 잘 속는 특징을 지니고 있다.

이에 반하여 구순공격적 단계에 고착되면 논쟁적이고, 비판적이며, 상대방을 비꼬며, 자신에게 필요할 때까지 타인을 이용하거나 지배한다. 프로이트는 구순영역은 일생 동안 성감대로 남아있게 된다고 생각하였다. 성인기에 남아있는 이 단계의 특성으로는 손톱 물어뜯기, 껌씹기, 흡연, 키스, 과식 등이 있다.

(3) 항문기

1.5세에서 3세 사이에는 성감대가 구순영역에서 항문영역으로 옮겨간다고 해서 항문기(anal stage)라고 한다. 이 시기의 아동은 신경계의 발달로 괄약근을 수의적으로 조절할 수 있기 때문에, 자신이 원하는 대로 배변이나 배뇨를 조절할 수 있게 되며, 배설행동, 즉 변의 보유 및 배설과 관련된 행동을 중심으로 하여 성격이 발달된다.

아동이 어느 정도 자라서 준비가 되면 부모는 배설물을 더러운 것으로 간주하여 아동에게 청결습관을 가르치게 되는데, 이것이 바로 배변훈련(toilet training)이다. 이때 항문영역에서 성적 쾌감을 추구하는 아동과 청결습관을 기르려는 부모의 현실적 요구 사이에 일종의 전투가 벌어지게 되고, 원초아에서 자아가 분화되기 시작한다. 아동은 자신의 본능적 충동의 만족을 방해하는 외적 세력과 직면하게 될 경우 배설과정을 공격적 무기로 사용함으로써 부모를 조종하는 방법을 배운다.

아동은 변기가 없을 때 변기를 달라고 요구하거나 몇 시간씩 변기 위에 앉아 어머니로 하여금 착한 아이가 줄 최종의 선물, 즉 변을 초조하게 기다리게 만드는데 이 기간을 항문적 배설단계라 한다. 이에 반해 항문적 보유단계에서 아동은 변을 통제하고 내보내지 않고 소유하는 것의 중요성을 배운다. 이 모든 것을 할 수 있는 능력을 인식할 때 전능감이 생길 수도 있다. 어쨌든 아동은 올바른 때에 올바른 장소에 배설함으로써 부모에게 큰 가치가 있는 선물로 변을 줄 수 있는 것이다. 또한 부적당한 때나 장소에서 배설을 하여 양친을 화나게 하거나 일상의 흐름을 깨뜨림으로써 변은 처벌의 기능도 할 수 있는 것이다.

이 단계에서는 배변훈련이 주축이 되기 때문에, 부모와 자녀 사이의 통제문제는 매우 중요하다. 이러한 통제의 문제가 성공적으로 해결될 경우, 아동은 권위에 대해 균형 잡힌 존경을 표시할 수 있게 된다. 그러나 이 단계에 고착될 경우 자신에게 몰입하거나 철퇴하거나 타인에 대해 배려를 하지 못하게 된다.

특히 부모가 지나치게 엄격하고 강압적인 배변훈련을 할 경우 아동이 일부러 지저분한 행동을 하고 부모에게 대항하기도 한다. 이러한 성격은 항문폭발적 성격(anal explusive)의 원형으로서 성인기까지도 지속된다. 이러한 성격을 소유한 사람은 잔인하고 파괴적이며 난폭하고 적대감을 공개적으로 표현한다. 이와는 반대로 부모가 정한 규칙에 동조하고 순응하는 아동들은 질서정연하게 정돈하고 결백한 행동을 하려는 강박적 욕구가 발달하여 지나치게 통제된 행동을 하게 된다. 이러한 성격유형은 항문강박적 성격(anal compulsive)이라고 불리며, 자신의 분노감정을 표현하지 못하고 소극적이고 완고한 행동을 하며, 자신의 계획을 다른 사람에게 강요하는 경향이 있으며, 검소하고, 깔끔하고 인색한 것이 특성이다. 이런 배변훈련의 방법들과는 달리 부모가 아이에게 애걸하거나 달래서 배변을 적절히 조절하게 하는 경우에는 창조성과 생산성으로 연결되며 관용, 자선, 박애행동이 특징적으로 나타나는 성격을 소유하게 된다.

(4) 남근기

남근기(phallic stage)는 프로이트의 심리성적 발달단계 중에서 가장 복잡하고 활발한 논의가 이루어졌지만, 논쟁의 여지도 많은 단계이다. 3~5세까지 지속되는 이 시기에 아동의 성적 관심과 흥분은 더욱 강해지며, 성기에 집중되어 있다. 이 기간 동안에 아동은 자신의 성기를 자세히 관찰하고 자위행위를 하기도 하며, 부모에게 출생과 성에 대한 질문을 하기도 하며, 부모의 성교장면을 목격한 아동은 아버지가 어머니를 공격하는 것으로 간주하기도 한다.

프로이트의 정신분석이론에 따르면 이 단계에서의 가장 기본적인 논쟁은 아동이 이성의 부모에 대하여 무의식적인 성적 소망을 가진다는 점이다. 프로이트는 『오이디푸스 왕』이라는 Sophocles의 비극에 비유하여 남아가 겪는 갈등을 오이디푸스 콤플렉스(Oedipus complex), 여아가 겪는 갈등을 엘렉트라 콤플렉스(Electra complex)라고 명하였다.

아동은 이 시기에 동성의 부모를 적대시하고 이성의 부모에 대하여는 근친상간적 소망을 갖게 된다. 이러한 감정 때문에 아동은 동성 부모와는 경쟁자로서의 관계를 형성하게 되고 질투와 분노 감정을 갖게 되며 갈등을 경험하게 된다. 이러한 갈등관계의 형성에는 아동의 성에 따라 약간의 차이가 있다.

남아의 경우에는 처음에 어머니를 사랑하여 어머니를 소유하고 싶어하므로 아버지와 경쟁적 관계를 맺게 된다. 남아는 어머니에 대한 사랑의 감정을 아버지가 용서하지 않을 것이라고 생각하고 아버지의 보복을 두려워하며, 언젠가는 아버지가 자신을 해칠 것이라는 불안과 공포를 경험하게 된다. 이러한 아버지에 대한 두려움이 바로 거세불안(castration anxiety)이다. 이러한 갈등 상황에서 남아는 가학적 또는 피학적 공상에 빠져들게 된다. 가학적 공상은 아버지가 죽거나 거세되었거나 먼 곳으로 길을 떠나는 것이며, 피학적 공상은 자신이 살해되거나 불구가 된다는 공상이다.

이 시기에 남아는 억압을 통해서 무의식적인 오이디푸스 갈등을 억제하게 된다.

즉, 남아는 어머니에 대한 사랑과 성적 감정이 사회적으로 수용되지 않는다는 점을 인식하고 이러한 욕망을 무의식 속으로 억압해버리고, 보다 순수하고 고귀한 사랑으로 승화시킨다. 남아는 아버지에게 느꼈던 적대감을 억압하고 아버지와 동일시함으로써 아버지와의 경쟁적 관계를 해결하고, 아버지를 통하여 어머니를 대리 소유하는 방식을 선택함으로써 오이디푸스 콤플렉스를 해결하게 된다.

여아의 경우에도 첫사랑의 대상은 역시 어머니이다. 그러나 여아는 어느날 자신이 가치있는 신체기관, 즉 남근이 없다는 것을 발견하고 이미 거세되었다는 사실을 인식하게 되며, 자신이 거세된 것이 어머니의 탓이라고 보고 어머니를 미워하게 된다. 그리고는 자신의 음경이 남근처럼 자랐으면 하는 공상을 하게 되고, 가치있는 기관을 갖고 있는 아버지를 소유하고 싶어하는데, 이러한 공상을 남근선망(penis envy)이라 한다. 그러나 여아는 자신이 영구적으로 거세되었으며 남근을 갖는 것이 불가능하다는 사실을 인식하게 되고, 이를 대치할 수 있는 대상, 즉 음핵(clitoris)에 대한 자위를 통해 성적 만족을 추구하며, 자신과 같은 처지에 있는 어머니와 동일시하게 된다.

이와 같이 프로이트는 남근기의 중요한 결과 중의 하나는 동성의 부모와 동일시하는 것이라고 하였으며, 그 과정에서 초자아의 분화가 이루어진다고 보았다. 아동이 동성의 부모와 동일시하는 것은 사회화 과정에 대한 기제와 동일하다. 이러한 동일시를 통하여 아동은 그들 부모의 이상과 가치를 받아들일 수 있게 된다. 아동이 부모의 도덕적 금지를 수용함으로써 나쁜 생각이나 행동에 대해 스스로 나무라기도 하고, 죄의식을 갖기도 한다. 엘렉트라 콤플렉스의 해결은 남아의 경우와 다르며, 아직 명확하게 규정되지 않고 있다. 초자아의 발달이 중요한 의미를 지니는 것은 세대에 걸쳐 문화적 연속성을 보장할 수 있다는 점이다.

남아와 여아 모두 외상적 갈등(traumatic conflict)을 성공적으로 해결할 경우 성적 역할의 동일시와 성적 정체감을 가질 수 있게 된다. 이 단계의 발달과업을 적절히 이행하게 되면, 성인이 되어서는 성행위를 통하여 이러한 성적 욕망을 해소할 수 있고, 충성심, 효도, 헌신 그리고 낭만적 사랑과 같은 많은 감정을 통하여 표현할 수 있다.

(5) 잠재기

잠재기(latency)는 6세부터 사춘기까지 지속되는데 유아적인 성적 에너지가 무의식 속으로 잠복하는 성적 정숙기다. 이와 같이 유아적인 성적 에너지가 무의식 속으로 갇히게 되는 이유를 프로이트는 생리학적 현상에 기인하는 것으로 보고 있지만, 남근기의 커다란 정신적 외상에서 벗어나서 평온한 상태를 유지하기를 원하는 아동의 심리적 요인에 기인한다는 해석도 있다. 그러나 이러한 성적 소망은 완전히 사라지는 것은 아니며 그 강도가 약화될 뿐이다. 그리고 남근기에서의 정신적 외상이 남아보다도 여아가 약하기 때문에, 여아의 잠재 기간이 상대적으로 짧은 것이 일반적이다.

이 단계에서는 이성에 대한 관심이 지극히 낮아지는데, 심한 경우 이성의 또래와는 배타적 관계를 형성하고 동성의 또래와만 놀이를 하는 경우도 있다. 이러한 또래집단과의 놀이를 통하여 아동은 삶에 필요한 여러 가지 사회적 기술을 습득한다. 특히 이 단계에 이르게 되면 중요한 성격구조와 하위체계(원초아, 자아, 초자아)간의 관계가 정립된다.

(6) 생식기

구순기부터 남근기까지는 자기애적 성본능이 강한 전 생식기(pre-genital stage)에 해당하며, 사춘기 기간 동안 지속되는 생식기(genital stage)에는 정신적 사랑(platonic love)을 하게 된다. 사춘기에는 생식기관이 발달하고 남성 또는 여성 호르몬의 분비가 많아짐에 따라 2차적 성적 특징이 발달함으로써, 억압되었던 성적 관심이 다시 되살아난다. 하지만 아동기 초기에 성적 쾌락을 불러일으켰던 원천이 조정되고 성숙해진다.

정신분석이론가들은 모든 인간은 거세불안이 아직도 남아있는 사춘기 초기에는 동성애 단계를 거친다고 본다. 새롭게 분출된 성적 에너지가 일정 기간 동안 동성 친구에게로 향했다가 남근기 갈등 해결방식과 같은 방법으로 점차적으로 이성관계, 구애, 결혼, 가족형성, 집단활동, 직업에 대한 관심 등으로 옮아가게 된다.

이 단계의 중요한 특징은 생산적으로 활동하거나 깊은 사랑을 하거나 성적 오르가즘을 느낄 수 있는 능력이 형성된다는 것이다. 많은 사람이 완전한 성숙을 성취할 수 있다. 그러나 프로이트는 사춘기 이후의 주요 과제가 부모로부터의 독립이라고 지적한 것 이외에는 사춘기의 위기나 이후 성인기에서 이루어지는 발달에 대해서는 별로 관심을 갖지 않았다.

3) 사회체계에 대한 이해

프로이트는 개인의 쾌락원칙과 문명화된 사회 사이에는 많은 갈등이 존재한다는 점을 강조하였다(Freud, 1962). 그는 인간이 성적 만족과 공격적 욕구의 만족을 위하여 서로를 착취하는 생득적 경향을 지니고 있다는 인간본성에 대한 관점을 제시하였다. 즉, 사회는 성적 본능이 해방되어 원래의 사회적 목적에 사용된다면 문명에 대한 커다란 위협은 일어나지 않을 것이라고 보고 있다(Freud, 1962). 프로이트(Freud)는 문명의 발달은 원초적 충동을 억제하고 이를 사회적으로 수용될 수 있는 방식으로 전환시킴으로써 가능하다고 보았다. 프로이트는 심리적 기능이 보다 고차원적인 사회적 성취와 문화적 성취에 어떻게 사용되는지에 대해 관심을 지니고 있었는데, 정신적 에너지를 수용할 수 있는 방향으로 전환하는 과정을 승화라고 하였다.

(1) 가족

프로이트의 이론은 부모와 자녀 간의 심리적 역동관계, 형제경쟁관계(sibling rivalry), 편애의 개념을 이해하는 데 상당한 기여를 하였다. 그러나 교차문화적 연구에서 가족생활유형이 프로이트가 제시한 생물학적으로 유도된 충동보다는 문화적 변인의 기능에 의해 결정되는 것으로 나타난 점(Brislin, 1981)을 근거로 하여 볼 때, 그의 이론이 다양한 가족유형이나 가족구조에 모두 적용될 수 있을지는 의문이다.

전통적 정신분석이론에서는 성격이 내적 역동성과 치료자-내담자 관계의 분석에 관심을 두고 있다. 프로이트는 상담자가 한 명 이상의 가족성원과 관련성을 맺는 것은 위험하고 비생산적이라고 믿게 하는 유산을 남겨놓았다는 지적을 받기도 한다(Broderick, 1981).

부부치료 및 성치료에서는 다른 방향을 취하고 있다. 프로이트와 그의 제자들은 성적 문제를 기본적인 신경증의 증상으로 간주하였으며, 장기간의 정신분석치료를 받아야 한다고 보았다.

(2) 집단

프로이트(Freud, 1960)는 인간성격에 대한 개념을 집단 내에서 사람들이 행동하는 방식에 확대 · 적용하였다. 대부분의 경우에 프로이트는 집단이 초자아의 힘을 약화시키고 1차적 사고과정이 지배적인 환경을 만들어낸다고 생각하였기 때문에 집단심리를 개인에게 부정적 영향을 미치는 것으로 보았다. 그는 집단 내에서 사람들은 더욱 어린이같이 행동하는 경향이 있다고 하였다. 그는 개인이 집단성원이나 아버지와 같은 지도자와 강한 정서적 결속을 맺게 됨으로써, 개인은 집단의 영향을 더 많이 받게 된다고 보았다.

정신분석적 집단치료에서는 집단의 권력배분, 정신질환에 대한 병인론, 심리성적 발달단계의 속성, 무의식적 과정의 지배 정도와 같은 정통 정신분석적 개념에 기반을 두고 있다. 정신분석적 집단치료에서는 정신내적 과정을 탐색하고, 내담자와 원조자 사이의 상호작용을 분석하고, 저항을 해석하고 극복하며, 통찰을 얻을 수 있도록 원조하는 데 초점을 둔다. 물론 집단치료에는 권위적 인물(지도자)과 동료 성원들이 참여하며, 내담자들 사이에 다양한 상호작용이 일어난다는 점에서 개인정신치료와 차이점이 있다(Wolf et al., 1972).

(3) 사회문화체계

프로이트의 많은 개념들이 그 당시의 과학적, 문화적 태도를 반영하고 있지만, 19세기에 의학교육을 받은 프로이트(Freud)는 문화가 사회화과정을 통하여 성격발달에 미치는 영향을 과소평가하는 경향이 있었다. 그가 기본적 인간본성이라고 본 것들 중에서 몇 가지는 특정 문화에서만 특수하게 나타나는 것이었다. 그가 필연적인 것이라고 규정한 것 중의 많은 것들은 그 시대의 문화에서 특수하게 나타나는 것처럼 보인다.

특히 정신분석이론이 여성의 발달을 다루는 방식은 중요한 논쟁거리가 되고 있다. 프로이트는 여성의 정신질환을 치료하고, 여성 전문가에게 정신분석이론과 실천을 교육하고 훈련하는 데 관심을 가지고 있었다(Gay, 1988). 하지만 그의 이론은 남성지향적이고, 정상성의 모델로 남성상을 강조하는 이론이기도 하다(Wesley, 1975).

프로이트 이론의 보편성에 도전이 제기되고 있는 또 다른 개념은 오이디프스 콤플렉스이다.

그는 남근기의 상황이 성적 동일시가 조직화되는 주요 원리라고 주장하였다. 이러한 관점은 그의 제자들과 현대 정신분석가들로부터 점점 더 많은 도전을 받게 되었다(Goleman, 1990; Wetzel, 1976). 특히 여권주의자들은 여아가 자신이 남성의 성기를 갖지 못한 것에 대한 질투심을 경험한다고 보는 남근선망에 대한 관점에 의문을 제기하였다(Miller, 1973).

또한 모든 사람이 유전적으로 양성적인 특성, 즉 개인의 기본적 구성에 동성과 이성의 요소가 모두 포함되어 있다고 보았다. 가족경험을 통하여 타고난 양성적 경향이 결합되고 결국 성적 동일시를 일으키게 된다는 것이다(Nye, 1975). 동성애는 정상적 행동범주에 속하는 것이 아니라고 보았으며, 많은 정신분석적 치료자들도 동성애가 비정상적이라고 생각하고 이를 그대로 실천에 옮기고 있다. Isay(1989)는 동성애가 비정상적이라는 관점은 동성애자들의 발달경로를 개념화하는 것을 방해하였으며, 문화적 편견이 없고 중립적인 정신치료를 실시하는 것을 심하게 방해하고 있다고 지적하였다. 그는 모든 인종, 계층과 문화에서 발견되는 동성애는 이성애로 바꿔야 할 필요가 없으며, 대신 동성애자는 자신의 개인적 정체감에 대해 긍정적 감정을 가질 수 있는 능력을 증진시키고, 커다란 정신내적 갈등 없이 일하고 사랑할 수 있다는 감정을 증진시킬 수 있는 정신치료를 받아야 한다고 주장하였다.

4) 사회복지 실천에의 적용

(1) 심리적 건강과 증상에 대한 관점

프로이트의 이론에서 심리적 건강은 이상에 불과하였다. 대부분의 개인은 완전한 정신적 성숙에 도달할 수 없으며, 설사 그렇게 되더라도 심리적 갈등을 겪을 수밖에 없다는 것이다. 그의 관점에서 정신병리는 본능적 충동의 양과 질, 자아방어의 충동표현 조절능력, 개인의 방어적 기능의 성숙 수준, 그리고 초자아의 승인 또는 죄의식의 정도와 밀접하게 관련되어 있다. 병리는 충동이 과도하게 좌절되거나 과도하게 충족되었을 때 그리고 구순기, 항문기 그리고 남근기에 외상을 입었을 때 발생하게 된다. 따라서 아동기 초기에 해결되지 않은 무의식적 갈등은 성인의 심리적 문제의 중요한 원인이 된다.

프로이트는 성인기에 정신건강을 성취하기 위해서는 최소한의 긴장과 갈등을 경험하면서 성공적으로 심리성적 발달단계를 통과하는 것이 필수적이라고 하였다. 이와 같이 심리성적 발달단계를 성공적으로 통과하기 위해서는 많지도 적지도 않은 적절한 양의 만족이 필요하다. 고착은 에너지가 다음 단계로 전환되는 것을 방해하기 때문에 성장을 방해한다. 모든 개인은 본능적 충동을 억압하기 위하여 어느 정도 정신에너지를 사용하며, 어느 정도는 고착되어 있고 퇴행한다. 이전에는 잘 기능하던 성인도 심한 스트레스를 받게 되면 퇴행하지만, 시간이 지남에 따라 이전의 적응적 유형을 되찾게 된다는 것이다.

상대적으로 건강한 개인들에게 있어서는 성격부분들이 조화를 이루고 있으며, 외부세계와 적절한 교류를 할 수 있고, 방어를 효과적으로 사용하고, 만족을 지연시키고, 자신의 성적·공격적 충동을 통제하는 능력을 가지고 있다. 만약 엄격한 초자아가 개인의 본능을 통제하고 있는 경우에는 다른 부분에서 많은 대가를 치러야 한다. 이 경우 본능을 통제하는 데 많은 정신에너지를 써야 하기 때문에, 현실을 다루는 데 쓰여질 에너지가 거의 없다. 따라서 치료자는 내담자가 보다 현실적인 균형을 성취할 수 있도록 원조하여야 한다.

프로이트는 불안, 즉 외부적 요인에 의하여 촉발된 긴상상태는 언세 어디서나 존재하며, 개인의 행동을 형성하는 데 중요한 역할을 한다고 보았다. 불안은 행동을 일으키는 자극이긴 하지만 그 정도가 심해지면 사람을 무능력하게 만든다. 특히 불안의 여러 유형 중에서 신경증적 불안은 원초아의 충동이 너무나 위협적이어서 개인이 통제를 못하고 처벌받을 것 같다는 느낌을 받을 때 일어난다. 신경증은 원초아와 자아 또는 자아와 초자아가 연약하고 불완전한 자아를 압도하였을 때, 긴장과 불안이 심해진다. 이러한 경우에 불안, 공포증 또는 공황장애가 발생한다고 하였다.

프로이트는 신경성 건강(nervous health)과 신경증(neurosis)을 구분하기는 매우 어렵다고 하였다. 프로이트(Freud)에 의하면 건강한 성격이란 자아가 잘 발달되고, 불안을 효과적으로 처리할 수 있는 경우를 말한다. 과도한 처벌을 받지 않고, 죄의식을 느끼지 않으면서 본능을 표현할 수 있게 해주는 자아방어는 자아를 과도한 불안에서 구제해주는 수단이다. 현실의 요구를 처리하여야 하는 자아방어가 계속해서 불안을 차단할 수 있을 만큼 충분히 발달하고 다양하여야만 건강한 성격이라 할 수 있다. 어떤 한 가지 방어를 지나치게 사용하는 것은 정신건강이 좋지 않다는 표시이다. 프로이트는 사랑하고 일할 수 있는 능력은 파괴적인 본능을 사회적으로 수용될 수 있는 방식으로 표현할 수 있는 방법을 발견하는 능력과 밀접한 관계가 있다는 점을 강조하였다. 그는 정신건강과 관련된 문제는 내담자가 사랑을 즐기고 능률적으로 일할 수 있는 능력을 실제적으로 파악할 수 있을 때 해결될 것이라고 하였다(freud, 1966).

(2) 치료목표

정신분석적 치료는 비정상적 행동이나 증상의 원인을 파악하고 이를 제거하는 치료적 절차로서 내담자의 과거에 대한 감정을 재구조화하여, 현재의 어려움에 대한 통찰을 얻게 하고 이를 수정하려고 한다. 정신분석적 치료의 목적은 개인의 내적인 심리적 조직을 재구조화하여, 보다 융통성 있고 성숙하게 만드는 것이다. 이를 위해 정신분석적 치료에서는 무의식적 정신과정에 대한 의식적 통제력을 증진시키기 위하여 자아를 강화한다.

이러한 치료목표를 좀 더 구체적으로 기술하면 자아를 강화하고, 자아를 초자아에 덜 의존적이게 만들고, 자아의 지각의 장을 확대하고, 자아의 조직을 복구하고 증축하여 원초아가 자아가 되도록 하는 것(윤순임, 1995)이라 할 수 있다. Mertens(1990)는 정신분석적 치료의 목표를 부적응적 행동을 변화시키고, 증상을 제거하며, 심리장애로 인해 중단 또는 지연되었던 발달과정을 재구성하는 것이라고 하였다. 그리고 McGlashan과 Miller(1982)는 정신분석적 치료의 목표를 성장의 촉진, 자아체계의 성숙, 인간관계의 성숙, 성숙한 대처기제, 경험의 충만감과 생동성, 현실수용, 통합적 수용력, 자기분석이라는 8가지로 제시하고 있다.

(3) 치료자의 역할과 실무원칙

치료자는 치료목표를 달성하기 위하여 내담자가 무의식을 의식화할 수 있도록 무의식적 자료를 철저히 분석하는 치료방법을 택한다. 이때 내담자는 자신의 행동에 대한 보다 더 깊은 이해를 얻기 위하여 자신의 과거에 대한 깊은 탐색을 필요로 한다. 따라서 치료자의 주된 기능은 내담자가 자신의 문제에 대해 통찰을 갖고 문제를 변화시키는 방법을 인식해서 자신의 삶을 보다 합리적으로 통제할 수 있도록 도와주는 것이다. 즉 내담자가 자신을 인식하고, 정직하며, 다른 사람과 효과적인 인간관계를 맺고, 불안을 현실적으로 잘 처리하고, 충동적이고 비합리적인 행동을 통제하도록 돕는 데 관여하는 것을 말한다.

여기서 치료자의 역할은 변화시키는 힘의 주체가 아니다. 프로이트는 치료자의 역할을 산파에 비교하였는데, 산파가 아이를 낳거나 아이가 무엇이 될 것인지 결정하지 못하는 것처럼 치료자도 한 영혼을 잉태하거나 변화시킬 수는 없다고 말한다. 변화는 변화하고자 하는 내담자 자신의 몫이며 치료자는 자아기능에 가장 유익한 심리학적 조건들을 가능하게 함으로써 그 임무를 다하는 것이다. 그리고 내담자는 집중적이고 장기적인 치료과정에 기꺼이 자신을 맡길 수 있어야 하고 일정 기간의 치료, 집중적 치료과정에 협조할 것을 치료자와 합의하여야 한다.

내담자와 치료자 간의 관계, 즉 원조관계는 정신분석적 치료의 핵심이다. 이것은 내담자의 과거에서 중요한 타인들에 대한 반응에서 생기는 일종의 치환으로써, 긍정적이거나 부정적인 내담자의 느낌이나 환상이 치료자에게로 무의식적으로 옮겨가는 것을 지칭하는 '전이'를 통하여 개념화된다.

이런 전이상황에서 내담자는 자신의 무의식의 정신역동성을 통찰하게 된다. 내담자는 현재의 성격을 형성하는 데 영향을 준 과거의 영향이 아니라 과거 경험과 현재 행동 간의 관련성을 이해하게 되고, 억압된 과거에 대한 인식과 통찰을 할 수 있게 된다.

(4) 치료적 기법

정신분석적 치료의 기법은 내담자의 증상에 대한 자각을 증진시키고 비정상적 행동에 대한 통찰을 얻게 함으로써 증상의 의미를 이해하게 하고 성격구조를 재구조화하는 목적을 지니고 있다. 그러므로 치료과정은 내담자와의 대화를 통해 정화(Catharsis), 통찰, 무의식적인 지적 · 정서적 문제의 이해, 재교육의 순서로 이어지는 내담자와 치료자의 노력의 과정이다.

가. 자유연상

자유연상(free association)은 정신분석적 치료의 주된 기법 중의 하나로 내담자는 일상생활의 상념과 선입견을 제거하고 어떤 감정이나 생각도 억압하지 않은 채 마음에 떠오르는 것이면 무엇이든 즉시 말하도록 하는 기법이다. 무의식적 소망, 환상, 동기 등을 해방하는 데 사용되는 도구인 자유연상 과정에서 치료자는 내담자의 무의식 속에 숨겨진 억압된 생각이나 감정들을 확인할 수 있다. 또한 이런 자유연상이 차단되거나 중단되는 것은 내담자의 무의식적 갈등을 해결할 수 있는 중요한 실마리를 제공한다. 자유연상기법은 주로 내담자는 장의자에 눕고 치료자는 내담자의 연상의 흐름을 방해하지 않도록 보통 장의자에 앉아서 실시하는 경우가 많다.

나. 해석

해석(interpretation)은 치료관계에서 나타나는 내담자의 행동의 의미를 설명하고 때로는 가르치기도 하는 것으로, 행동에 대한 단순한 설명이 아닌 자아가 더 깊은 무의식의 자료를 탐색할 수 있도록 도와주는 기능을 말한다. 해석의 유형에는 내용해석, 저항해석(방어해석), 전이해석, 꿈의 해석 등이 있다.

올바른 해석이 이루어지기까지 걸리는 준비기간과 해석을 통해 통찰에 이르고 이것을 행동화하기까지 이 모든 과정을 통틀어 해석과정이라고 한다. 이러한 해석과정은 내담자를 어떤 특정 사실이나 경험에 직면(confrontation)하게 하고, 직면한 사실이나 사건, 의미 등의 초점을 잡아 명료화(clarification)하고, 좁은 의미의 해석으로 지금까지 유추한 사실을 내담자에게 말로 전달하며, 내담자가 억압된 것을 받아들이고 분석과정에서 해석된 것을 통합하고 그 과정에서 생겨난 저항을 극복하는 훈습(working-through)단계로 구성된다.

적절한 해석을 하기 위해 치료자는 내담자의 준비상태를 민감하게 지각하고 있어야 한다. 왜냐하면 해석의 영향력이나 그 변화의 힘은 내담자의 준비 정도에 따라 달라질 수 있기 때문이다. 해석을 할 때 치료자는 의식적인 것에서 무의식적인 것으로 내담자의 준비 정도에 따라 내담자가 받아들일 수 있는 수준부터 접근하며, 무의식의 저항이나 갈등을 해석하기 전에 먼저 저항이나 갈등을 지적해야 한다.

다. 꿈의 분석

프로이트가 꿈을 무의식에 이르는 왕도라고 하였듯이 꿈의 분석(dream analysis)은 꿈을 통하여 무의식적 욕구를 찾아내고 내담자의 해결되지 않은 문제에 대한 통찰을 얻을 수 있도록 해준다. 꿈은 내용 면에서 잠재적 내용과 명시적 내용이라는 두 차원이 있다. 잠재적 내용은 고통스럽고 위협적이기 때문에 위장되고 숨겨진 무의식적 동기들로 구성되어 있다. 꿈의 명시적 내용은 위와 같은 잠재적 내용이 용납 가능한 내용으로 대체되어 나타나는 것을 일컫는다.

치료자는 자유연상을 통하여 내담자가 내놓은 꿈의 명시적 내용 속에서 잠재적 의미를 추출해내야 한다. 또한 꿈은 내담자의 무의식을 인식하는 수단으로 사용되기도 하지만 내담자의 현재 기능을 이해하는 수단이 되기도 한다.

라. 저항의 분석과 해석

저항(resistance)은 치료적 발전을 저해하고 내담자가 무의식적 욕구를 표출하는 것을 방해하는 것으로 프로이트는 저항을 참을 수 없는 불안에 대항하여 자아를 방어하려는 무의식적 역동으로 보았다. 치료자는 효과적인 치료를 위하여 이 저항을 지적하고 해석함으로써 내담자가 이에 대한 통찰을 더 깊이 할 수 있도록 도와야 하며, 내담자도 실제적으로 갈등을 해결하고자 한다면 이런 저항에 직면해야 한다.

마. 전이의 분석과 해석

전이(transference)는 치료과정에서 내담자가 치료자에게 반응하는 것으로 내담자가 과거의 중요한 타인과 미결사항으로 남아있는 부분을 치료자가 마치 그 인물인 듯 치료자에게 투사하는 것을 말한다. 이런 전이의 분석은 내담자로 하여금 과거 자신의 미결사항이 현재 자신에게 어떻게 영향을 미치는지 통찰할 수 있는 기회를 주며, 통찰된 미결사항을 적절히 해석하고 훈습함으로써 내담자가 자신을 변화시킬 수 있는 기회를 갖게 한다.

역전이(countertransference)는 치료자가 내담자에게 보이는 반응이다. 역전이가 치료의 흐름을 방해하지 않도록 치료자는 자신의 정신분석에 철저해야 하며 객관성을 잃지 말아야 한다.

바. 경청과 감정이입

경청(listening)은 내담자의 언어적, 비언어적 표현에 귀를 기울임으로써 의사소통의 숨겨진 의미를 이해하는 것이라고 할 수 있다. 따라서 모든 것을 관찰하고 상황을 정확하게 판단할 수 있을 때 참다운 정신분석적 경청이 가능해진다.

내담자의 무의식적 감정과 사고, 소망을 이해하고 이에 개입하기 위해서는 감정이입(empathy)이 이루어져야 한다. 즉, 객관성을 유지한 상태에서 내담자의 마음 속으로 들어갈 수 있어야 한다. 감정이입에는 내담자가 의식적으로 체험하는 것을 자신이 체험하고 있는 것과 같이 느끼는 것과 무의식에 숨겨진 것과 동일시하는 것이 있다. 그러므로 심층적 감정이입을 위해서는 다차원적이고 다각적인 경청이 필수적으로 요구된다.

사. 버텨주기와 간직하기

내담자가 경험하고 있거나 혹은 뭔가 막연하게 느끼기는 하지만 감히 직면할 수 없는 끝없이 깊은 불안과 두려움을 견딜 수 있는 힘을 제공하는 것을 버텨주기(holding)라고 한다. 이러한 버텨주기 기법을 적절히 활용하기 위하여 치료자는 내담자를 수용하고 일관성 있게 대함으로써 치료자를 신뢰할 만한 사람으로 여기게 하고, 비판을 위한 비판이 아니라 내담자를 위하는 마음에서 내담자의 정동과 감정에 전문가로서 진실한 반응을 하여야 한다. 그리고 치료자 자신의 소망보다는 내담자의 소망이 무엇인지 이해하여야 하며, 현실과 환상을 구분하고 정리해주어야 한다. 또한 내담자의 약한 자아를 보조해주는 보조자아의 역할을 수행할 수 있어야 한다.

간직하기(containing)는 내담자가 두려워하는 모든 충동과 경험들을 간직하여 완화시켜주는 기법, 즉 내담자가 보이는 강한 정동을 마음에 간직하여 뜸들이고 길들여서 위험하지 않도록 변화시켜 내담자가 준비되었을 때 해석을 통하여 전달하는 기법이다. 따라서 이 기법은 내담자와 함께 고통을 나누는 것이다. 이 기법을 잘 활용하기 위해 치료자는 심한 좌절을 견디어 낼 수 있고 강한 감정을 통제할 수 있는 능력을 갖추어야 한다.

2. 에릭슨의 성격이론

프로이트 사후, 정신분석이론에서 가장 놀랄만한 발전은 자아심리학(自我心理學)이라고 불리는 새 자아(ego)이론이다. 프로이트는 건강한 사람의 경우에 자아를 인간행동의 조정자로 보았지만 그것을 자율적인 위치에 있는 조정자로 보지 않고, 언제나 이드(id)의 보조적인 존재로 간주했다. 그러나 프로이트의 이러한 입장과는 대조적으로 후기 일부 정신분석가들은 자아의 자율성을 고양시키는 데 많은 노력을 기울였다. 즉 자아가 선천적인 이드에서 파생되는 것이 아니라 각 체계는 유전적 경향성에서 그 근원을 찾고 있으며 그 자체의 독립된 발달 과정을 갖고 있다고 믿었다. 자아는 그 자신의 고유 에너지를 가지고 있을 뿐만 아니라 본능적인 만족과는 상관없는 고유 자아만족이 있다는 것이다.

이 새로운 자아이론(自我理論)은 당시 많은 심리학자들에게 호응을 받았다. 그것은 심리학의 전통적 주제인 지각, 학습, 기억, 사고 등에 초점을 두었다는 점과 비정상적인 환자들을 대상으로 하지 않고 정상인의 행동을 강조했다는 점이다. 더욱이 고전적 정신분석학이 무의식적이고 비합리적인 성격 측면을 강조하는 데 반해 자아이론은 합리적이고 건설적인 면과 의식을 강조한다. 이러한 점에서 현대 정신분석학 이론을 잘 정리한 인물은 아마도 에릭슨일 것이다. 그는 프로이트 사후 정신분석학의 구조를 다듬고 확대하는 데 가장 양심적이고 열성적으로 이바지한 인물로 평가받고 있다. 이와 관련해 살펴볼 내용은 이인정 외(2004), 최순남(2002), 송명자(1998), 서봉연 역(1992), 에릭슨(Erikson, 1980) 등의 자료를 참고로 구성했다.

1) 에릭슨의 생애

에릭슨(Erik H. Erikson, 1902-1994)은 독일의 프랑크푸르트 근교에서 태어났다. 그의 부모는 에릭슨이 태어나기 전에 이혼했고, 어머니는 그가 3세 때 그를 치료해 준 의사 홈부르게르(Theodor Homburger)와 재혼했다. 어린 시절에는 홈부르게르가 그의 양부라는 사실을 알지 못했다. 1939년 미국 시민으로 귀화했을 때는 원래의 이름을 택했지만, 정신분석에 관한 그의 첫 논문에 서명을 할 때는 양부의 성을 썼다.

에릭슨은 의학을 공부하는 학생이었으나 예능과 역사에 흥미가 높았다. 졸업 후 의사가 되라는 양부의 권유를 뿌리치고 유럽을 여행하면서 나르시시즘(narcissism)으로 방황했다. 그러나 곧 이러한 나르시시즘이 그에 대항할 만한 생각이나 힘을 찾지 못하면 그것은 젊은이의 정신적 타락이라는 것을 깨닫게 되었다.

25세 때 비엔나(Vienna)에 있는 조그마한 미국 유치원 교사의 초청으로 교사가 되는데, 어린이 연구소로 알려진 그 학교는 정신분석가가 되고자 하는 이들을 위해 프로이트의 딸 안나 프로이트(Anna Freud)와 아이크호른(August Aichhorn)이 세운 곳이었다. 그는 이 학교에 있는 동안 정신분석에 대한 훈련을 받게 된다.

1929년 에릭슨은 안나 프로이트가 운영하는 실험학교의 무용선생인 캐나다 여성 조안 세르슨과 결혼했으며, 그의 두 아들과 함께 1933년에 코펜하겐으로 이주했다. 얼마 후 그의 가족은 미국 보스턴으로 이주하여 에릭슨은 거기서 개업했고, 이후 1년 동안 하버드 의과대학 신경정신과의 심리학 연구원으로 일했으며, 1936년부터 1939년까지는 예일 의과대학(Yale Medical School)에서 일했다. 그 후 다시 샌프란시스코로 이주하여 1942년에는 버클리(Berkeley)에 있는 캘리포니아대학교 교수가 되었으나 1950년 그는 충성심 맹세에 서명을 거절한 이유로 다른 동료 교수들과 함께 교수직을 사임했다.

1950년 그의 첫 저서 『아동기와 사회(Childhood and Society)』가 출판되었는데, 이 책은 그를 자아심리학의 대변자로서 인정받게 하였다. 1951년부터 1960년까지 에릭슨은 매사추세츠 주에 있는 오스틴 피그스 센터(Austen Piggs Center)에서 시니어 컨설턴트로 봉사했으며, 동시에 피츠버그 의과대학 및 다른 연구소의 강의를 맡아 활동했다. 이처럼 에릭슨은 정식교육을 받지 못했고 학위도 없었지만 임상가와 대학교수로 왕성한 활동을 했다.

2) 주요 개념

(1) 개관

에릭슨의 주요 이론은 주로 자아(ego)의 성장에 관한 것이다. 비록 에릭슨이 인간발달에 관한 자신의 생각이 프로이트의 심리성욕 발달 개념을 현대 사회학적 · 인류학적 · 생물학적 자료에 비추어 체계화한 것이라고 주장하지만 근본적으로 프로이트 이론과 몇 가지 뚜렷한 차이가 있다.

첫째, 프로이트가 인간행동의 동기를 이드(id)에 둔 데 반해, 에릭슨은 자아를 성격의 자율적 구조로 간주했다.

둘째, 프로이트는 아동의 성격 발달에서 부모가 지대한 영향을 준다고 주장한 반면, 에릭슨은 아동의 자아가 형성되는 심리 · 역사적(psychohistorical) 환경을 강조했다.

셋째, 인간의 성격형성이론에서, 프로이트는 초기 아동의 경험의 중요성을 강조한 데 반해, 에릭슨은 인간의 전 생애를 총망라하고 있을 뿐만 아니라 청년기 자아정체감 형성기의 중요성을 강조하고 있다.

넷째, 인간의 심리 성욕 갈등의 양상과 그 해결 방법에 대해 인간생활에서 오는 정신사회적 위험을 이겨낼 수 있는 인간의 능력, 즉 인간발달 단계에서 나타나는 자아 자질을 강조했다.

다섯째, 인간의 모든 개인적 · 사회적 위기는 오히려 외계의 어려움을 극복하고 성장으로 유도하는 도전감을 갖게 한다는 낙관적인 견해를 갖고 있다. 즉 에릭슨은 프로이트와는 달리 인간은 어려운 사회환경에 적응할 줄 알고 오히려 그러한 환경 때문에 창조성을 발휘하여 생의 의미를 창조하며 주관적 자유를 실천하는 존재로 묘사함으로써 인간은 근본적으로 선하다는 인본주의 이념에 동조한다.

에릭슨의 이론도 단계이론의 형식적인 요구 조건을 갖추고 있다. 즉 에릭슨의 단계들은 각 시기마다의 일반적인 문제점을 기술하고 있고, 질적으로 다른 여러 가지 갈등에 대해 언급하고 있으며, 단계들은 일정한 순서로 전개되고, 이 단계들이 문화적으로 보편적이라는 특징을 나타내고 있다.

(2) 자아

프로이트는 자아가 원초아 초자아의 세력 중 중간에 있다고 보았으나, 에릭슨은 이 두 세력을 어느 정도 무시하고 자아가 자율적인 기능을 하는 것으로 간주했다(Erikson, 1963). 즉 성격이 주로 본능이나 부모의 영향을 받는 것으로 생각하는 대신 부모, 형제자매, 다른 사람들을 포함한 사회의 모든 구성원의 영향을 받는다고 보았다. 또한 성격이 아동기 초기에 거의 형성된다고 보지 않고 지속적으로 사회와 관계되어 발달한다고 보았다. 에릭슨의 경우 자아는 환경에 영향력을 행사하게 되는데, 자아가 환경을 지배하고자 하는 자아통제(ego mastery)를 매우 중요하게 여겼다.

(3) 자아정체감

에릭슨은 자아정체감(ego identity)이 두 측면을 가지고 있는 것으로 보았다. 제1의 측면은 내적 측면으로, 시간이 경과하면서 자기 자신을 이제까지의 자신과 존재로 지각하고 수용하는 것이다. 제2의 측면은 외적 측면으로 문화의 이상과 본질적인 패턴을 인식하면서 그것과 동일시하는 것이다. 즉 외부 및 타자와 본질적인 특징을 공유하는 것이다.

에릭슨은 자아정체감이 없는 상태에서 자아정체감의 상태로 이동하는 인간발달을 "내적 · 외적 갈등의 과정으로서, 인간이 위기를 극복하면서 통합감, 판단력, 자기 자신과 주위 사람들의 판단기준에 적합한 대처 방식을 익히면서 성장하는 과정"(Erikson,

1968)이라고 설명했다.

(4) 점성원칙

심리·사회적 자아 발달은 점성 원칙(epigenetic principle)을 토대로 한다. 이것은 각 단계의 발달이 전 단계의 심리·사회적 갈등 해결과 통합을 토대로 이루어진다는 것이다(Erikson, 1968). 예를 들면, 1단계에서 기본적인 신뢰감이 발달하지 않으면 부모와 떨어져 독립적으로 자율성과 주도성을 발달시키기 어렵다는 것이다. 즉 점성원칙이란 성장하는 모든 것은 토대를 가지며 이 토대로부터 부분이 발생하고, 이 모든 부분이 발생하여 전체를 이루게 된다는 것이다. 이와 같이 인간은 생물학적으로 이미 내재적으로 기본적 요소들을 가지지만 시간의 경과에 따라 이 요소들이 결합, 재결합하여 새로운 구조를 형성하듯이 심리·사회적 성장도 이 원리를 따른다는 것이다(Erikson, 1968). 건강한 성격은 각 요소가 다른 모든 요소에 체계적으로 관련되면서 적절하게 연속적으로 발달하게 된다.

3) 발달 단계

에릭슨은 그의 저서『아동기와 사회』에서 인간의 생활주기로서 심리·사회적 자아 발달의 8단계를 제시했다. 인간은 심리·사회적 발달(psychosocial development) 단계마다 생리적 성숙을 하면서 동시에 심리적인 위기를 수반한다고 가정했다. 즉 인간의 생활주기 8단계마다 사회와의 관계에서 해결되어야 할 발달 과업이 있는데, 이것이 어떤 식으로 해결되느냐에 따라 긍정적 혹은 부정적인 방향이 결정된다고 보았다. 그는 각 단계마다 성장과 인간관계의 확장 과정에서 자아 기능이 상처받을 가능성이 있다고 보고 이것을 생애의 전환기(turning point), 즉 '위기'라고 했다(Erikson, 1968).

각 단계의 심리·사회적 위기에는 긍정적 요소와 부정적 요소가 포함되는데, 만약 성장 과정에서 발생하는 갈등이 만족스럽게 해결되면 긍정적 요소는 점차 성장 발달하는 자아 속에 스며들어 좀 더 건전한 발달이 보장된다. 그러나 반대로 갈등이 계속되거나 불만족스러운 양상으로 해결되면 자아발달은 손상을 받고 부정적 요소가 자아 속에 많이 통합된다. 이와 같이 긍정적 · 부정적 요소가 성장과정에 영향을 미치지만 프로이트처럼 초기의 실패가 영구적으로 치명상을 입는 것이라고 보지는 않았다.

다음 표는 에릭슨의 심리 · 사회적 8단계의 발달 특징을 나타낸 것이다.

표 9-2 에릭슨의 심리 · 사회적 발달 단계

단계 수준	시기별	연령별	내용		
1	영아기	0~1	기본 신뢰감	vs	불신감
2	유아기	2~3	자율성	vs	수치심과 의심
3	학령 전기	4~5	주도성	vs	죄의식
4	학령기	6~12	근면성	vs	열등감
5	청소년기	13~20	자아정체감	vs	정체감 혼미
6	성인 초기	21~40	친밀성	vs	고립성
7	중년기	40~65	생산성	vs	침체성
8	노년기	65~	자아통합	vs	절망감

(1) 기본 신뢰감 대 불신감

심리 · 사회적 발달의 첫 단계는 기본 신뢰감 대 불신감(basic trust vs mistrust)이다. 이 시기는 프로이트의 발달 단계에서 구강기에 상응하는 1세까지를 말한다. 에릭슨에 의하면, 신뢰감이란 건강한 성격을 뜻하며 자신감(confidence)과 같은 특성으로 간주한다. 에릭슨은 유아가 신뢰감을 형성할 수 있는 바탕은 어머니로부터 받은 양육의 질(quality)에 달려 있다고 보았다. 즉 어머니의 애정 어린 보살핌을 통해 유아는 '신뢰감'이 형성된다.

아동의 신뢰 형성은 아동에 대한 부모의 자신감과 자기 확신, 즉 자기가 올바르게 아동을 돌보고 있다는 인식에 의해 좌우된다. 반대로 유아에 대한 엄마의 보살핌이 적절하지 못해 거부적이고 공포, 의심, 우려를 초래한다면 유아에게 '위기'를 야기시킨다. 뿐만 아니라 아기를 양육하는 데 자신감이 부족하여 일관성이 없고 매사에 갈등을 갖고 있는 부모의 모호성(ambiguity)이 아기에게 전해져 그것이 내면화되면 아기는 불신감을 갖게 된다.

에릭슨은 유아의 건전한 성장 발달은 전적으로 신뢰감에서만 기인하는 것이 아니라 신뢰와 불신의 적절한 비율로부터 온다고 했다. 무엇을 신뢰해야 하는가도 중요하지만 무엇을 신뢰하지 말아야 하는 것을 아는 것도 중요하다는 것이다.

그는 신뢰 대 불신의 갈등이 성공적으로 해결되어 얻어진 심리 · 사회적 능력 혹은 덕성을 희망이라고 했다. 희망은 생존하고 있는 유아에게 가장 최초의 그리고 가장 필수적인 덕(德)이다(Erikson, 1964). 다시 말해 신뢰란 유아에게는 희망이 있는 능력으로서, 성인에게는 신념의 기반이 된다.

이상에서 에릭슨이 프로이트의 구강기에 대한 개념을 어떻게 확대하고 있는지를 살펴보았다. 유아의 자아는 성적인 신체부위를 넘어 일반적이고 결정적인 접촉을 통해 사회와 만나며, 주로 돌보는 이와의 관계를 통해 외부 세계와 상호작용함을 알 수 있다.

(2) 자율성 대 수치심과 의심

이 단계는 프로이트의 항문기에 해당된다. 에릭슨은 이 기간 동안(2~3세) 아동은 기본 신뢰감이 획득되어 자율성과 자기 조절(self-control) 능력이 가능해지며, 사회적 생활양식(social mode)을 익혀간다고 했다. 이 단계의 기본 양식이 지니거나(보유), 내어버리는(배설) 것이라는 점에서 프로이트와 견해를 같이한다.

아동은 이 시기에 신체 및 지적인 면에서 빠르게 발달된다. 말을 하게 되고, 사회적 생활양식을 습득하게 되며, 독립적으로 주위 환경을 탐색하기 시작한다. 이 시기는

"내가 할 거야", "나는 무엇이든지 할 수 있어"라는 자율성이 발달하는 시기이다. 그러나 이러한 아동의 행동에는 '자기 통제를 위한 요구'와 '주위에 있는 다른 사람으로부터 통제를 받아들여야 하는 요구'를 받게 된다.

수치와 의심(회의)은 사회의 기대와 압력을 의식함으로써 생긴다. 부모들은 무조건 소유하려고 하며, 무엇이든 스스로 하려고 하는 이런 유아의 행동을 통제할 수밖에 없는데 그 통제가 어느 정도인가에 따라 수치심(shame)과 의심(doubt)이 발달하게 된다. 수치심이란 다른 사람의 눈에 자신의 모습이 좋지 않게 보이지 않을까 하는 두려움이다.

에릭슨은 이 단계의 심리 · 사회적 위기를 만족스럽게 넘기느냐의 여부는 부모가 아동의 이 같은 활동들을 얼마나 자유롭게 점차적으로 허용하는가 하는 부모의 의지에 달려 있다고 보았다. 부모들은 아동의 고집스러움(willfulness)을 길들이기 위해 보편적인 수치심을 이용하는데, 이때 지나치게 수치스럽게 하면 아동은 몰래 하거나 회피한다.

그러므로 부모는 아동들의 생활 공간이 자유 선택의 자율성을 경험할 수 있는 적절한 장이 되도록 격려해야 한다. 아동 자신에게나 타인에게 유익하지 못하고 파괴적인 행동은 제한해야 하겠지만 수치심을 갖지 않도록 설득을 통해 이해하도록 해야 한다.

(3) 주도성 대 죄의식

주도성 대 죄의식(initiative vs guilt)은 학령 전 아동이 마지막으로 경험하는 심리 · 사회적 갈등이다. 프로이트가 남근기라고 말한 4세부터 학령 전까지의 발달 시기를 일컫는다. 이 연령에게 아동의 주된 활동은 놀이이다. 이 시기의 바람직한 성취는 놀이, 탐구, 시도 및 실패, 장난감을 사용한 연습 등의 결과에 달려 있다. 육체적인 놀이와 함께 가상의 세계에서 부모나 다른 성인들의 역할을 가정한 정신적인 놀이도 하는데, 아동은 이렇게 성인들을 모방함으로써 성인처럼 되는 것이 어떤 것인가를 어느 정도 알게 된다. 이때 아동들은 자신이 한 인간으로서 생의 목적이 있음을 느끼기 시작한다. 즉 “나는 내 뜻대로 될 수 있다”라는 생각을 갖게 된다.

이런 생각은 아동의 주도성을 발달시키는데, 부모가 아동의 이런 솔선적 행동에 대해 더욱 고무시킨다면 아동의 주도성은 더욱 강화된다. 주도성의 발달은 부모가 자녀의 호기심을 인식하고 자녀의 환상적 행동을 우수꽝스럽게 여기거나 금지하지 않을 때 더 격려된다.

아동의 죄의식이란 부모가 아동 스스로 그 일을 완수하도록 기회를 주지 못하고 참을성이 없는 데 기인한다. 아동들이 자신의 커다란 계획과 가장 기대했던 희망이 이루어질 수 없다는 것을 깨달으면 위기가 오게 된다.

죄의식에 의해 몸이 굳어진 아동은 무슨 일에나 잘 체념하고 자신에 대해 무가치함을 느낀다. 이런 아동은 자신을 표현하기를 두려워하고 어른에게 의존적이며 동료집단의 주변에만 맴돌며, 가능한 목표를 세워 그것을 달성하려는 목적의식이나 용기가 부족하다.

부모들은 자신의 권위를 다소 완화하고 아동들로 하여금 흥미 있는 계획에 동등한 자격으로 참여토록 함으로써 아동이 주도성을 획득하는 과정을 도울 수 있다.

(4) 근면성 대 열등감

근면성 대 열등감(industry vs inferiority)은 에릭슨이 분류한 네 번째의 심리 · 사회적 발달 단계로서 6세부터 12세(학동기)에 일어나는 프로이트 발달 단계의 잠재기에 해당된다. 에릭슨은 이 시기를 자아 성장이 가장 확실히 발달하는 단계라고 보았다. 이때부터 아동은 처음으로 형식적 교육을 통해 문화에 대한 기초 기능을 배우게 된다. 이 시기 아동들이 성취해야 하는 중요한 과업은 인지적 · 사회적인 기술을 숙달하는 것이다. 현대 기술사회의 아동들은 학교에 들어가서 좀 더 지적인 기술, 즉 읽기, 쓰기, 셈하기, 질서 지키기, 타인과 협동하기 등을 배운다. 이 시기의 아동들은 정해진

놀이규칙에 따라 동료와 협동하고 어울리는 능력뿐만 아니라 연역적 추리, 자기 통제, 자아력을 발달시키는 능력이 현저히 향상된다.

에릭슨에 의하면, 아동은 학교생활을 통해 그들 문화에 대한 기술을 이해하기 시작할 때 근면성이 발달한다. 아동은 이 시기에 물건이 만들어지고 조작되는 방법과 과정에 대해 몰두하기 시작한다. 이런 흥미와 능력은 가정이나 학교의 주변 사람들이 가르치고 함께 일함으로써 강화되고 촉진된다(Erikson, 1964).

그러나 이 시기에 아동들이 자신의 능력이나 지위가 동료들과 비교하여 열등하다고 느끼면 학습 추구에 용기를 잃게 되거나, 부모나 교사가 부과한 일들을 수행할 수 없을 때 혹은 없다고 느낄 때 열등감이 발달될 수 있다. 이 단계에서 지나치게 열등감을 느끼는 것은 위험하다.

이 시기에는 학교 과제를 준비시키는 가정의 역할도 중요하지만 무엇보다 중요한 것이 교사의 태도이다. 훌륭한 교사들은 이 시기의 아동들을 도울 수 있다. 이 단계의 심리·사회적 위기를 적절히 극복하지 못하면 생산적인 일을 하지 못하는 사고와 행동의 마비, 즉 무력감을 느끼게 된다.

(5) 자아정체감 대 정체감 혼미

에릭슨의 생애주기이론의 다섯번째 단계인 자아정체감 대 정체감 혼미(identity vs identity confusion)는 개인의 심리·사회적 발달 단계에서 가장 중요하게 간주된다. 13세부터 21세까지 어린이도 어른도 아닌 주변인(marginal man)으로서의 청소년은 성인기에 요구되는 여러 가지 사회의 요구와 역할 변화를 거치게 된다.

에릭슨에 의하면, 자아정체감 형성에는 다음과 같은 요소가 포함된다(Erikson, 1963). 자아 지각, 매력 있는 개인 및 사회집단, 이성, 그리고 사회문화와의 동일시가 포함된다.

첫째, 나에 대한 자아 지각이다. 인간은 내적 동일감(inner sameness)과 일관성

(continuity)을 가진 것으로 자신을 지각해야 한다. 즉 인간은 근본적인 자신과 이제까지의 자신이 내내 같은 것으로 지각해야 한다. 또 자기와 같은 사회문화 속에 살고 있는 다른 사람이 나에 대해 같은 동일감과 일관성을 가진 사람으로 지각될 것이라는 자아확신감이 필요하다.

둘째, 매력 있는 개인 및 사회집단과의 동일시이다. 이 시기의 정체감 발달은 그들이 서로 동일시하는 개인 혹은 사회집단에 의해 현저하게 영향을 받는다. 예를 들면, 매력 있는 주인공(배우, 운동선수), 가치 있는 지도자(사상가, 정치가, 학자) 그리고 반문화 집단(혁명가, 사회운동가) 등과의 동일시에 의해 정체감이 영향을 받는다.

셋째, 이 시기에는 이성(異性)에 대한 매력이 고조되어 이성과 동일시를 지향한다. 이 시기에 남성과 여성에 대한 적절한 동일시가 필요하고, 또 이러한 동일시가 생기면 알맞은 성적 특질을 갖춘 건강하고 조화된 성격이 발달한다고 에릭슨은 보았다.

넷째, 청소년들은 이상적인 가정, 종교, 철학, 사회를 동경하고 이상(理想)시한다. 이것들을 인간과 사회 제도와 비교하면서, 불완전하고 유한함을 인식하며 자신이 살고 있는 현실 사회에서 그들의 가치가 인정되지 못하기 때문에 혼란과 기존 제도에 대하여 반항이 발생하게 된다.

이 시기의 청년은 자신이 중요한 결정을 해야 한다고 생각하지만 그렇게 할 수 없기 때문에 역할의 혼미 혹은 정체감 혼미로 고통을 받는다. 그리고 그들의 고민은 신체적 성장에서 오는 성적 충동 그 자체가 아니라, 다른 사람의 눈에 좋게 보이지 못하거나 기대에 어긋날지 모른다는 생각, 그리고 바로 앞에 펼쳐진 자신의 앞날에 대한 사회에서의 역할 때문이다.

(6) 친밀성 대 고립성

생애주기의 여섯 번째 단계는 친밀성 대 고립성(intimacy vs isolation)으로서 성인 생활이 시작되는 시기이다. 이 시기는 청소년기 후반부터 성인 초기(21세에서 40세까지)

에 해당된다. 이 시기에 젊은 성인은 연애, 결혼을 하고 또 정력적으로 일함으로써 정착을 지향한다. 또 자기는 장차 어떤 사람이 될 수 있는지, 다른 사람의 눈에는 어떻게 비치는지에 대해 관심이 강하다. 그들은 성인 초기에 이성에게 매혹되어 사랑에 빠지기도 하지만 그것은 결국 자기 의식을 위한 과정이다. 이성과 사귀는 동안에 그들은 자신의 이성에 대한 진정한 감정, 자신의 미래와 희망, 그리고 미래 계획에 대해 끊임없이 사색으로 자신이 누구인지를 묻게 된다. 그들은 때로 이같이 자아 탐색에 너무나 열중한 나머지 성인 초기의 과제인 친밀감 획득에 실패할 수 있다. 진정한 친밀감은 합리적인 자아정체감이 형성되었을 때에만 가능하다(Erikson, 1963). 확고한 자아정체감을 확립한 사람만이 다른 사람과의 상호 관계에 몰두할 수 있기 때문이다.

프로이트와 마찬가지로 에릭슨은 인간이 정말로 다른 사람과 더불어 성적 친밀감은 물론 사회적 친밀감을 갖게 되는 것은 바로 이 시기라고 말한다.

이 심리 단계에서 고립은 자기 도취나 친밀감, 사회적 관계를 맺게 해주는 관계를 회피하는 것이다. 자기 도취된 사람은 단순히 공식적이고(고용자–고용주) 피상적인 인간 관계를 추구한다. 그들은 친밀감의 요구를 위협으로 느끼기 때문에 진정한 참여로부터 자신을 소외시킨다. 자기 도취에서 헤어나지 못한 사람은 직업을 쓸모없는 것으로 여기며, 따라서 직업에서 소외감을 갖기 쉽다.

진정한 친밀감은 합리적인 정체감이 형성되었을 때에만 가능하다. 확고한 정체감을 가진 사람만이 타인과의 상호 관계에 몰두할 수 있다. 친밀감 대 고립성의 위기를 건전하게 해결할 경우 사회·심리적 능력인 사람이 발생된다.

(7) 생산성 대 침체성

두 사람이 결혼하여 어느 정도의 친밀감이 형성되면 두 사람에 대한 관심이 확대되어 다음 세대의 양육에 관심을 갖게 된다. 에릭슨은 이 시기를 생애주기의 일곱 번째 단계(40~65세)인 생산성 대 침체성(generativity vs self-stagnation)이라고 표현했다. 생산성이란 넓은 의미로서 자녀를 낳고 기르는 것뿐만 아니라 작업을 통해 물건을 만들고 사상(思想)을 전수하는 것 등을 포함한다. 그러나 에릭슨은 자녀를 돌보는 것에 더 중점을 두었다.

이와 같이 생산성은 다음 세대가 일하며 살아갈 사회 지침을 확립하는 데 관심을 나타냄으로써 생긴다. 이 단계에서 보호의 미덕이 나타난다. 보호는 타인에 대한 관심이라고 할 수 있는데, 필요한 사람들을 돌봐 주고 그들에게 지식과 경험 등을 나누어 주기를 원하는 것이다. 에릭슨은 인간은 어떤 직종에서 일을 하든지 남을 가르치고자 하는 천성적 욕망이 있다고 말했다. 이러한 욕망의 결과로 인해 보호와 가르침의 습관, 의식이 한 세대에서 다음 세대로 전해지고 있다.

생산성을 제대로 발달시키지 못하게 되면, 개인적 욕구나 안위가 주요관심이 되는 자기 도취의 상태에 빠진다. 이들은 자기 탐닉을 위한 것을 제외하고는 누구에게도 무엇에 대해서도 관여하지 않는 사람들은 사회의 일원으로서 생산적으로 기능을 다하지 못하고 일신의 욕구를 만족시키기 위해 사는 것이 되며, 인간관계는 황폐화된다.

(8) 자아통합 대 절망감

생애주기의 마지막 단계(65세 이후)인 자아통합 대 절망감(integrity vs despair)은 인간이 자신의 완성적 노력과 성취에 대해 반성하는 시기이다. 흔히 이 시기는 모든 문화에서 노년기의 시작을 암시한다. 그들은 체력과 건강의 악화에 대해 적응해야 하고, 배우자와 친구들의 죽음, 특히 직장으로부터 '무용한 인간'이라는 심리적 갈등에 노출되며, 이로 인해 상처를 입게 된다. 이러한 갈등을 겪으면서 노인들은 점차 젊은 날의 미래에 대한 꿈으로부터 과거에 대한 회상으로 옮아간다.

에릭슨에 의하면, 성인의 이 마지막 단계의 특징은 새로운 심리 · 사회적 위기의 출현보다는 오히려 자아발달의 전 7단계의 종합, 통합 그리고 평가로 나타난다. 따라서 자아통합은 결혼, 자녀, 직업, 취미 등을 비롯해 모든 관점에서 자신의 인생을 돌이

켜보고 "나는 만족스럽다."라고 확신하는 데서 생긴다.

이와는 반대로 자신의 인생이 실패의 연속이었다고 생각하는 사람의 황혼기는 이제 다시 시작하기에는 너무 늦었다는 느낌을 갖게 된다. 자아통합의 결여나 상실은 죽음에 대한 감추어진 두려움, 되돌릴 수 없는 실패, 희망했던 것에 대한 끊임없는 미련으로 나타난다. 이것이 절망감이다.

에릭슨은 인생에서 절망과 혐오를 느끼는 노인은 일반적으로 두 가지 뚜렷한 기분을 갖게 된다고 한다. 그것은 인생을 다시 살 수 없다는 후회와, 부족함과 결함을 외부세계로 투사(projection)함으로써 그것을 부인하는 것이다. 이러한 노년기의 심한 절망감과 후회는 노인성 정신병, 우울증, 신경증을 앓기 쉬우며, 매우 심술궂고 과대망상의 증상을 초래한다고 한다. 따라서 이 시기의 심리·사회적 위기를 잘 극복하면 자아는 삶에 대한 적극적인 관심과 지혜(wisdom)라는 특질을 얻게 되지만, 위기를 적절히 극복하지 못하면 나약함, 즉 자신에 대한 경멸(disdain)을 경험하게 된다.

4) 에릭슨 이론의 평가

에릭슨의 이론은 정신분석이론을 확대시켜 자아의 성장 가능성을 제시했고 인간의 건강한 발달에 관한 새로운 통찰력을 부여했다는 점에서 기여하는 바가 크다. 정신분석학적 틀에서 발전된 에릭슨의 심리·사회적 성격이론은 자아심리학, 생애주기를 통한 발달적 변화, 그리고 사회적·역사적 요인을 배경으로 인간 성격을 이해하는 것이 중요하다고 강조한다. 인간행동의 근원을 이드(id)라고 주장한 프로이트와는 대조적으로 에릭슨은 자아(ego)를 자율적인 성격의 조정자로 보았다. 그는 프로이트의 심리성욕발달 단계의 일반적인 특성을 기술하고, 나아가 전 생애가 포함된 인간발달의 여덟 단계(eight stages of man)에 대한 위대한 발견을 했다. 다시 말해 인간 성격의 건전한 발달을 위한 가능성에 대해 새로운 통찰을 확대 발전시킨 것이다.

그러나 프로이트가 인간에 대한 비관적 견해 때문에 비난을 받아온 것처럼 에릭슨은 인간에 대한 과도한 낙관적 견해 때문에 비평을 받았다. 또한 프로이트의 이드, 무의식적이고 비합리적인 것 대신에 자아, 의식적이고 합리적인 것을 강화함으로써 프로이트 이론을 완화시켰다는 지적도 있다. 그리고 생을 회고하며 지혜를 얻게 되는 노년기에 성장의 가능성이 있다는 새로운 통찰을 제시해 주고 있지만, 이것이 어떻게 성숙 과정의 일부분인지를 분명하게 설명해 주고 있지 못하다는 것과 개념적인 문제에서 불명확하다는 점이 비판의 대상이 되고 있다.

그럼에도 불구하고 에릭슨의 이론은 피아제와 함께 발달심리학계에서 큰 공헌을 했음은 부인할 수 없다.

3. 아들러의 개인심리이론

1) 아들러의 업적과 생애

아들러(Alfred Adler)는 자신의 이론을 "개인심리학(individual psychology)"이라고 불러주기를 바랐는데 그 이유는 인간은 선천적으로 사회적인 요구를 가지고 있으며 이에 의해 움직이는 사회적 존재로 보고, 이러한 인식의 바탕에서 인간을 유일한, 분해할 수 없는, 자아 일치된, 그리고 통합된 실체로 보았기 때문이다. '개인(individual)'이라는 단어는 자칫 사회적인 것과 반대되는 의미로 오해될 수도 있는데, 사실 이 단어는 나눌 수 없는 또는 전인이라는 의미를 나타내는 라틴어 individium에서 유래한 것이다.

그러나 후대의 그의 이론에 대한 평가에서는 "사회심리학"이라고 보는 견해도 있다. 이는 인간의 성격이론에 있어 프로이트의 성개념에 대한 항의를 발전시킨 인간의 사회성, 즉 사회적 관심과 우월에의 추구의 개념을 도입, 강조한 최초의 사람이라는 사실 때문이다. 물론 아들러가 프로이트나 융과는 달리 인간을 생물학적인 입장에서 전혀 파악하려 들지 않았다는 점에서는 꼭 그렇게 볼 수는 없다고 본다. 예를 들어 그의 성격불변론 등이 이러한 것을 반증하고 있다고 보는데, 문제가 되는 것은 기본가정들이다. 프로이트는 성을, 융은 사고방식을, 인간성격 형성의 기본가정으로 삼는 반면에 아들러는 사회적 관심을 그 선천적 성질로 가정하고 있다는 점이다. 이처럼 태어나면서부터 사회적 관심을 갖게 된다는 기본 주장에 바탕을 둔 아들러의 성격이론은 각 개인에 따라 독특한 생활양식을 갖게 된다고 보는데, 이는 그의 개인심리학이라는 명칭을 더욱 부각시킨다고 볼 수 있다.

아들러의 어린 시절은 많은 역경과 고통의 시절이었다. 그는 1870년 2월 7일 오스트리아의 비엔나 교외 팬지히라는 곳에서 유대인 상인의 6형제 중 둘째 아들로 태어났다. 어린 시절에 대해 그는 밑으로 어린 네 동생이 있기는 했지만 위의 형으로부터 질투의 고통을 받았다고 회상한다. 그는 동생이 출생하기 2년 전까지는 어머니의 따뜻한 사랑을 독차지할 수 있었지만 동생들이 태어난 후로는 아버지의 총애를 받으며 아동기를 보냈다. 하지만 어린 시절 병고와 죽음이 그를 끊임없이 괴롭혔고, 그가 세 살 때에는 바로 옆침대에서 어린 동생이 죽는 것을 목격했다. 뿐만 아니라 그 자신은 거리에서 두 번씩이나 교통사고로 죽을 뻔 했으며 5살 때에는 폐렴에 걸렸다. 거의 죽을 지경에서 살아났는데 이때 이미 의사가 되어야겠다는 목표를 세웠고 이러한 목표는 그의 성격이론에 좋은 경험적 뒷받침을 부여하게 된다. “나는 고통, 죽음에 대한 공포에 대해 종말을 고하려고 목표를 세웠다. 18세 때는 당시 유럽의 일류 대학인 비엔나 대학에 들어가게 된 것이다. 그런데 그의 대학시절은 그의 성격이론의 사회적인 측면에서의 개념 도입에 큰 바탕을 만드는 계기가 되었음을 또한 알 수 있다. 1911년에 비엔나 정신분석협회를 탈퇴하고, 1912년에 그와 함께 탈퇴한 동조자들과 더불어 “국제 개인 심리학회”를 창설하게 된다. 신경증에 대한 사회적 관점을 발전시킴으로써 그의 개인 심리학적 접근이 세계적으로 알려지게 되었고, 1926년에 미국에 초청을 받아 여러 대학에서 순회강연을 하는 동시에 뉴욕에서 개업까지 하였다. 이후 1934년 나치의 유대인 추방 정책으로 미국에 영주한 후 정신과 의사로서의 일을 계속 하는 한편, 롱아일랜드 의과 대학에서 임상심리학 교수로 재직하면서 세계 곳곳에 강의 여행을 했다. 그러던 중 1937년 5월 28일에 순회강연 중 사망하였다. 이상에서 본 것처럼 아들러 자신의 성장과정에서 얻게 된 초기 경험은 그의 이론 정립에 지대한 영향을 끼쳤으며 초석이 되었다고 할 수 있다.

2) 개인심리이론의 주요개념

(1) 열등과 보상

인간은 태어났을 때 그 즉시 스스로의 힘으로 자신을 보호할 수 없는 존재이다. 자신의 생명을 보호하기 위해서 어른과 환경에 의존적이 되며, 여기에는 육체적 · 심리적 열등이 존재한다. 어린이는 주어진 환경에 갑자기 적응해야 하기 때문에 약하며, 이 약함은 심리적 열등감으로 발전한다.

어른의 힘과 강함에 대해 의존적이던 어린 시절의 경험은 그 힘에 대항하기에 자신의 무력함을 인식하게 하고, 그 결과 환경 속에 있는 더 강하고 큰 사람들에 비교하여 열등감을 느끼게 된다. 이것은 모든 사람이 느끼는 것으로, 이미 결정되어 있는 것이 아니라 환경에 의해서 만들어지는 것이라 할 수 있다. 이 열등감은 환경을 극복하고 지배하려는 욕망을 갖게 한다. 이것이 바로 생애 목표와 연결되는 것이다.

가. 기관열등과 보상

모든 사람은 발달이 덜 되고 기능이 잘 안 되는, 또 일반적으로 태어날 때부터 열등한 신체 부분이 병에 걸리기 쉽다는 것을 이론화했다. 열등한 기관은 태어나면서,

또는 태아에서부터 나타난다.

열등기관은 평형을 유지하기 위해 보상의 과정을 요구한다. 아들러는 신체적 결함이나 문제를 가지고 있는 사람들이 이를 극복하기 위해서 노력하고 더 나아가 그 분야에서 훌륭한 업적을 이루고 있음에 주목했다. 하지만 아들러의 보상의 이유는 우월에의 추구가 강한 동기가 된다는 것이다. 열등한 기관은 성숙을 통해서 정상적인 기능을 할 수는 있지만 그 증상은 눈에 띄지 않게 남아 있어 평상시에는 나타나지 않다가 정신적 긴장이 증가되면 나타난다. 인간은 좀 더 완전해지고자 자신의 열등한 부분을 보상하려는 방향으로 행동한다.

나. 열등 콤플렉스와 우월 콤플렉스

아들러는 열등감은 개인이 그것에 대해 잘 적응하지 못하거나 혹은 준비가 되어있지 않아서 그것을 해결할 수 없다는 자기 확신을 언행으로 표현하게 되는 문제가 닥쳤을 때 나타난다고 했다. 아들러에게 있어 이러한 열등감은 인간이 세상에 태어나 환경에 적응하며 사는 이상 인간에게 기본적으로 전제되는 것이다.

하지만 이 열등감이 적절하게 극복되지 못할 경우 병적 열등감의 증상이 나타나게 되는데, 이것이 열등 콤플렉스이다. 아들러는 이를 "삶의 문제를 해결하지 못하는 것"으로 정의했다. 아들러에게 있어 비정상의 핵심은 '낙담'이라는 개념이다.

아들러에 의하면 인간은 자기 결정적인 존재이다. 인간은 자신의 경험에 스스로 의미를 부여하고, 자신의 삶에 부여한 의미에 따라서 삶의 태도와 방식이 달라진다. 삶에 잘못된 의미를 부여해서 병적 열등감에 이르게 하는 원인으로 어린 시절의 기관 열등, 응석받이, 무시된 경험의 3가지 요소가 있다.

첫째, 불완전한 기관을 가지고 있는 아이들은 관심이 자신의 약한 기관에 집중되어 있으며 이를 발달시키기 위해서 애쓰게 된다. 이때 보상이 성공적으로 이루어지지 않을 때 병적 열등감으로 이어질 수가 있다. 또 허약한 아이는 그렇지 않은 아이보다 더 많은 짐을 지게 되고, 관심이 자기에게만 모아지기 쉽다. 결국 인생의 의미를 타인에게 공헌하는 것이라고 느끼기는 어려울 것이다. 그리고 타인과 비교했을 때 오는 절망과 열등감은 공동생활에서 유익한 역할을 하려는 희망을 잃게 되기 쉽다고 아들러는 말한다.

둘째는 응석받이 아이의 경우이다. 이 경우의 아이는 자신이 보살펴지는 것을 당연한 권리라고 여기며 만약 자신이 주목받지 못하는 상황에 놓이게 되면 불안해하고 버림받았다고 느낀다. 타인에게 베푸는 것보다 타인에게 기대도록 교육을 받았다. 따라서 독립심이 없으며, 곤란에 부딪쳤을 때 스스로 해결할 능력이 없음을 느끼게 되고 열등감을 발달시킨다. 그들은 자신이 보호되지 않으면 사회가 그들에게 적대적이라고 느끼고 모든 주위 사람에게 복수하려 든다.

셋째는 무시받은 아이의 경우이다. 이 아이는 사랑이나 돌봄을 받아본 경험이 없다. 따라서 자신을 무가치한 존재로 느끼게 되며 자신의 능력을 과소평가하게 된다. 또한 사회를 냉혹하게 보며, 유익한 행위를 통해서 애정, 존경을 얻을 수 있다는 생각을 하지 못한다. 따라서 고립되며, 관계를 맺지 못하고, 협력생활에 무지하다. 결국 자존감을 갖지 못하게 되어 열등감을 키워나가게 된다. 아들러는 무시받은 아이의 경우가 사회에 가장 위험한 형태로 나타난다고 보았다.

반면 열등감을 일으키는 상황과는 관계없이 모든 상황에 지나치게 반응할 때 우월 콤플렉스가 나타난다. 우월 콤플렉스란 정상적인 열등감을 개인이 과잉보상하려 할 때 발달되는 상태이다. 이는 자신이 신체적, 지적, 사회적인 기술들을 과장하는 경향을 말한다. 과잉보상의 방법은 열등감을 극복하려는 건전한 노력과 유형은 같지만 더 과장된 형태를 취한다. 따라서 병적 우월감을 가진 사람들은 과장되고, 건방지고, 자만하고, 이기주의적이고, 풍자적이기 쉽다. 이런 사람은 자기 수용력이 거의 없기 때문에, 남을 업신여김으로써 자신이 중요한 것처럼 행동한다는 인상을 주기도 한다.

(2) 생활양식

생활양식이란 목표추구의 개념을 확대시키고 가다듬은 것으로서 인생의 목표뿐 아니라 자아개념, 타인에 대한 태도, 세상에 대한 태도를 포함하는 개인의 인생적 취향으로서 한 개인의 독특성을 나타내는 개체 기술적인 개념이다. 즉, 생활양식이란 특질, 행동, 습관의 독특한 형태를 말하는바, 이것은 모두 생의 목표에 도달하기 위해서 스스로 설계한 독특한 양식이다.

이러한 생활양식은 열등감에서 시작한다. 각각의 열등감을 극복하려는 노력에서 어떤 사람은 체력적인 면에서, 어떤 이는 성격적인 면에서, 어떤 이는 지식적인 면에서 생활양식은 만들어진다고 볼 수 있다.

(3) 가족 구도와 출생 순위

성격의 사회적 결정요인에 대한 관심과 함께 아들러는 가정 안에서의 분위기가 개인의 위치가 성격 형성에 미치는 영향에 대해 관찰했다. 아동은 가정환경 속에서 실험과 실수를 거치면서 자신에 대한 개념들을 발전시키고, 자신의 위치를 발견하며, 자신의 목표를 달성하는 방법을 형성하고 실행한다.

아들러는 가정 안의 환경이 각 개인 구성원에게 같은 것이 아니라고 말한다. 그러면서 출생의 서열에 따른 특성들에 대해 관찰하였다.

먼저 첫째 아이의 경우이다. 첫아이는 둘째 아이가 태어나기 전까지 부모의 관심을 독차지하는 위치에 있게 된다. 하지만 동생이 생기게 되면 호의적인 위치에서 갑자기 내려오게 되고, 부모의 관심을 동생과 함께 나누어야 한다. 이러한 경험은 아이에게 사람을 싫어하거나, 갑작스런 운명의 변화로부터 자신을 보호하려 하거나, 불안을 느끼는 등의 여러 가지 영향을 줄 수 있다. 부모가 만약 새로 태어나는 아이와 협동하도록 첫아이를 주의 깊게 준비시키고 둘째가 태어난 이후로도 큰아이에게 충분한 관심과 주의를 기울이지 않는다면, 이 왕좌에서 밀려난 고통스러운 경험은 열등 콤플렉스를 야기시킨다. 이러한 이유 때문에 큰아이는 신경증 환자나 범죄자, 알코올중독자가 될 가능성이 높다. 그리고 첫째 아이는 자신의 어린 시절 누렸던 우월성의 덧없음을 자주 추락하는 꿈을 꿈으로써 표현한다. 그리고 가정이라는 왕국에서 누렸던 영광스러웠던 날들, 과거에 대한 많은 관심을 보이며, 보수주의적이고 책임감이 강하며, 부모의 직업을 따르는 경향을 보인다.

둘째나 중간 아이는 야망적인 특징을 갖는다. 끊임없이 자신의 나이 많은 형제, 자매를 능가하려고 노력하기 때문이다. 둘째는 태어날 때부터 주도자를 가지게 된다. 둘째는 아이로서 혼자가 아니며, 첫째가 항상 자신의 모델이 되거나 경쟁해야 할 위협이 된다. 따라서 도전적이고 시기심이 많으나 대체로 다른 아이보다 적응력이 높다. 둘째는 주로 경쟁하는 꿈을 많이 꾼다.

(4) 사회적 관심

아들러의 개인심리학에서 가장 독특한 위치를 차지하는 부분이 바로 "사회적 관심"의 영역이다. 정신분석이 인간의 삶을 타고난 이기적인 충동과 사회의 요구 사이의 피할 수 없는 투쟁으로 보는 반면 아들러는 인간은 나면서부터 타인과 관계를 맺으려는 잠재력을 가지고 있다고 보았다. "사회적 관심"이라는 용어는 개인이 무엇보다도 사회적 상황에 반응하는 타고난 경향을 말한다. 이 사회적 관심은 완전한 상태로 태어나는 것이 아니라 계속적으로 변화하고 성장하는 타고난 잠재력으로, 다른 추동과 마찬가지로 활성화되기 위해서는 접촉을 필요로 하며, 이때 활성화는 자율적인 성격을 갖는다. 말하자면 모든 인간의 행동은 실제로 타인과의 상호작용 속에서 이루어지기 때문에 사회적 관심의 발달은 사회적 장과 관련이 있지만, 사회적 상황을 어떻게 해석하는가 하는 것은 아동의 창조적 힘에 달려 있으며, 환경과 교육적 활동에 의해 인도되고 자신의 신체와 그에 대한 평가에 영향을 받는다.

(5) 창조적 자아

창조적 자아는 아들러 이론에서 가장 잘 정리된 개념이다. 초기 그의 이론에서 사람의 생활양식의 형성에 대해 이는 아이가 다섯 살 될 때까지 완전히 결정된다고 믿는 인간성격의 결정론적인 입장을 암시했었다. 그러나 그는 창조적 자아라는 특유한 개념을 발견하여 이러한 결론을 일축했다. 즉 인간의 성인기에 있어 행동은 결코 초기 경험의 단순한 재생이 아니라 인생 초창기 몇 년 사이에 형성된 성격의 특수한 표현이라고 주장했다. 좀 더 쉽게 말하면 인간은 자신이 주체가 되어 이미 형성된 생활양식에 의해서 자기 스스로 자기에게 적합한 환경을 창조한다는 것이다. 이 점에 대해 아들러는 다음과 같이 좀 더 상세하게 설명했다.

유전은 사람에게 어떤 능력만을 부여하고 환경은 그에게 어떤 인상만 준다. 이 능력, 인상 그리고 그가 어떤 방법으로 이 인상과 능력을 경험했는가는 – 즉 그가 경험한 것을 해석한 것 – 벽돌에 비유하면 그는 이 벽돌을 이용하여 그 자신의 '창조적 방법'으로 인생에 대한 태도를 건축(형성)한다. 그의 외부 세계에 대한 관계를 결정하는 것은 벽돌을 사용하는 그 특유의 방법, 즉 그의 삶에 대한 태도인 것이다. 결국 그의 주장이 창조적 자아 개념이야 말로 그가 이미 이론화 해놓은 그의 성격이론의 모든 개념을 지배하는 주도적인 개념이며, 다른 개념들은 부수적인 개념이 될 수밖에 없었던 것이다. 이 창조적 자아야 말로 인간 자신이 결코 환경과 유전 등의 외부 조건에 운명 지워지거나 지배되는 희생물이 아니라, 자신의 목표를 창조하며 스스로의 생활양식을 창출해 가는 책임적인 존재로서 규정지어지는 개념인 것이다.

따라서 이 창조력에 의해서 사람들은 유전과 환경 그리고 경험들을 자료로 하여 자기 스스로의 성격을 형성해 나간다는 것이다. 그러기에 가장 중요한 것은 사람들이 '무엇을 소지하고 있느냐가 아니고 그것을 어떻게 사용하느냐'이며 성격 형성에 있어 자료는 이차적인 것이요, 마치 벽돌과 회반죽을 이용하는 방법이 다를 때 다른 형태의 건축물이 되듯 각기 다른 형태의 성격들을 스스로 만든다는 것이다. 결국 창조적 자아는 자신의 생활 목표를 관조할 수 있는 능력이며 목표에 맞는 선택과 결정을 행할 수 있는 능력을 말한다.

3) 개인심리이론의 평가

아들러의 개인주의 심리학에 따르면 인간은 전체적이고 또 분할할 수 없는 종합된 자아 일체성을 지닌 존재이며, 주관적이고 책임적인 미래지향성을 가진 존재이다. 이렇게 볼 때, 아들러의 인간 이해에 대해 다음 네 가지 문제를 제기할 수 있다.

첫째, 그의 인간 이해가 관념 내지는 이론의 범주를 넘어서지 못하고 있다는 점이다. 그 이유로는 그의 이론 자체가 그의 전 생애를 걸쳐 수정 · 보완의 단계를 거쳐 이론화되었으며 다음 몇 가지 의문이 이를 뒷받침한다.

① 그의 이론의 핵심이라고 볼 수 있는 창조적 자아의 실체에 대하여 그의 분명한 답을 찾을 수 없다.

② 그는 사람들이 갖는 생활양식이 4~5세에 고정되어 전 인생을 두고 불변한다고 했는데 과연 이러한 그의 불변적 인간관을 어느 정도 수용해야 할지 이에 대한 검증이 프로이트의 것만큼 충분하지가 못하다.

③ 인간은 선천적으로 사회적인 관심을 가지고 있으며 이로 인하여 열등의식을 갖게 되고 이를 극복하기 위한 우월에 대한 추구를 하게 된다고 했는데 그렇다면 과연 아동의 성격 형성에 지대한 영향을 주게 되는 사회의 건전성 또는 불건전성에 대한 척도는 무엇인가 하는 점에 대해서 침묵하고 있다는 점이다.

둘째, 그의 성격 이론 자체가 당시의 시대사상적 영향을 깊이 받았을 뿐 아니라 그와 관련된 심리학 분야에도 지대한 영향을 주었다는 사실이다. 따라서 그의 이론을 온전히 이해하기 위해서는 당시의 시대상황을 이해해야 한다. 그가 살았던 19세기 후반에서 20세기 초 유럽의 풍조는 프랑스혁명을 거치면서 사람들의 관심이 개인적이면서 사회적이고 전제적인 방향으로 변모 내지는 고조되어 가던 시기였다. 또한 19세기는 다윈의 진화론적 사고가 보편시 되던 때였다. 이러한 사상적 배경에 그의 이론의 많은 부분이 깊이 영향을 받고 있다는 점이다. 그 예로서 그의 인간 이해는 사회주의적 인간관과 그 맥을 같이 한다고 볼 수 있는데 즉, 자아가 주도된 창조적 이상향의 추구, 우월과 완성을 향한 끊임없는 자기 투쟁, 인간을 사회구성 요소로서 총체적으로 파악하는 점, 가상적 목표 속에서 이념화 된 자기를 파악하려는 점 등이다. 또한 아들러는 당시에 사회에 편만했던 사회주의 사상에 깊이 심취했으며 그런 종류의 정치 모임에 열정을 가졌고 아내도 그런 모임에서 만났다고 하는 사실도 이를 간접적으로 뒷받침해주고 있다. 하여튼 그는 프로이트의 정신분석적 인간 이해와 생물학적이고 해부학적인 접근에 강한 반발을 보이며 자신의 이론을 전개하고 있지만 그의 이론 가운데는 이러한 당시의 사상적 배경의 영향을 배제할 만한 증거를 찾기 어렵다.

셋째, 그의 인간 이해가 지극히 인본주의이며 현상학적일 뿐 아니라, 진화론적이라는 점이다. 당시 기독교의 타락으로 기독교적 사고나 접근에 실망한 그는 당시의 기독교적 인간관을 포기하고 인간 자신들이 주체가 되어 시도하게 된 인간성 회복운동의 인본주의적 해석과 접근을 시도했으며 이러한 경향은 그의 이론에 면면히 흐르고 있다. 뿐만 아니라 인간의 가치성에 대해서도 절대적인 가치부여보다는 인간을 사회적 상황에 따라 자신이 스스로 창조적인 생활양식을 바꾸어 가며 변화·발전한다는 진화론적이며 현상학적인 인간관을 견지했음을 볼 수 있다.

끝으로, 기독교적인 입장에서 볼 때도 아들러는 인간의 인간됨을 사회적 관심에 대한 정도의 차이로 규정하고 있는데 이는 기독교에서 인간의 척도를 하나님의 말씀의 조명 아래 하나님의 뜻과의 부합 정도에 따라 규정하는 것과는 질적으로 그 차이점을 보이고 있는 것이다.

그럼에도 불구하고 아들러의 개인 심리학을 통한 업적은 지대하다고 할 수 있다. 그는 오직 인간을 생득적이고 해부학적으로 파악하려 했던 당시의 본능주의적 인간

이해에 새로운 문제점과 도전을 제공했으며, 인간 성격 형성에 있어 사회성이라는 또 다른 관점을 제시함으로써 성격 심리의 폭을 크게 확대시키는 계기를 마련했다. 뿐만 아니라 그의 이론은 상담과 심리 치료에 있어서도 내담자의 상태 진단에 많은 기여를 했다. 반면에 인간 이해에 있어 부정적인 요소로 지적할 수 있는 점은 인간을 오직 인간 중심의 인본주의와 현상학적인 입장에서 파악했기에 인간을 이념화하거나 힘에 의한 이상화된 인간성을 보이게 됐다는 점도 지적되어야 할 측면이다.

4. 융의 분석심리학적 이론

1) 융의 생애

융(Jung, 1885~1961)은 스위스의 캐스빌 태생으로 아버지는 목사이자 연금술, 점성술, 고고학, 동서철학 및 천문학, 종교(도교), 철학 등에 해박한 지식을 가진 학자였다. 융은 중년기 연구의 대표적인 학자로 인간 정신의 이해에 지대한 공헌을 한 창조적 사상가로서 그는 프로이트(Freud)의 『꿈의 해석』을 읽은 후 정신분석학에 관심을 가졌으며, 1906년부터 두 사람은 정기적으로 서신을 교환하기 시작하다가 이듬해 Jung이 프로이트(Freud)를 방문하였다. 두 사람은 서로를 존중하였고 1909년에는 미국으로 강연을 같이 가기도 하였다. 사실상 프로이트(Freud)는 Jung을 후계자로 지명하고 국제정신분석학회의 회원들에게 Jung을 초대 회장으로 뽑아주도록 설득하기도 하였다. 그러나 1912년 그들의 우정에 금이 가기 시작하면서 1914년에는 Jung이 학회를 탈퇴하고 이후로 다시 만나지 않았다. 이론적인 차이도 있었으나 리비도와 성욕의 본질에 대한 서로 다른 이해가 크게 작용하였다. 프로이트(Freud)와의 결별은 Jung에게 큰 상심이 되었을 뿐만 아니라, 친나치적 성향을 지닌 인사로 누명을 받기도 하면서 정치적으로 순진하다는 평을 듣기도 하였다. Jung은 1961년 스위스의 퀴스나하트에서 사망하였다.

2) 인간관

Jung 이론은 무의식을 강조한다는 점에서 프로이트의 정신분석의 영향을 받았지만 인간에 대한 관점에서 현저한 차이를 보인다. 프로이트(Freud)는 인간을 무의식적 동기에 의해 지배를 받는 수동적인 존재로 보았으나 Jung은 인간을 생물학적, 심리적, 사회문화적 존재로 보고 의식과 무의식 간의 본질적인 대립양상을 극복하고 이를 하나로 통일해 나가는 전체적 존재로 보았다. Jung은 또한 무의식을 개인무의식과 집단무의식으로 구분하였다는 점에서 프로이트(Freud)와 차이가 있으며, 개인무의식보다는 집단무의식을 강조하였다. 리비도에 대한 관점 역시 프로이트(Freud)가 성적인 충동에 초점을 맞춘 반면, Jung은 리비도를 모든 형태의 생명력으로 간주하였다.

3) 이론의 특성

Carl Jung은 정신분열증 연구에 정신분석의 방법을 최초로 적용하고 무의식을 강조하였다는 점에서 프로이트(Freud) 정신분석이론에 지대한 영향을 받은 학자이다. 그러나 프로이트의 유아성욕론과 본능적 충동의 강조, 그리고 정신 내용을 개인적 경험에만 한정시킨 것 등에 대해 반대하면서 프로이트와 결별하였다. Jung은 개인적 경험뿐만 아니라 종족적인 경험, 즉 집단무의식도 성격 형성에 영향을 미치며, 성적 욕구보다는 도덕적 · 정신적인 가치관에 의해서 인간행동이 결정된다는 생각 등을 기초로 분석심리학적 이론을 체계화시켰다. 인간의 마음은 개인의 경험을 모두 합한 것 이상이라고 생각하였으며, 개인의 경험은 집단무의식 안에 융합되고 이것이 모든 인간의 일부분이 된다고 하면서 인간의 정신에너지의 흐름과 방향을 체계적으로 정립하는 데 노력하였다.

Jung의 분석심리학이 인간의 정신연구에 크게 기여한 점은 바로 모든 인간의 영혼에 집단무의식이 존재한다는 가설을 제시한 것이다. 개인적 경험을 뛰어넘은 조상 또는 종족 전체의 경험이나 생각과 관계가 있는 원시적인 감정이나 성향, 공포, 사고 등을 포함하는 집단무의식의 등장은 이전까지 주목받지 못했던 신화나 전설, 꿈, 환상 등에 관심을 돌리는 계기를 마련하였고, 심리학뿐만 아니라 예술과 과학에까지 지대한 영향을 미쳤다.

(1) 주요 개념

가. 자아

자아(ego)는 지각, 사고, 감정 및 기억과 관련된 정신의 일부분인 의식적 마음이다. 이것은 우리가 의식하는 감정, 생각, 기억, 자각 등으로 구성되어 있다. 자아는 내 마음속에 있는 나로서 "나"의 감정을 대표하여 현실생활을 선택하는 집행자이다(최순남, 2002).

나. 원형

원형(archetype)은 표상 불가능한 무의식적이고 선험적인 이미지를 의미하며(Jung, 1961), 인간이면 누구에게나 존재하는 인간정신의 보편적이고 근원적인 핵이다. 원형은 집단무의식을 구성하며, 우리의 집단무의식 속에 깊숙하게 묻혀있는 심상, 즉 조상대대로 물려받은 무의식적 열망이나 심상, 이미지 등을 포함한다. 원형이란 이렇듯 보편적, 집단적, 선험적인 심상들이며 대표적인 원형으로는 페르소나, 아니마와 아니무스, 그림자, 자기가 있다. 즉 원형은 시간이나 공간, 문화 및 인종에 관계없이 보편적으로 존재하는 인류의 가장 원초적인 행동 유형으로 볼 수 있다.

다. 페르소나

페르소나(persona)는 '가면(mask)'을 뜻하는 희랍어에서 유래하였다. 마치 가면처럼 인간 내면의 본질적인 면이 아닌 다른 사람에게 보여 주기 위한 또 다른 자신이다. 개인이 외부에 표출하는 이미지 혹은 가면인 페르소나는 개인이 사회적 요구들에 대한 반응으로 내놓은 공적 얼굴(남들에게 좋은 인상을 주거나 우리 자신을 은폐시키려는 것)이기 때문에 진정한 자기와는 분리된 것이다.

라. 음영

음영(shadow, 그림자)은 자기나 자아상과 반대되는 개념으로 인간 성격의 어둡고 사악한 동물적인 면, 즉 공격성과 잔인성, 부도덕함 등을 나타낸다. 인간에게 있는 어둡고 사악한 동물적인 측면이라는 점에서 프로이트(Freud)의 이드(id)와 유사한 개념이다. 그림자는 별개로 존재하는 것이 아니라 인간의 긍정적인 측면의 반대 측면으로 마치 그림자처럼 존재한다.

마. 아니마와 아니무스

남자의 여성적인 면을 '아니마(anima)', 여자의 남성적인 면을 '아니무스(animus)'라고 한다. 여성적 원리인 아니마는 양육과 감정, 예술 및 자연과의 합일 등에 대한 역량을 강조하고, 남성적 원리인 아니무스는 영웅적인 주장이나 자연의 정복, 사고 등의 역량을 강조한다.

바. 개인무의식과 집단무의식

융은 인간의 무의식이 개인무의식(personal unconsciousness)과 집단무의식(collective unconsciousness)으로 구분된다고 하였다. 개인무의식은 자아와 인접된 영역이지만 프로이트의 전의식과 유사한 개념이다. 개인무의식의 대표적인 하위체계에는 콤플렉스(complex)와 그림자가 있다. 콤플렉스는 의식의 통제를 벗어나 격리되어 마음의 어두운 심층에 자리 잡고 있는 심리적 실체이며, 개인적 무의식 속에 존재하는 감정, 사고, 지각, 기억이 강하게 조직된 덩어리다. 그러나 콤플렉스는 의식의 영역을 종종 침입하기 때문에 의식의 표면에서 발견되기도 한다(오창순 외, 2010). 그림자는 자아의 이면에 자신이 의식하지 못하는 자아의 분신으로 개인의 의식적 자아와 상충하는 무의식적 측면을 말한다.

집단무의식은 Jung이 제시한 성격 개념 중 가장 독창적인 특징을 보여 주는 개념이다. 집단무의식은 조상의 과거에서 나온 기억 흔적들로 구성되어 있다. 집단무의식은 '유사 이전 수백만년의 조상 대대로의 경험의 침전물', 우리 모두의 조상들의 공통 경험에서 발생하는 것이므로 그 내용은 우리 모두에게 기본적으로 비슷하다. 그러므로 집단무의식은 인류 역사를 통해 조상으로부터 물려받은 개인의 지각, 정서, 행동에 영향을 주는 정신적 요소로 볼 수 있다. 이는 개인이 직접적으로 한 번도 의식하지 못한 정신세계인 신화, 민속, 예술 등을 통해서 관찰이 가능하다. 집단무의식은 원형, 아니마와 아니무스, 자기 등의 하부요소로 구성되어 있다.

사. 자기

자기(self)는 집단무의식 내에 존재하는 중심성, 전체성, 의미를 무의식적으로 추구하는 핵심적 원형으로서 성격을 조화시키고 통일시키며 안정성을 유지하는 역할을 한다. 의식의 중심인 '자아'는 의식의 영역만 볼 수 있지만 '자기'는 모든 것을 볼 수 있고 통합시킬 수 있으며 성격의 주인으로서 의식과 무의식 사이의 균형을 유지시킨다. 그러나 Jung은 자기의 원형이 중년이 될 때까지 거의 드러나지 않는다고 보았다. 이는 개성화가 충분히 발달되어야 자기가 드러나기 때문이다. 그러므로 완전한 자기 인식이나 자기실현은 어렵더라도 상향 목표를 향해 동기를 유발시키는 힘으로 작용할 수 있는 중년기는 인간의 성장단계에서 심리적 건강을 성취하기 위한 결정적 시기로 볼 수 있다(표갑수 외, 2012).

아. 외향성과 내향성

외향성(extroversion)은 외부세계에 관심을 갖는 태도로 표현되며, 외향적인 사람은 친절하고 자신 밖의 일들에 관심을 쏟는 등 보다 사교적인 특성을 갖고 있다. 반면 내향성(introversion)은 주관적인 지향성으로 대표되며 수줍음이 많고 수동적이며, 사회적 관계보다는 머릿속의 생각들에 관심이 많다. 그러나 사람들마다 각자 다른 성격적 특성을 갖고 있으므로 단순히 내향성-외향성으로만 기술할 수는 없다.

(2) 발달단계

융은 인간의 성격발달을 아동기, 청년기 및 성인 초기, 중년기, 노년기의 네 단계로 제시하였다. 유아기에는 본능에 의해 지배되며 자아가 형성되지 않았으므로 이 시기의 성격 형성에 대해서는 상세히 설명하지 않았다.

가. 아동기

아동기는 출생부터 사춘기 전까지 해당된다. 이 시기는 주로 본능에 지배되고 부모에게 의존하기 때문에 구체적인 심리적 문제는 사실상 없으며, 의식의 연속성이나 자아정체감의 감각도 없는 시기로 보았다. 그러나 아동기 후반부터 기억이 지속되면서 자아정체감의 감각과 관련된 지각이 축적되면서 점차 자아가 형성되어간다고 본다.

나. 청년 및 성인 초기

이 시기는 사춘기부터 약 40세 전후에 해당된다. 융은 이 시기를 생의 전반기로 보았다. 외적으로나 신체적으로 팽창하고 점차 성숙해짐에 따라 자아가 발달하고 외부세계에 대처하는 능력이 발달하는 시기이다. 젊은이들은 다른 사람과의 교제를 통해 가능한 한 사회의 보상을 얻으려 노력하고, 가정을 이루고 경력을 쌓으며 사회적 성공을 위해 노력한다. 남자는 남성적 측면을, 여성은 여성적 측면을 발달시킨다.

이 시기의 과업은 외부환경의 요구에 확고하고 완고하게 대처하는 것이므로 내향적인 사람보다는 외향적인 사람이 더 순조로운 시기를 보낸다.

다. 중년기

중년기는 40세를 전후하여 정신적 변화가 오는 시기이다. 외향적 목표와 야망은 중년이 되면 그 의미를 잃기 쉽다. 융은 그러한 변화가 일어나는 것은 사회적으로 보상받은 성취가 성격의 어떤 측면을 희생시킨 대가로 얻어진 것이기 때문이라고 보았다. 그러나 중년의 위기에서 정신은 인간으로 하여금 내면으로 시선을 돌려 생의 의미를 음미하도록 촉구하여 위기에서 벗어날 출구를 제시하는데, 무의식이 정신의 균형과 조화를 위해 억압된 측면을 인식할 것을 요구한다. 즉 중년기에는 외부세계를 정복하는 데 쏟았던 에너지를 자신의 내부에 초점을 맞추도록 자극을 받으며 자신의 잠재력에 깊은 관심을 갖게 된다. 이에 따라 남자는 여성적 측면을, 여자는 남성적 측면을 표현하게 된다. 이는 성격의 태도 면에서 내향적이 되면서 의식에만 집중하던 경향이 무의식의 세계를 깨달음으로써 바뀌기 때문이다(이인정 외, 2001). 융은 중년기의 개성화 과정을 통해 무의식을 의식화하고 통합해 가는 것으로 보았으며, 인간이 진정한 자기실현을 하는 시기로 보았다.

라. 노년기

노년기에 접어들수록 명상과 회고가 많아지면서 자신에 대해 진지한 관심과 고민을 가지게 된다. 그러므로 노년기는 내면적 이미지가 큰 비중을 차지하게 되고 죽음을 생각하며 죽음 앞에서 생의 본질을 이해하려 한다.

Jung은 사람이 나이가 들어 명상과 회고를 많이 하면 자연적으로 내적 이미지가 이전과 달리 큰 비중을 차지하게 된다고 보았다. 따라서 "노인은 죽음 앞에서 생의 본질을 이해하려고 애쓴다."고 말하였다.(Jung, 1961). 이러한 관점에서 죽은 사람의 영혼은 새로 죽은 사람에게서 생의 의미에 대한 진리를 깨닫기 위해 넋을 잃고 귀 기울이는 청중과 같다(Crain, 1985). 이러한 관점에서 보면 사후의 삶도 인생의 연속인 것이다. 따라서 노인처럼 죽은 사람도 존재의 의문에 대해 계속 고민하고 있다고 가정한다(Crain, 1985)

4) 평가와 적용

Jung의 분석심리학은 개인적 경험뿐만 아니라 종족적인 경험, 즉 집단무의식도 성격 형성에 영향을 미치며, 성적 욕구보다는 도덕적이고 정신적인 가치관에 의해서 인간행동이 결정된다는 생각 등을 기초로 체계화시킨 이론이다. 또한 인간의 마음은 개인의 경험을 모두 합한 것 이상이며, 개인의 경험은 집단무의식 안에 융합되고 이것이 모든 인간의 일부분이 된다고 하면서 인간의 정신에너지의 흐름과 방향을 체계적으로 정립하고자 하였다. 이런 과정을 통해 분석심리학은 초기의 정신적인 장애나 신경증 환자만을 대상으로 치료하는 것에서 벗어나 정상적인 사람들도 보다 균형 있게 자아를 인식할 수 있다는 건강하고 정상적인 심리학을 강조하였다. 또한 개인으로 하여금 문제를 해결하고 인간의 잠재능력을 발현할 수 있도록 도와줄 수 있는 무의식적 영향을 밝혀내면 문제를 극복할 수 있다고 생각하였으며, 무의식의 개념을 개인무의식과 집단무의식으로 구분하고 자신만의 개념으로 발달시켰다.

따라서 Jung의 분석심리학은 사회복지 실천적인 관점에서 많은 유용한 치료기법으로 활용될 수 있으며, 인간행동과 발달을 이해하고 넓히는 데 도움을 준다. 먼저 내담자의 무의식에 대한 세부적인 접근을 통해 내담자의 성격을 파악하고 전체적인 기능을 향상시킬 수 있다는 점에서 유용하다. Jung은 정신병리에 대해서도 자기실현을 향한 개인적인 성장이 멈춘 것으로 간주하였다는 점에서 인간행동의 문제를 병리적 관점이 아닌 사회적응의 문제나 약한 자아의 문제로 인식할 수 있도록 이론적 잣대를 제시하였다는 점에서 의미가 있다. 이는 인간의 적응 과정에서의 강점을 파악하여 접근하려 한 것으로 인식할 수 있으며, 내담자의 권위 강화, 혹은 역량 강화에 초점을 둔 사회복지 실천과정과 일치된다고 볼 수 있다.

또한 MBTI의 토대가 되는 성격 유형별 접근 또한 내담자를 이해하는 데 유용하다. 특히 8가지 성격 유형은 사회복지사가 내담자의 성격을 평가하고 적절한 개입을 하는 데 많은 도움을 준다. 아니마와 아니무스적인 성격, 음영의 이해, 우리에게 보편적으로 존재하는 집단무의식의 공통된 특징이나 관점 등을 활용한 사회복지 실천 영역에서 다양하게 접근할 수 있다.

더불어 융이 제시한 중년기의 개성화, 성격발달에 대한 특성은 사회복지 실천현장에서 중년기의 내담자를 이해하는 데 유용한 지침을 제공해준다. 중년기는 인생의 반을 살아오면 자기의 가치나 행동을 재검토하는 시기로서 자신의 무의식에 직면하고 무의식적 힘을 자연스럽게 발현시켜 의식적 생활에 통합하는 작업을 한다. 인생의 전반기가 외부세계와의 적응을 통해 자아를 강화하는 데 목적이 있었다면, 후반기는 내면세계에 초점을 두고 무의식을 의식화하면서 자기를 강화시키는 것이 목적이 된다. 그러므로 자기실현은 결국 자신의 개성을 찾는 개성화 과정을 의미한다고 볼 수 있다.

CHAPTER 10

인지이론과 인간행동

1. 인지발달이론

1) 개관

인지(cognition)란 일반적으로 '사고의 능력'을 의미한다. 사전적인 뜻은 자극을 받아들이고, 저장하고, 인출하는 일련의 정신과정으로 지각, 기억, 상상, 개념, 판단, 추리를 포함하여 무엇을 안다는 것을 나타내는 포괄적인 용어이다. 따라서 인지발달이란 다양한 인지기능의 복합적인 발달과정으로 볼 수 있다.

인지발달이론(cognitive development theory)은 피아제(piaget)에 의해 수립된 이론으로서, 인간이 무엇을 어떻게 알게 되고, 어떻게 생각하게 되는지, 무엇을 느끼게 되는지에 관심을 갖고 사고의 획득과 기능에 초점을 두는 이론이다. 따라서 인간의 잠재력과 행동을 이해하는 매우 중요한 이론적 기반이 된다.

인지발달이론을 주장한 피아제는 아동들의 사고체계가 전적으로 어른들과 다르다는 사실을 확인하고 아동의 사고발달과정에 이론의 초점을 두었다. 그는 인간의 두뇌가 그 인지적 구조를 변화시킴으로써 환경에 적응해 나가는 능력이 있다는 것을 발견하였으며, 의사결정에서 의식적인 사고과정을 중요시하였다. 인지발달이론은 인간의 인지와 사고과정에 연구의 초점을 두고 인지적 구조가 형성되는 과정을 네 가지 단계로 구분하여 설명한 이론이다.

인지이론가들은 인간을 유전적 요인에 의해 결정되는 수동적 존재로 보지 않았으며 환경적 자극에 능동적으로 대처하고 지속적으로 성장 · 발달할 수 있는 잠재력을 지닌 적극적인 존재로 보고 있다. 이에 따라 그들은 인간의 행동이 환경으로부터 받아들인 정보를 처리하는 방식에 따라 결정된다고 본다. 즉 자극과 반응에 따른 보상과 제재를 높게 평가하는 행동주의적 접근과 달리 인지이론적 관점은 지능, 사고, 상상, 개념화, 창조성, 감성, 상징화, 분류 등의 과정을 중요하게 평가한다. 이러한 인지발달이론을 통한 인간행동에 관한 연구는 20세기에 들어서 활발하게 이루어졌는데, 그 중에서도 다음에 소개하는 피아제의 인지발달이론과 그의 도덕발달단계이론을 보다 실증적이고 과학적인 방법으로 체계화한 콜버그(Kohlberg) 연구를 살펴보고자 한다.

2) 피아제의 생애

피아제(Jean Piaget, 1886~1980)는 1886년 스위스에서 태어났다. 그는 역사학자인 아버지로부터 매우 엄격한 가정교육을 받았으며 10세 때 새에 관한 논문을 발표하였고, 고등학교 때에는 연체동물에 관한 연구를 보고함으로 일찍이 천재성을 드러내어 외국학자의 초청 및 박물관장직을 제의받기도 하였다. 약관 21세에 동물학으로 박사학위를 취득한 이후로 아동심리에 관한 연구로 일생을 보내게 되었다.

그는 24세 때 비네(Binet) 실험실에서 아동용 지능검사를 만드는 과정에서 아동들의 사고체제가 전적으로 어른과 다르다는 사실을 발견하였다. 그의 관심은 영적인 것보다는 직적인 것에 있었다. 즉 그는 어린아이들에게 질문을 할 때 그들이 옳은 답을 말하는 양적인 횟수보다 그렇게 답하는 이유에 더 큰 관심을 가지고 있었는데, 이것이 그의 인지발달단계이론을 형성하는 계기가 되었다. 아동의 인지발달에 관한 중요한 연구는 첫 아이가 출생하면서 본격화되었다. 그는 아동들의 독특한 사고체제를 알아보기 위해 지속적인 '왜(Why)-질문'을 통한 인지자극을 시도하였으며, 자신의 세 아이를 직접 관찰함으로써 실증적으로 아동을 이해하고자 노력하였다. 그는 1940년 초부터 연구의 초점을 전환하여 수학적 · 과학적 개념에 대한 아동의 이해에 관한 연구를 시작하였다. 1950년대에는 인식론의 철학적 문제들로 관심을 전환하였지만, 아동의 인지발달에 관한 연구는 계속하였고 1980년, 84세를 일기로 그의 천재적인 삶을 마감했다.

3) 주요 개념

(1) 인간관

인지이론에서는 이 세상에 객관적 현실이란 존재하지 않으며 각 개인이 나름대로 부여한 주관적 현실만이 존재한다고 본다(김동배 · 권중돈, 1999). 따라서 각 개인의 정서, 행동, 사고는 개인이 현실을 창조해내는 방식, 즉 현실세계를 구성하는 방식에 따라 달라진다(Beck, 1976; Kelly, 1955). 인지이론은 인간본성에 대해 비결정론적 시각을 지니고 있으며 성장 가능성을 인정하고 있다. 즉 인간은 유전적 요인에 의해 결정되는 존재가 아니며, 환경적 영향을 받기는 하지만 이러한 환경적 자극을 능동적으로 중재하고 재구성할 수 있는 능력이 있으며, 지속적으로 성장할 수 있는 잠재력이 있다는 것이다.

인간의 인지는 환경과의 상호작용을 통하여 변화하고 발달하는데, 이러한 상호작용에서 인간의 능동적 역할을 중시한다(전윤식, 1995). 포이엘슈타인(Feuerstein, 1979)과 비고츠키(Vygotsky, 1981)는 인간이 속해 있는 사회적 · 역사적 상황의 영향을 받는다는 점을 인정하고 있지만, 동시에 환경적 자극을 스스로 중재할 수 있는 능력이 있다고 보고 있다. 켈리(Kelly, 1963)는 인간을 환경에 단순이 반응하기보다는 환경을 해석, 평가, 구성하고 재구성하는 과정을 통해 능동적으로 구성할 수 있는 능력이 있는 존재이며, 현실세계에 대한 구성개념 체계가 달라짐에 따라 지속적으로 변화된다고 하였다. 엘리스(Ellis, 1979)는 인간은 생물학적 본능에 의해 조종당하거나 외적 상황에 의해 조건지어지는 것이 아니라 본래 자기 보존적이며 성장과 변화, 그리고 자아실현의 경향을 지닌 존재라고 보고 있다.

피아제를 비롯한 인지이론가들은 무의식을 강조한 정신분석이론에 비해 긍정적이고 환경에 인간이 능동적으로 적응한다는 측면에서 인간의 성장 가능성에 주목한다. 이들은 인간의 의식에 초점을 두고 인간을 사고하는 합리적인 존재로 인식한다. 인간이 과연 합리적 존재인가 하는 점에 대해서는 학자들 사이에도 이견이 있다. 엘리스는 인간은 합리적이고 올바른 생각과 비합리적이고 잘못된 생각을 모두 할 수 있는 가능성을 갖고 태어나는 존재라고 하였다. 이에 반해 켈리는 인간을 과학자로 규정하고, 세상을 지적이고 합리적으로 구성하는 과정에 끊임없이 참여한다고 보았다.

(2) 인지발달 모델

피아제는 어린 시절부터 관심을 가졌던 연체동물에 관한 연구를 통하여 인간과의 유사점을 발견하게 되었다. 연체동물이 환경의 변화에 따라 유기체의 변화를 가져오듯이, 인간의 두뇌는 인지적 구조를 변화시킴으로써 환경에 적응해 가는 능력이 있다는 것이다. 그에 따르면, 인지발달은 유전과 환경의 상호작용에 의한 적응과정이다. 즉 인간은 능동적인 생물학적 유기체로서 환경과 끊임없이 상호작용을 하며, 이러한 상호작용을 통해서 자기 자신, 외부세계 및 자기와 외부세계와의 관계에 관한 지식을 얻는다.

피아제는 어린이들이 어떻게 환경에 반응하는 방법을 습득하는지에 대해 인지구조의 발달을 통해 설명하였는데, 이러한 피아제의 인지발달 모델은 사고체계의 4가지 주요 발달단계인 감각운동기, 전조작기, 구체적 조작기, 형식적 조작기로 구성된다. 여기서 각 단계는 후성설이론에 관한 용어로 개념화된 전형적인 발달의 수준을 말한다.

이러한 각 단계별 인지발달 성취 연령은 개인차가 있기 때문에 제시된 연령에 반드시 들어맞지 않을 수 있으며, 단계는 순서대로 통과하여 발달하며 절대로 단계를 뛰어넘을 수 없다. 그리고 다음 단계로 이동하는 과도기에는 두 단계의 인지적 특징이 함께 나타날 수도 있으며, 낮은 단계의 사고를 할 수도 있다. 피아제는 단계가 가지는 특성을 다음과 같이 언급하고 있다.

첫째, 사고의 형식은 각 단계별로 질적인 차이가 있다.

둘째, 각 단계는 내부적으로 조직화되며 그것은 그 스스로 전체적이다.

셋째, 개인은 진보적이고 불변하는 방법 속에서 단계를 통하여 발달하며 단계를 건너뛰지 않는다.

넷째, 각각 더 높은 단계가 만들어지고 계층적인 방식으로 다음 더 낮은 단계를 통합한다. 단계는 수평적으로 통합할 뿐만 아니라 수직적으로도 통합한다.

다섯째, 단계는 모든 인류에게 일정하다. 그들이 같은 문화를 공유하지 않는다고 해도 같은 단계는 모든 문화에서 명백하다(Norlin & Chess, 1997).

이와 같이 단계에 대한 개념은 그 자신의 권리 속에서 구별되는 기본적인 조직화된 도식(schema)과 연결된다고 할 수 있다.

단계이론은 성장과 발달을 설명하는 데 있어서 기초적으로 조직화된 도식으로 단계를 사용하는 것 중의 하나이다. 이러한 조직화된 도식은 유기체의 생물학적 경향성이라고 볼 수 있는 동화와 조절을 통한 적응과정을 통해 인지구조의 변화를 이루고 사고체계의 발달이 이루어지게 된다. 이처럼 인지구조의 발달과 관련한 주요개념들에 대하여 구체적으로 살펴보면 다음과 같다.

가. 도식(schema)

유기체가 사물이나 사건을 인지하고 대응하는 데 사용하는 지각의 틀을 의미한다. 유아들은 빨기, 보기, 잡기, 때리기 등의 일반적 잠재력을 가지고 태어나는데, 이와 같이 외부 환경에 대처하기 위한 인간의 반사적 혹은 반복적 행동과 경험이다. 예컨대, 빨기 반사를 갖고 태어난 신생아는 젖을 빪으로써 빨기 도식을 지니게 된다. 유아는 배가 고프지 않아도 손에 잡히는 것은 모두 빠는데, 이것은 빨기 도식을 가졌기 때문이다. 점차 빨기 외에 보기, 잡기, 때리기 등의 도식을 가짐으로써 유아의 행동은 다양해진다. 인간은 일단 어떤 도식을 갖게 되면 그것을 능동적으로 사용하려는 욕구를 가진다. 이렇게 도식은 동화를 거쳐 새로운 도식에 대한 조절을 하고 다시 그 새로운 도식에 외부세계를 동화하는 순환적 과정을 거쳐 점차 분화·통합된다(Lidz, 1968).

도식의 사용은 아동이 성장함에 따라 감각운동 차원을 넘어 개념적 차원까지 확대되어 간다. 연령이 증가하고 많은 경험을 통해서 인지구조가 발달하게 되는데, 이것이 도식의 질적 변화를 의미한다(조복희 · 정옥분 · 유가효, 1997). 즉 인간이 발달한다는 것은 자기 자신과 그 주위에 있는 환경 속에서 도식이 변화하는 것이다.

나. 적응(adaptation)

피아제(Piaget)는 유기체의 생물학적 특성인 적응의 개념을 인간에게도 동일하게 적용하여 모든 유기체가 그러하듯 인간도 자신에게 주어진 환경에 적응하려고 한다고 보았다. 그런데 이와 같이 모든 유기체들이 환경에 적응하는 과정 속에 '동화(assimilation)'와 '조절(accommodation)'을 경험하게 되며, 이러한 경험은 인지구조의 발달을 가져오게 되는 것이다. 여기에서 동화란 외부로부터 인지구조를 변형시키는 것을 의미하며, 마치 무엇을 먹거나 소화시킬 때처럼 흡수하는 것으로서 어떠한 대상이나 정보를 자신의 인지구조에 수용하는 것을 말한다. 또한 조절은 외부의 요구에 응하여 자신의 인지구조를 변형시키는 것을 의미한다.

다. 평형(equilibrium)

동화와 조절의 상호작용을 통한 조화를 통해서 유기체가 자신과 환경 간의 균형 상태를 이루는 것을 의미한다. 이와 같이 평형은 사고의 균형을 의미하며, 유기체는 그의 환경과의 상호작용을 통해서 균형을 추구하면서 발전해 나간다. 여기에서 균형은 정지된 상태가 아니라 계속적으로 움직이는 동적인 상태이다.

인간의 인지발달은 동화와 조절이라는 적응과정을 통하여 내면적인 평형이 이루어지면서 가능하다는 것이다. 이러한 평형은 새로운 사태에 접할 때 균형이 깨지게 되고 평형상태를 다시 회복하기 위해 적응과정이 되풀이됨으로써 보다 높은 수준의 인지발달이 이루어지게 된다. 한편 동화와 조절이 이루어지는 과정은 모든 연령과 인지발달단계에서 동일하며, 평형은 모든 연령단계에서의 인지발달을 설명해 줄 수 있는 보편적 원리가 된다.

라. 조직화(organization)

두 가지 이상의 서로 분리된 체제나 구조를 좀 더 고차원적인 체제나 구조로 새롭게 통합시키고 체계화하는 과정을 말한다. 예를 들면, 영아는 처음에는 어떤 물체를 쳐다보거나 잡을 수 있는 분리된 행동만을 하다가 시간이 조금 지나면 두 개의 행동을 통합하여 쳐다보면서 잡을 수 있는 보다 고차원적인 행동구조를 지니게 되는데, 이와 같은 과정이 조직화라고 할 수 있다.

(3) 발달단계

피아제는 아동들의 감각, 지각, 사고, 추리, 지능 등의 인지능력이 어떻게 발달하는가에 매우 큰 관심을 가졌다. 그는 아동의 인지능력 발달이 아동과 그를 둘러싼 환경간의 상호작용에 의해 질적 · 양적으로 변화되는 일관된 과정이며 발달단계의 순서는 불변한다고 보았다(서봉연 · 이순형, 1983). 그러나 순서는 불변하여도 각 단계를 지나가는 속도에는 차이가 있을 수 있으며, 이러한 발달은 어른으로부터의 학습이나 유전적인 요인에 의해 결정되는 것이 아니라 환경과의 상호작용으로 아동 스스로가 구성한다고 보았다. 각 발달단계는 다음의 4단계 사고체계를 거치면서 이루어진다(Cram, 1983: Flavell, 1983; Piaget, 1983).

가. 감각운동기(출생~2세)

0~2세의 유아는 외부세계에 대해 빨기, 쥐기, 때리기와 같은 신체적 행동양식을 조직화하므로, 이 시기를 감각운동가(sensory motor period)라 한다. 이때의 행동양식은 대부분 자극에 대한 반응으로 과거에 대한 기억이나 미래에 대한 계획이 아닌 순전히 감각운동에 기초하여 행동하게 된다. 이 시기를 다시 6단계로 나누면 다음과 같다.

- 단계 1 : 반사 활동기(0~약 1개월)
- 단계 2 : 1차 순환반응(약 1~4개월)
- 단계 3 : 2차 순환반응(약 4~8개월)
- 단계 4 : 2차 도식의 협응(약 8~12개월)
- 단계 5 : 3차 순환반응(약 12~18개월)
- 단계 6 : 사고의 시작(약 18~24개월)

나. 전조작기(2~7세)

이 시기는 아이들이 눈앞에 보이지 않는 대상이나 사건들에 대해 생각하기 위한 신호와 상징을 사용하는 것을 배운다. 아동들은 언어를 사용하게 되면서 사물이나 사건을 기억하고 표현하는 능력이 가능해지지만 조작능력에는 한계가 있어 변형된 경험을 논리적으로 환원시키지 못하고, 지각에 의한 직접적 경험으로 사물이나 사건을 이해한다. 또한 이 시기에 어린이는 상징놀이에 몰두한다. 즉 놀이는 더 이상 전과 같이 숙련에 대한 연습을 의미하는 것이 아니라, 사물이 그렇게 존재하지 않지만 마치 실제인 양 가상과의 관계를 포함한다. 전조작기의 사고는 어린이들의 자아중심과 위치, 사물의 외형적인 모습이나 구체적인 것에 초점이 맞춰져 있다.

이 시기의 특징인 보존개념, 유목화, 자아중심성, 상징놀이, 물활론, 도덕론, 꿈의 실재론 등을 알아보기로 한다.

① 자아중심성

자아중심성(egocentrism)은 어린이가 자신의 관점과 상이한 다른 사람의 관점이 존재한다는 사실을 깨닫지 못하기 때문에 모든 사람이 자신이 보는 것과 같이 세상을 보고 있다고 생각하는 것을 말한다. 즉 외부세계에 대해 자기가 생각하는 것이 전부이고 그것만이 가능한 것으로 생각하는 것이다. 즉 자기 자신이 갖고 싶은 물건은 다른 사람도 갖고 싶을 것이라고 생각하여 엄마에게 장난감을 선물로 준다거나, 자기가 배가 고프면 인형도 배가 고플 것이라고 생각하는 것이다.

이와 같이 이 시기의 어린이는 사물을 볼 때 자신의 위치에서만 사물을 이해할 뿐 다른 사람의 위치에서 보이는 사물의 모습은 상상하지 못하는 한계가 있다. 그리고 듣는 사람이 자신의 말을 이해할 수 있는가를 따져보지 않은 채 자신의 생각만을 전달하는 의사소통의 양상을 보인다(송명자, 1996).

이러한 자아중심성을 이기적이라고 생각하여 걱정할 필요는 없다. 이 시기의 어린이들은 함께 놀아도 상대방의 입장을 이해하지 못하므로 따로 노는 것이나 마찬가지이다. 이러한 성향은 또래들과 같이 노는 가운데 자연스럽게 극복된다. 왜냐하면, 어린이들이 같이 놀기 위해서는 또래들을 이해시켜야 하고 자신도 다른 아동의 관점을 이해할 수밖에 없기 때문이다.

② 물활론적 사고

물활론적 사고란 무생물을 생명이나 의지를 가진 살아 있는 것으로 간주하려는 경향을 말한다. 이 시기의 아동들은 모든 사물에 생명이 있으며 자의식을 소유하고 있다고 믿는다. 예를 들어, 인형에 생명을 부여하여 인형을 던지면 인형이 다친다고 생각한다. 4~6세 정도의 아동은 활동하는 모든 것에 생명을 부여하여 태양을 그릴 때도 그 안에 눈과 코를 그려 넣는다. 다른 사물이 아동의 판단에 따라 움직여진다고 믿는다. 즉 "타오르는 램프, 따뜻한 오븐, 반짝이는 달 등"(Piaget, 1974)은 자신을 위한 것이라고 본다. 그러나 6세를 넘어서면 움직이는 것에만 생명을 부여하여 꽃은 움직이지 않아 죽은 것이고 구름은 움직이므로 살아 있다고 여긴다. 그러다가 8세경이 지나야 비로소 스스로 움직이는 것에 한해 생명을 부여하며, 그 이후가 되어야 생명이 있는 것을 식물과 동물에 한정시킨다(Crain, 1993).

③ 보전 개념 미형성

보존 개념은 어떤 물체의 겉모양이 바뀌어도 그 양적 속성이나 실체가 변화되지 않는다는 사실을 이해하는 것을 말한다. 전조작기의 어린이는 이 보존 개념이 아직 형성되지 않는다. 똑같은 컵에 같은 양의 주스를 부어서 어린이에게 보여준 뒤, 길쭉한 컵과 납작한 컵에 주스를 부으면 길쭉한 컵에 든 주스가 많다고 대답한다. 숫자 개념도 아직 완전히 형성되지 않는다. 고무찰흙으로 무게가 똑같은 공 두 개를 만들어 어린이에게 보여준 다음, 그 자리에서 고무찰흙 하나를 하드처럼 길게 만들면 하드 모양의 고무찰흙이 더 무겁다고 말한다.

④ 분류화 개념 미형성

분류화는 여러 사물과 현상들을 그 속성의 유사성에 따라 분류하여 그들의 공통적인 부분을 찾아내는 것을 말한다. 전조작기의 어린이는 분류화(classification) 개념이 형성되지 않는다. 그래서 8개의 붉은색 구슬과 2개의 푸른 구슬이 모두 나무구슬이라 한 뒤, "붉은색 구슬이 많니? 아니면 나무 구슬이 많니?"라고 물으면, 붉은색 구슬이 더 많다고 대답한다. 붉은색 구슬이 나무구슬의 하위 유목임을 깨닫지 못한 소치이다. 이와 같이 분류화 개념이 형성되지 않은 전조작기의 어린이에게는 동물과 식물이 생물의 하위유목이라는 내용을 가르치기 힘들다.

⑤ 상징적 기능

상징적 기능은 감각운동기 6단계에서 처음 나타나 전조작기에서 가장 많이 발달한다. 상징적 기능은 어린이가 눈에 보이지 않는 사물이나 행동을 표상하기 위해 상징을 사용하는 능력을 말한다. 상징적 기능은 상상놀이, 그림 및 언어를 통해서 가장 잘 표현하고 있다. 상상놀이란 가상적인 사물이나 상황을 실제사물이나 상황으로 상징화하는 놀이이다. 이 시기의 어린이는 베개를 아기라 하면서 업고 다니고 손을 문질러 씻는 흉내를 내면서 비누라고 하기도 한다. 나무토막으로 총 놀이를 하는 어린이는 실제로 나무토막으로 놀이를 한다기보다는 자신의 머릿속에 있는 표상을 나무토막이라는 상징물을 통해 재현하고 있는 것이다. 그림은 어린이의 내적 표상이 표출되는 중요한 상징적 수단이다. 예를 들면, 어린이가 해를 그릴 때 눈, 코, 입을 그려 넣거나, 버스에 타고 있는 사람들의 다리까지 그려 넣는 것은 그들이 눈에 보이는 것을 그리는 것이 아니라 자신의 머릿속에 있는 심상을 그리고 있음을 보여주는 것이다. 또한 언어는 어린이의 내적 표상을 표현하는 상징적 수단이다. 언어는 어린이의 시야를 넓혀주며, 언어를 통해서 어린이는 과거를 다시 체험할 수 있고, 미래를 예기할 수 있으며, 사건을 다른 사람에게 전달할 수 있다.

⑥ 타율적 도덕성

타율적 도덕성(heteronomous morality)은 어린이가 성인들이 만들어 놓은 규칙과 제도에 무조건 따르는 것을 뜻한다. 이 시기의 어린이는 그들이 항상 따라야 하는 규칙이 있으며 이 규칙을 지키지 않으면 벌을 받기 때문에 절대적으로 지켜야 한다고 생각한다. 따라서 동화 속의 이야기를 사실대로 믿어서 거짓말을 하면 피노키오처럼 코가 길어진다고 믿고, 산타클로스의 신화도 그대로 믿는다. 그리고 저지른 잘못이 클수록 의도가 어떻든 간에 벌도 크고 더 나쁘다고 생각하여 의도보다 결과에 치중한다. 예를 들면, 엄마를 도와주려다가 실수로 컵을 3개 깨뜨린 어린이와 엄마가 먹지 말라고 한 우유를 먹으려다가 1개의 컵을 깬 어린이 중 누가 더 벌을 많이 받아야 하느냐고 물으면 대부분 3개의 컵을 깬 어린이가 더 많은 벌을 받아야 한다고 대답한다. 이러한 타율적 도덕성은 대부분 10세까지 지속되다가 점차 규칙이 협동적인 상호작용을 위한 계약이라는 것을 배우게 되면서 자율적 도덕성이 나타난다.

다. 구체적 조작기(7~11세까지)

구체적 조작기(concrete operational period)의 아동들은 구체적인 사물과 사건에 대하여 올바르게 추론해낼 수 있다. 이 시기의 아동들은 사고가 안정되고 일관성이 있으며, 조작적이면서 논리적인 추리력을 갖게 된다. 또한 논리적 사고가 현저하게 발달하는 시기이지만, 아동의 사고가 현실에 존재하며 관찰이 가능한 구체적 사건이나 사물에만 한정되어 있기 때문에 이 시기를 구체적 조작기라고 한다.

아동은 가상적인 상황을 만들어서 추론할 수 없기 때문에 추상적이고 복잡한 가설의 정신적 사고는 아직 가능하지 않다. 예를 들어, 이 시기 아동에게 10원, 100원, 500원짜리 동전을 주면, 액수대로 분류하고 돈의 차이를 판별할 수 있다. 그러나 이러한 것은 실제로 돈을 손에 쥐여 주었을 때만 가능하다. 돈을 주지 않고, 머릿속으로만 조작하기에는 제한이 있다.

구체적 조작기에 아동은 인지능력이 발달하여 보존개념, 분류화, 서열화, 탈 중심화, 자율적 도덕성 등을 갖게 된다.

① 보존 개념

어떤 대상의 외적 형태가 변화되어도 그 양적 속성이나 실체가 바뀌지 않는다는 사실을 이해하는 것을 의미한다. 이 시기에 어린이는 수, 길이, 면적, 무게, 부피 등 여러 형태의 보존 개념(conservation)을 획득해 나간다. 이 시기에 어린이는 아무것도 더하거나 빼지 않았을 때는 본래의 양이 동일하다는 동일성과 어떤 변화상태란 그 변화과정을 역으로 거쳐 가면 원상태로 복구될 수 있다는 가역성을 이해하게 된다. 그리고 어떤 차원에서의 변형에 따른 양의 손실은 다른 차원에서 얻어질 수 있다는 보상의 개념도 이해하게 된다. 이런 동일성, 가역성 및 보상의 개념을 이해할 수 있기 때문에 보존 개념의 획득이 가능하다.

② 분류화

분류화는 앞서 전조작기에서 언급한 대로 사물이 지닌 속성의 유사성에 따라 공통적인 범주를 가려내는 것을 말한다. 구체적 조작기에 아동은 사물의 분류에서 전체와 부분의 관계를 이해할 수 있으며, 사물을 일정한 속성에 따라 분류할 수 있다.

③ 서열화

서열화(seriation)는 어떤 특정의 속성이나 특징을 기준으로 하여 상호관계에 따라 사물을 잘 어울리게 배열하는 것이다. 즉 이것은 여러 사물이나 현상들을 특정 속성에 따라 순서대로 배열하는 것을 말한다. 이 시기의 어린이는 사물 간의 관련성을 이해하기 때문에 한 사물을 여러 대상이나 사물들과 비교할 수 있게 되어 차례대로 늘어놓을 수 있게 된다.

④ 탈 중심화

탈 중심화(decenter)는 사물의 어떤 두드러진 특성이나 측면에만 얽매이지 않고 여러 가지 특성이나 측면을 고려하는 다면적 사고를 할 수 있는 것을 의미한다. 구체적 조작기에 아동은 또래들과의 관계 속에서 점점 자아 중심성으로부터 벗어나게 된다. 이러한 탈 중심성은 언어의 발달로 의사소통이 이루어지면서 더 활발해진다.

⑤ 자율적 도덕성

자율적 도덕성(autonomous morality)은 사람들이 서로 뜻을 같이하여 규칙을 만들 수도 있고, 또 서로가 동의하면 언제든지 변화될 수 있다는 것을 의미한다. 또한 행위의 결과보다 행위자의 의도에 따라 옳고 그름에 대한 판단을 내리게 된다. 예컨대, 어린이가 어머니를 돕기 위해 설거지를 하다가 컵을 깨뜨렸다면 일부러 깨뜨린 것이 아니기 때문에 잘못했다고 판단하지 않는다. 어린이는 규칙을 어겼다고 해서 꼭 벌을 받는 것은 아니며, 경우에 따른 정상 참작이 필요하다는 것을 알게 된다(최윤미 외, 1998).

라. 형식적 조작기(12~성인기)

형식적 조작기(formal operational period)는 12세경부터 성인이 되기까지의 시기로서 가장 성숙된 인지적 조작을 할 수 있는 단계이다. 이 단계의 아동은 구체적 조작기의 아동들과 달리 직접 경험하지 않아도 추상적으로 사고하고 추론을 통해 가설을 세워 검증할 수 있다. 이 시기에 가능한 사고방식에는 조합적 사고와 연역적 사고가 있다. 조합적 사고란 하나의 문제를 풀 때 모든 가능한 해결책을 논리적으로 모색해 봄으로써, 결국에는 문제해결에 이르는 사고를 말한다. 연역적 사고란 일반적인 사실에서 출발하여 특정한 사실에 도달할 수 있는 사고를 말한다. 예를 들면, 'A는 B보다 작다. B는 C보다 크다. 그러면 누가 가장 클까?'라는 질문을 했을 경우, 구체적 조작기의 아동들은 실제로 A, B, C를 세워놓고 키를 대봐야지만 알 수 있지만, 이 시기의 아동들은 마음속으로 이를 배열해보고 추론을 통해 대답할 수 있다.

형식적 조작기의 아동들은 구체적 조작기의 아동과 달리 미래, 사회의 본질 등에 대해 생각하면서 추상적 사고가 가능해진다. 그리고 이상주의와 유토피아와 같은 현재와 다른 사회를 상상하고 이를 현실적으로 검증해 보지도 않고 굉장한 미래와 관념적인 세상의 변혁을 꾀하기도 한다. 전조작기와는 다른 자아중심성 때문에 독특한 종교와 현실적이지 못한 이데올로기에 심취할 수 있다. 그러나 이러한 자아중심성은 성인 역할을 수행하면서 서서히 탈 중심화가 이루어진다.

4) 인지발달이론과 사회복지 실천

피아제의 이론은 어린이의 과학적 · 수학적 추리능력의 발달과정과 자신이 경험한 것을 어떻게 생각하는지에 대한 사회복지사의 이해 증진에 도움을 줄 수 있다. 다시 말해 어린이들이 성인들의 가르침에 일방적으로 따르는 것이 아니라, 그들 스스로의 방식으로 학습하는 자율성에 토대로 하고 있음을 알 수 있다. 인지발달이론은 발달과정에서 개인의 능동적 역할을 강조하며 심리적 구조의 존재와 이러한 구조 내에서 일어나는 변화들이 행동의 외형적 변화에 반영된다고 주장하고 있다. 그러므로 사회복지사들은 클라이언트의 현재 발달단계 내에서 발달을 촉진시키기 위하여 도전적 환경을 탐색하도록 하여 클라이언트의 인지발달을 도모하여야 한다.

또한 사회복지 실천현장에서 서비스 제공자들이 클라이언트를 바라볼 때 각각의 대상에 따라 그 접근은 달라질 수 있으며, 다르게 볼 수 있어야 한다는 점을 인식시켜 주고 있다. 그러나 인지발달이론은 인간의 발달을 지나치게 인지적인 측면에 초점을 맞추기 때문에 어린이에 대한 포괄적인 이해를 가로막기도 한다. 또한 가치지향적인 실천분야인 사회복지의 기본 원리와는 다르게 가치적인 면보다는 지나치게 인지적 측면만을 강조하고 있다는 점에서 한계가 있다고 할 수 있다. 실제 피아제의 이론은 사회복지 실천현장에서 직접 활용되기보다 교육학적 측면에서 이론적 배경이 되는 사례가 더 많기는 하지만, 방과 후 프로그램이나 보육 등의 영역에서 인지발달이론의 이론적 측면을 활용할 수 있는 여지는 충분하다고 생각된다.

2. 도덕성 발달이론

1) 개관

도덕성 발달이론(moral developmental theory)은 인간의 인지발달에 관심을 두었던 콜버그(Lawrence Kohlberg)가 피아제의 도덕성 발달이론에 흥미를 느끼고 그 이론을 보다 체계적이고 구체화하여 독자적인 것으로 발전시킨 이론이다. 그는 아동의 도덕판단이 일정한 단계를 거치면서 발달한다는 피아제의 주장에 동의하면서 각 단계를 세분화하였으며, 연령대별로 '하인츠의 이야기'와 같은 가상적인 도덕적 딜레마 상황을 제시하고 자신이 그러한 상황에 처했을 때 어떻게 행동을 할 것인가, 또한 왜 그렇게 하려고 하는가를 질문하는 식으로 연구하였다.

콜버그는 각 사회마다 도덕적 신념이나 가치, 문화의 내용이 다르기 때문에 도덕성의 내용보다는 도덕적 가치판단을 하는 사고구조에 눈을 돌렸다. 그래서 사람들이 도덕적 행위 자체에 관심을 두지 않고 어떤 행동이 잘못된 것이라고 생각되는 이유를 알아보는 것이 그 사람들의 행동을 알아보거나 또는 잘못되었다고 말하는 것을 듣는 것보다 더 중요하다고 판단했다.

그가 주장하는 이론의 가장 큰 특징은 도덕성 발달은 인지발달 수준에 따라 그 단계가 결정되며 불변의 순서를 따른다는 것이다. 즉 피아제가 인지발달에서 주장한 것처럼 도덕성 발달은 성별에 따라 차이가 있으며, 남성이 여성보다 높은 수준의 도덕성 발달단계에 이를 수 있다고 했다.

그는 철학, 심리학, 사회학, 교육학 등 여러 학문을 총체적으로 종합해 하나의 종합된 도덕교육의 이론을 구축하고자 노력하였다. 특히 어느 시대, 어떤 사회든지 인간이 반드시 지켜야 할 보편타당한 정의의 원칙과 도덕률이 있다고 생각하고, 인간이 개인적인 욕구 중심의 단계로부터 원리적 도덕성으로 이행해 가는 과정을 설명하였다.

2) 콜버그의 생애

콜버그(Kohlberg)는 1927년 뉴욕주에서 태어났다. 그는 미국의 명문 사립고를 졸업한 후 대학에 진학하는 대신 홀로코스트(유대인에 대한 나치의 대학살)에 대한 반응으로 이스라엘 난민들을 유럽에서 이스라엘로 나르는 수송비행기의 부조종사가 되어 그들을 돕는 일에 앞장섰다. 그러나 영국군에 체포되어 사이프러스에 감금되었으며 2년의 감금생활 동안 자신을 되돌아볼 수 있는 기회를 가질 수 있었다. 그것은 도덕적 행동주의자 였던 콜버그에게 그의 행위가 유대인의 이상주의와 이기주의의 혼합에 의한 것이고, 또한 원리에 입각한 것이었으며, 목적들이 수단을 정당화시켰던 것을 깨닫는 시간이 되었다. 이러한 경험은 나중에 그의 도덕성 발달이론의 기초가 되었다.

1947년 시카고 대학교에 좋은 성적으로 입학했기 때문에 2년 만에 학부과정을 마치고 대학원 심리학과에 입학하여 박사학위를 받았다. 콜버그는 박사과정 중에 피아제의 이론에 영향을 받아 도덕성 발달에 관심을 갖게 되었다. 그는 도덕적 딜레마를 응답자에게 제시하고 그것에 대해 도덕적 추론을 하게 한 뒤, 왜 그렇게 판단하였는가에 대한 이유를 기록하는 방법으로 도덕성을 연구하였다. 또한 자신의 박사학위논문 연구대상자를 20년 동안 추적하여 장기간에 걸친 도덕성 발달의 종단적 연구를 수행하였다. 콜버그는 1959년 예일 대학교에서, 1962년에는 시카고 대학교에서, 1968년 이후부터 하버드 대학교에서 교수로 학문적 연구와 후학양성에 매진하였다. 그는 겸손하고 나서기를 좋아하지 않는 사람이었고, 도덕성을 중심으로 하여 철학과 심리학 분야의 여러 중요한 문제에 관해 깊이 사고하였다. 그러나 불행히도 60세에 불치의 병을 비관하여 자살하였다. 대표적인 저서로 『도덕성 발달의 의미와 측정』(1979), 『도덕성 발달의 철학』(1981) 등이 있다.

3) 주요 개념

(1) 도덕의 정의

콜버그는 도덕이란 정의(justice)의 원리로서 개인의 도덕적 갈등상황을 해결하려는 의사결정 또는 도덕판단이라고 했다. 그는 한 사람이 어떤 선택을 하며 또 어떤 행동을 하게 되었는지, 그리고 왜 그런 선택을 하게 되었는지 그 선택의 근거에 초점을 맞추었다. 그렇기 때문에 콜버그에 있어서 도덕성 발달이란 사고의 방법, 도덕적 추론의 발달을 의미하는 것이다. 이러한 도덕성의 발달은 한 개인이 생각하고 행동하는 데 따르는 일련의 조직된 틀을 통한 개인적 발달을 뜻하며, 개인이 처한 사회적 혹은 물리적 환경 사이의 상호작용을 통해 순차적인 방식으로 발달하고 변화되어 간다(Kohlberg, 1969).

즉 한 단계에서 다음 단계로의 발달은 개인 내부의 인지구조와 환경 사이의 상호작용으로 이루어지며, 이러한 인지사고는 원리화된 사고로 능동적인 발달을 한다는 것이다(이효선, 2003).

(2) 도덕성 발달단계

콜버그의 도덕성 발달단계를 이해하기 위해서는 먼저 피아제의 도덕발달에 대한 견해를 살펴볼 필요가 있다. 피아제는 아동의 도덕발달을 세 단계로 보았다. 즉 1단계는 전 도덕적 단계로서 외적인 준거와 행위의 결과에 의해 그 행위의 옳고 그름을 판단하는 단계이다. 앞서 피아제의 타율적 도덕성을 설명할 때 언급했던 것처럼 엄마를 도우려다가 실수로 컵을 세 개 깨뜨린 어린이와, 엄마가 먹지 말라고 한 우유를 먹으려다가 한 개의 컵을 깬 어린이의 경우, 의도와는 관계없이 결과적으로 더 많은 컵을 깬 아이가 나쁘다고 판단하는 수준이다. 2단계는 자율적 도덕단계로서 어린이의 의도를 참작하여 비록 컵 한 개를 깼더라도 의도가 나쁘면 컵 세 개를 깬 어린이보다 나쁘다고 판단하는 단계이다.

콜버그는 이런 피아제이론을 발전시켜 개인이 도덕적 딜레마에서 어떻게 판단하고 어떻게 추론하는가를 분석하여 도덕발달단계를 체계화하였다. 다음은 콜버그가 사용한 도덕적 딜레마 상황이다.

하인츠는 아내가 죽어가기 때문에 약을 구하고자 애를 썼다. 약을 발견하기는 했지만 가난한 하인츠는 약을 살 수 없었다. 약의 원료는 200달러밖에 되지 않지만, 약사는 한 알에 2000달러를 요구하였다. 하인츠가 마련한 돈은 1000달러였다. 약사에게 찾아가 사정하여 나중에 돈을 갚겠다고 해보았지만 약사는 거절하였다. 결국 하인츠는 약국 문을 부수고 들어가 약을 훔쳤다.

이 상황을 어린이에게 제시하고 하인츠의 행위가 옳은지 그른지, 또 왜 그렇게 판단하였는지를 질문하여 어린이가 어떻게 도덕적으로 판단하는지를 분석하였다.

가. 전 인습적 수준

전 인습적 수준(pre-conventional level)에서는 규칙이 개인에게 내재화되어 있는 것이라기보다는 외부의 영향에 의해 이루지는 것으로 본다. 이 수준에서 아동은 행동의 결과가 가져다주는 보상이나 처벌에 의해 옳고 그름을 판단하거나 규칙을 정하는 사람들의 물리적인 권위에 따라 판단한다.

① 1단계 : 처벌과 복종지향

아동은 처벌을 피하기 위해 규칙과 권위에 복종하며, 선과 악을 판단하는 데 있어서 행동의 내용보다는 결과에 의해 판단한다. 그들의 도덕관념은 극히 비합리적이며, 무조건적으로 외부의 권위에 순응하려고 한다. 따라서 훔치는 일은 벌을 받기 때문에 하인츠의 행위가 나쁘다고 판단한다. 즉 이 시기의 어린이들은 행위가 어떤 결과를 낳느냐에 관심이 있고 벌을 받으므로 나쁘다고 생각한다.

② 2단계 : 상대적 쾌락주의

아동은 보상을 얻기 위해서나 개인적 목적을 위해서 규칙에 동조하며, 자신과 타인을 만족시키는 도구로서 도덕적 행동을 정의한다. 즉 그들은 규칙을 고정적이거나 절대적인 것으로 생각하지 않으며, 어떤 문제이든 한 가지 이상의 측면이 있음을 알게 된다. 모든 것이 자기가 어떻게 보느냐에 따라 상대적으로 달라질 수 있다고 보며, 자신의 욕구와 쾌락에 따라 도덕적 가치를 판단한다. 따라서 아내를 구하기 위한 것이었으므로 훔치는 것이 정당하다고 생각할 수 있으나, 약사의 입장에서는 도둑질은 나쁘다고 생각할 수 있다고 본다. 즉 어느 쪽의 입장에서 생각하느냐에 따라 결과가 달라질 수 있다는 것이다.

나. 인습적 수준

인습적 수준(conventional level)에서는 자신이 속한 가족, 사회, 국가의 기대에 맞는 행동을 하고자 노력한다. 이 수준에서는 힘이 있거나 권위적인 타인의 칭찬을 획득하고 사회질서를 유지하기 위해서 사회적 규칙이나 기준에 따른다. 또한 타인의 관점을 인식하면서 이를 고려할 수 있으며, 집단이나 집단성원에 대해 동일시한다.

① 3단계 : 착한 소년 · 소녀 지향

도덕이란 타인과 좋은 관계를 유지하는 것이라고 생각하며, 타인으로부터 칭찬을 받고 타인을 기쁘게 해주거나 타인에게 도움이 되는 행동을 도덕적이라고 여긴다. 이와 같이 타인의 반응이 도덕성 판단의 기준이 되지만, 물리적인 힘보다는 심리적인 인정 여부에 관심이 있으며, 의도에 의해 행위의 옳고 그름을 판단한다. 따라서 하인츠는 아내의 생명을 구하려고 애썼기에 착한 것이고, 반대로 약사는 자신의 이익 때문에 생명에 무자비하다고 생각하면서 몹시 분개하며 약사를 감옥에 보내야 한다고 응답한다. 이 시기에는 올바른 행동이란 착하고 이해성 있으며 모든 사람들이 인정하는 선의의 행동으로 이루어져야 한다고 생각한다.

② 4단계 : 법과 사회질서

사회질서에 대해 보다 광범위하게 사고하게 되며, 법과 사회질서를 준수하고 자신의 의무를 다하는 것을 옳은 행동으로 생각한다. 즉 규칙은 사회적 질서 내에 고정된 것이며, 선한 행동이란 사회가 정한 규칙이나 역할을 그대로 따르는 것으로 본다. 따라서 하인츠에게 동정적이지만 그럴만한 이유가 있을 때마다 모두가 법을 어기면 사회가 어떻게 되겠느냐고 반문하면서 하인츠가 불가피한 상황에서 약을 훔쳤다면 그에 따른 처벌도 함께 받아야 한다고 생각한다. 왜냐하면, 법이 존중되어야 사회가 적절히 기능할 수 있다고 생각하기 때문이다.

다. 후 인습적 수준

후 인습적 수준(post-conventional level)에서는 집단의 권위나 권리를 행사하는 사람들과는 무관하게 도덕적 가치와 원리를 규정하려는 노력을 보인다. 즉 보편적으로 타당한 원리로서의 정의에 의해 옳고 그름을 판단하며, 도덕적으로 옳은 것과 적법한 것이 항상 일치하거나 같은 것이 아님을 깨닫게 된다.

① 5단계 : 민주적 법률

사회의 계약이나 개인의 권리 및 민주적인 방식으로 수용된 법률에 따라 행동하는 것을 도덕적인 것으로 본다. 법을 지키는 것은 사회적 계약이지만, 개인의 권리나 존엄성을 위협한다면 불공정한 것으로 간주되고 도전을 받아야 한다고 생각한다. 즉 법은 사람들이 필요로 하는 바를 충족시키지 못하게 되면, 상호 동의와 민주적인 절차를 통해서 언제든지 변경시킬 수 있는 유동적인 것이라고 본다. 따라서 하인츠의 아내가 생존할 권리가 있다는 것은 알지만, 그렇다고 도둑질한 것을 옳다고 할 수 없어 옳고 그름을 분명히 이야기할 수 없다고 판단한다.

② 6단계 : 보편적 원리

최고의 선은 자신이 선택한 보편적인 윤리적 원리를 따르는 것이라고 생각한다. 즉 이 단계에서는 개인의 양심이나 자신이 선택한 윤리적 원칙에 따라 옳고 그름을 정의한다. 이러한 원칙들은 법, 사회적 가치 또는 사회적 계약을 초월하여 인간의 존엄성, 포괄성, 보편성, 공정성 등을 지니고 있다. 이 단계에서 도덕성 발달이 최고 수준에 이르게 되며, 보통 사람들이 도달하기 어려운 단계로서 각 개인이 지향해야 할 하나의 목표단계라 할 수 있다. 따라서 하인츠가 도둑질을 할 법적 권리는 없지만 보다 상위의 도덕적 권리를 갖고 있다고 응답한다. 그러나 보편적 원리인 6단계에 도달하는 사람은 많지 않으며 예수, 간디, 소크라테스 같은 성인이나 철학자, 사상가 등만이 여기에 도달한다고 보았다.

(3) 도덕판단력 검사(Moral Judgment Interview)

콜버그는 사람들이 도덕적 위기상황에서 무엇을 선택하며 무슨 행동을 하는가, 또 왜 그런 선택을 하게 되는가, 그 선택 사유에 관심을 두었다(이효선, 2003). 이에 따라 그는 사람들을 두 개의 도덕적 규범이 갈등상황을 일으키는 가설적 딜레마 상황에 놓이게 함으로써 그들의 도덕적 판단능력을 측정하는 콜버그식 면담을 실시하였다.

이 검사는 반 구조화된 면담형식으로 가설적인 도덕적 갈등상황이 주어지며 그 갈등상황 속에는 두 개의 도덕적 규범이 서로 상충되도록 묘사되어 있다. 따라서 도덕적 가치가 대립되는 질문을 받은 응답자는 두 가지 가치 중 하나를 선택해야 하는 갈등에 놓이게 된다. 이때 언급된 대처방법에 대한 이유는 면담이 진행되는 과정을 통해 개속 반영되어야 하며 일관성 있게 언급해야 한다. 사회적 또는 도덕적 갈등이 주제가 되는 일상생활에서의 상황과는 달리 면담상황에서는 반사적으로 결론에 도달하는 과정이 언어를 통해 이뤄진다는 점이 다르다. 응답자의 지적 능력과 의사소통 능력 여하에 따라 문제상황은 응답으로 제시한 상황 또는 면담 응답자의 이야기 속에 내포된 응답의 근거가 다음 질문의 대상이 된다. 유의할 점은 면담진행자는 응답자의 표현을 평가하거나 그 내용에 관해서 질문하지 않는다는 원칙이 지켜지는 가운에 조사가 실시되어야 한다는 것이다(Sutter, 2004).

이 검사를 실시하기 위한 면담의 네 가지 척도를 살펴보면 첫째, 질문자는 질문의 목적에 대하여 솔직하게 완전히 설명해야 한다. 둘째, 응답자에게 앞서 언급한 도덕적 갈등상황의 내용을 제시하여 숙지시킨 뒤 다음 면담을 시작해야 한다. 셋째, 응답자의 대답들은 어떤 도덕적 판단을 묻는 그때 상황에서 스스로 무엇을 하게 되며 그리고 왜 그들이 이 판단을 했는지 확실히 성찰되어야 한다. 넷째, 질문자는 응답자에게 행한 대답들을 사려 깊게 인식하고, 그것을 변화하며 확대하도록 유도해야 한다고 지적한다(Colby 3, Kohlberg, 1987).

콜버그는 면담에 참여한 대상자들에게 실제 경험한 딜레마가 아닌 의식적으로 가설적인 딜레마를 사용하는 이유에 대해, 인간이 논쟁을 통해서 실제로 경험한 갈등을 사라지게 할 수 있다는 확실한 장점이 있기 때문이라고 하였다. 특히 범죄나 비행을 저지른 비행청소년들에게 범죄 혹은 비행에 초점을 맞추어 실제 경험한 갈등상황을 사용한다면 그들 행위에 대한 공격을 가하는 일이 될 수 있으며, 그들을 범죄시할 가능성이 있어 윤리적 배려가 필요하다.

4) 도덕성 발달이론과 사회복지 실천

콜버그의 도덕성 발달이론은 인간의 도덕발달 단계의 대표적 이론으로 연령과 도덕적 추리의 상관관계를 증명하는 가치 있는 이론이다. 그의 이론은 세계 여러 나라의 도덕교육의 방향과 내용을 설정하는 이론적 바탕을 제공할 만큼 도덕발달 분야에서 절대적인 영향을 끼치고 있다. 이 이론은 도덕판단 과정의 논리를 도덕판단의 결과보다 중요시하여 상황에 따른 인간의 자유판단을 최대한 존중하고 있다. 그리고 인지발달이론은 기본 정신구조를 유기체와 환경 간 상호작용의 산물로 바라보고 있다. 이러한 콜버그의 이론은 인간의 변화가능성과 자율성에 대한 기본이념을 바탕으로, 사회와의 상호작용 과정에서 일어나는 일련의 사건을 다루는 사회복지 실천과 일맥상통하는 부분이라고 할 수 있다.

3. 인지치료이론

인지치료이론은 대표적으로 알버트 엘리스(Albert Ellis)의 '합리정서행동치료'(REBT : Rational Emotive Behavior Therapy)와 아론 벡(Aaron Beck)의 '인지치료'(cognitive therapy)를 중심으로 살펴볼 수 있다. 엘리스는 그의 이론을 독특한 임상적 경험에 의해 발전시켜 왔고, 정신과 의사이자 과학자로서의 연구능력을 지녔던 벡은 우울증 환자를 대상으로 한 연구를 통하여 그의 이론을 개발시켜 왔다. 엘리스의 풍부한 임상적 경험과 벡의 과학적 연구관점이 서로 보완되어 '인간의 정서와 행동은 사고의 결과'라는 가정이 인지상담의 핵심개념이 되었다(박경애, 1999). 인지치료이론은 다양한 정신과적 장애를 다루는 데 사용되는 지시적 · 시간제한적 · 구조화된 접근방법이며, 개인의 정서와 행동은 그가 세계를 이해하는 방식에 의해 결정된다는 생각에 기초를 두고 있다.

사람들의 언어는 과거 경험으로부터 발전된 어떤 태도나 가정에 기초를 둔다. 예컨대, 어떤 사람이 자신의 모든 경험을 자신이 유능한지 아닌지의 관점에서만 해석한다면, 그의 사고는 '내가 모든 일에 완벽하지 못하면 나는 실패자'라는 도식에 의해 지배되고 있는 것인지도 모른다. 결과적으로 그는 자신의 개인적 능력과는 전혀 관계없는 상황에서조차도 같은 방식으로 반응하게 된다.

인지치료는 이러한 왜곡된 개념화와 이론화 인지 밑에 깔린 '역기능적 신념'을 파악하고 현실을 검증하고 수정하기 위해서 고안된 것이다. 클라이언트는 그의 사고를 재평가 혹은 수정함으로써 그가 전에는 극복할 수 없다고 생각한 문제나 상황에 대처하는 것을 학습한다. 인지치료자는 클라이언트가 자신의 문제에 대해서 더욱더 현실적으로 생각하고 행동하도록 도움으로써 증상을 경감시킨다. 그리하여 클라이언트는 부정적 · 자동적 사고를 감찰하는 것, 인지와 정서와 행동 사이의 관련성을 인식하는 것, 경험을 왜곡하는 소인으로 작용하는 역기능적 신념을 파악하고 수정하는 것 등의 도움을 받는다(Beck, 1979).

1) 인지치료의 기본 전제

(1) 인지 매개설과 부정적 인지의 세 가지 징후

인지 매개설은 우리 각 개인이 가지고 있는 '인지'에 따라 우리가 느끼는 기분이나 행동이 달라진다고 가정한다. 즉 인간이 어떤 사건(자극) 자체에 반응하는 것이 아니라 우리가 지각하고 해석한 사건에 반응한다고 보는 것이다. 인간은 어떤 객관적인 사건에 수동적으로 반응하기보다는 능동적으로 그 사건에 의미를 부여하고 사건에 반응한다는 것이 인지치료의 기본 가정이다. 결국 각 개인에게 중요한 것은 현상에 대한 객관적인 실체라기보다 자신이 현상에 대해 능동적으로 의미를 부여하여 구축한 주관적(개인적) 실체라고 할 수 있으며, 이를 아래와 같이 도식화할 수 있다.

벡(Beck)은 우울상태와 부정적 인지의 세 가지 징후(negative cognitive triad)와의 관련성에 주목하였다. 즉 자기 자신(self), 자기 세계(world), 자기 장래(future)의 세 영역에서의 비관적인 사고와의 관련성이다.

첫째 요소는 자기 자신에 대한 부정적 생각으로 '나는 무가치한 사람이다.'라고 생각한다. 자기 자신을 결점이 많고 부적절하며 연약하고 아무것도 할 수 없는 존재로 본다. 또한 불유쾌한 경험을 자신의 심리적 · 도덕적 · 신체적 결함 때문인 것으로 생각하고 자신을 평가 절하하여 쓸모없는 존재라고 믿어 자신을 비난하는 경향을 가진다.

둘째 요소는 세상에 대한 부정적 생각으로 '세상은 매우 살기 힘든 곳이다.'라고 믿는다. 세상에 대해 자신을 방해하는 극복 불가능한 장애물로 생각하거나 자신에게 과도한 요구를 가해 오는 존재로 생각한다. 모든 환경과의 상호작용이 결국 패배와 박탈로 귀결된다고 잘못 해석한다. 이런 식으로 미리 내려진 부정적 결론에 맞추기 위해 사실들을 재단하는 경향이 있다.

셋째 요소는 미래에 대한 염세적인 생각이다. '나의 미래는 희망이 없다.'라는 식으로 미래를 보면서 자신의 현재의 어려움이나 고통이 무한히 계속될 것이라고 예상한다. 곤경과 좌절, 그리고 박탈이 쉽게 사라지지 않을 것으로 생각하고, 시작하게 될 어떤 과제를 떠올리면서 실패를 먼저 예상하게 된다.

(2) 자동적 사고와 역기능적 믿음

어떤 상황에 직면하면 그 상황과 연관된 도식이 필요하다. 도식(schema)은 개인이 접하는 자극들을 선발하고 구분하여 부호화하기 위한 기초를 이룬다(천성문 외, 2009).

개인은 도식이라는 주형을 통해 자신의 경험을 범주화하고 평가한다. 이 도식들은 개인이 상황에 대해 어떻게 의미를 부여하는지를 지배하는 규칙들이다. 대부분의 사람들은 경험에 대한 부정적인 왜곡을 산출하는 '부정적 도식'을 만들어 낸다. 이러한 도식은 의식적 노력 없이 작용하고 일단 한 도식이 활성화되면 그것은 인지적 오류가 포함된 정보처리를 유발하며 그 결과는 '자동적 사고(automatic thoughts)'가 된다.

이러한 '자동적 사고'는 사람들이 자기도 모르는 사이에 생각을 불러일으키는 환경적 사건으로 인해 특정한 감정 및 행동반응이 자동적으로 일어나는 경향을 일컫는다. 이는 환경적 사건으로부터 심리적 증상이 생기도록 만드는 중요한 인지적 요인이 된다.

'자동적 사고'의 특성은 구체적인 상황에서 자동적으로 떠오르는 생각이나 영상 · 상황이나 사건에 대한 즉각적인 해석으로서, 어떤 의도나 의지 없이 자발적으로 나타나는 사고이다. 이러한 '자동적 사고'는 일부 현실을 반영하면서도 일부 역기능적 도식에 기초한 것이기 때문에 현실을 정확하게 반영할 수 없고, 개인의 감정이나 행동반응을 유발한다.

'역기능적 가정 혹은 믿음(dysfunctional assumptions or beliefs)'은 각 개인이 경험을 통해 자신과 세상에 대해서 지니고 있는 일반적인 가정이나 믿음 중에서 지나치게 경직되고 극단적이고 절대화된 것으로 그 내용보다는 형식의 경직성이 더 문제가 된다. 이러한 믿음은 구체적인 상황에서의 구체적인 자동적 사고를 통해 그 모습을 드러낸다.

(3) 인지적 왜곡

우리는 어떤 일이 일어났을 때 그것을 객관적으로 보기보다는 자기 나름대로 해석하는 경향이 있다. 이처럼 객관적 사실과 다르게 주관적으로 그릇된 해석을 하는 것을 '인지적 왜곡'이라고 하며, 이는 열등감을 일으키는 원인이자 특징이라고 할 수 있다. '인지적 왜곡'은 인간 내부의 비난의 소리가 자기존중감을 파괴시키는 데에 사용되는 도구이다. 왜곡은 특정 상황을 고려하지 않고 항상 전반적인 선에서 처리한다. 그것은 세상을 편협한 시각으로 보게 하여 문제의 단면만을 보게 하기 때문에 이성보다는 감정을 따르게 만든다. 이러한 '인지적 왜곡'에는 다음과 같은 것들이 있다.

가. 과잉 일반화

한두 가지 사건을 보고 나서 그것이 세상의 원리(rule)를 설명해 주는 것처럼 삶을 제한시키고 위축시키는 것이 과잉 일반화이다. 즉 이용 가능한 모든 자료를 객관적으로 관찰하고 그 자료를 설명하는 법칙을 발견하고 적용해 보는 것이 아니라, 하나의 사건이나 사실에 근거하여 일반적인 결론을 내리고 무관한 상황에서도 그 결론을 적용하는 오류이다. '결코', '항상', '매번', '전혀', '아무도', '모든 사람' 등과 같은 단어의 빈번한 사용은 지나친 일반화를 하고 있는 사람의 특징이라 할 수 있다. 한두 번의 실연으로 '항상', '누구에게나' 실연당할 것이라고 생각하는 경우가 그 예이다.

나. 이분법적 사고(흑백논리)

사건의 의미를 이분법적인 범주의 둘 중 하나로 해석하는 오류이다. 자신의 모든 행동과 경험을 '이것이냐, 저것이냐'로 양분하여 사고하는 것을 말한다. 자신이나 타인을 주인이냐 종이냐, 성인이냐 죄인이냐, 성공이냐 실패냐 등의 흑백논리로만 판단하는 것이다. 어떤 일의 성과를 성공이냐 실패냐의 이분법으로만 평가하거나 타인이 나를 미워하느냐 사랑하느냐의 둘 중 하나로만 생각할 뿐 중립을 인정하지 않는 것이다. 이와 같이 양극화된 사고의 문제는 양 측면 가운데서도 부정적 측면으로 자신을 몰고 간다는 점이다. 어느 누구도 항상 완벽할 수는 없다. 그러나 양극화 사고는 실수를 하게 되면 그 자리에서 자신을 나쁜 사람이라고 단정하게 되는데, 이것이 열등감을 가진 사람의 모습이기도 하다.

다. 임의적 추론

어떤 결론을 내릴 때 충분한 증거가 없음에도 불구하고 최종적인 결론을 성급히 내려 버리는 오류이다. 이러한 왜곡은 상황에 대한 비극적 결말이나 상황을 생각하는 것으로 이성친구가 바빠 자주 연락을 못하면 '이제 그가 나를 멀리하려 하는구나.'라는 식으로 결론을 내리고 혼자 이별을 준비하는 경우가 이에 해당된다.

라. 선택적 추상화

상황이나 사건의 주된 내용은 무시하고 일부 특정 정보에만 주의를 기울여서 사건 전체의 의미를 해석하는 오류이다. 발표할 때 많은 사람이 긍정적 반응을 주었음에도 불구하고 일부 소수의 부정적 반응에만 선택적으로 주의를 기울임으로써 '나의 발표는 엉망이었다.'라고 단정짓는 경우를 말한다.

마. 극대화 및 극소화

사건의 중요성이나 의미를 지나치게 과장하거나 축소하는 오류이다. 자신의 실수에 대해 실제보다 좀 더 큰 것처럼 보기도 하고 어떤 상황에 대해 실제보다 축소하기도 하는 것이다. 한 번 낙제점수를 받은 것으로 '내 인생은 이제 끝이다.'라고 생각하거나 일등을 하고도 '어쩌다 운이 좋아서 그렇게 되었겠지.'라고 생각하는 경우가 여기에 해당된다.

2) 합리정서행동치료

엘리스는 그의 합리정서행동치료(REBT: Rational Emotive Behavior Therapy)에서는 인지치료를 통한 구체적 상담진행 과정을 ABCDE로 도식화하여 설명하였는데, 인간의 신념이 정서와 행동에 크게 영향을 미친다는 점을 강조한다. 즉, 우리가 경험한 정서는 우리가 경험한 어떤 사실 그 자체에 의해서라기보다는 그 사실에 대해 어떻게 생각하느냐에 따라 달라진다는 점을 강조하고 있다. 따라서 REBT에서는 클라이언트가 상담과정을 통해 자신이 가졌던 비합리적 사고방식을 효율적이고 합리적 사고방식으로 대치하는 방법을 배우며 그 결과로 상황에 대한 정서적 반응을 보다 합리적으로 변화시키게 되는 것이다.

엘리스는 그의 이론을 1955년에는 합리적 치료(RT: Rational Therapy)라고 명명하였으나 1962년에는 정서를 포함하여 합리적 · 정서적 치료(RET: Rational Emotive Therapy)로, 그리고 1993년에는 정서 못지않게 행동을 중시하여 합리적 · 정서적 · 행동적 치료라는 뜻으로 REBT로 개칭하였다.

엘리스(Ellis, 1979)가 가정하는 REBT의 인간관은 다음과 같다.

첫째, 인간은 외부적 요인에 의해서 방해받기보다는 자신에 의해서 방해받는다.

둘째, 인간은 생득적으로 그리고 문화적으로 왜곡되게 생각하려는 경향을 지닌다.

셋째, 인간은 자신의 왜곡된 신념을 자신의 독특한 방식으로 형성하며 자신의 문제를 스스로 지속하는 경향이 있다.

넷째, 인간은 자신의 인지적 · 정서적 · 행동적 과정을 변화시키기 위한 역량을 지니고 있다.

(1) ABCDE 이론

엘리스의 성격이론의 핵심인 ABCDE 이론은 인지 재구성법으로서 인간의 비합리적 신념(Belief)이 어떻게 부적응적인 정서와 행동으로 고착되는지를 잘 설명해 주고 있다. ABCDE는 상담과정에서 중요한 치료절차로 이용되며 그 절차는 다음과 같다.

A(Activating Event, Antecedent)는 '선행 사건'으로 가령 시험에 떨어졌다든지, 실직하게 되었다든지, 여러 사람 앞에서 직장의 상사로부터 꾸지람을 들었을 경우와 같이 인간의 정서를 유발하는 어떤 사건이나 현상 또는 행위를 말한다.

B(Belief)는 '신념'으로 어떤 사건이나 행위 등과 같은 환경적 자극에 대해서 각 개인이 갖게 되는 태도, 즉 그의 신념체계 또는 사고방식이다. 신경증이나 부적응적 반응으로 고통당하는 사람들의 대부분은 '비합리적 신념체계(iB: irrational Belief)'를 가지고 있다. '비합리적 신념체계'란 사건이나 행위를 아주 수치스럽고 끔찍한 현상으로 해석하여 스스로를 징벌하고 자포자기하여 세상을 원망하는 사고방식을 말한다.

C(Consequence)는 '후속결과'이다. 유발 사건을 접했을 때 그 사건을 해석함으로써 느끼게 되는 정서적 · 행동적 결과를 말한다. 비합리적 사고를 가진 사람들의 대부분은 지나친 불안, 원망, 비판, 좌절감 등과 같은 감정을 느끼게 된다.

D(Dispute)는 '논박'으로 자신이 가지고 있는 비합리적 신념이나 사고에 대해서 도전해 보고 과연 그 신념이 사리에 맞는 것인지를 다시 한 번 검토해 보도록 상담자가 촉구하는 것을 말한다. 상담자는 논리적 원리들을 제시하여 클라이언트의 그릇된 신념들을 논박하여 클라이언트가 자기패배적 생각을 포기하고 합리적인 생각으로 바꾸도록 도와준다.

E(Effect)는 '효과'로 클라이언트가 가진 비합리적 신념을 철저하게 논박함으로써 합리적 신념으로 대치한 다음에 느끼게 되는 자기수용적 태도와 긍정적 감정의 결과를 지칭한다.

(2) 합리적 신념과 비합리적 신념

합리적 신념이란 사람들은 각자의 목표를 위해 삶을 살아가고 있다는 점을 인정하고 그 목표가 어떤 것이든 그 목표를 달성하는 데 도움을 주는 생각이나 느낌, 그리고 행동을 의미한다. 합리적 신념을 가지면 어떤 사건이나 사실에 대해 먼저 자기수용적 태도를 보이며 적절하고 바람직한 감정과 행동반응이 나타나게 된다.

반면 비합리적 신념이란 부적절한 정서와 부적응적 행동을 초래하는 것으로 사건의 의미를 둘 중 하나로 해석하는 '흑백논리적 사고', 한두 번의 사건에 근거하여 일반적 결론을 내리고 무관한 상황인데도 그 결론을 적용시키는 '과잉일반화', should나 must가 들어 있는 절대적이고 경직된 자신 · 타인 · 세상에 대한 '당위적 사고', 인간관계에서 일어나는 사건의 중요성이나 크기를 지나치게 확대하거나 축소적으로 평가하는 '의미 확대 및 축소', 자신의 실패나 실수를 자신의 무능력이나 무가치로 폄하시켜 마치 자신의 전체인양 평가하는 '자기비하적 사고' 등이 그 특징이다.

(3) 엘리스가 제시한 궁극적 상담목표인 정신건강의 기준

엘리스는 상담의 궁극적 목표로 정신건강의 기준을 제시하였는데, 그 내용은 다음과 같다.

- 자기흥미(self-interest) : 정서적으로 건강한 사람은 자기 자신에게 관심을 가질 수 있는 역량을 가지고 있다.
- 사회적 관심(social-interest) : 집단 속에서 유리되지 않고 관계적인 맥락 속에서 인간에 대한 관심을 가지고 있다.
- 자기지향(self-direction) : 자신의 삶에 대한 책임감이 있으며 자신의 문제에 대해 독립적으로 풀 수 있는 능력이 있다.
- 관용(tolerance) : 타인의 실수에 관용적이며 실수하는 사람들을 비난하지 않는다.
- 융통성(flexibility) : 건강한 사람들은 자신의 생각에 대해 융통성이 있으며 변화에 대해 수긍하고 타인에 대해 편협하지 않은 견해를 가진다.
- 불확실성의 수용(acceptance of uncertainty) : 성숙한 사람은 불확실성의 세계에 살

고 있음을 깨닫는다.

- 몰두(commitment) : 건강한 사람은 자신의 외부세계에 강하게 몰두할 수 있는 능력이 있다.
- 과학적 사고(scientific thinking) : 성숙한 사람은 깊게 느끼고 구체적으로 행동할 수 있다. 그러나 그들은 정서나 행동의 결과를 숙고해 봄으로써 정서나 행동을 규율화시킬 수 있다.
- 자기수용(self-acceptance) : 건강한 사람은 자신이 살아있다는 사실 자체를 받아들인다. 그리고 그들의 기본적인 가치를 타인의 평가나 외부적 성취에 의해서 평가하지 않는다.
- 위험 무릅쓰기(risk-taking) : 정서적으로 건강한 사람은 무모하지는 않지만 모험적인 경향이 있다.
- 비이상주의(nonutopianism) : 이상향적 존재를 성취할 수 없다는 현실을 사실로 받아들인다.
- 자신의 정서적 장애에 대한 책임감(self-responsibility for own emotional disturbance) : 건강한 사람은 자신의 정서적 장애가 자신의 책임임을 받아들인다.

3) 인지치료와 사회복지 실천

인지치료는 활동적이고 체계적이며 심리교육적이고 상담자와 클라이언트가 공조적으로 대화하는 적극적 상담방법이다. 클라이언트는 위에서 언급한 인지치료이론에 대한 가르침을 받는다. 인지치료자는 인지상담기술을 사용하기 위한 기초로서 클라이언트와 서로 존중하는 인간관계와 신뢰를 건설하도록 노력해야 한다. 인지치료는 전통적 심리치료와는 다른데, 그 특성은 다음과 같다.

(1) 인지치료의 특성

가. 단기상담 모형

인지치료는 단기적 형태를 취하고 있다. 벡의 인지치료에서는 우울과 불안의 문제는 보통 4~14회 동안 치료한다. 엘리스의 REBT(Rational Emotive Behavior Therapy)에서는 클라이언트가 성격장애나 심각한 정신질환자가 아니라면 대부분의 경우는 10~20회 사이에서 치료가 수행된다. 성격장애의 경우도 전통적 심리치료보다는 훨씬 시간이 덜 걸린다.

상담을 단기간에 이루기 위해 문제를 단순화하기, 치료전략을 구체적이고 상세하게 하기, 숙제의 강조, 문제를 지속적으로 평가하기, 적절한 주제에 초점두기, 철저한 시간관리, 다룰 수 있는 문제에 초점 두기 등의 전략을 갖는다.

나. 교육적 방법의 적극적 활용

인지치료 과정 중에는 인지치료 이론과 개념에 대한 구체적 설명과 교육이 많이 포함된다. 그러므로 상담자에게 강력한 교사의 역할을 요구한다. 따라서 인지치료자는 유용한 의사전달의 기술과 설득력 있게 가르치는 기술을 획득해야 한다. 상담자는 클라이언트에게 그가 지닌 문제의 본실과 과성에 내해서도 교육한다. 특히 클라이언트 자신이 사고와 신념을 찾고, 규정하고, 평가하며, 행동변화를 계획하도록 가르친다.

다. 행동치료의 활용

인지치료는 클라이언트의 사고 · 느낌 · 바람 · 꿈 · 태도와 같은 내면적 경험을 강조한다는 면에서 행동치료와 대조된다. 인지치료는 클라이언트와 자신에 대한 역기능적인 생각(idea)과 신념(beliefs), 경험과 가정에서 나온 미래들을 다루며 그러한 체계적 방법 속에서 이 가정들의 효율성을 시험하고자 한다. 즉, 대부분의 경험들은 클라이언트의 부정적 견해와 신념들에 어떻게 관계되어 있는지 실험의 기회를 마련하게 될 것이다. 이를 위해 상담현장에서는 인지치료와 행동치료를 함께 적용하는 '인지행동치료'의 형태로 진행되는 경우가 많다.

라. 자기조력 및 자가치료적 접근

인지치료에서는 상담자가 모든 문제의 해결을 도와주지 않는다. 클라이언트가 호소하는 가장 중요한 문제 또는 임상적으로 심각한 문제를 선택하여 심리교육을 통하여 스스로 해결할 수 있는 능력을 배양해 준다. 상담이나 치료의 종결 후 새롭게 출현한 문제나 아니면 상담과정 중에서 아직 미해결과제로 남아 있는 문제를 스스로 해결하고 교정할 것을 강화한다.

마. 과제 부여

과제는 상담의 효율성을 증진시키고 클라이언트 스스로 자신의 삶을 꾸려가는 독립성을 키우는 데 중요한 역할을 한다. 인간의 행동 변화는 상담의 회기 중에 일어나기보다는 일상생활 속에서 일어나므로 상담 밖의 과제가 중요시되고 있다.

바. 구조화된 모델

인지치료는 고도로 구조화되어 있고 목적 지향적이다. 상담자는 필요에 따라 과제물이나 인쇄물을 나누어 주어 클라이언트로 하여금 목표에서 벗어나지 않게 한다. 그들은 역기능적인 자동적 사고들과 그 사고들 기저에 있는 핵심 신념들을 평가하고 체계적 방법을 학습한다.

사. 치료자의 역할

인지치료는 절충적이고 능동적이며 인지적이고 지시적인 행동과정교육을 강조하는 방법이며, 상담자는 정서적으로 매우 안정되고 합리적으로 용기 있게 살아가는 본보기가 되어야 한다. 대개 통찰만으로는 성격 변화를 가져오지 못하지만, 계속해서 자신을 파괴하는 방식을 알게 하고 그들도 변화할 수 있다는 것을 알도록 클라이언트를 도울 수는 있다. 치료자의 구체적 역할은 다음과 같다.

- 클라이언트에게 많은 장애행동을 유발하는 기본적 비합리적인 사고를 찾아내도록 격려한다.
- 클라이언트에게 자신의 생각이 타당한지를 확인하도록 한다.
- 클라이언트에게 자신이 가진 사고의 비논리적 속성을 보여 준다.
- 유머를 사용해 클라이언트가 가진 사고의 비합리성을 직면시킨다.
- 논리적 분석을 통해 클라이언트의 비합리적 신념을 최소화한다.
- 클라이언트의 신념이 얼마나 비생산적이며 어떻게 정서적 · 행동적 장애를 일으키는지 보여준다.
- 비합리적 사고를 경험적 토대를 가진 더 합리적인 사고로 대치할 수 있는 방법을 설명한다.
- 사고에 과학적 접근을 적용하는 방법을 가르쳐서 그들이 관찰할 수 있도록 하고 자기파괴적 방식으로 느끼고 행동하게 만드는 현재나 미래의 비합리적 사고와 비논리적 추론을 최소화할 수 있게 한다.
- 인지적 · 정서적 · 행동적 기법을 사용해서 클라이언트가 직접 자신의 감정을 처리하도록 도와 장애에 대항해서 행동하도록 한다.

(2) 인지치료의 기법과 적용

가. 인지치료 기법

① 인지적 기법

스스로에게 계속해서 말하고 있는 것이 무엇인지를 보여주며 현실에 기초한 철학을 획득하도록 독려하는 것으로 대표적인 방법들은 다음과 같다.

- 비합리적 신념 논박하기 : 당위와 비논리성, 비현실성, 비실용성을 검토한다.

• 자기논박 : 자기 제한적 신념에 도전하는 모험을 하도록 독려한다.
• 클라이언트의 부정적 언어를 변화시킨다.
• 유머의 사용 : 고집스럽게 유지하고 있는 생각들이 불합리하다는 것을 보여주고, 클라이언트로 하여금 그들 스스로 덜 심각하게 생각하도록 돕기도 한다. 이는 불안을 덜어주기도 하고 사고나 행동의 변화를 가져오는 계기가 될 수도 있다.
• 암시 : 부정적 사고를 긍정적 사고로 대체시키는 방법을 보여줌으로써 클라이언트가 개선될 수 있다는 것을 암시한다.
• 인지치료와 관련된 서적을 읽어 오게 하는 등의 과제를 부과한다.

② 정서적 기법

• 무조건적 수용 : 실수하는 자신을 수용함으로써 자신을 개방할 수 있는데, 자신을 개방할 때 자신의 혼란된 정서와 접할 수 있다.
• 합리정서 상상(rational-emotive imagery) : 새로운 정서 · 패턴을 확립하고 실제 생활에서 생각하고 느끼고 행동하고자 하는 바로 그 방식으로 생각하고 느끼고 행동하는 자신을 상상한다.
• 역할연기 : 어떤 행동을 시연함으로써 그 상황에서 느끼는 것을 알아볼 수 있으며 이어서 도전할 수 있다.
• 모델링(시범) : 상담과정에서 클라이언트라면 화가 났을 상황인데도 상담자가 화를 내지 않고 말하거나, 상담자가 실수를 하였는데도 죄책감을 느끼거나 자신을 비하하지 않고 실수를 받아들이는 것을 보여줄 수 있다.
• 수치심 공격 연습(shame-attacking exercises) : 다른 사람들이 클라이언트를 인정하지 않을 때조차도 수치감을 느끼지 않도록 하는 것이다. 정서장애의 중요한 핵심 중 하나는 부끄러움 혹은 자기비난이다. 과제 실행으로 인해 클라이언트들은 다른 사람들이 자신의 행동에 실제로 그렇게 많은 관심을 가지고 있지 않다는 것

을 알게 되면서 수치심을 스스로 만들어 냈다는 사실을 깨닫고 덜 억제된 방식으로 행동하게 된다.

나. 행동적 기법

대표적으로 조작적 조건 형성(보상기법), 자기관리 원칙, 체계적 둔감법, (근육)이완기법, 모델링, 기술훈련, 표현훈련, 과제부과, 자극통제, 고정역할치료(fixed role therapy) 등이 있으며 REBT에서는 다음과 같은 기법을 사용한다.

- 행동과제를 부여한다.
- 클라이언트가 일상생활에서 모험을 하고 새로운 경험을 함으로써 비능률적인 습관을 버리도록 한다.
- 만성적 불안감정을 장시간 경험해 보도록 권장한다.
- 일을 미루는 습관을 고치기 위해 즉시 일에 착수하도록 유도한다.
- 합리적 인간이 된 것처럼 연출하여 매사에 합리적으로 생각하고 행동하도록 지시한다.

인지치료는 근본적으로 클라이언트가 자기 자신과 삶에 대해서 보다 더 현실적이고 유연한 태도를 갖도록 유도한다. 이를 통해 인생의 좌절을 유연하게 극복하고 현실에 효과적으로 적용할 수 있는 지혜롭고 현명한 사람이 되도록 돕는 것을 목표로 한다.

(3) 인지치료이론과 사회복지 실천영역

인지치료의 ABCDE 모형은 상담과정을 간단명료하게 보여준다는 장점이 있다. 또한 인지치료의 특성상 스스로 과제를 통해 통찰을 가지고 그것을 행동으로 옮길 수 있다는 점에서 다양한 클라이언트에게 적용될 수 있다.

경미한 불안이나 우울과 같은 정서적 문제는 인지치료의 대표적인 대상이다. 뿐만 아니라 가정폭력 가해자와 피해자로부터 사회적 적응에 문제를 나타내는 청소년·

아동에 이르기까지 그 적용 영역이 다양하다. 이러한 차원에서 최근 확대되고 있는 정신보건 및 활용이 활발히 진행될 필요가 있으며 인지치료의 방법은 활용 가능성이 큰 이론이라고 생각된다.

이러한 장점에도 불구하고 REBT의 경우, 한국인에게 '합리적'이라는 단어가 주는 부정적 인상에서 볼 수 있듯이 모든 행동을 합리적 사고로 비추는 데 한계가 있다는 점, 그리고 지시적이고 과제지향적이어서 지나친 온정적 태도를 경계하는 치료의 특성상 클라이언트에게 상처를 줄 수도 있다는 점에서 그 대상이 제한적일 수밖에 없는 것 또한 사실이다.

CHAPTER 11

행동주의 이론과 인간행동

행동주의적 접근방법은 임상사회사업의 다른 어떤 이론이나 모델보다도 인간을 환경 속에서 보려는 사회복지의 전통적 노력에 가장 가까이 접근하고 있다. 이 접근방법은 개인과 환경 사이에서 일어나는 거래를 향상시키고, 클라이언트의 생활기술을 증진시키며 환경을 변화시키기 위하여 계획된 직접적 개입활동에 초점을 두고 있다(Dorfman, 1991).

행동주의는 학습에 초점을 두고 있으며, 선행조건과 결과에 의해서 행동이 형성된다는 입장을 가지고 있다. 초기 행동주의는 정신, 의식, 내적 과정 따위와 같은 정신적 구성 개념을 거부하고 실험적으로 증명할 수 없는 현상보다는 관찰 가능한 행동을 연구하는 것에 강조를 두고 있다. 초기 행동주의는 인간행동에 영향을 끼치는 내적 과정을 중요시하며 학습된 행동은 사고, 기대, 정서에 의해서 전달되고, 관찰 가능한 학습이나 모델링의 중요성을 강조한다.

행동주의 이론은 학습에 일차적인 관심을 두고 있다. 인간은 행동을 획득하거나 변화하기 위해서 다양한 과정을 겪는다. 학습이 발생하는 두 가지 기본과정은 고전적 조건화와 조작적 조건화이다. 고전적 조건화(classical conditioning)는 연상에 기초하여 발생하는 학습을 강조하는데, 이는 자연스럽게 만족시키는 자극이 중립적인 자극과 연결될 때 발생한다. 이와는 달리 조작적 조건화(operant conditioning)는 자극과 다른 것과 연상을 시키기보다는 강화를 중요하게 생각한다. 새롭게 학습된 행동은 조건화된 반응, 반영, 습관이라고 한다. 행동은 욕구에 의해서 동기화되고 보상과 처벌이라는 형태의 강화에 의해서 견고해지거나 약화된다. 사회학습 이론에서 행동은 관찰이나 모델링을 통해서 학습되며, 관찰된 행동이 행동적인 재생산을 하기 이전에 내적인 인지적 과정에 의해서 먼저 형성된다.

역사적 맥락을 살펴보면, 행동주의 이론은 20세기에 걸쳐 심리적 사고에 영향을 받은 파블로프, 왓슨, 손다이크 등의 연구를 통하여 발전하였다(Gibbons, 1955). 비록 행동주의 이론이 그 명성에 있어서 과거 20년 이상 쇠퇴를 경험하고 있다고 할지라도 여전히 행동주의적 개념들은 심리학과 인간행동 연구에 큰 영향을 끼치고 있으며 행동주의 학습원리는 인간행동의 변화를 위한 이론과 기술적인 면에서 큰 공헌을 하고 있다. 더욱이 급진적인 행동주의 이론, 사회학습 이론, 그리고 이러한 이론들의 융합인 인지행동 이론은 인간행동을 이해하기 위해서 지속적으로 활용되고 있다(Kendall, 1993 ; Sheldon, 1995).

1. 초기 행동주의 이론

1) 파블로프의 이론

러시아 심리학자인 파블로프의 조건화된 반응 이론은 심리학서 지대한 영향을 끼쳤다(Martindale, 1988). 파블로프는 반응을 만들어 내기에 충분하지 않은 환경적인 자극을 충분한 자극과 연결시킴으로써 반응을 이끌어낼 수 있다는 것을 보여주었다. 파블로프의 초기 연구에 기초하여 발전된 고전적(또는 반응적) 조건화는 행동주의 심리학에서 이론적 · 실험적 기초를 제공하였다. 파블로프는 과학적인 연구과정에서 여러 연구들을 반복적으로 응용하여 다양한 원리들을 발전시켰다. 일반적으로 사용되는 기본 개념은 다음과 같다.

(1) 고전적 조건화

고전적 조건화는 새로운 자극에 의하여 반응을 일으키게 하는 것으로 파블로프의 실험에 의해서 유명해졌다. 그는 개의 타액 분비에 관한 연구를 하는 과정에서 다음과 같은 사실을 발견하였다. 개에 대한 실험에서 개에게 무조건자극(고깃덩어리 :

unconditioned stimulus)을 주었을 때, 무조건반응(침 흘림 : unconditioned response)을 나타내었다. 그 이유는 개들은 음식물을 보면 자연스럽게 침을 흘리기 때문이다. 파블로프는 반복적인 시도를 하면서 종소리를 고깃덩어리와 연결시켰는데, 나중에는 종소리(조건자극 : conditioned stimulus)만 울려도 조건반응(종소리를 듣고 개가 침을 흘림 : conditioned response)을 나타내어서 종소리가 조건자극이 되었다는 사실을 발견하였다. 이 경우 종소리는 원래 타액분비와는 관계가 없는 중성자극(neutral stimulus)이기 때문에 단지 종소리만으로는 개가 침을 흘리지는 않는다. 그러나 중성자극을 일차적인 유발자극과 연결시켜서 개에게 투입함으로써 중성자극에도 타액을 분비하는 반응이 유발된다. 이로써 중성자극에도 타액을 분비하는 반응이 유발된다.

고전적 조건화이다. 조건자극으로 인하여 침을 흘리는 반응을 조건반응이라고 하는데, 조건반응은 주어진 자극에 대한 새로운 반응이며 학습된 반응이다. 파블로프의 실험에서는 조건자극과 무조건자극을 짝짓는 것이었다. 두 자극과 반응 간의 연합이 지속될 경우 조건반응이 강화된다. 반응적인 행동은 특별한 자극에 의하여 유발되는데, 이러한 반응은 선천적일 수도 있고 학습된 것일 수도 있다. 파블로프의 실험에서 음식에 의한 침의 발생은 선천적인 것이며, 종소리에 의한 침의 발생은 학습된 것이라고 할 수 있다.

(2) 일반화

일반화(generalization)는 조건화된 자극과 비슷하지만 동일하지 않은 자극에 대한 조건화된 반응의 연속이다. 예를 들어 어떤 특정한 종소리가 조건자극으로 사용되었다면 이 소리와 유사한 소리를 내는 종소리에도 개가 침을 흘리는 조건화된 반응을 나타낼 수가 있다. 두 가지 자극이 유사할수록 두 번째 자극에 대한 반응 확률이 증가하며 일반화의 정도는 더욱 커진다. 우리 속담에 "자라 보고 놀란 가슴, 솥뚜껑 보고 놀란다."는 말은 비슷한 자극에 대한 일반화된 반응의 예라고 할 수 있다.

(3) 변별자극

변별자극(discriminative stimulus)이란 특정한 반응이 보상되거나 보상되지 않을 것이라는 단서 또는 신호로 작용하게 되는 자극을 말한다. 즉, 어떤 행동이나 반응을 보여야 바람직한 결과를 얻을 수 있을 것인지를 알려 주는 신호이다. 예를 들어 동물에게 두 가지 소리를 들려주지만, 첫 번째 소리가 날 때만 강화를 반복하면 동물은 두 가지 소리를 변별하는 것을 학습하게 되고 결국은 첫 번째 소리에 대해서만 조건반응을 나타낸다. 두 가지 소리가 차이가 날수록 변별은 더욱 쉽게 이루어진다.

변별자극이 인간행동을 완전히 통제할 수 있는 것은 아니다. 그러나 어떤 바람직한 결과를 성취하거나 덜 위협적인 결과를 성취하려면 어떤 행동을 선택해야 할지를 알려 주는 기능을 하기 때문에 인간은 변별자극을 통하여 자신의 외부체계를 더 잘 관리하고, 예측하며 통제할 수 있게 된다.

(4) 학습 소거

학습 소거(extinction)는 조건자극(종소리)과 무조건자극(고깃덩어리)이 더 이상 연결되지 않을 때, 조건자극(종소리)만 계속 제시하면 학습된 조건반응(타액 분비)이 점차로 줄어들거나 결국은 없어지는 것이다. 즉, 무조건자극을 생략하고 조건자극만을 계속 제시하면 조건반응은 점차로 약화되어 결국 소멸하게 되는데, 이를 학습 소거라고 한다.

(5) 자연적 회복

학습된 행동이 소거된 후에, 어떤 종소리도 없이 고깃덩어리가 개에게 주어진다면 처음에는 종소리만으로는 침 흘리는 반응이 나타나지 않는다. 그러나 만약 충분한 노력으로 원래의 조건화가 주어진다면 조건화된 반응이 다시 나타나면서 반응에 대한 자연적인 회복(spontaneous recovery)이 일어난다. 이는 소거된 학습행동이 자극의 조건화에 의해서 자연스럽게 회복되기 때문이다.

인간에게 있어서 어떤 문제들은 파블로프적인 학습과정의 산물로서 정서적 또는 육체적인 반응과 관련되어 있다. 예를 들어, 공황이나 과도한 불안반응, 심리적인 성교불능상태, 성기능장애, 암환자의 화학요법 이전에 나타나는 예기적인 메스꺼움 따위가 있다. 이러한 반응들은 비자발적인 환경적 자극의 결과라고 할 수 있다.

비록 파블로프의 연구가 행동주의 이론을 총망라하지는 않는다 하더라도 그의 업적은 자극-반응 심리학 영역을 형성하는 데 지대한 영향을 끼쳤다. 동시대 학자인 왓슨과 손다이크는 자극과 반응의 기초 위에서 유사하게 수립한 학습이론을 독립적으로 고안했다. 비록 인간의 학습이 인간 내적인 성질과 행동에서의 변화로부터 이루어진다 할지라고 그 변화들은 현존하는 관찰 가능한 행동에 의해서만 할 수 있다고 주장하였다.

2) 왓슨의 이론

파블로프의 조건화 원리들에 영향을 받은 미국 심리학자 왓슨은 심리학 내에서 큰 변화를 일으킨 행동주의 학자로 일반에게 알려져 있다. 왓슨은 행동주의란 인간행동을 예견하고 통제하는 것에 목적을 둔 자연과학이라고 정의하였고, 행동이란 적절한 자극을 선택함으로써 형성될 수 있다고 강조하였다. 왓슨은 처음에는 흰 쥐를 무서워하지 않던 11개월된 소년에게 자극을 조건화하여 흰 쥐에 대한 공포반응을 만들어 내었다(Corsini & Marsella, 1983). 왓슨은 그 아이가 공포반응을 일으키는 자극(큰 소리 : 무조건 자극)과 쥐의 출현을 동시에 짝지음으로써 공포반응이 일어나는 것을 보여주었다. 그러나 이후에 쥐만 계속 보여주는 것으로는 큰 소리가 날 때 보였던 것과 같은 공포반응이 나타나지 않았고, 그 반응은 점차로 소거되었다. 즉, 아이는 큰 소리에 대한 공포를 쥐와 짝지어서 연상했으며 시간이 지남에 따라 쥐만 나타나도 아이가 공포반응을 일으키기에 충분하였다.

자극에 대한 반응이 반복적으로 연관 지어지면 이것은 습관이 되고 조건화된 자극-반응(S-R)의 관계를 이루게 된다. 왓슨은 이러한 연상적 과정이 자연스럽게 반영되는 것이라고 보았지만 이것이 습관을 형성하는 요소인 강화라고 생각하지는 않았다. 오히려 학습이란 자극과 반응 사이의 밀접한 관계의 기능이라고 믿었다. 왓슨은 정신병리란 본능이나 해결되지 않은 오이디푸스적인 내적 갈등이라기보다는 조건화된 학습의 결과라고 생각하였다.

왓슨은 자신의 행동주의적 입장이 아이들의 환경을 조절하는 기회를 제공한다고 했으며, 『유아와 아동의 심리적 보호』에서 이러한 명제를 강조했다. 그는 순수한 행동주의적 관점을 반영하였는데, 이는 인간행동을 결정짓는 데 있어서 유전과 의식주의(mentalism)의 역할을 전적으로 거부하는 것이다. 이러한 면에서 인간과 다른 종(種) 사이의 구별은 결과적으로 없어지게 된다.

3) 손다이크의 이론

왓슨과 같이 손다이크는 관찰 가능한 행동 그 이상의 의식을 강조하는 것을 피하고 자료수집에서 내성(introspection)을 거부하였다. 그리고 인간의 내부활동은 단지 행동을 통해서만 식별할 수 있다고 하였다. 그러나 손다이크는 왓슨과는 달리 인간의 내적인 반응과의 관련성에 관심을 가졌다. 또한 매우 고도로 정교한 기술 습득과 문제해결을 설명하기 위해서는 사고(생각)에 의한 학습이 중요하다는 개념을 제안하면서 사고를 고려하지 않는 것은 지나치게 행동주의에 몰두하는 것이라고 하였다. 더욱이 종소리에 침을 흘리도록 가르치는 것은 자극과 반응이 동시에 주어지는 것이 아니라 단순이 시간적으로 한 가지가 다른 한 가지보다 뒤에 주어졌기 때문에 엄격한 의미에서 행동주의의 기본을 만족시키지 못한다고 하였다.

손다이크는 자극과 반응 사이의 강한 관계는 어떤 보상으로도 되는 것이 아니며, 단지 보상은 자극-반응관계를 강하게 하거나 약하게 하는 데 영향을 주는 결과의 역할임을 강조하였다. 어떤 결과는 만족감을 주는 반면에 어떤 결과는 불만족을 주기 때문에 학습이 약해지거나 강화된다. 손다이크는 이것을 '효과의 법칙(Law of Effect)'이라고 하였으며 그의 연구는 매우 영향력이 있었다. 연상적인 학습과 조건화된 반응이라는 개념을 뛰어넘어 고도로 복잡한 인지적 과정뿐 아니라 행동적인 결과에 대한 생각은 급진적 행동주의자보다 한발 앞섰고 사회학습 이론의 발달을 위한 중요한 기초가 되었다.

손다이크처럼 톨만(Tolman)도 왓슨의 극단적인 환경론적 이론과 의식주의를 고려하지 않은 점을 거부하였다. 그는 기대, 목적, 인지와 같은 변수들이 자극-반응 연결에 있어서 중요한 요소라고 하였다. 이러한 후기 학자들은 사회학습 이론과 신행동주의 이론의 발달에 도움을 주었다.

2. 스키너의 이론

1) 스키너의 생애

스키너는 1904년 미국 펜실베이니아에서 태어나 소년 시절에는 물건을 디자인하고 만드는 데 많은 시간을 보냈다. 고교시절에는 재즈 밴드에서 연주를 하기도 하고, 친구들과 오케스트라 단원이 되어 지방 영화관에서 공연도 하였다. 대학시절에는 해밀턴대학에서 영문학을 공부하였는데, 재학 중에 심리학 관련 과목은 전혀 수강하지 않았다. 대학 졸업 후에는 작가가 되려고 했으나 결국은 포기하고 1928년 하버드대학의 심리학과 대학원에 입학해 동물행동을 전공하였으며, 1931년에 박사학위를 받았다. 이후 1936년까지 하버드에서 연구를 계속하였는데 그의 연구는 동물의 신경체제에 관한 것이었다. 1936년부터 1945년까지 미네소타대학에서 강의를 하면서 행동주의 학파의 선구자적 위치를 구축하였다. 그는 실험심리학 학회로부터의 워렌상(Warren Medal)과 미국 심리학회의 특별과학 공로상을 비롯하여 심리학 분야에서 여러 상을 수상하였다.

스키너가 가장 많이 관심을 가진 영역은 행동의 경험적 분석이다. 처음에는 쥐나 비둘기 등 하등동물을 연구한 후, 그 원리를 성인과 자폐증 아동 연구, 인간 언어 분석, 학습기계의 고안 따위에 적용하였다. 그는 '스키너 상자(skinner box)'로 알려진 장치로 동물의 조작적 행동(operant behavior)을 연구하였고, 온도가 조절된 유아용 침대를 고안하여 자신의 어린 딸에게 사용하였다. 이러한 스키너의 다양한 업적을 볼 때, 그는 현대 심리학에 있어서 중요한 인물로 평가할 수 있다.

2) 주요 개념

(1) 조작적 조건화

조작적 조건화(operant conditioning)는 손다이크가 실시한 도구적 조건화(instrumental conditioning)의 실험에서 유래되었다. 그는 음식물을 얻기 위하여 지렛대를 조작해야만 빠져 나올 수 있는 미로상자에 실험동물을 집어넣어서 실험한 결과, 동물들은 여러 번의 시행착오를 거친 후가 아니라 즉시 지렛대를 조작하여 미로상자를 빠져나오는 방법을 학습하는 것을 발견하였다. 이러한 과정을 효과의 법칙(law of effect)이라고 한다. 이 법칙에 따르면 모든 행동의 효과(결과)는 어떤 유기체가 앞으로 그 행동을 나타낼 행동의 원인이 된다는 것이다.

스키너는 도구적 조건화 또는 조작적 조건화에 의해 습득된 행동을 조작적 행동이라고 하였으며, 조건화된 자극-반응이 학습된 행동의 가장 간단한 예가 될 수 있다고 생각하였다. 사람들은 환경적 자극과 행동 간의 관계를 만드는 능력을 발전시키고, 강화는 시간이 지날수록 행동을 유지시키는 수단이 된다. 자극-반응 이론가들과 관련하여 스키너는 반응적 조건화(respondent conditioning)의 과정이란 조건화된 자극과 명확하게 연결되어 있다고 믿어서 어떤 행동들은 이러한 방법으로 학습된다는 생각에 동의하였다. 그러나 인간이 새로운 환경에 효과적으로 대처하기 위해서는 조작적 조건화가 필요하다고 하였다.

반응적 조건화가 행동의 선행조건에 초점을 두는 반면에, 조작적 조건화는 행동이 발생한 이후의 결과에 관심을 둔다. 그래서 행동은 결과에 의하여 형성되고 유지된다고 보았다. 음식, 돈, 성관계, 위험한 것으로부터의 도피 따위는 생존을 위해서 중요하며 이러한 것을 추구하는 행동은 생존적 지지를 지니고 있다. 이러한 환경적인 요소들은 행동의 결과라고 할 수 있으며 생존적 결과에 따르는 행동을 발생시키는 강화물이 된다. 예를 들어 배고픈 사람이 음식을 찾고자 행동할 때, 그 행동은 음식에 의해서 강화되며 반복된다. 다시 말해 강화시키는 결과에 따라서 행동이 반복적으로 일어난다.

조작적 조건화는 여러 반응 중의 하나가 보상받음으로써 보상받은 행동이 학습되는 것으로 스키너는 '스키너 상자'라는 실험장치를 통하여 유기체가 복잡한 환경 상태에서도 스스로 반응양식을 습득하고 강화해 나가는 것을 발견하였다. 스키너 상자는 작은 상자로서 이 안에 있는 동물은 마음대로 돌아다닐 수 있도록 되어 있다. 한쪽에는 지렛대가 있는데 이것을 누르면 자동적으로 먹이나 물이 나온다. 예를 들어서, 쥐가 배가 고파서 먹이를 찾기 위해 이리저리 돌아다니다가 우연히 지렛대를 누르게 된다. 그 결과로 먹이 조각이나 물을 보상으로 받게 되면 쥐는 시간이 지남에 따라서 지렛대를 더욱 자주 누르게 된다. 그 결과로 먹이 조각이나 물을 보상으로 받게 되면 쥐는 시간이 지남에 따라서 지렛대를 더욱 자주 누르게 된다. 이러한 과정을 '조작적 조건화'라고 하며 그 반응을 '조작적 반응'이라고 한다.

파블로프의 행동주의 이론은 비자발적인 반사행동을 유발하는 환경적 자극의 역할에 초점을 두고 있는 반면, 스키너의 행동주의 이론은 개인의 과거행동의 결과가 어떻게 그 개인의 현재 행동에 영향을 끼치는가에 초점을 두고 있다.

(2) 강화

스키너의 조작적 조건형성의 중심 원리는 강화(reinforcement)에 있다. 조작은 선행하는 자극에 따라서 일어나는 것이 아니라 반응의 결과에 초점을 둔다. 반응의 결과는 그 반응을 증가시키거나 약화시킨다. 반응을 증진시키는 결과를 강화물(reinforcers)이라 하고 반응을 감소시키는 결과는 처벌이라고 한다. 강화에는 정적 강화(positive reinforcement)와 부적 강화(negative reinforcement)가 있는데, 이 두 가지는 강화된 반응을 이끌어 내는 것이라는 면에서 공통점이 있다.

정적 강화물은 음식, 돈, 칭찬과 같은 특별한 것이다. 어떤 행동이 있은 후에 정적 강화를 곧바로 제공하는 경우, 예를 들면 자기 방을 깨끗하게 청소한 아들에게 아버지가 칭찬을 하거나 용돈을 주는 경우이다. 정적 강화를 받은 아이는 이후에도 보상받은 행동을 하려고 할 것이다. 반면에 부적 강화는 귀찮은 사람을 피해서 걷거나 우는 아이에게 아예 관심을 주지 않는 것처럼 불쾌함을 나타내지 않고 철회하는 것이다. 행동수정을 위해서 정적 강화와 부적 강화를 설계할 때는 단지 자극을 나타내거나 철회하는 방법을 사용한다.

(3) 처벌

처벌(punishment)은 부적 강화와는 다른 개념으로서 부적 강화와는 반대의 효과를 지니고 있다. 정적 강화와 부적 강화는 바람직한 행동을 증가시키는 데 초점을 두고 있지만, 처벌은 바람직하지 않은 행동을 감소시키는 데 초점을 두고 있다. 처벌에는 두 가지 종류가 있다. 한 가지는 불쾌한 자극을 제공하는 것으로, 예를 들면 말을 잘 듣지 않고 계속 투정을 부리는 아이의 엉덩이를 때린다거나 심하게 야단을 치는 경우이다. 또 다른 한 가지 종류는 어떤 행동에 대하여 긍정적인 강화를 철회하는 것이다.

처벌은 반응을 감소시키기 위한 것이 목적이지만 처벌을 사용하는 경우에는 부작용이 생길 수가 있다. 즉 처벌로 인하여 공격적인 행동이 유발되기도 하고, 처벌자에 대하여 부정적인 경험을 하여 벌을 주는 사람으로부터 도피하거나 회피적인 행동이 나타날 수 있다. 예를 들면 아버지로부터 심하게 벌을 받은 아동은 그 이후로 모든 남자들과의 접촉을 어려워하며 회피할 수 있으며, 처벌받은 자극으로 인하여 공포감이나 당혹스러움과 같은 정서적 반응이 생기기도 한다. 이러한 정서적인 반응이 조건화됨으로써 특정한 처벌행동을 보기만 해도 정서적 반응을 유발할 수가 있다(장인협, 1990). 처벌은 강화와는 달리 새로운 행동을 학습하게 해주지는 않지만 때로는 인간행동의 변화를 위해 필요하다. 그러나 처벌의 효과를 유지하기 위해서는 지속적인 감독이 필요하다.

(4) 일차적 강화물과 이차적 강화물

스키너는 두 가지 유형의 강화물, 즉 일차적 강화물과 이차적 강화물에 대해 설명하였다. 일차적 강화물(primary reinforcers)은 음식, 물, 따뜻함 따위와 같이 무조건자극으로서 이는 학습이 필요하지 않는 것들이다. 반면에 이차적 강화물(secondary reinforcers)은 조건적인 역사를 통하여 학습되고 개발된다. 돈, 관심, 칭찬, 애정과 같은 이차적 강화물은 인간행동을 형성하는 데 있어서 매우 중요하다.

(5) 강화 스케줄

강화 스케줄이란 강화를 제공하는 유형으로서 스키너는 반응에 대한 다양한 강화 스케줄의 효과에 대하여 설명하였다. 나타난 반응에 대하여 지속적으로 강화하거나 간헐적으로 강화할 수 있다. 지속적 강화(continuous reinforcement)는 반응이 있을 때마다 강화를 주는 것이다. 그러나 매번 반응이 있을 때마다 강화를 주는 것은 일상생활에서 드문 일이다. 일반적으로 지속적 강화 스케줄은 처음에 반응을 유발하기 위해서 많이 사용한다. 간헐적 강화(intermittent reinforcement)는 스케줄 간격이나 비율에 따라서 강화를 주며, 고정적으로 주거나 일정치 않게 강화를 제공한다.

가. 고정간격 스케줄(Fixed-interval schedule : FI)

특별히 정해진 시간 간격에 따라서 강화를 준다. 예를 들어, 10분 동안에 다섯 번의 강화를 준다면 매 2분마다 강화를 제공한다. 고정간격 스케줄을 실시하면, 강화를 제공하는 시간이 임박하면 강화받는 행동이 극대화되다가 일단 강화를 얻고 난 후에는 그 행동이 급격하게 줄어든다. 예를 들어 중간고사와 기말고사를 준비하는 학생이 시험기간이 임박해지기 전에는 느긋하게 있다가 시험기간이 닥치면 시험공부를 열심히 하는 경우이다. 이러한 행동은 고정간격 스케줄의 전형적인 예이다. 만약 고정적으로 정해진 시간에 따라서 강화를 준다면 유기체는 단지 강화를 얻기 위해서 반응을 보일 것이다.

나. 변수간격 스케줄(Variable-interval schedule : VI)

일정한 시간의 한도 내에서 강화를 주는 시간 조정을 다양하게 한다. 예를 들어, 10분 내에 다섯 번의 강화를 준다고 할 때, 2분 30초에 한 번의 강화를 주고, 그 다음에는 각각 3분 50초, 7분, 8분 10초, 그리고 10분에 강화를 준다. 강화를 제공하는 시간이 일정하지 않지만 10분 동안 다섯 번의 강화를 주기 때문에 평균시간은 2분이 된다.

다. 고정비율 스케줄(Fixed-Ratio schedule : FR)

특정한 반응 빈도를 보일 때마다 강화를 준다. 예를 들어, 전체 열 번의 반응을 나타내는 동안 다섯 번의 강화를 제공한다면 두 번의 반응이 나타날 때마다 강화를 준다. 이 강화 스케줄은 지속적인 강화나 고정간격 강화 스케줄에 비해서 높은 비율의 반응을 발생시킨다. 만약 근로자가 자신이 수행한 작업의 성과에 따라서 보상을 받는다면 일을 열심히 하여 더욱 많은 급여(강화)를 받고자 노력할 것이다. 이는 일정한 시간에 따라서 강화가 주어지는 것이 아니라 반응의 빈도에 따라서 강화가 제공되기 때문이다.

라. 변수비율 스케줄(Variable-Ratio schedule : VR)

특정한 반응이 나타날 때마다 강화를 주지만 반응의 빈도를 고정적으로 하지 않고 빈도를 다양하게 정하여 그 빈도에 따라서 강화를 준다. 예를 들어, 열 번의 반응이 나타나는 동안에 다섯 번의 강화를 준다면 1회, 3회, 6회, 7회, 10회의 반응이 있을 때 강화를 제공한다. 이 강화 스케줄은 높은 비율의 반응을 발생시킨다. 예를 들어, 판매 사원은 언제 상품이 판매될 것인지 정확하게 예상할 수 없음에도 불구하고 많은 사람들을 만난다. 사람들을 많이 접촉할수록 상품을 팔 수 있는 기회가 더욱 많아진다는 것을 알 수 있다.

앞에서 설명한 강화 스케줄은 반응을 나타내는 비율에 영향을 주는데, 최고 높은 비율의 반응을 발생시키는 강화 스케줄의 순서는 변수비율(VR) 스케줄, 고정비율(FR) 스케줄, 변수간격(VI) 스케줄, 그리고 고정간격(FI) 스케줄의 순이다.

스키너는 학습의 효과를 연구하기 위해서 복합적인 강화 스케줄을 실시하였다. 바람직한 행동을 가르치고자 할 때, 처음에는 지속적 강화를 주어서 그 행동을 지속시키는 것이 효과적이지만, 어떤 시점에 가서는 간헐적 강화 스케줄로 바꾸는 것이 효과적이라고 하였다. 그의 연구에 따르면 반응의 강도, 지속성, 빈도 따위에 따르는 다양한 스케줄에 따라 결과도 다양하게 나타났다.

(6) 변별강화

두 개의 반응 중에서 하나는 문제성이 있는 반응이고 또 다른 하나는 사회적응적인 반응이라고 할 때, 사회적응적인 반응에는 강화가 주어지고, 문제성이 있는 반응에 대해서는 강화가 주어지지 않는다면 그 결과로 사회적응적인 반응은 증가되고 문제성이 있는 반응은 감소하게 된다. 예를 들어, 아이가 바람직한 행동을 하는 경우에만 관심을 나타내면서 "좋다"라는 반응을 보이면 아이는 칭찬받는 행동반응이 증가한다. 반면에 아이가 바람직하지 않은 반응을 보일 때는 관심을 나타내지 않고 강화를 주지 않으면 바람직하지 않은 반응이 감소하게 된다.

(7) 행동조성

인간행동의 대부분은 한꺼번에 습득되는 것이 아니라 조금씩 점진적으로 학습된다. 예를 들어, 비둘기에게 음식이 제공되는 버튼을 쪼도록 학습시키는 것도 단번에 되기보다는 점진적으로 그 행동이 조성된다. 행동조성(shaping)은 복잡한 행동이나 복합적인 기술을 학습시키기 위해서 사용하는 방법이다. 바람직한 행동을 학습할 수 있도록 기대에 부응하는 행동에 대하여 강화함으로써 행동을 점진적으로 만들어가는 것이다.

행동조성은 원하는 반응에 접근할 때마다 강화가 주어지는 것으로 점진적 접근법이라고도 한다(권육상, 2000). 예를 들어 아이가 대소변을 가리도록 행동을 학습시키는 경우가 있다. 먼저 아이의 배변욕구에 관한 의사표시에 칭찬을 하여 자기의 표현행동을 조성하고, 그 다음 순서로 바지를 내리고 변기에 앉고, 배설한 후 변기의 물을 내리는 행동을 차례대로 행하게 함으로써 전체적으로 배변을 해결할 수 있는 바람직한 행동을 학습시킨다. 복합적인 행동을 학습하기 위해서는 구체적이고 세분화된 행동의 단계로 구분하여 접근하는 것이 효과적이다.

3) 기본 가정

스키너는 자극과 반응이라는 학습원칙이 누구에게나 동일하게 적용되지만 각 개인이 지니고 있는 유전적 배경과 독특한 환경적인 조건이 결합되어 개인의 행동유형이 형성되기 때문에 사람들마다 행동발달 유형이 다르다고 보았다. 또한 인간의 행동발달을 단계별로 구분하여 그 특성을 논의하는 것은 의미가 없다고 하면서 특정한 행동발달단계를 제시하지는 않았다.

스키너는 정신병리의 발달을 설명하기 위해서 학습원리를 활용하고 있다. 즉 부적응 · 일탈 행동은 정상적인 행동의 학습원리에 의해서 이해되고 수정될 수 있다는 것이다. 그는 사람들의 현재 행동이 중요하다고 생각하여 문제행동에 내포되어 있는 역사적인 근원이나 무의식적 과정을 표출하려고 하지 않았다. 예를 들어 정신분열병은 망상, 환각, 부적절한 정동, 사회적 철회가 특징인 정신질환이지만 이것을 질병이나 장애라기보다는 학습된 부적응적인 행동으로 간주하였다. 정신분열병을 앓는 개인은 지속적인 강화의 부족 때문에 대부분의 사람들이 반응하는 일반적인 사회적 자극에 노출되지 않게 학습된다. 그 대신에 자신의 망상이나 환각과 같은 개인적이고 내적인 것에 관심을 가진다. 그들의 행동은 비정상적이거나 괴상하게 보이기 때문에 주위 사람들로부터 사회적 거절이라는 부정적인 반응을 초래한다. 이러한 부정적인 사회적 반응은 다시 강화의 감소와 더불어서 극단적인 사회적 철회를 야기한다.

스키너는 인간행동이란 환경적 자극에 의해서 동기화되며, 행동결과에 따르는 강화에 의해서 결정된다고 봄으로써 환경결정론적인 기본 가정을 가지고 있다. 인간의 행동이 환경적인 요소들에 의해서 형성되고 통제되며, 인간의 행동을 결정하는 데 있어서 의식적인 선택 의도와 주관적인 경험이 중요하다는 것이다.

4) 스키너 이론의 평가

조작적 행동주의는 고전적 행동주의적 사고를 더욱 확장하였다. 스키너의 연구는 파블로프보다는 왓슨의 이론적 입장에서 파생되었다(Maddi, 1980). 행동주의자 입장에 대한 오해를 가지고 있던 스키너는 하버드대학 연구 심리학자로서 분석적 행동주의를 위한 기초를 쌓았다. 그는 행동주의가 유전적 결정주의를 무시한다는 주장에 맞서기 위한 시도로서 행동발달에 있어서 타고난 재능의 역할을 인정했다. 스키너는 인간의 행동은 환경과의 상호작용에서 개인적인 특성이 촉진되거나 선택되는 자연스러운 선택과정에 의해서 형성된다고 주장하였다. 생존을 위한 주동은 일차적인 동기이고, 사람-환경과의 상호작용에서 성공으로 이끄는 특징들은 덜 성공적인 특징보다 더욱 촉진된다는 입장을 취하였다. 행동과 환경 간의 관계는 마치 호흡처럼 생물학적인 과정이라고 일컫는 반영에 관심을 둔다. 그러나 스키너는 반영(reflex)이란 단지 행동의 표현뿐 아니라 원인이 되고 사람-환경과의 관계는 너무 복잡하기 때문에 반영적인 용어로는 쉽게 이해하기가 어렵다고 믿었다. 대부분의 인간행동은 내적인 충동보다는 외적 자극에 의해서 이루어진다고 보았기 때문에 욕구, 동기, 갈등, 특성 따위에 관한 추측을 회피하였다.

스키너는 인간행동을 설명하는 데 선행조건을 강조했던 이론과 다르게 행동주의에 관한 이론을 전개했는데 이는 매우 큰 공헌이다. 더욱이 실험적 분석을 통한 조사는 그의 이론에 관한 신뢰성을 높여준다. 그러나 스키너의 연구에도 한계점이 있다.

첫째, 인간행동을 결정함에 있어서 고도의 정신과정이 중요함에도 불구하고 스키너는 인지의 창조적인 면을 염두에 두지 않았다. 합리성과 논리성이란 단지 그것을 이끌어 내는 강화 스케줄에 관련하여 이해할 수 있는 행동에 불과하다는 것이 그의 입장이다.

둘째, 인간의 모든 행동은 조작을 통하여 변화할 수 있다는 주장에 대해 주류적인 심리학에서는 전적으로 받아들이기 힘든 제한점을 안고 있다. 스키너는 아동의 공식적인 발달단계를 믿지 않았지만 다양한 연령 수준에서 반응하는 환경적인 배려가 중요함을 인식하였다. 특히, 초기 연령에서 아이의 욕구는 빠르고 완벽하게 채워져야 한다고 생각하였다. 아동기 때의 통제된 조작적 조건화는 사랑, 기쁨과 같은 긍정적인 정서를 강화시키며, 궁극적으로는 행복과 안녕을 증진시키는 발달을 이루는 게 중요하다고 하였다.

셋째, 스키너에 따르면 인간행동은 결과, 즉 보상과 처벌에 의해서 유지되며, 인간의 행동은 법칙적으로 결정되고 예측에 가능하며, 통제될 수 있다고 보았다. 그러므로 자율적인 인간의 성격, 심리 상태, 느낌, 계획이나 목적, 의도를 부정하였다. 모든 행동은 내적 · 외적 자극에 반응하여 발생한다는 가설에 근거하여 행동치료가 이루어지기 때문에 치료과정을 위해서 클라이언트의 부적응적 행동을 자극(S)과 반응(R)에 관련시켜서 분석하는 행동분석을 한다. 스키너는 이러한 원리를 활용하여 인간행동에 영향을 주고 그 행동을 수정하는 방법을 연구하였다. 인간행동에 관한 연구와 개입을 위해서 행동에 관해 기능적 분석(functional analysis)을 하였다.

기능적 분석에는 행동의 빈도, 그 행동이 발생하는 시기와 장소, 그 행동을 유지시키는 강화요인 등이 포함된다. 스키너의 이론은 정신적인 문제나 심리적인 어려움이 있는 사람들을 위하여 행동적 치료원리로 활용되고 있다. 또한 불안이나 충동, 공포 증상으로 고통받고 있는 사람들의 치료를 위해서도 광범위하게 활용되고 있다.

넷째, 철저하게 통제된 스키너의 실험은 관찰되지 않은 절차나 과정의 추론을 어렵게 만들고 예기치 않은 자극이 일어나는 상황이나 과거의 자극이 예기치 않은 방식과 결합되는 상황에서 무엇이 발생할 것인지를 예측하기가 매우 어렵다. 이러한 상황에서는 그 당시까지 수립된 법칙에 의해서만 예측이 가능하고 이미 형성된 행동방식에 의해서만 확대해석이 가능해진다. 그러므로 스키너의 이론은 새로운 실험적인 주장을 만들어서 사용할 수 있는 이론적인 측면이 없다는 비판과 그의 접근은 너무 단순하고 부분에만 초점을 두기 때문에 인간행동의 전체적인 복합성을 충분히 설명해 주지 못한다는 비판을 받고 있다.

다섯째, 스키너의 연구는 실제 상황에서가 아니라 주로 실험 상황에서 이루어지는 반면에 클라이언트가 직면하는 수많은 문제들은 실제 생활에서 발생하기 때문에 실험실이나 치료실 내에서 발생하는 행동 변화를 실제 상황으로까지 일반화하기가 어렵고, 행동주의에서의 처벌 원칙은 인간 서비스의 측면에서 보면 다소 비인간적인 면을 정당화시킨다는 점이다.

위와 같은 한계점에도 불구하고, 성격 이론가인 스키너는 다른 성격 이론가들에 비하여 독특한 면이 있다. 그는 개인에게 초점을 두면서도 개인적인 차이성에 대해서는 큰 관심을 두지 않았고 오직 행동의 일반적인 법칙에만 관심을 두었다. 스키너는 하등동물에 대한 연구에 중점을 두었지만 인간이나 사회와 문화에서 발생하는 인간 문제에 대해서도 관심을 가졌다. 또한 사람들이 서로가 처벌하는 입장에 있기보다는 서로 격려하고 칭찬하면서 살도록 하기 위하여 부적응적이고 비성공적인 행동유형을 재조정하는 데에 깊은 관심을 가지고 연구한 측면이 있다. 스키너 이론의 장점은, 첫째, 치료기법의 효과성을 중시하고 발전시킨 점, 둘째, 치료기법에 대한 정밀한 측정을 강조한 점, 셋째, 비교적 짧은 시간 내에 개입 효과를 기대할 수 있다는 점이다.

3. 반두라의 이론

반두라의 사회학습 이론은 내적 과정과 외적 과정을 잘 결합한 행동주의 학파의 이론이다. 헐(Hull, 1943)도 행동적 학습이론을 제안했는데, 그는 밀러와 달라드(Miller & Dollard, 1941), 그리고 반두라와 월터스(Bandura & Walters, 1963)의 사회학습 이론에서 영향을 받았다. 헐은 손다이크의 효과의 법칙을 적용하면서 명백한 행동적 반응과 강화물을 제공하는 조건에 일차적으로 관심을 가졌다. 또한 그는 생각과 감정(직접 관찰 가능하지 않은 내적 과정)과 같은 변수들의 존재를 추측할 수 있다고 하였다. 예를 들어 우리는 어떤 사람의 수행에 있어서 바람직한 변화를 직접적으로 관찰할 수 있지만 그 학습은 내적인 인지적 과정을 통해서 이루어진다는 것을 추측할 수 있다.

내적 과정에 기반을 둔 개입변수를 가정한다면, S-R보다는 S-O-R에 기반을 둔 새로운 행동적 형태가 있다는 것을 알 수 있다. 힐가드와 바우어(Hilgard & Bower, 1966)에 따르면, "자극(S)이란 유기체(O)에 영향을 주고, 그 결과로서 일어나는 반응(R)은 자극과 마찬가지로 유기체에 의해서 발생한다. 고전적이거나 조작적인 S-R 행동주의와 비교하여 볼 때, 사회학습 이론은 S-O-R에 그 토대를 두고 있으며, 행동에 영향을 주는 사회적 요소와 인지적 요소를 강조한다. 스키너는 모든 학습이 직접적인 경험을 통해서 이루어진다고 보는 반면에 반두라는 자신의 경험을 통해서뿐 아니라 관찰학습을 통해서도 학습이 이루어진다고 하였다. 관찰을 통한 대리강화를 함으로써 학습한다는 측면은 사회학습 이론에서 인지가 중요한 역할을 한다는 의미이다. 반두라의 사회학습 이론은 인지심리학에 영향을 주었고, 발달에 있어서 사회적 영향에 관한 분석뿐 아니라 행동수정의 원칙에도 영향을 주었다(Thomas, 1985).

1) 반두라의 생애

반두라는 1925년 캐나다 앨버타 지방의 멀다에서 폴란드계 밀농사꾼의 아들로 태어났다. 시골에서 20명의 학생이 다니는 고등학교를 졸업한 후, 벤쿠버에 있는 브리티시콜롬비아대학에 입학하였고 졸업 후에는 아이오와대학교 대학원에서 석사·박사학위를 받았다. 이후 위치타 캔자스 가이던스 센터에서 1년간 인턴으로 있었으며, 스탠포드대학에도 재직하였다. 대표적인 저서로는 『청소년의 공격성』, 『사회학습과 성격발달』, 『행동수정의 원칙』, 『공격성 : 사회학습분석』 등이 있다. 특히 행동을 설명하는 데 도움을 주는 주요 개념들을 요약한『사회학습 이론』은 대표적 저서이다.

반두라는 심리학에 끼친 공로를 인정받아서 1972년에 미국심리학회로부터 우수 과학자상을 수상했고, 1973년에는 캘리포니아 심리학회로부터 우수과학 업적상을 받았다. 그는 행동수정의 개척자로서, 공격성 이론의 학자로서 인간이 환경과의 접촉을 통하여 행동유형을 어떻게 발전시켜 나가는가 하는 이론을 발전시킨 학자이다.

2) 주요 개념

(1) 모방

반두라는 사회학습에서 중요한 과정은 모방이라고 하였다. 새로운 반응들은 학습될 수 있고, 현존하는 반응의 특징들은 직접적인 강화를 받지 않고도 다른 사람의 행동을 관찰하거나 반응결과를 통해서 변화될 수 있다. 이것은 학습을 위해서는 실질적인 행동을 반드시 수행하지 않아도 되며, 반응을 위해서 즉각적인 보상이 꼭 필요하지 않다는 의미이다. 오히려 사람은 모델을 관찰함으로써 특별한 반응을 학습하여 일단 반응이 획득된 후에는 사회적 힘(social forces)이 학습과정에 영향을 주기 시작한다.

반두라는 모델을 통하여 세 가지 효과를 얻을 수 있다고 하였다. 첫째로, 모델로부터 관찰자에게 모방적인 반응 패턴이 전달된다. 모델에 대한 새로운 반응은 점진적으로 일어나기보다는 갑작스럽게 일어난다. 예를 들어 아이가 공격적인 반응을 획득하는 과정에 대하여 생각해 보자. 취학 전 아이에게 공격적인 모델과 비공격적인 모델을 관찰하게 하였다. 인형을 향해서 공격적으로 행동하는 모델을 본 아이들은 모방적인 공격적 반응을 나타내었고, 방에 있는 인형이나 장난감을 그냥 두고 조용히 앉아 있는 모델을 본 아이들은 공격적이지 않은 반응을 보였다. 이러한 효과는 생활에서 실제적인 모델을 관찰하는 경우도 마찬가지이다.

둘째로, 접촉하는 빈도에 따라서 이전에 학습된 반응이 강화되거나 약화된다. 즉 모델의 행동은 이전에 학습된 반응을 조절하며, 모델의 행동에 더욱 근접하게 만든다. 예를 들어 공격적으로 행동하는 만화 주인공을 많이 접하는 아이는 온순한 만화 주인공을 많이 접하는 아이보다 공격성이 더욱 증가하는 것을 볼 수 있다.

셋째로, 모델을 관찰함으로써 이전에 획득한 반응이 더욱 촉발되는 경우이다. 예를 들어, 어느 지방에 살다가 고향을 오랫동안 떠나 있어서 그 지방 사투리를 거의 쓰지 않던 사람이 고향을 방문하면 즉시 그 지방 사투리를 재생하게 된다. 이것은 파블로프의 자연적인 회복이라는 원리와 유사하지만 초기 학습은 연상을 통해서 일어나기보다는 모델에 대한 관찰과정을 통하여 발생한다는 점에서 다소 차이가 있다.

반두라는 초기 실험연구를 통하여 아이들이 세상에 널리 알려져 있거나 사회적으로 명망이 있는 사람의 행동을 더 잘 모방하며, 자신들과 비슷하다고 생각하는 사람들이나 동일한 성별을 가진 사람들에 대하여 더욱 모방한다는 사실을 알았다. 또한 높은 사회경제적 지위를 지닌 모델을 더욱 모방하는 반면에 상대적으로 자신들의 행동에 처벌을 가하는 사람들이나 벌을 받는 모델에 대해서는 거의 모방하지 않으려는 경향이 있다는 사실을 발견하였다(Bandura & Walters, 1963).

반두라는 모방학습을 효과적으로 사용하기 위한 원칙을 다음과 같이 제시하였다(Bandura, 1977).

① 바람직한 행동은 가능한 한 여러 사람이 여러 번 시범을 보인다.

② 모방의 내용은 쉽고 간단한 것에서 시작하여 점차로 복잡하고 어려운 것으로 옮겨간다.

③ 각 단계에서 말로써 설명해 주거나 지도해 주는 것이 필요하다.

④ 가르치는 내용에 따라서 보여주는 것이 효과적이다.

⑤ 각 단계마다 잘하면 칭찬을 해주어야 한다.

(2) 인지

반두라는 사회학습이란 단지 보상의 조건에 대한 시행과 착오로 인하여 일어나지 않는다고 하였다. 사회학습은 인지적 활동이며 인간행동의 상징적인 표현은 언어적 정보와 모델에 관한 관찰을 통하여 발달한다. 사람은 다른 사람을 관찰함으로써 어떻게 새로운 행동이 형성되는지를 알고, 이 정보를 입력하여 행동을 위한 지침으로 사용한다. 사람은 어떤 행동을 수행하기 전에 무엇을 하는 예를 통하여 배울 수 있기 때문에 불필요한 실수를 줄일 수가 있다.

그래서 인지적 매개과정을 대리학습을 할 수 있게 하고 실제로 행동을 하기 이전에 행동 학습에서의 교정을 가능하게 한다. 인지는 지식을 획득하고 조직하고 사용하는 과정이라고 할 수 있는데, 인간은 장래를 계획하고, 내적 표준들에 의하여 자신의 행동을 조절하며 행동의 결과들을 예상할 수가 있다. 그러므로 학습된 반응을 수행할 수 있는 의지는 인지적인 통제하에 있다.

(3) 관찰학습의 단계

반두라의 사회학습 이론도 강화이론에 그 토대를 두고 있다. 예를 들어, 아동이 자신의 행동에 대하여 직접 강화를 받지 않더라도 다른 아동이 행동의 결과로 보상이나 벌을 받는 것을 관찰함으로써 간접적으로 강화를 받기 때문에 보상받는 행동을 학습하게 되고, 벌을 받는 행동은 학습하지 않게 된다는 설명이다. 반두라의 사회학습 이론은 관찰을 통하여 이루어지는 학습이라고 하여 관찰학습이라고 하는데, 때로는 대리학습(vicarious learning), 사회학습, 모델링(modeling)이라고도 부른다. 관찰학습은 환경적 자극에 대한 반응을 통하여 행동을 학습하는 것이 아니라 타인의 행동을 관찰함으로써 학습하는 과정이다. 반두라는 관찰에 의한 학습과정에 영향을 끼치는 인지적 · 사회적 요소에 관해 말하면서, 관찰학습이 다음 네 가지 단계로 이루어진다고 하였다.

가. 주의집중단계

관찰학습의 첫 단계는 주의집중(attention)단계이다. 사람은 모델을 관찰하는 것만으로는 불충분하다. 모델링을 하는 과정에서 관련된 자극에 주의를 기울이고 관찰된 행동을 배우면서 중요하지 않은 것은 걸러낸다. 예를 들어, 아이는 부모나 형제, 교사, 친구 등 주변 사람들을 통해서 노출된 모델을 주의 깊게 관찰하고 그 행동 중 어떤 것을 선택하기로 결정을 한다. 특히 사춘기에 있는 청소년들은 영화나 인기 스타들의 매력적인 행동이나 인상을 주의 깊게 관찰하여 그중에서 자신이 선호하는 행동양식을 선택하여 자신의 것으로 학습하는 경향이 많다.

나. 유지단계

유지(retention)단계란 주위의 모델로부터 받은 내용과 인상을 자신의 내면에 오랫동안 기억하는 것을 말한다. 아이들은 자신이 관찰한 행동을 어의적으로나 시각적인 상상력을 통하여 기억한다. 어린아이들은 제스처나 소리를 즉각적으로 모방하고 나이가 든 아이들은 이후의 회상과 재생산을 위하여 모델로부터 얻은 상징을 더욱 잘 저장할 수 있다. 반두라는 상징적인 대상물을 저장하고 회상하는 능력에 있어서 언어발달이 중요함을 인식했다. 기억은 시간이 시남에 따라 사라지기 때문에 기억의 연속성을 중요한 요소로 보았다. 시연(rehearsal)과 같은 기억기법은 검토와 실천을 포함하고 있기 때문에 아이들이 관찰된 행동을 잘 유지할 수 있도록 해준다.

다. 생산단계

생산(production)단계는 심상(imagery)에 저장되어 있거나 상징적으로 부호화된 기억을 행동으로 전환하는 것이다. 아이는 관찰된 행동을 재생산할 수 있는데, 기억을 행동으로 전환하기 위해 운동동작의 실천을 위한 반복과 교정을 통하여 행동적인 실천감각을 익히고 각 하위기술을 되풀이할 수 있는 반응 패턴으로 조직할 수 있는 능력이 필요하다. 그러나 모델을 통하여 상징적인 표상을 주의 깊게 기억하고 그 기억을 행동을 통하여 연습하여도 모델이 보여주었던 행동과 같은 수준의 행동을 수행할 수 없는 경우가 많다. 또한 관찰을 통하여 새로운 반응양태는 알 수 있어도 자신의 신체적 능력의 한계로 그 행동을 수행할 수 없는 경우가 많다(Bandura, 1977). 아이들이 관찰된 행동을 모방함으로써 충분히 향상될 수 있다는 점에서 아이의 운동발달과 근육발달은 매우 중요하다. 반면에 개인의 신체적 능력에서의 차이로 인하여 동일한 수준의 행동 수행을 하지 못하는 경우도 있다.

라. 동기단계

동기(motivation)단계는 관찰학습 과정의 결과를 유지하기 위해서 필요하다. 반두라는 보상만 가지고는 지속적인 모방을 위한 동기를 만들어내는 데 충분하지 않다고 하였고, 행동을 수행할 수 있는 능력을 가지고 있다 하더라도 인센티브나 동기가 없이는 행동을 수행하지 않을 것이라고 하였다. 아이는 단순히 결과를 경험하는 것이 아니라 예상되는 결과들을 소중히 한다. 그래서 결과들은 행동적 결과들을 예견하고 모델이 된 행동들을 선택하게 함으로써 아이의 행동을 규정하도록 돕는다. 그러므로 모델을 통한 관찰학습은 긍정적인 자극이 주어질 때 동기화되고 행동으로 전환될 수가 있다. 반두라는 아이가 다른 사람들을 관찰하거나 실제로 그 행동을 수행함으로써 최대의 보상을 얻을 수 있다는 사실을 배운다고 하였다. 또한 행동은 자신의 내면화된 수행의 수준과 자기효능감에 관한 지각에 의하여 결정되는 예상적 자기반응에 의해서도 영향을 받는다(최순남, 1998).

(4) 상호결정론

반두라는 인간의 성격이란 개인적 · 행동적 · 환경적인 요소들 간의 지속적인 상호작용에 의하여 발달한다고 보았으며 이를 상호결정론이라고 하였다(Bandura, 1977 : 345).

상호결정의 과정에서 환경은 사람이 행동하는 상황을 제공하고, 사람은 인지와 지각을 통하여 그 상황을 분석하여 어떤 행동을 선택할 것인지 결정하며, 행동은 사람의 상황 분석과 관련된 정보를 제공하고 그 환경을 수정한다. 즉, 어떤 개인이 스스로 무엇을 할 수 있다는 신념을 가질 경우 이는 어떤 특별한 행동을 수행하는 것에 영향을 주고, 그 행동은 환경에 영향을 준다. 그리고 환경은 다시 그 사람의 기대를 변화시키는 역할을 한다. 그러므로 환경, 사람, 행동 세 가지 요소는 서로에게 영향을 주며 상호 의존적이다.

(5) 자기규제

자기규제(self regulation)란 자신의 행동을 감독하고 스스로 자부심을 가지는 것으로서, 주로 인간의 행동은 자기강화에 의하여 규제된다. 인간의 행동은 외부로부터의 보상이나 처벌에 따라서 영향을 받기도 하지만 내적인 표준의 지배를 받기도 한다. 자기규제는 개인이 자신의 성과를 어떻게 평가할 것인지 개인적인 기준에 따라서 좌우되며 자기 평가적 반응과 관련이 있다. 예를 들어 자신이 수행한 행동이 자신의 기대를 초과할 때에는 자부심을 느끼지만 자신의 기대에 미치지 못할 때에는 수치심을 가지거나 자신을 평가절하한다. 사람들은 자신의 행동을 스스로 감독하기 때문에 자기가 설정한 기준에 의하여 영향과 규제를 받는다.

반두라는 사람들이 자신이 만든 기준뿐 아니라 타인들이 만든 외적인 기준에 입각하여 자신의 행동을 규정한다고 하였다. 또한 사람들은 스스로를 위해서 기준을 개발할 때 타인이 만든 외적인 기준에 맞추려고 노력한다. 자신이 이러한 기준에 맞을 때는 자기강화(self-reinforcement)로써 보상하지만 기준에 맞지 않을 때는 죄책감과 같은 자기부담감을 가지고 자신을 처벌한다. 그래서 결국은 자기를 통제하고 규제하는 행동을 한다. 사람들은 인지적 성장과 사회적 성장에 있어서 성숙을 향해서 발전하며 자기강화를 통하여 행동에 대한 자기 통제력을 증진시킨다고 믿고 있다. 또한 자기보상을 하는 방법으로 그들의 외적인 환경을 점점 형성해 간다.

(6) 자기효능감

외적인 보상이나 벌에 의하여 인간행동이 학습된다는 급진적 행동주의자들과는 달리 반두라는 인간이란 감정, 사고, 행동을 통제할 수 있는 자기반영적인 능력을 지니고 있기 때문에 개인의 행동은 자기강화와 외적인 영향 요인에 의해서 결정된다고 보았다(Bandura, 1977). 자기효능감(self-efficacy)이란 자신이 바라는 목적을 이루기 위해 어떤 특정 행동을 성공적으로 수행할 수 있다는 신념이다. 반두라는 한 개인이 주관적으로 개인적인 효능감에 대하여 어떤 개념을 가지고 있느냐가 중요하다고 보았는데, 이러한 개념을 지각된 자기효능감(perceived self-efficacy)이라고 하였다. 이는 행동을 결정짓는 데 중요한 요소이다. 특히 자기에 대하여 확신을 가지느냐 또는 자기불신이 있느냐 하는 것이 중요하다. 자신을 능력 있는 사람으로 판단하는 사람은 자신이 수행할 수 있다고 믿는 과업과 도전을 잘 해내고, 자신의 능력을 초과하는 일을 피하는 경향이 있다. 자기효능감이 있는 사람은 역경에 직면했을 때 그 상황에 잘 대처해 나간다. 이러한 개념은 역량강화 이론(empowerment theory)과 관련이 있다. 반두라는 자기효능감이란 단일한 개념이 아니라 다양한 영역에서 사용된다고 하였다. 예를 들어 어떤 사람이 운동에 있어서는 고도의 자기효능감이 있어도 사회적 관계에서는 낮은 효능감을 지닐 수가 있다.

자기효능감은 사람을 나쁜 상황으로 깊게 빠뜨리는 것을 피할 수 있도록 돕는 중요한 요소가 되지만 가끔은 인생행로에서 가장 중요한 결정 요인이 대수롭지 않은 환경을 통해 발생할 수 있다. 반두라는 우연한 사건이 한 사람의 인생과정을 중요하게 바꿀 수 있다는 사실을 인식했다. 예를 들어, 이전에 몰랐던 사람과의 우연한 만남이 사업을 하는 새로운 기회를 가져올 수도 있고 또는 해로운 결과를 낳는 활동에 빠뜨릴 수도 있다.

(7) 공격성의 사회화

사회학습 이론에서는 가족관계에서 발생하는 폭력의 학습에 대해서도 설명하고 있다. 아동들의 공격성은 공격적인 모델을 관찰하고 그 모델이 언제 강화를 받는지를 주시함으로써 학습된다. 이런 관점에서 가족구성원 간에 일어나는 신체적 공격은 자녀에게 공격적 행동의 모델을 제공할 뿐 아니라 가족 내에서 그런 행동이 당연히 일어날 수 있다는 정당성을 제공해 준다(Kalmuss, 1984; 서미경, 1997). 또한 폭력적인 아버지 밑에서 자란 아들은 논쟁이나 좌절이 있을 때 폭력을 사용하는 행동을 배우며, 폭력적인 아버지 밑에서 자란 딸은 폭력을 더 잘 수용하여 결혼 후에 발생하는 배우자 폭력에 훨씬 수용적인 반응을 보인다는 연구결과(Stewart & Robinson, 1995)는 가정 내에서 이루어지는 학습의 결과를 잘 설명해 주는 예이다.

(8) 학습된 무기력

셀리그만 등(Seligman et al., 1975)이 발전시킨 학습된 무기력(learned helplessness) 이론은 인지행동의 특수한 영역에 대한 사회학습 이론의 적용이라고 할 수 있다. 셀리그만은 무기력에 대한 경험과 임상적인 문제를 연관시켰다. 즉, 동기의 결핍과 인지적·정서적 결핍들이 무력감을 낳는다는 이론을 제안하였다. 인간에 대한 초기의 학습된 무기력에 관한 연구들은 주로 가상적인 상황이나 실험실 상황에서 이루어졌으나 최근에는 생활사건이나 외상사건(traumatic event)으로 확대되어 적용되고 있다. 외상사건으로는 자연재해, 범죄, 폭력, 돌발적 사고, 심각한 질병, 강간, 가까운 사람의 이별 또는 죽음, 상실, 학대와 방임 따위가 있다(Janoff- Bulman & Frrize, 1986). 이러한 외상사건은 대부분 갑작스럽고 충격적으로 발생하기 때문에 그 피해도 매우 심각하게 나타난다. 외상사건의 피해자들은 무감동과 수동성, 공포감을 나타내며, 심하면 심리적 후유증과 더불어 사회적 기능이 심각하게 방해받는다(박미은, 1998).

사람들은 자신의 노력에도 불구하고 그들이 통제할 수 없는 사건에 직면하여 자신의 반응으로 미래의 결과를 통제하지 못할 것이라는 예측, 즉 반응과 결과가 일치하지 않을 것이라는 생각에서 무기력이 발생한다는 것이 이 이론의 핵심이다. 사람들은 자신이 직면한 사건을 극복하는 노력이 지속적으로 성공하지 못할 때 무기력을 배운다는 면에서 이 이론은 사회학습 이론의 확장된 적용이라고 할 수 있다. 학습된 무기력에 대한 셀리그만의 이론은 우울증이나 인종차별주의, 여성차별주의를 설명해 주는 데에도 활용되고 있다.

3) 기본 가정

반두라의 사회학습 이론에서는 생활주기와 관련된 다양한 현상에 관심을 가지고 있다. 그러나 각 개인에게 있어서 행동의 선행요인과 행동에 따르는 강화와 벌의 효과성은 각 개인의 자기효능감이나 그 개인이 처한 상황에 따라서 차이가 나기 때문에 생활주기의 각 단계별로 행동이 발달하는 공통적인 특성들을 설명하는 것은 큰 의미가 없다고 보는 것이 반두라의 입장이다. 생활주기의 다양한 단계에서 행동에 따르는 강화와 벌의 효과성에 대한 예를 들어 보면 다음과 같다. 아주 어린 아이는 차가 다니는 도로를 무단횡단하지 말라는 직접적인 충고나 무단횡단 했을 때 꾸지람을 듣는 것과 같은 외부로부터의 자극에 대하여 일차적인 반응을 보인다. 그러나 조금 더 나이가 든 아이는 도로를 건너기 전에 길의 양쪽을 살펴서 상황을 파악하는 것과 같은 인지적인 실마리를 선택한다. 나이가 더욱 들어감에 따라서 조건화의 과정은 강화와 벌이 따르는 자극으로 점차로 확대되어 간다.

4) 반두라 이론의 평가

스탠포드대학교 심리학자인 반두라는 초기 학습이론들이 대부분 동물실험이나 한 사람에 대한 연구에 초점을 두고 있어서 설명하는 원리가 다소 제한되어 있다는 이유로 이의를 제기했다. 복잡한 사회적 요소들을 무시하는 것은 이론가들로 하여금 참신한 사회적 반응들이 학습되는 방법에 대하여 충분히 인식하지 못하게 하기 때문이다. 반두리는 정신역동적인 원리에 대한 신뢰에도 이의를 제기했는데 그 원리들 중 어느 것도 정밀한 과학적인 분석에 입각한 것이 아니라는 것이다. 더욱이 그는 정상적인 발달과 이상적인 발달을 구분하려는 심리학의 강조점에 대하여 관심을 가졌다. 정상적인 발달과 비정상적인 발달에 대한 구별이란 가치판단에 입각해 있으며 이론적인 중요성이 적다고 하였다. 행동주의 이론에서는 바람직하지 않고 비정상적인 행동이란 정신병리의 증상이라기보다는 학습된 행동적 대처기제라고 본다. 그래서 체계적인 행동수정 프로그램이 최상의 방법이라 생각한다.

반두라는 스키너가 조작적 조건화에 입각하여 결과는 조작될 수 있기 때문에 바람직한 행동은 강화되고, 바람직하지 않은 행동은 처벌될 수 있다는 이론에 동의하지만 단지 자극-빈응이리는 유형을 넘어서서 복합적인 사회적 상호작용의 중요성을 강조했다. 즉 인간의 행동은 사람과 환경 간의 상호작용에 의해서 형성되며, 그 환경에서 일어나는 사건에 대한 인지적 평가에 의해서 행동이 형성되며, 그 환경에서 일어나는 사건에 대한 인지적 평가에 의해서 행동이 형성된다고 믿었다. 이러한 현상을 상호결정론이라고 한다. 그러므로 사정 과정(assessment process)에는 스키너의 행동적 평가를 포함할 뿐 아니라 사건의 목적, 동기, 의미 따위에 대한 개인의 인지(사고나 신념)를 포함하고 있다는 측면이 다른 행동주의 이론과는 차이가 있다.

이와 같이 반두라의 사회학습 이론은 미드(Mead)의 상징적 상호작용 이론과 피아제의 인지발달 이론에서 말하는 핵심적인 가정들을 공유하는 인간행동에 관한 견해를 가지고 있다. 즉, 행동은 내적이고 외적인 영향과의 상호작용에 기반을 두고 있으며, 인지에 있어서 상호작용화의 역할에 중요성을 두고 있다. 반두라에 의하면 사람은 전적으로 내적인 요소에 의해서 결정되거나 환경적인 자극에 의해서 결정되는 것이 아니며, 심리적 기능은 개인적이고 환경적인 요소들 간의 상호작용이다. 이 상호결정론은 우리의 생각과 환경을 통제할 수 있게 해주고, 결국은 우리가 행동하는 것에 영향을 준다. 행동에만 기반을 둔 행동주의 이론가들과는 달리 반두라는 기대, 사고와 같은 내적인 요소가 중요한 역할을 한다고 하였다.

반두라의 이론은 인지가 행동의 원인이 될 수 없다고 주장하는 행동주의자들에 의해서 비판을 받거나, 정신역동이론에 비해서 인간의 행동을 잘 예견하지 못한다는 비판을 받기도 하였다. 또한 사회학습 이론은 단지 인간의 공포증(phobia)과 같이 단순한 행동적인 문제만 다룰 수 있을 뿐이라는 비판을 받기도 하였다. 이러한 비판에도 불구하고 사회학습 이론은 오늘날 인간을 돕는 현장에서 매우 유용하게 활용되고 있으며, 인간을 더욱 낙관적으로 바라보며, 과거보다는 '여기 그리고 지금', 또는 미래에 대하여 강조점을 두고 있다는 장점이 있다.

반두라는 사회학습 이론을 자극-반응 모델의 패러다임 그 이상의 것으로 전개시키면서 학습을 매개하는 중요한 요소인 인지과정을 강조하였으며, 이상행동(abnormal behavior)에 초점을 두는 정신역동 이론을 근본적으로 거부하면서 성격 이론의 발달에 있어서 중요한 분기점을 나타내었다. 이러한 노력의 결과로 사회학습 이론은 원조전략의 발전뿐 아니라 장래의 사회심리적 사고의 발달을 위해서도 큰 공헌을 하였다.

4. 사회복지 실천과의 연관성

행동주의 이론들은 인간행동에 대한 사회복지 적용에 있어서 정신역동이론과 같은 심리적인 이론들보다 관심을 덜 받았지만 실천적인 면에서는 더욱 많은 관심을 받았다. 행동주의 사회사업(behavioral social work)은 사회복지 실천을 위한 개입에 있어서 중요한 접근법으로 급속하게 성장하고 있으며, 다른 이론들보다 치료적인 면에서나 임상적으로 더욱 효과적이라는 연구 보고들이 있다(Fisher & Gochros, 1975; Sheldon, 1995). 행동을 변화시키기 위한 시도로 보상이나 인센티브를 사용하는 것은 행동적 사고로부터 나온 개념이며 인지행동적 치료는 사회복지 영역에서 널리 사용되고 있는 개념이다.

행동주의 이론이 사회복지 실천에 미친 영향을 정리하면 다음과 같다.

첫째, 사회복지 영역에서 많이 활용되는 행동주의 이론들은 상황에 있어서 '문제'에 대한 정의를 내리는 데 도움을 준다. 사회복지사는 해결되어야 할 행동 문제를 가진 클라이언트들을 만난다. 만약 사회복지사가 교정복지 분야에서 일한다면 클라이언트의 일탈(deviance)에 대한 규정을 한다. 이러한 경우 일탈행위가 변화 노력을 위한 초점이 된다. 비록 질병에 대한 규정이 행동주의 이론에서 탄생한 것이 아니라 할지라도 어떤 정신적 문제를 치료하는 데 인지적이고 행동적인 방법을 사용한다. 변화의 초점이 잘못된 인지(특히, 우울증의 경우)이거나 문제시되는 행동의 제거일 경우에는 특별히 이 접근법들이 사용된다. 그러므로 사정 과정은 행동주의 이론을 적용하는 중요한 영역이다. 다양한 형태의 문제를 사정하기 위해서는 타당성이 있는 도구가 꼭 필요한데, 오늘날 가장 많이 사용하는 사정 도구는 사고와 감정을 포함하는 행동적 요소와 인지적 요소를 측정하는 도구들이다. 피셔와 코코란(Fisher & Gorcoram, 1994)의 '임상활동을 위한 측정 도구(Measures for Clinical Practice)'는 행동, 사고, 감정, 증상을 측정하기 위해서 자주 사용된다.

둘째, 행동주의적 접근방법들은 다양한 사회복지 실천영역에서 활용되고 있다. 예를 들어 정신건강 영역에서 우울한 상태에 있는 사람들(Burns, 1980), 불안감으로 고통받는 사람들(Thyer, 1987), 정신증상으로 어려움을 겪고 있는 사람들(Falloon et al., 1982; 전석균, 1991; 1995)을 돕는 방법으로 많이 활용되고 있다. 가족분야에서는 부모들이 부모역할기술을 어떻게 획득할 것인지를 가르치고(Patterson & Chamberlain, 1982; Dangell & Polster; 전석균 외, 1999)과 예방활동 영역(Blythe et al., 1981)에서도 활용되고 있다. 행동주의 이론의 개입전략으로는 긴급계약, 정적 강화, 부적 강화, 처벌, 모델링, 사회기술훈련, 자기주장훈련(self-assertiveness training), 스트레스나 불안 해결을 위해서 활용하는 노출치료(exposure therapy)나 바이오피드백 따위가 있다. 또한 공황장애, 성적 역기능, 불안에 의한 신경증 등의 해결을 위한 체계적 둔감법(systematic desensitization), 물질 남용(substance abuse)이나 알코올중독 치료를 위한 혐오요법, 성적 공격성, 폭력행동을 예방하기 위한 행동기법, 행동적 원리를 이용한 토큰 경제(token economy) 기법 등이 있다. 더 나아가 보상 프로그램이나 인센티브(성과급제)를 사용하는 조직이나 기관에서도 행동기법을 사용한다. 심지어는 상품의 판매를 촉진시키기 위하여 일정한 금액의 상품을 구입한 경우에 그에 따르는 사은품(강화물)을 제공하면서 소비자들의 소비심리를 촉발시키는 행동기법을 활용한다. 임상에서 치료의 목적으로 이러한 행동기법들을 성공적으로 활용하기 위해서는 사람들에게 보상과 강화를 얻을 수 있는 반응을 불러일으킬 자극을 구체화할 수 있는 치료자의 능력이 필요하다. 이를 위해서 치료자는 사람들의 행동에 영향을 미치는 사회구조적이고 문화적인 변수에 대해서 잘 알고 있어야 한다.

행동주의 이론이 지니고 있는 제한점은 다음과 같다.

첫째, 행동주의 이론들이 개인의 외적인 요소에 초점을 두고 있다고는 하지만 문화적 배경, 사회적 지위, 경제 상태 등 거시적 수준에 대한 고려는 근본적으로 하지 않는 경향이 있다. 즉, 실천적인 면에 있어서 이 이론들은 여러 사람에게 광범위하게 적용이 되고 있으나 문화적 요소, 사회적·경제적 차이에 대해서는 고려하지 않으며, 사람들의 삶에 영향을 끼치는 거시적인 힘에 대한 관심이 적다. 또한 이 이론들은 모델링에 대한 대인관계적 과정에 강조점을 두어 중간 정도의 수준을 유지하면서 사회적 환경에 대해서는 다소 제한을 두고 있다. 이 이론이 인간행동의 원인을 환경에 두고 있으면서도 보상구조 밖에 존재하는 환경적인 요소들을 강조하지 않는다는 점은 모순되는 일처럼 보인다. 그래서 행동주의 이론에 있어서 환경이란 모델링 행동을 위한 강화, 처벌 또는 기회를 제공하는 외적인 요소만을 의미하는 것이라고 할 수 있다.

둘째, 행동수정을 위해서 처벌이나 부적강화 기법을 활용하는 것은 사회복지사에게 윤리적인 측면에서의 어려움을 야기한다. 특히 아동이나 정신적으로 손상이 있는 사람들이거나 개입전략을 잘 이해하지 못하는 사람처럼 취약성이 있는 사람들에게 행동수정기법을 적용하는 경우에는 더욱 그렇다. 특히 기계적으로 사용하는 행동적 접근은 클라이언트의 선택이나 역량강화를 덜 중요시하는 경향이 있다. 사회복지의 측면에서 행동적 접근이나 사회학습 접근의 목적은 인간의 건강과 안녕(well-being)이다.

그러나 이 이론들의 적용은 주로 문제행동에 초점을 두기 때문에 행동주의적 접근방법을 혐오적인 통제나 클라이언트를 은밀히 조정하는 것으로 보는 경향이 있고, 전통적인 사회복지의 가치와 일치하지 않거나 클라이언트의 변화를 촉진함에 있어서 대인관계 과정의 역할을 무시한다는 견해가 있기도 하다.

행동주의 이론은 개인적인 역량강화에 초점을 두며 치료 목적과 전략을 수립함에 있어서 클라이언트와 더불어 작업을 하는 것을 중요하게 생각한다. 특히, 사회학습이론이 자기강화와 자기효능감에 강조를 두고 있다는 의미는 역량강화 이론과 맥을 같이하기 때문에 클라이언트의 참여를 극대화하고 그들의 잠재력을 활성화하는 것에 초점을 두고 있다고 할 수 있다. 또한 스키너나 반두라 모두 개인적인 경험의 독특성을 믿고 있으며, 인간행동의 다양성에 대한 신념이 있다는 점에서 개인의 개별화나 고유성에 중점을 두고서 클라이언트를 원조하는 사회복지의 가치와 맥을 같이하고 있다.

CHAPTER 12

인본주의 이론과 인간행동

1. 로저스의 인간중심이론

로저스(Carl R. Rogers)의 인간중심 접근은 1940년대 상담 및 심리치료의 주요한 추세에 도전하면서 탄생되었다. 즉 그는 치료자 중심보다 내담자 중심 치료를 강조하였고, 지시적 접근보다 비지시적 접근이 내담자를 조력하는 데 효과적임을 주장하였다. 로저스는 인간의 기본적 동기로서 실현화 경향성을 가정하였으며, 개인의 삶 속에서의 경험이 행동에 결정적 영향을 준다고 믿었다.

1) 로저스의 생애

로저스(Carl R. Rogers, 1902~1987)는 미국 일리노이 주 오크 파크(Oak Park)에서 6명의 자녀 중 넷째로 태어났다. 1919년에 농업을 공부하기 위해 부모의 모교인 위스콘신대학에 입학하였는데, 처음에는 진로를 농업분야로 정할 계획이었지만, 재미를 느끼지 못했다. 마침내 그는 종교에 관한 공부를 하기로 결정했다. 1924년에 부인인 헬렌(Helen)과 함께 위스콘신대학을 졸업하고 29살인 1931년에 컬럼비아대학에서 박사학위를 받은 후, 뉴욕 주 로체스터에 있는 아동생활지도 클리닉에서 일하다가 1940년에 오하이오주립대학 심리학 교수가 되었다.

1945년부터 1957년까지 시카고 대학에서 가르치면서 카운슬링센터를 운영했고, 1957년에 위스콘신대학으로 돌아와서 1963년까지 머물렀다. 이 기간 동안 로저스는 당시에 확고한 위치를 가진 정신분석 접근과 지배적 심리학 세력인 행동주의와 맞서 싸웠다. 시간이 지나면서 이러한 싸움에서 점차 승리하기 시작했다. 로저스는 1987년 2월 죽을 때까지 많은 집필을 하였으며, 심리학의 발전에 기여하였다.

2) 주요 개념

로저스의 성격이론을 이해하는 데 중요한 구성개념은 현상학 이론과 유기체, 자아, 실현화 경향성, 가치의 조건화 등이다.

(1) 현상학 이론

현상학 이론(phenomenological theories)은 각 개인에게 현상이 일어나는 방식과 각 개인이 그 현상을 어떻게 경험하고 느끼는지에 관심을 둔다. 현상학 이론에 의하면 인간이란 본래 특정한 성격유형을 갖고 태어나는 것이 아니라 다양한 주관적 경험을 통해서 성격이 형성되는 것으로 본다. 즉, 과거 사건 그 자체가 아니라 과거의 경험에 관해 현재 어떻게 해석하는지 여부가 바로 현재의 행동을 결정한다. 인간은 경험의 산물이기도 하면서 동시에 이러한 경험을 받아들인 방법에 따른 산물이기도 하다.

한편 '현상학적 장(phenomenal field)'이란 경험적 세계 또는 주관적 경험을 말한다. 즉 어떤 특정한 순간에 개인이 지각하고 경험하는 모든 것을 의미한다. 개인이 체험하고 지각하는 것은 모두 현상학적 장에 근거한다.

(2) 자아

로저스의 성격이론에서 핵심적인 구조적 개념이 자아(self)이다. 로저스는 개인은 외적 대상을 지각하고 경험하면서 그것에 의미를 부여하는 존재임을 강조한다. 개인의 지각과 의미의 전체적 체계는 그로 하여금 자신의 현상학적 장을 구성하게 한다. 개인이 자신 혹은 자기로서 보는 현상학적 장의 이러한 부분이 자아이다. 자아 혹은 자아 개념은 조직화되고 일관된 지각의 패턴을 나타낸다. 자아로서 알려진 경험과 지각의 패턴은 일반적으로 자각이 가능하다. 그것은 의식화될 수 있다. 개인이 의식하지 못하는 경험을 가지고 있지만 자아는 일차적으로 의식적이다. 자아와 관련된 구조적 개념은 이상적 자아이다. 자아개념은 자신의 현재 모습에 대한 지각뿐만 아니라 이상적 자아까지도 포함한다.

(3) 실현화 경향성

유기체는 하나의 기본적 경향성과 추구를 가지고 있는데 그것은 경험하는 유기체를 실현하고 유지하고 향상시키는 것이다. 실현화 경향성(actualization tendency)은 사람이나 동물뿐만 아니라 모든 살아 있는 것에서 볼 수 있다. 유기체가 가진 실현화 경향성은 타고난 것으로 사람에게는 누구나 밖으로 표현하려는 성장잠재력이 있으며 각자는 그 잠재력을 실현하려는 경향성을 가지고 태어난다. 즉, 자기실현(self-actualization)은 좀 더 능력 있는 사람이 되는 과정으로 성숙을 지향하는 인간의 모든 노력을 포함한다.

(4) 가치의 조건화

로저스의 성격 형성을 이해하는 데 중요한 개념이 가치의 조건화이다. 우리 각자는 경험을 통해 가치를 형성하는 것이 중요하다. 가치의 조건은 다른 사람의 가치를 취하는 데서 비롯된다. 인간은 자신의 행동이 어떤 조건에 따라 판단되면서 그 조건에서 자신의 가치를 느꼈을 때, 가치의 조건을 알게 된다.

가치의 조건화에 따른 행동은 실현화 경향성을 이루려는 유기체의 경험과 때로 마찰을 한다. 이런 마찰은 위협으로 느껴지는 갈등과 불안을 야기한다. 의미 있는 대상으로부터 주입된 이러한 행동을 하면 '나쁜' 아이라는 가치의 조건화가 실존적 존재로서 주관적인 내적 경험과 불일치를 이루게 된다. 이런 불일치는 긍정적 자기존중을 잃지 않을까 하는 위협으로 느껴지고 불안과 두려움을 야기한다.

(5) 충분히 기능하는 사람의 특성

충분히 기능하는 사람(fully functioning person)은 현재 진행되는 자신의 자아를 완전히 지각하는 사람이다. 충분히 기능하는 사람은 최적의 심리 적응, 최적의 심리 성숙, 완전한 일치, 경험에 완전히 개방되어 있는 사람이다. 충분히 기능하는 사람은 계속적으로 변화하는 사람으로 과정 중에 있는 사람이라고 지적하면서 이들은 삶의 과정에서 공통적으로 다음 다섯 가지 특징을 가진다고 하였다.

가. 경험에 대한 개방성(An Openness to Experience)

가치의 조건에 아무런 제재를 하지 않는 사람은 모든 감정과 태도를 자유로이 경험할 수 있다. 그래서 생활이 주는 경험을 잘 받아들일 뿐만 아니라 지각과 표현의 새로운 길을 얻기 위해 그 경험을 활용하는 테에도 융통성이 있다. 경험에 대해 완전히 개방적인 사람은 자신의 내면에서 무엇이 일어나고 있는지 체험할 수 있기 때문에 자신의 내면의 소리를 들을 수 있다.

나. 자신의 유기체에 대한 신뢰(A Trust in One's Own Organism)

충분히 기능하는 사람은 순간적이고 직관적인 충동으로 행동할 수 있다. 그런 행동에는 많은 자발성과 자유가 있으나 무례하거나 결과를 전혀 고려하지 않고 행동하는 것은 아니다. 오히려 자신의 유기체에 대해 신뢰할 수 있는 사람은 유기체 전체로 하여금 한 상황의 모든 측면을 고려할 수 있게 한다. 그 결과 현재 상황에서 욕구를 최대로 만족시키는 행동을 한다.

다. 실존적 삶(Existential Living)

충분히 기능하는 사람은 모든 경험을 이전에 결코 경험하지 않았던 것처럼 신선하고 새롭게 느낀다. 그 결과 각 경험을 할 때마다 흥분이 따른다. 또한 자아구조가 새로운 경험에 대해 언제나 개방적이기 때문에 융통성이 있고 거기에는 어떤 경직성도 없다.

라. 자유의식(A Sense of Freedom)

로저스는 충분히 기능하는 사람일수록 선택과 행동에 더 많은 자유를 누린다고 믿는다. 충분히 기능하는 사람은 삶에 대한 개인적 지배감을 즐기며 미래는 일시적인 생각이나 환경 또는 과거의 사건들에 의해 결정되는 것이 아니라 자기 자신에게 달려 있다고 믿는다. 이러한 사람은 그의 인생에 매우 많은 선택을 하며 자기가 하고자 하는 것은 뭐든지 할 수 있다고 믿는다. 즉 충분히 기능하는 사람의 자유의식 속에는 개인의 미래는 자기가 결정할 수 있다는 확신이 있으며 삶에 대해 지배적이다.

마. 창조성(Creativity)

로저스는 충분히 기능하는 사람은 그들이 존재하는 모든 영역에서 창의적 삶으로 스스로를 표현한다고 하였다. 그들은 방어성이 없기 때문에 사회적 · 문화적 제약에 단순히 수동적으로 반응하지 않으며 또한 다른 사람들로부터 인정받는 데에는 관심이 없다.

(6) 인간 중심 상담

로저스는 자신의 성격을 변화시키는 데 도움을 찾고 있던 정신적으로 교란된 사람들을 대상으로 '내담자 중심 치료(client-centered therapy)'를 했는데, 이를 위해서는 다음 세 가지가 필요하다고 보았다.

첫째, 일치성이다. 진정한 상담자는 있는 그대로의 자신이 되려고 한다. 이런 상담자는 겉치레를 하지 않고, 개방적이며 진솔하다. 그래서 내담자는 상담자가 진실하다고 느낀다. 일치성이 있는 상담자는 내담자와 인간 대 인간으로 만날 수 있다.

둘째, 무조건적 긍정적 존중이다. 무조건적인 긍정적 관심이란 어떤 상황에서나 어떻게 행동하든 있는 그대로 조건 없이 수용해 주거나 인정해 주는 것을 의미한다.

이러한 무조건적인 긍정적 관심을 받을 때 그 사람은 자신을 긍정적이고 가치 있는 존재로 인식하며 계속 성장한다. 만약 자기 자신의 개념과 실제 경험이 일치하지 않을 때 그 사람은 긴장과 불안, 두려움을 느낀다.

셋째, 공감적 이해이다. 상담자가 마치 내담자인 것처럼 이런 가정을 결코 잃지 않으면서 내담자의 내적 참조 틀에 의해서 파악한 내담자의 주관적 가치나 감정을 되돌려 주는 것을 의미한다. 공감적 이해의 조건은 경험을 지각하는 상담자의 능력과 그 순간의 내담자의 의미가 된다.

(7) 인간관

로저스는 인간은 기본적으로 자유로우며 자신의 행동에 책임을 지고 유목적적이며 합리적이고 건설적인, 긍정적인 방향으로 지속적으로 성장해 나가는 미래지향적 존재라고 보았다. 따라서 이러한 선천적 잠재력을 발휘할 수 있는 존경과 신뢰의 풍토가 조성된다면 인간은 무한한 성장과 발전이 가능하다고 결론짓는다.

인간의 합리성은 자아실현의 경향이 강해지고 인간이 더욱 자유로워질 때 강하게 표출된다. 로저스는 자아실현 경향을 자기충족, 성숙의 방향을 지향하는 모든 동기를 포함하는 각 개인의 진보적 추진력이라고 규정하였다. 인간은 이러한 자아실현의 경향을 성취하기 위하여 항상 노력하고 도전하고 어려움을 극복함으로써 진정한 한 개인이 되어 가고 또 이러한 자아실현은 완전히 최종적인 것이 아니라 항상 발전하고 성장할 수 있는 창조성과 가능성이 무한히 잠재되어 있다고 본다.

또한 인간은 통합적 존재로서 자아는 항상 더 원대한 전체성으로 이동해 간다. 인간의 발달은 유아의 미분화된 현상학적 장에서 출발하여 자아개념의 발달로 그 장이 자아와 환경으로 분화되고 각 개인이 자아일치성을 계속 추구하는 데서 발달의 최고점에 이를 수 있다.

이처럼 로저스는 인간을 항상 전체성과 통합성을 향해 발전해 가는 존재로 보았다.

3) 이론의 평가

로저스는 인간행동이 무의식적인 어떤 힘에 의해서 야기되는 것이 아니라 개인의 내적 준거틀이 중요하다고 보았다. 근본적으로 인간 본성을 선하다고 보았기 때문에 인간을 건설적이고 신뢰할 수 있으며 창조적 삶으로 스스로를 표현할 수 있다고 믿었다. 이와 같은 로저스의 개인의 존엄성과 가치, 자기결정권, 무조건적인 긍정적 관심, 공감적 이해 등의 라포르(rapport)에 대한 이해는 사회복지 실천과정의 핵심이며 사회복지 실천상담에 중요한 의미를 부여하고 있다.

2. 매슬로의 욕구위계이론

매슬로(Abrahham Maslow, 1908~1970)는 결정론적 입장을 취하는 정신분석과 기계론적 입장을 취하는 행동주의를 강하게 비판하면서 인간 각자는 자신의 잠재력을 발달, 성장시키고 완성시킬 수 있는 본능적 욕구를 가지고 태어난다고 보았다. 매슬로의 주요 공헌은 동기가 어떻게 위계적으로 조직되는지에 대한 분석과 건강한 성격에 대한 기술을 바탕으로 인간의 자아실현의 중요성을 강조한 점이다.

1) 매슬로의 생애

매슬로는 뉴욕 시 브루클린에서 러시아에서 이주한 유대인 부모의 일곱 자녀 중 첫째로 출생하였다. 소년 시절 그는 친구들이 없이 외롭게 지냈다. 매슬로는 부모의 뜻에 따라 법학을 공부하기 위해 뉴욕시립대학에 입학하였지만, 흥미를 못 느끼고 1년 만에 학교를 그만두고 코넬대학으로 갔으며 다시 심리학을 공부하려고 위스콘신대학으로 옮겼다. 위스콘신에서 베르사(Bertha)와 20세에 결혼하고 1934년에 박사학위를 받은 후, 뉴욕 시에 있는 브루클린 대학으로 돌아와 1951년까지 머물렀고 1951년부터 1969년까지는 브랜다이스 대학에서 가르쳤다. 그는 많은 상을 받았으며 1967년에 미국심리학회 회장으로 선출되었다.

2) 주요 개념

(1) 욕구위계

매슬로는 인간의 행동을 활성화시키고 이끄는 생리적 욕구, 안전의 욕구, 소속과 사랑의 욕구, 존중의 욕구, 자아실현의 욕구의 다섯 가지 타고난 욕구를 제안했다. 욕구위계에서 아래에 있는 욕구는 그 위의 욕구가 충족되기 전에 충족되어야 하며, 이러한 욕구를 충족시키기 위해서 우리가 하는 행동은 선천적인 것이 아니며 학습에 의한 것이다.

가. 생리적 욕구

모든 욕구 중에서 가장 강력한 욕구가 유기체의 생존과 유지에 관련된 생리적 욕구이다. 즉 인간의 생존을 위해 필요한 음식, 물, 공기, 수면성 등에 관한 생리적 욕구는 가장 기본적이고 다른 욕구에 비해서 강력하다.

나. 안전의 욕구

질서 있고 안정적이며, 예언할 수 있는 세계에 대한 유기체의 욕구가 안전의 욕구이다. 안전의 욕구를 만족하기 위해 안전, 안전성, 보호, 질서, 그리고 공포와 불안으로부터의 자유가 요구된다. 매슬로는 조직과 질서가 전혀 없는 완전한 허용과 자유는 아이의 안전 욕구를 위협하기 때문에, 아이로 하여금 근심과 불안정을 일으킨다고 생각했다. 생리적 욕구 다음으로는 안전의 욕구를 우선적으로 갈망한다.

다. 소속과 사랑의 욕구

생리적 욕구 및 안전의 욕구가 적절하게 충족되면, 소속과 사랑의 욕구가 생겨난다. 개인은 다른 사람과의 친밀한 관계, 특별한 친구관계, 연인관계를 맺기를 원하며 특별한 집단에 소속되기를 바란다. 매슬로는 사랑과 성을 동일시하지 않았으며, 성이 사랑의 욕구를 표현하는 하나의 방법이라고 하였다.

라. 존중의 욕구

존중의 욕구는 자기 자신과 다른 사람으로부터 존경받고 싶은 욕구이다. 매슬로는 인간이 두 가지 존중의 욕구, 즉 자신으로부터의 존중과 타인으로부터의 존중을 필요로 한다는 점을 지적하였다. 자아존중을 이루기 위해 개인은 유능감, 자신감, 숙달, 성취, 독립, 자유 등을 필요로 한다.

자아존중의 욕구를 충족시킨 사람은 자신의 힘, 가치, 적절함에 대해 확신을 갖는다. 참된 자아존중은 자신의 능력과 경쟁력에 대한 현실적 판단 위에 기초해야만 한다. 사회적 지위와 명성, 그리고 훌륭한 평판은 그냥 얻어지는 것이 아니라 개인의 유능감과 숙달로 인해 얻어지는 것이다.

마. 자아실현의 욕구

발달의 마지막 단계이며 최고의 단계로서 자신의 잠재력을 성취하고 싶은 욕구이다. 즉 자기가 원하는 그 어떤 종류의 사람이 되려는 것이다. 앞의 네 가지 욕구가 충족되었다 하더라도 자신의 잠재력을 이용하지 못하는 사람은 불만족스럽고 불안할 것이며 좌절감을 맛볼 것이고 결국에는 다른 어떠한 욕구도 충족시키지 못하게 될 수 있다. 자아를 실현하기 위해서는 많은 전제조건이 필요하다.

(2) 욕구의 특성

매슬로가 제안한 욕구위계에서 살펴본 것처럼 하위에 있는 욕구가 더 강하고 우선적이어서 하위에 있는 욕구는 보다 생존에 필요하고 상위에 있는 욕구는 성장에 필요함을 알 수 있다. 욕구위계에서 상위 욕구는 인생의 나중에 나타난다.

첫째, 욕구위계에서 하위에 있는 욕구가 더 강하고 우선적이다. 즉 하위에 있는 욕구일수록 강도와 힘이 세고, 우선순위가 높다. 상위에 있는 욕구일수록 반대로 강도와 힘이 약하고, 우선순위가 낮다.

둘째, 욕구위계에서 상위의 욕구는 인생의 나중에 나타난다. 즉 생리적 욕구와 안전의 욕구는 유년기에, 소속과 존중의 욕구는 청년기에 나타나며 자아실현의 욕구는 인생의 중반에 접어들기 전까지는 나타나지 않는다.

셋째, 욕구위계에서 상위의 욕구는 생존을 위해 덜 필요하기 때문에 그러한 욕구의 만족은 지연될 수 있다. 즉 상위의 욕구를 만족시키지 못하더라도 하위의 욕구를 충족시키지 못했을 때처럼 즉각적 비상사태나 위급한 반응은 일어나지 않는다. 이런 점에서 하위의 욕구를 결핍욕구(deficit of deficiency needs)라고 부른다.

넷째, 욕구위계에서 상위의 욕구는 생존을 위해 덜 필요하지만, 생존과 성장에 기여한다. 상위의 욕구가 충족되었을 때 갖게 되는 성취감은 보다 건강한 삶을 만들 수 있으며 생명도 연장할 수 있고, 생물학적 효율성도 증가시킬 수 있기 때문에, 상위의 욕구를 성장욕구라고 한다(growth or being needs).

다섯째, 욕구위계에서 상위의 욕구만족은 생리적, 심리적으로 생산적이고 유용하다. 왜냐하면 그것은 보다 심오한 행복감과 마음의 평화, 그리고 인생의 내적인 성취감을 제공하기 때문이다.

여섯째, 욕구위계에서 상위의 욕구 만족은 하위의 욕구 만족보다 더 좋은 외적(사회적, 경제적, 정치적) 환경을 요구한다.

일곱째, 어떤 욕구는 위계의 다음 욕구가 중요하게 되기 이전에 충분히 만족될 필요가 없다. 매슬로는 욕구위계에서 위로 올라갈수록 각 욕구의 만족비율이 낮아진다고 보았다.

(3) 자아실현의 욕구를 충족한 사람의 특징

매슬로는 자아실현자에게서 발견되는 공통된 특성을 다음과 같이 정리하였다(Maslow, 1970).

첫째, 자아실현자는 현실에 대해 효율적으로 지각한다. 자아실현자는 자기 주변의 세계 및 사람을 명확하고 객관적으로 지각할 능력을 가진다. 이러한 지각은 고도로 객관적이며 어느 한쪽으로 치우치지 않은 성장인지에 근거한다. 자아실현자는 세계를 있는 그대로 보며 선입관에 치우쳐 상황을 파악하지 않는다.

둘째, 자아실현자는 자신과 타인까지 자연스럽게 수용한다. 자아실현자는 자신의 강점뿐만 아니라 약점까지도 왜곡하지 않고 있는 그대로 받아들이며, 실패한 일에 대해서도 지나친 부끄러움이나 죄책감을 갖지 않는다. 또한 다른 사람이나 일반적인 사회의 약점에 대해서도 있는 그대로 수용한다.

셋째, 자아실현자는 행동에 있어 솔직하고 개방적이다. 자아실현자의 행동은 지극히 개방적이고 솔직하고 자연스럽다. 그는 생각과 이상에 있어 주관이 뚜렷하며, 그의 행동은 인습에 사로잡혀 있지 않다.

넷째, 자아실현자는 자신 외의 문제에도 초점을 둔다. 자아실현자는 자신의 인생에 대한 사명감을 가지며, 자신 밖의 일이나 자신의 범위를 벗어나는 일에 많은 에너지를 쏟는다. 자아실현자는 열심히 일하면서, 큰 기쁨과 흥분을 경험한다. 자아실현자는 하는 일이나 방향이 성장가치에 집중되어 있다.

다섯째, 자아실현자는 자신에 대해서 초연함을 가질 수 있다. 자아실현자는 때로 고독을 느끼지만 그러한 고독에 압도되지 않으면서 사적인 자유를 느낀다. 자아실현자는 독립적이고 자율적이기 때문에 때론 홀로 자신만의 시간을 가지면서 사색하며, 타인의 지지 및 애정에 매달리거나 요구하지 않는다.

여섯째, 자아실현자는 신비 혹은 절정을 경험할 수 있다. 자아실현자는 강렬한 무아경, 놀라움, 경외심, 즐거움을 경험한다. 이러한 경험을 하는 동안 그는 극도로 확신에 차고, 명확하고 강력한 힘을 느끼며, 경험은 강화되고 그 강도가 절정에 달한다.

일곱째, 자아실현자는 사회적 관심을 갖는다. 매슬로는 아들러의 개념인 사회적 관심을 인용하여, 자아실현자는 성격의 구성요소로서 보편적으로 갖추는 동정과 공감을 보여주는 사회적 관심을 가진다고 보았다. 자아실현자는 타인을 마치 자신의 형제처럼 대한다.

여덟째, 자아실현자는 대인관계를 깊이 있게 가질 수 있다. 자아실현자의 우정은 보통 사람의 우정보다 매우 강하며 심오하다. 또한 자아실현자 주위에는 종종 찬양자나 제자들이 모여든다.

아홉째, 자아실현자는 지극히 관대하여 모든 사람을 받아들이며, 인종적이거나 종교적 혹은 사회적 편견을 갖지 않는다.

열째, 자아실현자는 창의성이 있다. 자아실현자는 자기 분야에서 창의성과 독창성을 갖고 있으며, 모든 활동 속에서 적응력이 있고 자발적이며 실수를 두려워하지 않는다.

열한째, 자아실현자는 자발적이고 독립적이며 자부심이 매우 강하다. 결과적으로 그는 일정한 틀에 맞춰 생각하라고 강요하는 사회문화적 압박에 자유롭게 저항한다. 그는 사회의 규범에 공공연하게 반대하지 않으며 사회적 관례를 고의적으로 모욕하지도 않는다. 그는 문화의 엄격한 격식과 요구를 따르기보다 자신의 개성에 따라 행동한다.

3) 이론의 평가

인간 본성에 대한 매슬로의 긍정적 관심은 인간을 이해하는 데 있어 인간을 전체로 다루고 환경과 상호작용하는 존재로 보며, 자신의 경험에 관한 해석과 이해를 존중하고 클라이언트 중심의 개입을 가능하게 한다. 이는 사회복지 실천의 기본적 원칙에 잘 부응한다. 또한 그의 욕구위계이론은 사회복지 실천에 있어 사회복지사가 클라이언트의 욕구를 평가하는 데 유용하게 활용될 수 있다.

CHAPTER 13

가족과 조직

1. 가족

1) 가족의 의미

가족은 인간 세계에서 가장 긴밀한 관계를 만들어가는 곳이다. 가정은 안정되고 언제나 화목해야 한다. 그러나 현대사회로 오면서 가정이 흔들리고 있다. 가족의 해체도 늘어나고 혼자 사는 단독세대가 늘어나고 있다. 잘못된 가정은 부부 간에 불행일 뿐만 아니라 자녀에게도 심각한 고통을 준다. 우리 사회가 가족의 붕괴나 해체를 해결해야 할 많은 문제를 양산하고 있는 것이다.

2) 가족관계의 특성

가족관계는 다른 인간관계와 구별되는 다음 몇 가지 특성을 가지고 있다.

첫째, 혈연을 매개로 한 인간관계이다. 가족관계는 심리적 특성에 있어서 외모나 심리상으로 상호유사성을 갖는다. 혈연을 보전하기 위하여 조상들의 성을 따르게 되는 것이다.

둘째, 가족은 운명 공동체이다. 함께 생활하는 생활 공동체이며 재산을 공유하는 공동체이다. 가족은 생활이 즐거운 때나 어려운 상황에 밀접하게 연결되어 있다.

셋째, 가족은 이 세상에 태어나면서 부여되는 인간관계이다. 다른 인간관계와 달리 가족은 출생과 더불어 주어지며 부모나 형제는 선택할 수 없다. 따라서 가족 관계는 대상 선택의 문제가 아닌 주어진 상태에서 화목한 관계를 맺는 것이 중요한 과제이다.

넷째, 가족관계는 연속적이며 지속적이다. 헤어지거나 인연을 끊는 것 외에는 평생 동안 유지되는 인간관계로서 가족의 불만이나 갈등이 있어서 관계를 끊어버리고 쉽게 이탈할 수 없다.

다섯째, 가족은 역동적인 체계이다. 구성원 모두 서로 영향을 주고받으며 한 사람의 변화가 다른 사람에게도 영향을 미친다. 부부관계, 부모자녀관계, 형제자매 관계로 다양한 개별적 관계로 구성된다. 구성원 간의 상호작용이 가족 속에서도 일어나게 된다.

3) 가족의 기능

가족은 사회에 대한 여러 가지 기능을 가지고 있다.

첫째, 자녀를 양육하는 기능이 있다. 자녀를 낳고 양육 · 보호함으로써 가정을 이어가는 것이다. 개체를 보존하고 종족을 보존하는 것이 가정이다.

둘째, 인간의 가장 기초적인 성격이 만들어지는 곳이다. 인간의 성격은 가족과 함께 성장하면서 기본적인 틀이 형성된다. 부모로부터 양육되며 인간 성격에 토대를 지니게 되는 것이다. 인격 형성에 있어서 부모의 역할이 매우 중요하다. 성격에 대한 특성 가치관 도덕규범 등이 부모로부터 자녀에게 이어진다. 또한 사회성을 나타낼 기본적인 적응을 할 수 있는 기능이 가족관계 속에서 발달된다. 언어 · 인지 · 정서 · 사회성 발달이 가족 관계를 통해서 생성된다고 볼 수 있다.

셋째, 가정은 인간의 원초적인 욕구를 충족하는 곳이다. 우리 인간이 살아가기 위해서는 의식주가 중요한데, 먹는 것으로 생존의 기능과 건강하게 살도록 하며, 또한 성적 욕구도 충족되는 것이다.

넷째, 가족은 정서를 지원하는 곳이다. 가족 모두가 가정 밖에서 사회생활을 하고 다시 가정에 돌아와 정서적인 지지를 받는 안식처가 된다. 가족은 운명공동체로서 사회에서 가장 큰 소속감을 제공한다. 인격 발달이 이루어지는 근원적인 관계라고 할 수 있다.

4) 가족의 형태

가족은 부부와 자녀로 구성되며 가장 기본적인 집단이다. 가족 구성원에 따라서 가족은 핵가족과 대가족으로 구분된다. 핵가족은 부부와 자녀만으로 구성되는 가족 구조를 말하며, 대가족은 3대 이상 직계 이상의 구성원으로 이루어진 가족을 말한다. 현재의 가족 형태는 많은 수정된 가족형태로 이루어지고 있다. 한부모가족, 다문화가족, 조손가족, 재혼가족 등 다양한 가족 형태가 있다.

5) 가족의 역할

가족은 그 역할이 나누어진다. 가족 구성원에 의해서 활동 영역뿐만 아니라 가족 내 다른 영향을 미친다. 과거에는 성별에 의해서 역할이 규정되었다. 남자는 경제적인 역할을 담당하고 여자는 육아와 가사를 담당하는 것으로 구분되어 있었다. 그러나 가족의 역할은 사회의 변화에 따라 급격한 변화를 가져오게 되었다. 여성의 인권 확산과 남녀평등 인식 등이 가족 내에 스며들어 획기적인 변화가 이루어지게 되었다. 가족 역할에 있어 부부역할과 부모역할로 나눠진다. 서로의 역할에 대해서 존중하며 동시에 수용하는 것이 중요하다. 부부관계는 자기 행동을 조정하기도 하고 상대방의 역할을 충분히 인정해 주는 데 있다. 이러한 역할이 어긋나게 되면 갈등이 발생한다. 부모의 역할은 자녀를 훈육하고 양육하는 데 있다. 신체적으로, 정서적으로, 지적으로 자녀들을 편안하게 해주고 충족시켜줄 책임이 있다. 보호자로서 상담자로서 어떤 때는 친구로서 동일시 대상으로서도 역할을 감당해야 한다. 가족의 역할은 가족관계에서 아주 중요하다.

첫째, 역할을 분담하는 과정이 가족 관계에 영향을 미친다. 이 과정에서 가족들의 의견이 수렴되는 것이 바람직하다고 본다. 그래서 그 역할을 수행하고 만족하는 것이 필요하다.

둘째, 자신의 역할을 수행하는 것이 중요하다. 자신의 역할을 잘 수행할 때 원하는 기능을 제대로 수행할 수 있고 화목한 가정이 이루어진다. 가정에서 갈등과 불안은 각자 자신의 역할을 하지 못할 때 발생한다. 가족 간의 역할이 만족스럽게 이루어질 때 가정이 화목하게 된다. 개인차에 따라서 의견 차이가 발생할 수도 있다. 가족의 역할은 잘 조절되고 조화롭게 이루어져야 한다. 가족의 행태 변화에 따라 그 역할분담을 조절하는 것이 필요하다.

6) 가족의 권력

가족 내에는 권력이 존재한다. 부모는 자녀들의 행동을 통제하고 자녀들은 부모님의 지시에 순종하게 된다. 가족에 있어서 권력 기반은 경제력이다. 가족들이 생계를 유지할 수 있는 경제력은 가족 권력을 장악하게 되는 것이다. 경제적 측면 외에도 기본적인 것이 감정적인 것, 개인적인 것, 인지적인 것 등 가족 권력의 기반이 될 수 있다. 규범적 문화적 전통 등에서 권위를 부여받게 되는 것이며 감정적 자원은 정서적 유대와 지원 정도를 의미한다. 개인적 자원은 개인이 가지고 있는 성격과 매력 등 역할에 따라서 이루어진다. 인지적 경우는 개인이 타인에게 가지는 영향력을 뜻한다. 따라서 가족은 여러 가지 자원을 통해서 가족 내에서 권력을 행사하게 된다.

7) 건강한 가족의 특징

가족 구성원마다 가정에 대한 만족도가 다를 수 있다. 건강한 가족은 가족 모두가 만족하는 가족 관계를 이루어 가는데, 그 특징은 다음과 같다.

첫째, 가족의 행복과 안녕에 깊은 관심을 가지며 중요시한다. 서로의 행복과 안녕을 위해 깊이 있게 관여한다.

둘째, 서로 정서적인 지지를 지원한다. 상호 간의 긍정적인 감정을 지니며 심리적으로 격려하고 지원한다. 따라서 상대방의 장점을 존중하는 노력을 기울인다.

셋째, 의사소통이 효과적으로 이루어진다. 대화를 나누는 시간이 많으며 상대방의 견해에 관심을 보이고 잘 경청하며 존중해준다. 갈등이 발생할 때 솔직하게 논의함으로써 효과적으로 갈등을 처리한다.

넷째, 가족 간에 많은 활동을 공유한다. 가족이 함께 지낼 수 있도록 자신의 생활을 조정하면서 온 가족이 함께 취미활동을 하거나 종교 활동 등을 통해서 유대감을 확고히 하기도 한다.

다섯째, 효율적인 문제해결 능력을 가지고 있어서 가족 간에 발생하는 문제를 잘 해결해 나간다. 갈등과 위기를 대처할 때 온 가족이 참여하고 협력한다.

여섯째, 가족 구성원 모두가 자기 역할을 잘 수행한다. 각자가 담당할 역할이 잘 분담되어 있으며 이를 효율적으로 수행한다. 이를 통해서 불필요한 마찰을 최소화하는 것이다.

가족은 인간관계의 첫 출발점이다. 가족은 모두에게 절실하게 필요하고 예의범절 윤리도덕이 필요한 최일선의 조직이다. 기본적으로 배우는 출발점이 바로 가족인 것이다. 가족 공동체에서 인간관계가 출발하게 된다. 가족관계가 원만하고 화목하면 건강한 사회이고 가족관계가 무너지면 병든 사회가 된다. 성공의 의미는 무엇일까? 낚시하는 사람들 중에서 낚시에서 월척을 잡으면 성공한 것이 되고, 직장에서 그 지위가 상승하는 사람들은 성공의 표본일까? 그렇지 않다. 자기 본분을 지키고 자기 길을 가는 것이 성공이다. 공동체로 사는 인간은 한 사람으로 살 수 없다. 인간 사이에 둘 이상이 있어야 한다. 자신을 헌신하는 것이 타인에 대한 책임 의무가 되는 것이다.

인간은 가족에서 출발하게 된다. 가족은 희생과 사랑 없이 이루어지지 않는다. 아담스미스의 시장 원리가 경제에서는 가능하겠지만 가족은 전혀 다르다. 가족은 사랑과 언어와 소통으로 이루어진다. 대화도 중요하고 돈도 필요하고 사랑도 중요하다. 이것은 교환해야 이루어지는 것이다. 사랑이 없는 가족은 주식 없는 회사와 같다. 전통적인 가족관이 더 정확하고 귀중한 가치를 가지고 있다.

혼자 사는 가족이 많아지면서 가족의 구조가 변화하고 있다. 석기시대의 가정은 사냥을 통해서 비롯된 것이다. 가장은 사냥해서 잡은 짐승을 가족과 같이 먹기 위해서 가정으로 가져간다. 물질의 경제다. 식욕을 해결해 주려고 가장 본인은 참으면서 가족에게 간다. 그것이 사랑이다. 가족은 희생과 사랑으로 이루어지는 것이다. 남녀 사랑의 원리가 가정을 이루게 된다면 결혼시에 날씬한 부인이 결혼 후에 뚱뚱한 몸매가 되면 반품 할 수 있을 것인가? 또 자식은 바꿀 수 없는 것이다. 경제적인 시장의 원리에서는 가능하지만 가족에서는 그렇게 되지 않는 것이다. 가장이 가족을 위해서 일해야 가족들과 같이 살아갈 수 있는 것이다. 농업 사회에서는 같이 일을 했다. 산업사회가 되면서 임금노동자로 변모되었다. 가정이 소비하는 곳이 되었고 식구를 먹여 살려야 하기에 가장은 부양가족을 위해서 일하는 것이다. 가정이 붕괴되면서 사회도 국가도 무너지게 되는 것이다. 가정에서 정이 없어지면 말이 없어진다. 더이상 가정이 아니다. 소통하는 것이 삶이 되는 것이다. 가정에서 공유하는 취미도 중요한 것이다. 가정은 일차적으로 교육의 장소이다. 청소년 문제가 부모 자식 문제로도 증폭되지만 고령화 사회에서 부모의 가장 큰 문제는 어른이 되지 않고 노인으로 되는 데 있다. 내가 상대를 더 생각하고 도움이 되는 것은 어른이 되는 것이다. 욕심을 위해서가 아닌 남을 위하는 마음을 갖는 것이 어른이 되는 것이다. 그런 어른이 있으면 주위가 훈훈해진다. 가정과 사회에 그늘이 되어 주는 것이다. 나이가 들어가면서 자식들을 품고 베푸는 어른이 되면 건강한 가정이 된다. 인생이 무엇인지 알아야 하는 것이다. 가족구성원을 제대로 알고 베풀 줄 알아야 한다. 우리들은 자기 세대가 과학적이고 가장 모범적이라고 착각하고 산다. 가족은 믿음과 사랑으로 만들어진 것이다. 하우스를 홈으로 만들어야 한다. 머리 속에는 지혜를 갖고 가슴에는 사랑을 가지고 정으로 살아가는 배려하는 가족이 되어야 한다.

2. 집단

1) 사회환경으로서 집단체계

집단은 한 개인으로서 서로 인식하고 상호작용하며, 사회적 실체로서 집단에 대한 의식을 공유하고 구성원의 집단과 관련된 행동에 의해 영향을 받으며, 표현적인 행동이 지배적인 두 명 이상으로 구성된 사회적 조직형태로 정의된다.

하트포드는 집단이란 두 사람 이상이 공동목적이나 관심을 가지고 모여서 서로 인지하고, 감정을 공유하며, 집단기능을 위해 규범을 만들고, 행동을 위한 목표를 수립하며, 응집력을 발전시킴으로써 집단과 구별된다고 하였다.

사회체계 관점에서 집단의 특성을 Chess와 Norlin은 다음과 같이 제시하였다.

첫째, 집단의 크기는 작다. 최소한의 크기는 두 명이며 최대의 크기는 명시될 수 없으나 집단구성원끼리 서로 대면적 상호작용을 해야 하는 점에서 최대 크기는 제한된다. 대면적 특성이 상실되면 더 이상 집단이 아니다.

둘째, 집단의 최소한의 역할분화 수준이 특징이다.

셋째, 모든 집단 구성원은 공통된 집단 정체성을 가지며 집단을 하나의 실체로 지각한다. 집단은 집단구성원의 개성에 영향을 미친다.

넷째, 집단은 구성원들에게 중요한 사회화 및 사회통제 기능을 수행한다. 집단은 구성원들의 집단과 관련된 행동에 영향을 미치는 규범체계를 포함한 하위문화를 가진다.

다섯째, 집단구성원들 간의 관계와 상호작용은 구성원의 내적 혹은 자연적 상태를 토대로 이루어진다.

한편, 와이즈만은 집단을 다섯 가지 특성으로 설명하였다.

첫째, 집단은 환경에 적응한다. 적응 대상은 집단의 외적 체계이다.

둘째, 집단은 목표지향적 행동을 통해서 필요로 하는 적응적 행동을 능가하는 활동, 감정 및 상호작용을 발전시킨다. 이것이 내적 체계가 된다.

셋째, 내적 체계가 정교해지면서 유대, 응집력, 규범, 역할 및 지위 등이 발달한다.

넷째, 피드백으로 인해 집단의 적응은 환경과 더불어 발달하는 내적 체계에 의해 영향을 받는다.

다섯째, 집단은 집단구성원들의 기능을 수정한다.

2) 집단체계의 유형

퇴니스는 사회적 관계의 두 가지 기본적 유형을 대비시키기 위해서 게마인샤프트(Gemeinschaft)와 게젤사프트(Gesellschaft)라는 개념을 제시하였다. 게마인샤프트 관계는 절친한 친구의 관계와 같은 것이고, 게젤사프트 관계는 판매자와 구매자 사이의 관계와 같은 것이다.

쿨리는 원초집단과 이차집단이라는 개념으로 사회적 관계를 유형화하였다. 즉, 혈연과 지연을 바탕으로 하여 자연발생적으로 이루어지는 원초집단(primary group)과 목적달성을 위한 인위적인 계양에 의해 만들어진 이차집단(secondary group)으로 분류하였다.

집단은 구성 동기에 기초해서 자연발생적인 집단과 의도적으로 형성된 집단으로 유형화된다.

자연적 집단(natural group)은 자연발생적으로 만들어진 집단으로 공식적인 지원체계가 없는 것이 특징이다. 또래 혹은 폭력 집단이 이 유형에 해당된다. 자연적 집단은 보통 공식적 집단과 유사한 속성을 갖는다. 형성된 집단은 태스크포스팀처럼 특정한 목적을 위해 만들어진다. 형성된 집단은 보통 공식적 규율과 일련의 과업을 갖는다. 형성된 집단은 이차집단과 유사한 속성을 갖는다. 자조집단은 공통적 쟁점에 대해 개인 또는 환경에 바람직한 변화를 가져오기 위해 뜻을 함께하는 사람들로 구성된다. 이들은 비슷한 환경에 있으면서 공통의 이익을 도모하기 위해 서로 돕거나, 공통의 문제를 함께 해결하려는 사람들이다. 자조집단은 개인들로 하여금 상호지원, 역할모방을 당해 공통된 생활문제를 대처하게 돕는다.

3) 집단구성원의 행동역할

(1) 과업역할

① 주도자(primemover) : 문제에 대한 기발한 아이디어나 새로운 접근방식, 가능한 해결책을 솔선해서 제안한다.

② 정보수집가(information collector) : 다른 사람들에게 관련 정보를 요청함으로써 사실을 파악한다.

③ 의견수립가(opinion collector) : 태도, 가치, 감정과 같은 보다 질적인 형태의 정보를 요청한다.

④ 정보제공자(information offerer) : 전문가로부터 나온 사실들을 포함해 결정을 내리는 데 필요한 정보를 제공한다.

⑤ 의견제공자(opinion offerer) : 의견, 가치, 감정에 관한 정보를 제공한다.

⑥ 상세한 설명자(explainer) : 다른 사람들이 지적한 사항들에 관해 예를 들거나 다른 말로 설명해 주며, 앞으로 어떻게 처리될 것이고 어떤 결과가 초래될 것인가에 대해 설명하는 정보를 제공한다.

⑦ 조정자(mediator) : 아이디어의 적절성 여부와 전반적인 문제에 관한 관련성을 지적하며 구성원이나 하부집단의 활동을 조정한다.

⑧ 방향 제시자(director) : 진행사항들을 요약하고 집단의 목표를 고려해서 필요할 때 초점을 다시 잡아준다.

⑨ 평가자(evaluator) : 집단과업과 관련된 집단기능의 기준에 비추어 집단의 성취를 평가한다. 집단의 노력을 논리성, 실현가능성, 방법에 근거하여 평가한다.

⑩ 동력원(energizer) : 집단이 활동이나 결정을 하도록 자극하고 질적, 양적으로 우수한 활동을 하도록 자극하거나 환기시키는 행동을 한다.

⑪ 전문가(master) : 운영에 필요한 세부사항들을 담당한다. 자료를 나눠 주거나 자리를 정돈하고 기계를 조작하는 일이 이에 해당한다.

⑫ 기록원(recorder) : 안건과 집단의 의사결정 사항 그리고 토의의 결과를 기록하는 서기기능을 하는 행동을 한다.

(2) 사회정서적 역할

① 격려자(encourager) : 다른 집단구성원의 기여를 칭찬하고, 동의하며, 수용한다. 온화하게 의견일치를 유도한다.

② 조화자(organizer) : 집단구성원들 간의 차이를 중재하고, 의견의 불일치를 화해시키며, 재치 있는 말을 하거나 파란을 진정시켜 갈등상황에서 긴장을 해소시키는 행동한다.

③ 타협자(compromiser) : 갈등에 관련되었을 때 자신의 입장을 양보하거나 과오를 시인하며 집단의 조화를 위해 자신을 조정하거나 집단의 의사를 따르기 위해 어느 정도 양보하여 타협하는 행동을 한다.

④ 감독자와 촉진자(inspector promoter) : 절차를 수립하고 구성원들의 동등한 참여를 보장함으로써 커뮤니케이션을 원활하게 하려는 행동을 한다.

⑤ 기준설정자(criteria guider) : 과정의 질을 평가하기 위한 기준에 관해 의견을 제시하거나 토의를 요청한다.

⑥ 관찰자 및 논평가(observer and commentator) : 집단의 역동성에 대한 긍정적, 부정적 측면들을 지적하고 필요한 경우 변화를 요청한다.

⑦ 추종자(follower) : 다른 구성원들이 내놓은 아이디어를 받아들이고 다른 사람들의 생각을 수동적으로 받아들여 집단의 진행을 따라간다.

(3) 개인적 역할

① 공격자(aggressor) : 다른 구성원의 입지를 약화시키고, 다른 구성원의 행동이나 감정을 배척하며, 집단에 기여하는 사람을 질시한다.

② 훼방꾼(disrupter) : 이유 없이 혹은 비합리적인 이유로 집단토의에서 반대하고, 반대하는 사람들을 규합하여 집단을 방해한다.

③ 인정받고 싶어하는 사람(recognition pursuer) : 열등한 위치에 있는 구성원으로서 자신의 열등감을 보상하기 위해 자신의 업적이나 행동을 과잉 선전해 관심을 집중시키려 한다.

④ 원조 추구자(Aid pursuer) : 열등감, 부적응, 혼란 등으로 인해 불안해하며 다른 구성원이나 전체 집단으로부터 동정을 구하는, 의존적인 행동을 한다.

⑤ 국외자(outsider) : 집단 밖의 여러 가지 사건을 끌어들인다. 집단과정에서 냉소, 무관심, 수다 등 부적절한 행동을 한다.

⑥ 독재자(dominator) : 집단과정에서 자기과시와 위압적 행동을 하며 권위나 우월감을 내세우는 행동을 한다.

집단체계는 그 구성원 개인의 동기, 태도, 행위 등에 영향을 미친다. 켈만에 의하면 집단을 통한 사회화는 다음 세 가지 종류로 개인에게 발생한다.

첫째, 추종하는 유형을 이념과 신념처럼 무조건 따른다.

둘째, 동일시하는 유형은 집단을 자기 자신의 정체성의 일부로 만들어 집단의 견해를 채택한다.

셋째, 내면화하는 유형은 집단이 그를 위해 문제를 해결해 주기 때문에 집단의 견해를 채택한다.

사회체계로서 집단이 인간행동에 미치는 영향은 집단의 역동성으로 나타나게 된다. 노든은 집단의 역동성을 사회적 상호작용, 집단목적, 집단감정, 집단구조, 집단규범, 긴장, 응집력 등으로 나누어 다음과 같이 설명하였다.

첫째, 역동적인 힘의 작용을 일컫는 사회적 상호작용은 사람들 간의 접촉이 인간의 태도와 행동을 변화시킨다는 것을 시사한다. 사회적 상호작용의 핵심인 커뮤니케이션은 정보 · 느낌 · 태도 등이 전달, 수신, 해석, 반응되는 복잡한 사회적 과정이다. 개방된 커뮤니케이션 체계는 구성원들이 자신들의 문제와 집단의 문제에 대처하고 해결하는 기회를 증가시킨다.

둘째, 집단목적은 집단구성원들이 갖고 있는 소망과 욕구가 사회적 상호작용을 통해 발전하게 되는 것이다.

셋째, 집단감정은 집단 내에서의 커뮤니케이션을 통해 의견이나 사실뿐만 아니라 감정의 긍정적, 부정적 표현이 전달되는 것이다. 즉 긍정적 유대감, 사랑, 애정, 공감, 온정, 동일시를 나타내나 부정적 감정, 증오, 적개심, 혐오, 공포, 편견, 무관심을 나타내기도 한다.

넷째, 집단구조는 사람들을 알게 되고 서로 긍정적, 부정적 감정을 전달하면서 그 관계의 구조가 발달한다. 즉, 지위와 역할이 분화되며 하위집단이 형성된다. 집단구성원은 자기가 속한 각자의 집단에서 각기 다른 지위를 가지며, 동일 집단에서도 시간이 지나면 지위가 달라지며, 지위를 근거로 역할이 결정된다. 하위집단의 형성은 '끼리끼리 모인다'와 '서로 다른 사람끼리 끌린다'는 상반되는 논리로 흔히 설명된다. 가끔은 하위집단이 집단의 효율성과 응집력에 방해가 되기도 하나 보통은 개인적 발달과 집단 발달에 기여한다.

다섯째, 집단규범은 집단이 기대하는 행동의 기준인데 이 규범이 발달하는 과정은 집단이 무엇에 가치를 부여하고 수용하는가에 대한 집단구성원들의 동일시로서 비롯된다.

여섯째, 긴장은 인간의 발달에 있어서 본질적이다. 갈등이 개인, 집단의 다른 구성원들 사이에 미치는 영향이 건설적이지 않고 파괴적일 수도 있으나 대부분 갈등이 집단관계에서 건설적인 힘이 되고 상호작용에 대한 토대가 되기 때문이다.

일곱째, 응집력은 구성원들 상호 간에 집단에 대해 끌리는 것을 말한다. 보통 집단의 매력은 구성원들의 욕구를 충족시키는 정도에 따라 결정된다. 집단의 응집력이 강할수록 구성원에게 미치는 영향이 크다. 그러나 응집력이 강한 집단은 외부환경으로부터 새로운 정보 유입이 상대적으로 더딜 수 있다.

3. 조직

1) 사회환경으로서 조직체계

조직은 일정한 목표를 가진 개인들로 구성된 하나의 사회체계이다. 개인은 조직을 통해서 자신이 바라는 욕구를 성취하려고 하고 조직은 그 개인들을 통해서 조직의 목적을 성취한다. 파슨즈(Parsons)는 "조직(organization)이란 특정한 목표를 추구하기 위해 구축된 사회적 사회체계 또는 인간집단이다."라고 정의하였다. 회사, 군대, 학교, 병원, 조합, 교회, 교도소 등이 조직에 포함되며 부족, 계급, 인종집단, 친목집단, 가족은 조직에서 제외된다.

조직의 세 가지 특성은 ① 분업, 권력, 의사소통의 책임, ② 조직의 협동노력을 통제해서 목표로 지향시키는 권력의 집중, ③ 구성원의 교체이다.

밀러(Miller)는 조직을 여러 가지 목표를 가지고 있으며, 목표를 추구하려고 상호작용하는 하위체계들로 구성된 체계라고 하였다.

에치오니(Etzioni)는 조직의 목표란 조직이 실현하려고 하는 바람직한 상태라고 정의하였다.

굴드너(Gouldner)는 체계로서의 조직의 특성을 다음과 같이 정리하였다.

첫째, 조직체는 하나의 체계로서 유기적인 속성을 가진다.

둘째, 구조적 변화는 합리적인 작용에 의해서라기보다 조직의 균형 상태를 깨뜨리는 위협에 대한 누적적, 비계획적, 즉흥적 반응의 결과이다.

셋째, 조직체의 욕구 중 가장 중요한 것은 목표의 달성이다.

또한 굴드너(Gouldner)는 폐쇄체계에 해당하는 합리적 모형과 개방체계에 해당하는 자연적 체계모형으로 조직을 구별하였다.

합리적 모형에서 조직은 도구(instrument)로 간주된다. 즉 조직이 목표를 실현하기 위한 합리적인 수단이 된다. 자연적 체계모형은 조직이 목표의 달성뿐 아니라 조직 자체를 위하여 역동적 평형을 이루려 한다고 본다. 일반적으로 조직의 공식적 구조로는 조직구성원의 심리 · 사회적 욕구와 관심을 충족시킬 수 없으므로 비공식적 구조가 이를 충족시키게 된다. 비공식적 구조는 구성원들의 성격, 감정, 개인적 목적, 동기, 태도, 전문적 소신, 이데올로기 등에 의해 형성된다. 이 요소들이 조직생활의 스트레스 요인에 대한 적응기제로서 조직 내의 하위문화를 만들게 된다.

2) 조직의 유형

파슨즈(Parsons)는 개별조직과 사회 전체와의 관계에 관심을 가지고 체계이론의 기본틀을 조직에 적용하여 각 조직이 사회의 유지 발전에 어떤 공헌을 하였는가에 따라 생산조직, 정치조직, 통합조직, 잠재적 형태의 조직으로 구분하였다.

① 생산조직은 경제활동을 통하여 적응의 기능을 하는 것으로 기업조직이 대표적이다.

② 정치조직에는 사회의 목적 달성 기능을 하는 정당이나 국회와 같은 조직이 있다.

③ 통합조직에는 사회의 질서유지를 담당하는 군대와 같은 조직이 포함된다.

④ 잠재적 형태 조직에는 사회화를 담당하는 교회나 학교가 이에 해당된다.

블라우와 스코트(Blau and Scott)는 조직의 활동으로부터 누가 가장 이익을 얻느냐에 따라 조직을 분류하였다. 노동조합과 같이 조직구성원 모두가 상호이익을 얻게 되는 조직을 호혜조직, 조직의 소유자가 이익을 독점하는 것을 기업조직, 병원이나 학교와 같이 조직의 이용자가 가장 이익을 얻게 되는 것을 봉사조직, 군대나 경찰과 같이 일반 대중이 조직 활동의 대상이 되는 것을 공익조직이라 하였다.

에치오니(Etzioni)는 조직을 강제적인 조직, 자발적인 조직, 공리적인 조직 세 가지 유형으로 구분했다.

① 강제적 조직이란 감옥이나 군대처럼 조직구성원의 의사와 관계없이 물리적 힘을 사용하거나 이익을 주거나 박탈함으로써 강제적으로 조직에 참여하게 하고, 강제적으로 조직의 목적을 위하여 행동하도록 하는 조직체이다.

② 자발적 조직이란 종교나 정치, 자원봉사 또는 전문직 단체 등과 같이 자유롭게 가입할 수 있고, 또 자유롭게 탈퇴할 수 있는 조직을 말한다.

③ 공리적 조직은 회사나 기업체와 같이 구성원들이 실리적인 목적을 위해서 소속된다. 이러한 조직에 소속된 구성원은 자신의 이익을 위하여 조직체에 가입하기 때문에 자신의 기본적인 욕구충족의 정도에 따라서 조직에 머물거나 탈퇴할 수 있다.

또한 에치오니는 조직의 통제를 신체적 통제, 물질적 통제, 상징적 통제로 구분하면서, 각 조직이 사용하는 통제의 형식에 기초하여 강압적 조직, 보상적 조직, 규범적 조직으로 설명하였다.

① 강압적 조직은 위협과 처벌을 통제수단으로 사용해서 조직구성원들 사이에 소외를 초래하기 쉽다.

② 보상적 조직은 조직구성원들로 하여금 그들이 받는 혜택을 계산하게 하여 통제한다.

③ 규범적 조직은 도덕적 개입과 사회적 수용을 통제수단으로 사용하여 조직구성원들이 조직에 강한 의무를 느끼게 만든다.

3) 조직과 인간행동

체계로서 조직은 목표, 구조, 기능에 따라 가족구성원의 행동에 상이한 영향을 미치게 된다. 특히 조직에서 결정한 조직의 목표와 조직이 의도하는 목표가 효율적으로 달성되도록 만들어진 조직의 구조는 조직구성원의 행동에 큰 영향을 미친다. 즉, 조직의 목표달성을 위해 조직구성원은 목표지향적인 활동을 하도록 기대되며 조직의 구조는 수직적, 수평적, 장소상 분화의 정도와 관련된 복잡성, 규칙과 절차가 이용되는 정도와 관련된 공식화, 의사결정권이 집중되어 있는 정도와 관련된 집권화 차원에서 영향을 미치게 된다.

또한 조직은 게마인샤프트와 게젤사프트의 인간관계 속성을 모두 가지고 있는 것으로 볼 수 있다. 조직이 특정한 목적을 성취하기 위한 수단이라는 점에서는 조직 내에서 게젤샤프트적인 관계가 지배적이다. 게젤사프트적인 관계가 공식적 조직에서 지배적이라면 조직의 인위적인 속성을 극복하도록 돕는 것은 게마인샤프트의 속성이다. 즉, 사람들을 결속시키도록 돕는 개인적인 관계 때문에 조직구성원은 조직의 목적을 달성하기 위해 협조적으로 일할 수 있는 것이다.

프레스터스는 관료적 조직의 구성원인 개인이 조직에 적응하는 양상에 따라 상승형, 무관심형, 모호형이라는 세 가지 행동유형으로 구분하였다.

① 상승형은 조직에서 비교적 상위직에 많다. 이들은 낙천적이며 조직 내의 생활에 만족한다. 조직에 대한 일체감과 충성심이 높고, 조직이 하는 일에 전적으로 긍

정적이며, 조직을 행동의 기준으로 삼는다.

② 무관심형은 조직 내의 하위직에 주로 많다. 이들은 조직이 좌절감을 제공하는 체계라고 간주한다. 조직에 대한 소외감을 느끼고 조직 밖의 일에 더 흥미를 갖는다. 조직의 가치를 마음으로 인정하지 않으며 조직에 충성심도 없다.

③ 모호형은 수적으로는 가장 적은 유형으로 참모직에 주로 많다. 조직에 의한 조정과 통제의 필요성을 인정하지 않는다.

프레스터스가 설명한 상승형은 에치오니가 제시한 '관료적 성격'과 유사하다.

톰슨은 관료적 조직에서의 특징적인 인간행동을 관료병리로 설명하고 있다. 이 관료병리는 규칙에 대해 과잉으로 의존하는 행동, 인간관계의 비인격성, 업무에서 사소한 권리나 특권을 주장하는 행동, 변화에 반대하는 행동 등이다. 조직구성원들 사이에는 탈진현상이 흔하다.

베닝거와 스프래들리는 탈진은 해소되지 않은 긴장으로 인해서 오는 일종의 쇠약한 심리적 상태이며, 에너지의 축적이 고갈된 상태, 병에 대한 저항력의 저하, 불만과 비관의 증대, 결근과 일에 대한 비능률의 중대와 같은 결과를 가져온다고 하였다.

베닝거와 스프래들리는 탈진의 첫 번째 단계로 초기의 일에 대한 만족 단계, 두 번째 단계로 에너지의 고갈 등이 나타나는 단계, 세 번째 단계로 증상이 만성적이 되며 직장과 가정에서 기능이 저하되는 단계, 네 번째 단계로 문제에 압도당하기 시작하여 탈진의 상태가 생활을 지배하는 단계, 다섯 번째 단계로 일이 전혀 기능을 발휘하지 못하고 그 생활이 심각한 방향으로 쇠퇴하는 단계로 보았다.

4. 직장

직업이란 인간이 일생 동안 수행하게 되는 일 중에서 특정 시점에서 수행하는 주된 일의 역할을 의미한다. 일반적으로 직업이란 개인이 계속적으로 수행하는 경제 및 사회 활동의 종류를 말한다. 직업(職業)이라는 말은 직(職)과 업(業)의 합성어다. 여기에서 직(職)은 관(官)을 중심으로 행하는 직무라는 관직적인 뜻과 직분을 맡아 한다는 개인의 사회적 역할의 뜻이 있다. 그리고 업(業)이라는 말은 생계를 유지하기 위하여 전념하는 일이라는 뜻이 있다. 결국 직업이란 사회적 책무로서 개인이 맡아야 하는 직무성과 생계를 유지하거나 과업을 위하여 수행하는 노동행위의 이중적 의미를 내포한다.

1) 직업의 중요성

흔히 직업을 인생의 행로에 비유하는데, 이는 그 사람의 직업에 해당하는 행로가 정해지면 인생에 해당하는 방향이 다 정해진 것임을 의미한다. 또한 서양의 격언에서는 결혼, 배우자 그리고 직업이 정해지면 개인의 인생은 다 정해졌다고 하여 직업의 중요성을 역설하기도 한다.

이처럼 직업만큼 한 개인의 사회적, 경제적, 지적 수준을 단적으로 잘 나타내 주는 것은 없다.

(1) 개인적 중요성

직업은 개인에게 중요한 의미와 가치를 가지고 있는데, 이러한 직업의 개인적 중요성은 다음과 같다.

첫째, 직업은 생계유지를 가능하게 한다. 인간이 살아가는 데에는 의식주의 해결이 가장 우선적 요건이며, 직업을 수행하는 대가로 수입을 얻게 되고, 그것으로 본인과 가족의 생계를 유지하고 경제활동을 영위하게 된다.

둘째, 직업은 소속감을 준다. 소속감은 심리적 안정감을 주는 반면, 일반적으로 한 개인이 직업생활을 그만두게 되면 심한 소외감과 심리적 불안정감을 느끼게 된다.

셋째, 직업은 개인의 가치를 실현시켜 준다. 우리 인간은 일반적으로 부, 명예, 권력 등 나름대로 다양한 가치를 추구하면서 살아간다. 그런데 직업은 개인이 바라는 여러 가지의 가치를 실현해 주는 수단이 되므로 개인이 자신의 인생에서 성공하느냐 못하느냐의 여부는 무엇보다도 직업생활의 성공에 의해 크게 좌우된다. 그러므로 직업은 개인의 인생 성공의 중요한 열쇠라 할 수 있다.

넷째, 직업은 개성 발휘 및 자아실현을 가능하게 한다. 각 개인이 타고난 소질과 습득한 역량은 직업을 통하여 발현되기 때문에 개성의 발휘와 자아실현은 대부분 직업 수행을 통해서 이룰 수 있다.

다섯째, 직업은 개인이 사회적으로 접촉하게 되는 대상의 범위를 결정한다. 예를 들면, 교사는 주로 학생들을 접하게 되며, 의사는 주로 환자를 접하게 된다.

여섯째, 직업은 개인의 의식 속에 내면화되고 정체성이 된다. 예를 들면, "당신은 어떤 사람입니까?"라고 물으면 "나는 ○○회사의 이사입니다."라고 대답하는 경우가 많다. 이렇게 직업은 자아의 일부로서 자신의 정체성을 이루는 중요한 요소다.

일곱째, 직업은 개인의 사회적 지위를 결정해 준다. 개인은 사회를 구성하고 있는 수많은 직업들 중에서 어떠한 직업에 종사하고 있고, 그 직업에서 어떠한 직책을 담당하고 있으며, 어떠한 업무를 수행하고 있느냐에 의해 자신의 사회적 지위가 결정된다.

여덟째, 직업은 개인이 사는 곳을 결정해 준다. 각 개인은 자신이 종사하고 있는 직장이 위치한 지역에서 직업생활을 영위하게 된다. 예를 들어, 한 개인이 현재 서울에 살고 있다고 하더라도 종사하게 될 직장이 부산이나 대전에 있다면, 대부분의 사람들은 그곳으로 이사를 가서 직장생활을 하게 된다.

(2) 사회적 중요성

인간이 생계를 유지하기 위해서는 사회에 소속하여 일정한 사회적 역할을 분담해야 하고, 각자에게 분담된 역할을 충분히 수행할 때에만 사회가 유지될 수 있다. 이처럼 직업을 가진다는 것은 현대 사회의 조직적이고 유기적인 분업 관계 속에서 분담된 기능의 어느 하나를 맡아 사회적 분업 단위의 직분을 수행한다는 것을 의미한다.

이러한 측면에서 볼 때, 사회는 각종 직업에 종사하는 개인과 각종 단체에 의해서 구성된다고 할 수 있다. 그러므로 사회 구성원이 각자의 직업에 만족하지 못하고 능률적으로 일하지 못한다면 그 사회는 발전하기 어려울 것이다.

한편 직업의 사회적 역할 측면에서 볼 때, 직업이란 사회적으로 유용한 것이어야 한다는 의미를 내포한다. 즉, 직업은 사회의 유지 및 발전에 도움이 되는 것이어야 함을 의미한다. 이런 이유에서 개인이 경제생활을 한다고 하더라도 그 활동이 절도, 도박, 밀수 등과 같이 반사회적이거나 비윤리적인 경우에는 직업으로 여기지 않는다.

2) 직업 선택의 결정 요인

직업의 만족도를 결정하는 가장 중요한 요인은 Parsons가 말한 것처럼, 개인과 직업의 짝짓기다. 좋은 직업이라고 해서 누구에게나 만족을 주는 것은 아니며, 우수한 사람이라고 해서 어떤 직업에서나 성공하는 것은 아니다. 자신의 특성을 잘 알고 자신의 역량을 십분 발휘할 수 있는 직업을 선택하는 것이 중요하다. 직업 선택, 즉 진로 결정을 할 때에는 크게 개인 요인과 직업 요인을 고려할 필요가 있다.

개인 요인으로는 개인의 가치관, 흥미, 성격, 적성, 능력 등이 있으며, 직업 요인으로는 직업의 업무 특성, 필요한 능력과 자질, 보상체계 및 미래 전망 등이 있다. 이러한 두 가지 요인이 서로 잘 짝지어진 직업을 선택하는 것이 직업에서의 만족도를 높일 수 있다.

(1) 부모의 기대와 지원

직업을 선택할 때 부모의 기대와 지원 정도를 간과해서는 안 된다. 직업을 선택할 때 부모와 많은 대화를 통해 부모의 기대를 충분히 고려하는 것이 바람직하다. 특히 부모가 자녀에게 기대하는 직업과 자녀가 원하는 직업이 불일치할 때는 더욱 그러하다. 어떤 직업은 부모의 사회적 또는 경제적 지원이 필요한 경우가 있기 때문이다.

(2) 부모의 사회 · 경제적 지위

문화나 인종의 차이는 개인의 직업적 야망에 그다지 큰 영향을 미치지 않는 데 비해, 개인이 속한 사회계층은 이에 지대한 영향을 미친다. 이러한 현상은 사회계층 그 자체에 의한 것이 아니라 사회계층에 따라 그 속에서 생활하고 있는 대다수 사람들의 사회적 반응, 교육받은 정도, 직업적 포부, 일반지능 수준 등을 결정하는 독특한 심리적 환경을 조성하게 되는데, 이것이 결과적으로 직업 선택에 영향을 미치게 된다(김봉환, 정철영, 김병석, 2006).

저소득층 가정의 자녀가 열망하는 직업과 실제 갖게 될 것이라고 예상하는 직업 간에는 차이가 있다. 이는 자신이 원하는 직업에 접근하는 것을 주위환경이 쉽게 허용하지 않을 것이라는 생각에 기인한다. 그렇다고 해서 모든 저소득층 가정의 자녀들이 그렇게 된다는 것이 아니다. 중요한 것은, 부모가 어떠한 가정 분위기를 조성하느냐에 따라 자녀의 직업적 포부의 성취 여부는 얼마든지 달라질 수 있다는 것이다.

(3) 성별 차이

우리 사회는 직업에서의 성차가 점차 줄어들고 있지만 여전히 남성과 여성이라는 차이는 직업을 선택하는 데 영향을 미치는 경우가 많다. 예를 들면, 남자아이가 커서 헤어 디자이너나 간호사가 되겠다고 하거나 여자 아이가 군인이나 비행기 조종사가 되겠다고 하면 부모는 성역할 고정관념에 근거하여 일단 부정적인 태도를 보인다. 실제로 특정한 성이 지배적인 직업들이 존재하고 있으며, 그러한 직업을 가진 반대성 종사자들을 이상하게 바라보는 경향이 아직도 존재한다.

(4) 가치관

사람은 자신이 가치 있게 여기는 일을 할 때 만족하게 된다. 따라서 직업을 선택할 때 자신의 가치관의 영향을 받게 된다. 가치관은 인간의 내면적인 신념체계이기 때문에 평소에는 인식하기 쉽지 않다.

자신의 가치관을 파악하기 위한 몇 가지 방법이 있는데, 먼저 "어떤 삶이 가치 있는 삶이라고 생각하는가?" 혹은 "나는 삶에서 무엇을 할 때 가장 만족스럽게 여기는가?" 등의 물음을 통해 의식하지 못하던 가치관을 알아볼 수 있다. 표준화된 검사를 통해 자신의 가치관을 알아보는 방법이 있다. 가치란 사람으로 하여금 어떤 방식으로 행동하게 하는 원리나 믿음, 신념을 말하며, 자기가 가장 옳다고 느끼고 가치 있는 것을 믿는 것이다. 가치관의 유형은 각자의 신념과 견해에 따라 다를 수 있다.

(5) 적성과 흥미

서양의 격언에 "누구나 한 가지는 잘할 수 있다."는 말이 있다. 직업 선택에서 가장 중요하게 고려되고 있는 것은 적성으로, 사람은 누구나 나름대로 특정한 분야에 뛰어난 능력을 가지고 있다. 적성은 IQ와 같은 일반지능과 달리 특정한 분야에서 발휘되는 지적 능력을 의미하며, 이는 유전적인 성향이 강하지만 학습이나 훈련에 의해 계발될 수 있는 능력이기도 하다.

한편 흥미는 개인으로 하여금 어떤 일에 즐거움을 느끼고 호기심을 갖게 하는 동기적 성향을 말한다. 『논어』의 "천재는 노력하는 사람을 이길 수 없고 노력하는 사람은 즐기는 사람을 이길 수 없다."는 말처럼, 어떤 일에 몰두하거나 어떤 일을 하고 싶어서 소망하는 것은 흥미에 의한 것이다. 흥미는 개인이 종사하는 직업에 대한 만족도, 노력 정도, 경력 기간을 결정하는 중요한 요인이라고 할 수 있다. 자신의 적성이나 흥미가 불분명할 경우 표준화된 검사를 통해서 이를 파악해 볼 수 있다.

(6) 성격

직업 만족도와 성과에 영향을 미치는 주요한 요인 중 하나가 성격이다. 성격은 개인이 시간과 상황에 관계없이 지속적으로 지니는 일관된 특성으로, 이는 그 개인의 정서적 반응과 사회적 행동에 강력한 영향을 미친다.

어떤 사람은 많은 사람과 접촉하는 활동적인 일을 좋아하고 또한 잘 처리한다. 반면 어떤 사람은 사무실에서 자료를 정리하고 계획적으로 일하는 것을 좋아하며 또한 그 일을 꼼꼼히 잘 해낸다. 이것은 이들의 성격이 다르기 때문이다. 전자가 사회성과 활동성이 높은 외향적인 성격을 지닌 사람이 반면, 후자는 치밀성과 사려성이 뛰어난 내향적인 성격을 지닌 사람이다. 그런데 만약 두 사람이 업무를 바꾸어 일을 한다면, 그들은 자신의 업무에 만족하지 못하고 힘들게 느낄 것이며, 성과도 좋지 못할 것이다.

진로발달 이론가인 Holland(1992)는 직업을 선택하는 데 개인과 직업의 일치성을 강조하면서 개인의 성격유형과 그에 적합한 직업유형을 구분하여 제시하고 있다.

3) 직장 내의 인간관계

직장은 경제적 이익을 목적으로 만들어진 조직이다. 하지만 직장이라는 조직은 여러 가지 성격을 가진 구성원들로 이루어져 있기 때문에 업무수행 능력만으로는 충분하지 않으며 자신의 상사나 동료 직원들과 원만한 인간관계를 유지하는 것이 중요하다.

Covey 박사는 『신뢰의 속도 : 모든 것을 바꾸는 유일한 한 가지(The SPEED of Trust: The One Thing That Changes Everything)』라는 책을 통해 인간관계, 즉 인간관계에서의 신뢰의 중요성을 역설하고 있다. 그는 모든 것을 변화시키는 유일한 한 가지는 바로 신뢰라고 보았다. 신뢰란 경제적 가치를 측정할 수 있는 빈틈없는 비즈니스 자산이며, 신뢰가 높을 때 업무속도가 향상되고 비용이 절감된다는 것이다.

그러므로 직장생활에서의 인간관계는 개인의 잠재력을 발휘하는 기회를 만들어 줄 뿐만 아니라 직장 구성원들 사이에 신뢰의 속도를 높여 회사의 발전으로 이어지게 된다. 여기서는 직장에서 어떻게 하면 원만한 인간관계를 유지할 수 있는지 살펴보기로 한다.

(1) 직장 내 인간관계 갈등의 유형

직장인은 직장생활에서 여러 가지 갈등을 겪게 된다. 가장 대표적인 것이 업무수행 과정에서 발생하는 업무 갈등과 직장동료나 상사와의 인간관계에서 발생하는 갈등이다. 업무 갈등은 업무의 과중함이나 시간적 압박 등 대부분의 직장인들이 겪게 되는 갈등이지만, 우리나라와 같이 직장 내의 인간관계가 중요시 되는 곳에서는 인간관계에서 비롯되는 갈등이 직장에 대한 만족도를 떨어뜨리는 더 심각한 원인이 될 수 있다.

실제로 직장에 불만을 느껴 전직이나 이직을 고려하는 가장 큰 이유가 인간관계 갈등인 경우가 많다고 한다.

첫째, 입사 후 새로운 인간관계를 형성하는 과정에서 겪게 되는 갈등이다. 새로운 상황에서 낯선 사람들과 인간관계를 맺는 것 자체가 갈등이 될 수 있다. 대학과 같은 수평적 조직사회에서 생활하다가 직장과 같은 수직적 조직사회에 적응하는 것은 큰 갈등의 요인이 될 수 있다.

둘째, 직장에서 업무를 지시하는 상사와 이를 수행하는 부하직원 간의 갈등에서 비롯된다. 일반적으로 상사에 대한 주된 불만은 부당하고 무리한 업무를 강요하거나, 부하직원의 능력을 무시하고, 부하직원의 노력에 대해 불공정한 평가를 하는 것이다.

셋째, 동료들 간의 갈등에서 온다. 동료직원은 상사의 업무지시를 같이 수행하는 경우가 많기 때문에 업무가 불공정하게 분담되거나 업무를 수행하는 방식이 서로 맞지 않으면 갈등이 발생할 수 있다. 또한 수직적 승진 구조에 따라 좋은 평가를 받기 위해 상사에 대한 동료직원들 간의 충성경쟁이 벌어지기 쉽기 때문이다.

넷째, 직장의 분위기에 잘 적응하지 못하는 데서 오는 갈등이다. 상하 간의 위계질서가 강하여 지시에 무조건 순종해야 하는 분위기가 강하고, 심지어 업무 후에도 지시와 간섭을 하는 경우도 있다. 이런 직장분위기가 자기 성격이나 철학에 맞지 않으면 갈등의 근원이 될 수 있다.

(2) 직장생활에서의 바람직한 인간관계

여러 가지 준비과정과 선발과정을 통해 직장에 들어갔더라도 직장생활을 제대로 하지 못하고 나오는 통계적 비율이 4명 중 1명꼴이다. 가장 큰 이유는 직장상사나 직장동료와의 인간관계 때문이다.

처음에는 모든 신입사원들이 업무파악과 새로운 생활에의 적응 때문에 고민을 하게 되지만 일정 시기가 지나면 각자의 자세에 따라서 직장에서 대응하는 정도는 확연히 달라진다. 그러한 차이가 나타나는 것은 무엇 때문일까? 직장생활에서 인간관계를 잘 하기 위한 준비와 자세는 다음과 같다.

첫째, 자신의 업무에 필요한 능력과 기술이 잘 갖추어져 있는지가 중요하다. 대표적인 것은 말과 글로 자신의 의사를 표현하는 능력, PC, 스마트폰 등 IT기구를 다루는 능력, 정보를 얻고 제시하는 능력, 외국어 능력과 세계 정세 정보 등 필요한 실력을 쌓기 위해서는 대학시절 교과목에서 요구하는 각종 보고서를 성의 있게 작성하는 습관을 형성하고, 외국인과 접할 수 있는 각종 모임에 적극적으로 참여하며, 평소에 신문을 꾸준히 읽고 독서의 폭을 넓힐 필요가 있다.

둘째, 적극적이고 긍정적인 태도를 갖는 것이다. 누구나 처음에는 업무를 수행하는데 익숙하지 않기 때문에 나름대로 좌절감을 느끼게 되고 상사로부터 질책을 받기 마련이다. 이러한 상황을 더 발전하기 위한 기회로 받아들이는 적극적이고 긍정적인 태도를 갖는 것이 필요하다.

셋째, 직장에서 동료들과 조화를 이루어 나가려는 자세다. 우리 사회에서 교육을 받다 보면 경쟁적인 상황에서 상대를 이겨야 한다는 자세를 갖기 쉽다. 그러나 이런 자세는 처음에는 출세에 도움이 될 수 있지만 원만한 인간관계가 중시되는 직장문화에서 장기적으로는 적절하지 않다. 동료를 배려하고 협력을 중시하는 태도가 있어야 직장생활이 즐겁고 성공에도 도움이 된다.

넷째, 원만한 인간관계를 유지하기 위한 능력이 중요하다. 인간관계가 서툴면 업무의 파악이나 수행도 힘들고 직장생활에 적응하기도 그만큼 어렵다. 인간관계에서 중요한 것은 다른 사람에게 호감을 주고 자기의 의사를 분명하게 전달하며, 상대방의 의도를 빨리 파악하는 능력이라고 할 수 있다. 이러한 능력은 인간관계 관련 강좌를 수강하거나 관련 서적을 읽고 다양한 부류의 사람들을 사귀는 경험을 통해 길러질 수 있다.

다섯째, 건강을 유지하는 것이다. 대부분의 직장인들이 술자리를 통해 스트레스도 풀고 서로의 속마음도 주고받는 상황에서 지나친 음주와 늦은 귀가는 건강을 해치기 쉽다. 건강은 직장에서 돌봐주는 것이 아니라 스스로 해결해야 하는 가장 중요한 요소다. 따라서 규칙적인 운동을 통해 자신의 건강을 돌볼 필요가 있다.

CHAPTER

14

지역사회와 문화

1. 지역사회의 개념

지역사회(community)는 지역공동체(local community)라고도 하는데 이 말은 인구·생태학 등과 같이 생물학적 용어에서 빌려 온 것이다. 그 기본 뜻은 생물의 어떤 종이 지역적 또는 공간적으로 분리되어 한데 모여 생활하는 모습을 의미한다. 따라서 사회생태학에서도 인간 삶의 지역성·공간성을 다룰 때, 이 지역사회라는 말을 사용한다. 인간의 공동생활은 생물학적인 삶에 그치지 않고, 문화, 동일시, 상호작용을 통한 공동생활의 맥락에서 이루어진다. 이 같은 뜻에서 지역사회는 한 지역적 테두리에 모여 사회 조직을 이루고 문화를 공유하며, 그 공동체에 대한 일체감을 지니는 삶의 터전이라고 말할 수 있다.

'커뮤니티(community)'를 '공동체'로 볼 때는 지리적인 공간 속의 주민뿐만 아니라 친목회나 기관들의 협의회 같은 공동체 의식을 갖는 개인 혹은 기관들의 결합체도 포함된다. '커뮤니티(community)'를 '지역사회'로 볼 때는 "일정한 지리적 공간인 생활권 안에서 사회적 상호작용을 통하여 공통된 이해관계, 문화 등을 형성하여 공통의 경험과 공동생활을 향유하는 일정 지역의 범위"로 정의한다. 이런 맥락에서 지역사회는 지리적 공간, 생활공간, 지역사회의 주민, 조직, 상호작용에 의해 구성된다고 할 수 있다. 지역사회는 일정한 경계를 갖는 지역(지리적 공간), 사람들의 삶터(생활공간), 지역사회에서 생활하는 사람들(지역사회 주민), 지역사회 내에서 하위공동목표를 갖는 사람들의 집합체(조직), 지역사회 주민들의 문화를 공유하는 과정(상호작용)을 중심으로 구성된다.

로스(Ross)는 지역사회를 지리적 공동체(geographic community)와 기능적 공동체(functional community)로 구분하였다.

지리적 공동체는 일정한 지리적 영역 내에 사는 사람들을 포함하는데, 동, 읍, 면, 시가 해당된다. 로스는 기능적 공동체를 복지, 농업, 교육, 종교 등에서 공동의 관심과 기능을 함께 하는 사람들의 집단이라 정의하였다. 기능적 공동체는 동일한 관심을 가진 사람들로 구성되는 정당, 교회, 전문직 단체, 변호사회, 의사회가 여기에 해당된다.

워렌(Warren)은 지역사회란 지리적인 면과 심리적인 면을 포함하고 있다고 했다. 심리적인 면에서의 지역사회란 사람들이 공동감정, 공동이익을 추구하는 생활양식을 의미하고, 지리적인 면에서는 사람들이 함께 모여 생활하는 특정지역을 의미하며, 사회적으로는 이 두 가지 면이 결합된 것이라고 보았다.

체계로서 지역사회의 특징은 크게 네 가지로 정리될 수 있다.

첫째, 물리적 또는 지리적 장소에 근거한 사회적 조직 형태이다.

둘째, 공통된 지역에 살거나 동일시된 사람들에 초점이 주어진다.

셋째, 상호의존은 공통된 욕구, 공통된 문제, 성장과 발전을 위한 기회가 있다는 것을 전제로 한다.

넷째, 지역사회는 개인을 전체사회에, 전체사회를 개인에게 연결하는 중간체계이다. 개념상으로 지역사회는 하위체계이다.

1) 지역사회의 기능

지역사회란 사람들이 단순하게 일정한 지역에 거주하는 것만을 의미하는 것이 아니라 서로의 감정과 이익을 나누면서 생활하는 공동체이다.

워렌(Warren)은 사람들이 지리적으로 근접한 생활을 하게 되면 생활을 만족시키는데 필요한 사회구조와 사회적 기능을 발전시킨다고 하면서 지역 공동체를 지역적 적합성을 지니며 중요한 사회적 기능들을 수행하는 사회단체들과 체계들의 결합이라고 정의하였다. 그는 지역사회는 보다 작은 하위체계들로 구성된 전체체계로 가정되며 이 하위체계들이 지역과 관련된 다음 다섯 가지 기능을 수행한다고 하였다.

첫째, 생산(production)·분배(distribution)·소비(consumption)의 기능은 지역사회의 구성원들이 상품과 서비스를 생산하고, 분배하며, 소비하는 과정의 기능이다. 이 기능은 기업, 학교, 교회, 정부기관, 건강 및 복지서비스, 주택체계 등에 의해 수행된다.

둘째, 사회화(socialization)의 기능은 사회가 향유하고 있는 일반적인 지식, 사회적 가치, 행동양태 등을 그 사회의 구성원들에게 전달시키는 과정을 말한다. 사회화의 최초의 장은 가족이며 친구, 학교, 지역사회로 확대된다. 인간은 사회화를 통해 사회의 구성원으로 기능할 수 있게 준비한다.

셋째, 사회통제(social control)는 공동체가 구성원들의 행동을 규범에 동조하도록 규제하는 과정이다. 이 기능은 경찰, 법원, 학교, 가족, 교회, 사회기관 등에 의해 수행된다.

넷째, 사회참여(social participation)는 공동체가 제공하는 제반활동에 구성원들이 자발적으로 참여하는 것인데 교회조직, 인간조직, 비공식조직 등에 의해 주도된다.

다섯째, 상부상조(Mutual Aid)는 사회구성원들이 개인적으로 자신의 욕구를 충족할 수 없는 상황에서 필요한 사회적 기능이다. 이는 가족, 친구, 이웃, 보건 및 복지조직에 의해 제공한다.

2. 문화

1) 문화의 정의

문화(culture)는 자연 그대로가 아닌 무엇인가에 의해서 만들어지는 것이다. 또한 문화는 배워서 아는 것이다. 사람은 배우면 지혜로워지며 안 배우면 어리석음에 머문다. 그럼 의미에서 문화를 문명개화의 약자라고도 할 수 있다. 문화문명이 들어와서 사회는 변한다. 문화는 가르쳐 알게 한다. 문화는 경작하는 것이다. 문화는 자연에 대한 반대이고 무력에 대한 반대이다. 하나님에 의해서 인간이 창조되었을 때 의상과 문화가 있었다. 1차 대전에 1,500만 명의 많은 희생을 겪으면서도 독일 브로맨스랜드에서 크리스마스 트리를 장식하기 위해서 참혹한 전쟁 중임에도 불구하고 잠시 휴전하고 성탄절을 함께 보낼 수 있었던 것이 바로 문화다. 희생 없이 공감의 시대를 나누면서 기쁨과 슬픔을 나누는 것이 바로 전쟁터에서 꽃피었던 문화인 것이다. 긍정적인 자세로 세상을 바라보자. 그래서 물질적인 문화를 뛰어 넘어야 한다. 지금의 포스트모던사회에서는 절대 진리를 부인하고 세계의 중심에 인간이 있게 되는 것이다.

인간은 종교도 지적 욕구를 위해서 문화적 산물로 보고 있다. 인간은 죄인들이 차고 넘치는 사회에서도 가장 정의로운 사람으로 변모하기도 하는 것이다. 절대자 원칙을 따르는 사회가 가장 정의로운 사회가 된다는 것은 아이러니한 것이다. 서양문화는 예수님의 생애를 통해서 그리스도의 탄생을 가져왔다. 그것은 서양문화 역사의 한 획을 긋게 된 것이다. 그로써 기독교는 서양 문화의 중심에 서게 된 것이다. 우리 문화에서는 종교는 문화가 아니다. 양식이 추가되고 본질이 사라져서 종교가 양식화되고 의식화되어 문화의 재료가 되어 가고 있다. 문화에는 사람이 중요한 것이다. 한자문화권이라는 한·중·일에 있어서 젓가락 문화는 전혀 다르다. 중국은 가족 계급이 없다. 원탁테이블에서 돌아가면서 식사를 하는 문화이다. 그래서 제일 길다. 일본은 뾰족하고 작다. 생선을 먹기 위해서 만들어진 것이다. 한국은 중간이다. 그러면서도 나무젓가락이 아닌 금속 젓가락을 만들어 사용할 줄 아는 능숙한 민족이 우리 민족이다. 우리는 그런 젓가락 하나로 한국 문화의 요소로 합쳐진 문화를 만들어가는 민족이다.

세인트루이스는 영국에서 왕따를 이야기했다. 우리사회에도 존재한다. 기업까지도 왕따가 늘어나고 있는 현실이다. 기업 간에도 경쟁이 만연하고 있으며 국가에서도 특히 경제적인 면에서 왕따 따돌림 현상이 두드러진다. 열등감이나 허세를 부리기 위해 자신을 보호하기 위해서 나타난 현상이 왕따 따돌림이다. 인간들은 삶 속에서 정의롭고 깨끗한 사람이 있을 경우에 의미있다고 박수치고 칭찬하지만 내 곁 내 주위 직장이나 조직에 있다고 하면 모른체 하고 경계하는 것이다. 가식과 허례의 가면을 쓰고 있을 때는 누구나가 정의를 외치고 필요한 것이라고 하지만 실제 생활에서는 전혀 다르게 된다.

문화 문명을 통해서 인간은 자연을 바꾸어 나갔다. 자연은 본능적·본질적으로 존재한다. 인간은 문화를 통해서 자연적으로 바르게 살게 되었다. 인간은 동물적이어서는 안 된다. 그래서 인간은 기술을 사용해서 인간문화가 아닌 욕망을 해결하고 있다. 영성을 가진 인간이지만 의식주를 해결하는 데 집착하고 있다. 인간은 동물적인 욕망을 해결하는 데 기술을 사용하고 있는 것이다. 십리 길 물속은 알아도 한 길 사람속은 모른다고 한다. 열 길 물속을 아는 기술은 수세기를 통한 연구를 통해서 계속적으로 발전해왔지만 한 길 사람 속을 아는 기술은 연구되지 않고 제대로 이루어지지 않았다. 물질문화와 권력이 문화가 되고 있으니 인간은 자연물과 구별되어야만 한다. 문화는 한 길 사람 속을 아는 것이다. 사랑을 믿고 눈물 흘리는 삶을 기술로 해결하지 못한다. 해결 안 되는 문화도 있다는 것을 알아야 한다. 문명은 한 길 사람 속을 아는 것이다. 물건을 사러 백화점에 가서 물건을 구매하는 어른들보다 아이들이 더 지혜로울 때가 많다. 디오게네스가 알렉산더 대왕과의 대화를 함에서 권력보다 햇빛을 받고 싶어 한 것은 알렉산더대왕이 지배하는 땅은 세금을 받고 통치할 수 있으나 하늘은 아니라고 선을 그은 것이다. 권력은 땅에서는 가능하지만 하늘에서는 안 된다. 바로 아날로그 시대에서는 가능했지만 디지털 시대에서는 전혀 다른 것이다. 전 세계의 교통문화는 다르다. 모든 배는 좌측과 우측으로 모든 자동차는 좌측 운전대 우측 통행 등 습관과 문화가 본질적으로 다른 것이다. 배타적인 문화를 극복하지 않으면 평화와 사랑은 불가능해진다. 문화는 나의 정체성, 바로 나의 울타리가 만들어지는 것이다. 인간들은 18~19세기에 교양이라고 하며 문화와 문명을 사용하게 됐다 커뮤니케이션 민족 국민 민족은 다르다. 문화가 같으면서 이념이 동화된다. 민족 국민으로 나누어지면서 누구나 이념이 달라진다.

국가 민족의 개념은 18~19세기 전에는 없었다. 인간은 어느 길로 가야 할 것인지 물어야 한다. 그 길을 걸으면서 해답을 보여줘야 한다. 진리 생명 문화적인 삶을 살면서 좋은 길을 발견해야 것이다. 문화란 "인간이 집단을 이루어서 살아가는 삶이며, 그 삶이 표현하고 있는 행위와 행위를 이루어 내는 전체 과정의 사고와 그에 관련된 삶의 현상이다."라고 하였다. 타일러(Tylor)는 "문화란 지식, 신앙, 예술, 도덕, 법률, 관습 그리고 사회 구성원으로서 인간이 습득한 모든 능력과 습성의 복합적인 총체이다."라고 하였다. 윌리엄스는 문화를 땅을 가꾸고 식물을 경작하고 동물을 키우는 행위, 마음을 가꾸는 것, 사회의 발전과정, 특정집단에 의해서 공유되는 의미가치와 삶의 방식, 의미를 만들어 내는 의미화의 실천으로 정의하고 있다.

일반적으로 문화는 "공유하는 가치와 믿음, 생활의 일과로 조직된 활동, 감정적인 의미를 지니고 있는 상호작용 등의 혼합체"로 "사회의 구성원인 인간이 획득하는 능력과 습관을 포함하는 복잡한 총체로서, 지역적 · 사회적으로 구분되며, 집단과 개인들에게 정체성과 다른 사람에 대한 차이를 만드는 요소이며, 사회성원들이 서로에 대해, 그들의 환경과 관련하여 지니는 방향 지시의 요소"로 정의되고 있다.

폭넓은 문화의 개념은 사회복지 실천 측면에서 인간의 적응체계와 관념체계로 볼 수 있는데, 적응체계로서 문화는 문화를 자연환경에 대한 적응체계로 간주함으로써 생태학적으로 유용하고 사회적으로 전달되는 행동양식으로 여긴다. 또한 문화의 변화를 적응의 과정으로 여김으로써 인간의 정신활동을 중시한다.

인간은 문화적인 수단을 통하여 적응하면서 삶을 영위해 나가는데, 문화적 적응이란 인간이 삶을 영위하기 위하여 사고나 기술을 변화시켜 최선의 생활을 얻는 방법을 의미한다.

2) 문화의 특성

(1) 보편성

문화의 보편성은 모든 사회에 공통적인 문화 형태가 있음을 말한다. 문화는 우리의 감정적·도덕적 가치와는 관계없이 생활의 주요부분을 이루고 있으며, 그것은 문화의 구성요소가 될 수 있는 것이다. 이러한 뜻에서 문화는 그것이 문화사회이건 미개사회이건 간에 모든 사회에 존재한다. 사람은 독특한 개인으로 존재하지만 그 개인은 국가, 조직, 가족 등의 성원들이 추구하는 문화를 수용함으로써 공통의 문화를 가진다.

(2) 상징성

문화의 상징성은 모든 문화가 외형으로 드러나는 것 외에 속으로 품고 있는 의미가 따로 있음을 말한다. 그래서 문화를 "사람들의 경험을 해석하고 행동을 유도, 규제하는 의미와 상징의 체계"로 정의하기도 한다. 예를 들면 국가나 주, 지방자치단체가 꽃이나 나무를 상징으로 하고, 각급 학교의 교기 등을 만드는 것을 들 수 있다.

(3) 학습성

문화의 특성은 인간이 태어날 때부터 가지고 나오는 것이 아니라 태어난 후에 후천적으로 학습되는 것이다. 문화의 학습성은 문화가 특정한 사회에서 살아온 자들의 직접적인 결과로서 개인에게 학습되는 것을 의미한다. 이런 맥락에서 문화는 일시적으로만 나타나는 현상이 아니라 언제나 특정한 부류들에 의한 '사회적인 상속'으로 전승되어, 전통 혹은 유산이 되어 온 것으로 강조된다.

(4) 역동성

문화의 역동성은 문화가 고정되어 존재하는 것이 아니고, 특정 문화 내에서 뿐만 아니라 문화 간에도 움직임이 매우 강하게 이루어지고 있음을 의미한다. 문화의 역동성은 문화마찰(culture conflict), 문화변용(culture transformation), 문화변화(culture change), 문화접촉(culture contact), 문화진화(culture evolution) 등과 같은 용어에서 볼 수 있다. 문화는 시간의 흐름에 영향을 받아 새로운 문제를 제기하며, 이 새로운 문제는 변화된 행동과 신념에 적응해야 하기 때문에 문화는 역동적일 수밖에 없다.

(5) 다양성

문화의 다양성은 인간사회의 문화 형태가 매우 상이함을 말한다. 대부분의 국가가 일부일처제가 근간이 되는 사회이고 전 세계적으로 보편적이지만 이슬람권은 일부다처제가 보편화된 사회이다. 이처럼 문화는 서로 이질적이다.

■ 참고문헌

강문희 · 신현옥 · 정옥환 · 정정옥(2006). 『아동발달』. 경기: 교문사.
곽형식 외(2002). 『인간행동과 사회환경』. 서울: 형설출판사.
곽효문(2005). 『사회복지행정론』. 뜨락출판사.
권육상 외(2004). 『아동복지론』. 서울: 유풍출판사.
권중돈 · 김동배(2005). 『인간행동과 사회환경』. 서울: 학지사.
권희완 외 13인(1996). 『현대사회화의 이해』. 이화여자대학교 출판부.
김경동(2012). 『자발적 복지사회: 미래지향적 자원봉사와 나눔의 사회학』. 서울: 아르케.
김문준(2007). Maslow의 인간주의심리학으로 본 율곡 성리학. 『율곡사상연구』, 15.
김미경 외(2005). 『현대사회의 이해』. 서울: 형설출판사.
김상윤(2010). 『아동발달』. 서울: 학지사.
김영모(1993). 『지역사회복지론』. 한국복지정책연구소 출판부.
김일옥 · 이자형(2003). 학령 전 아동을 위한 영양교육 프로그램의 개발과 효과에 관한 연구. 『아동간호학회지』, 9(1), 46-56.
김재은(1996). 『우리의 청소년 그들은 누구인가』. 경기: 교육과학사.
김정희 외 4인(2004). 『아동발달심리』. 서울: 동문사.
김종옥 · 권중돈(1997). 『집단사회사업방법론』. 홍익재.
김태련 · 장휘숙(1996). 『발달심리학』. 서울: 박영사.
김형태(2009). 『상담의 이론과 실제』. 서울: 동문사.
문은희(1994). 우리의 문화현상과 행동 특징. 『현상과 인식』, 18(2), 47-67.
박경애(1999). 『인지행동치료의 실제』. 서울: 학지사.
박대근(2005). 유아기 대 · 소근육 운동 발달의 과정적 특성. 중앙대학교 대학원 박사학위논문.
박성연 · 도현심(2006). 『아동발달』. 서울: 동문사.
박성희(2001). 『상담과 상담학』. 서울: 학지사.
박아청(1992). 『성격심리학』. 경기: 교육과학사.
박화윤 · 안라리(2005). 유아의 형제관계의 질과 또래 유능성 및 정서능력 간의 관계. 『유아교육연구』, 25(1), 92-108.
서영숙 · 서혜전 · 정영희 · 양영아 · 안소영 · 이종현 · 남미선(2007). 『보육과정』. 경기: 공동체.
송명자(2008). 『아동발달』. 서울: 학지사.
안계춘 외(1990). 『현대사회학의 이해』. 서울: 법문사.
엄신자(2007). 『인간행동과 사회환경』. 서울: 인간과 복지.
여성한국사회연구회 편(1995). 『가족과 한국사회』. 서울: 경문사.
유안진 · 김혜선(1996). 『인간발달』. 서울: 한국방송대학교 출판부.
유홍준(1994). 『조직사회학』. 서울: 경문사.
윤호균(1983). 『삶, 상담, 상담자』. 서울: 문지사.
이광자 · 엄신자 · 손승영 · 전신현(2000). 『21세기의 사회학』. 서울: 학지사.

이근홍(2007). 『인간행동과 사회환경』. 경기: 공동체.

이무석(2006). 『정신분석에로의 초대』. 서울: 이유.

이봉주 · 김선숙 · 김낭희(2010). 한국 아동 발달에 대한 탐색적 연구 가구의 사회경제적 특성과 사회자본의 영향을 중심으로. 『한국아동복지학』, 31, 108-141.

이소희 외(2005). 『인간행동과 사회환경』. 경기: 학현사.

이영희(1994). 칼 로저스의 인간 중심 상담이론의 철학적 함의. 『한국심리학회지: 상담과 심리치료』, 6(1), 1-20.

이장호 · 정남운 · 조성호(2005). 『상담심리학의 기초』. 서울: 학지사.

이재연 · 이옥(1995). 『아동문제』. 서울: 교육과학사.

이정덕(1995). 『아동발달학』. 서울: 수학사.

이정미(2005). 『인지상담을 기초로 한 열등감 극복에 대한 연구』. 한일장신대학교 한일신학대학원 석사학위논문.

이종복 · 전남련(2005). 『인간행동과 사회환경』. 서울: 형설출판사.

이준우 · 이화옥 · 임원선(2005). 『사회복지실천론』. 서울: 인간과 복지.

이중환(2012). 『택리지』. 서울: 을류문화사.

이형득(1993). 본성실현상담의 이론적 배경. 『발달상담연구』, 창간호, 27-60.

이효재 편(1988). 『가족 연구의 관점과 쟁점』. 서울: 까치.

전병재(1997). 『인간과 사회』. 서울: 경문사.

정옥분(2007). 『아동발달의 이해』. 서울: 학지사.

정옥분(2000). 『성인발달의 이해 성인 · 노인심리학』. 서울: 학지사.

정재식(1985). 한국종교전통에 나타난 긍정의 논리. 『동방학지』, 제46 · 47 · 48합집, 683-720.

조대경 외(1999). 『정신위생』. 서울: 중앙적성출판사.

조흥식 외(2006). 『가족복지학』. 서울: 학지사.

천성문 외(2009). 『상담심리학의 이론과 실제』. 서울: 학지사.

최순남(2002). 『인간행동과 사회환경』. 서울: 법문사.

최옥채 · 박미은 · 서미경 · 전석균(2007). 『인간행동과 사회환경(제3판)』. 경기: 양서원.

최일섭(1993). 『지역사회복지론』. 서울: 서울대학교 출판부.

표갑수(2000). 『아동청소년복지론』. 경기: 나남출판.

황미나 · 황정혜 · 김지은(2010). 저출산 극복을 위한 불임부부 지원사업 현황과 정책방향. 한국보건사회연구원 연구보고서.

현외성 외(2001). 『노인케어론』. 경기: 양서원.

Ahadi, S. A. & Rothbart, M. K.(1994). Temperament, development, and the big five. In C. F. Halverson, Jr., G. A. Kohnstamm, & R. P. Martin(Eds.), *The developing structure of temperament and peraonality from infancy to adulthood*. Hillsdale, NJ: Erlbaum. pp.189-207.

Allen, K. E. & Marotz, L. R.(1999). *Developmental profiles: pre-birth through eight(3rd ed.)*. Albany, NY: Delmar Publishers.

Anglin, J. M.(1993). Vocabulary Development: A morphological analysis. *Monographs of the Society for Research in Child Development*, 58(10, Serial No. 238).

Ashford, J. B., Lecroy, C. W., & Lortie, K. L.(2001). *Human Behavior in the Social Environment (2th ed.)*. CA: Wadsworth/Thomson Learning. Belmont.

Bandura, A., Ross D., & Ross, S. A.(1961). Transmission of aggression through imitation of aggressive models. *Journal of Abnomal and Social Psychology*, 63, 575–582.

Barrett, D. E. & Frank, D. A.(1987). *The effects of undernutrition on children's behavior*. New York: Gordon & Breach.

Beck, A.(1979). *Cognitive therapy of depression*. New York: The Guilford Press.

Berk, L. E.(2000). *Child development(5th ed.)*. Boston: Allyn & Bacon.

Bernard, J.(1973). *The sociology of community*. Illinois: Scott, Foresman and Company.

Blau, P. M. & Scott, W. R.(1962). *Formal organizations: a comparative approach*. California: Chandler Publishing Company.

Bordin, E. S.(1979). The generalizability of the psychoanalytic concept of the working alliance. *Psychotherapy: theory, research, and practice*, 16, 252–260.

Bowlby, J.(1973). Affectional Bonds: Their Nature and Origin. In R. S. Weiss(Ed.), *Loneliness: The Experience of Emotional and Social Isolation*. MA: MLT.

Breuer, J. & Freud, S.(1893~1895). Studies on Hysteria. S. E. 2 Fraulein Anna O. In Studies on Hysteria. S. E. 2, 21–47.

Brody, G. H. & Shaffer, D. R.(1982). Contributions of parents and peers to children's moral socialization. *Decelopmental Review*, 2, 31–75.

Caspi, A. & Silva, P. A.(1995). Temperamental qualities at age three predict personality tratis in young adulthood: Longitudinal evidence from a birth cohort. *Child Development*, 66, 486–498.

Cole & A. L. Cole(1985). Husband and Wives Should Have an Equal share in Making the Marriage Work. In H. Feldman & M. Feldman(Eds.), *Current controversies in marriage and family*. California: Sage.

Cole, P. M., Martin, S. E., & Dennis, T. A.(2004). Emotion regulation as a scientific construct: Methodological challenges and directions for child development research. *Child Development*, 75(2), 317–333.

Conger, R. D., Ge, X., Elder, G. H. Jr., Lorenz, F. O., & Simons, R. L.(1994). Econoimuc stress, coercive family process, and developmental problems of adolescents. *Child Develpopment*, 65, 292–295.

Cooley, C. H.(1971). On Primary Groups. In Marcello Truzi(Ed.), *Sociology: the classic statements*. New York: Random House.

Coulson, M. A. & Riddell, C.(1980). *Approaching sociology*. London: Routledge & Kegan Paul Ltd.

Cratty, B. J.(1986). *Perceptual and motor development in infants and children(3rd ed.)*. Englewood Cliffs, NJ: prentice-Hall.

Danishm, S. J., Petipas, A. J., & Hale, B. D.(1993). Life Development Intervention for Athletes: Life Skills rough Sports. *The Sport Psychologist*, 21(3), 352-385.

Davis, D.(2004). *Child development(2nd ed.)*. NY: The Guilford Press.

Denham, S. A.(2006). Social-Emotional Competence as Support for School Readiness: What is it and How do we assess it? *Early Education and Development*, 17(1), 57-89.

Ellis, A.(1989). *Rational emotive therapy*. IL: F. E. Peacock.

Forsyth, D. R.(2009). 『집단역학(제4판)』. 남기덕 외 역. 서울: 시그마프레스.

Freud, S.(1926). Inhibitions, symptoms, and anxiety. *Standard edition*, 20, 1959.

Friedman, M.(1986). Carl Rosers and Martin Buber: Self-Actualization and Dialogue. *Person-Centered Review*, 1(4), 409-435.

Gardner, H.(1983). *Frames of mind: the theory of multiple intelligences*. New York: Basic Books.

Gelso, C. J. & Fretz, B. R.(1992). *Counseling psychology*. Fort Worth, TX: Harcourt Brace Jovanovich.

Germain, C. & Gitterman, A.(1995). Ecological perspective. In Edwards, R. L.(Ed.), *Encyclopedia of Social Work*. Silver Spring, MD: National Association of Social Workers.

Giddens, A.(1999). 『현대사회학』. 김미숙 외 역. 서울: 을유문화사.

Gilbert, N. & Specht, H.(1974). *Dimensions of social welfare policy*. Englewood Cliffs, New Jersey: Prentice-Hall, Inc.

Gould, S. J.(1978). *Transformation, growth and change in adult in life*. New York: Simon and Schuster.

Greene, R. R.(1991). General systems theory. In Greene, R. R. & Ephross, P. H., *Human behavior theory and social work practice*. Hawthorne, New York: Aldine De Gruyter.

Hjelle, L. A. & Ziegler, D. J.(2003). 『성격심리학』. 이훈구 역. 서울: 법문사.

Hoffman, M. L.(1984). Parent discipline, moral internalization, and development of posocial motivation. In E. Staub, D. Bar-Tal, J. Karylowski., & J. Reykowski(Eds.), *Development and maintenance of prosocial behavior*. NY: Plenum.

Hyde, J. S. & DeLamater, J. D.(1997). *Understanding human sexuality(6th ed.)*. New York:

McGraw Hill.

Kastenbaum, R.(1985). Dying and Daeth: A Life-Span Approach. *Handbook of the psychology of aging*. New York: Van Nostrand Reinhold Company.

K bler-Ross, E.(1969). *Death: the final stage of growth.* Englewood Cliffs, NJ: Prentice-Hall.

Lefrancois, G. R.(1996). *The Life-span(5th ed.)*. Belmont, CA: Wadsworth.

Levinson, D. J. et al.(1974). The Psychological Development of Man in Early Adulthood and the Mid-life Transition. D. F. Ricks, A. Thomas, M. Roff(Eds.), *Life history research in psychopathology*. Minneapolis: University of Minnesota Press.

Maddi, S. R.(1980). *Personality theories: a comparative analysis.* ILL: The Dorsey Press.

Marcia, J.(1980). Identity in adolescence. In J. Adelson(Ed.), *Handbook of adolescent psychology.* NY: John Wiley.

Maslow, A. H.(1970). *Motivation and Personality.* New York, Harper & Row.

Michael, E. D.(1990). Physical development and fitness. In R. M. Thomas(Ed.), *The encyclopedia of human development and education: Theory, research and studies*. Oxford: Pergamon. pp. 223-225.

Montemayor, R., & Eisen, M.(1977). The development of self-conceptions from childhood to adolescence. *Developmental psychology*, 13, 314-319.

Mussen, P. H., Conger, J. J., Kagan, J., Geiwitz, J.(1979). *Psychological development: a life-span approach*. Harper & Row, Publishers.

Paus, T., Zijdenbos, A., Worsley, K., Collins, D. L., Blumenthal, J. M., Giedd, J. N., Rappoport, J. L., & Evans, A. C.(1999). Structural Maturation of neural pathways in children and adolescents: In vivo study. *Science*, 283, 1908-1911.

Pecora, P. J. et al.(1992). *The child welfare challenge: polocy, practice, and research.* NY: Aldine de Gruyter.

Phillipsen, L. C.(1999). Perceptions of social behavior and peer acceptance in Kindergarten. *Journal of Research in Childhood Edcuation*, 14(1), 67-77.

Piaget, J.(1965). *The moral judgement of the child*. NY: Free Press.

Proctor, E. K., Davis, L. E., & Voler, N. R.(1995). Families: direct practice. In Richard L. Edwards(eds.), *Encyclopedia of social work*(19th Edition). Washington, DC: NASW Press.

Raymond J. C. Ed.(1994). *Encyclopedia of psychology*, 1, 2, 3(2th ed.).

Rogers, C. R.(1980). *A way of being*. Boston: Houghton Mifflin.

Rogers, C. R.(1983). *Freedom to learn for the 80's*. Columbus: Merrill Publishing Co.

Rothbart, M. K., & Bates, J. E.(1998). Temperament. In N. AEisenberg(Ed.), *Handbook of child psycbology: Vol. 3. Social, emotional, and personality development(5th ed.).* New York: Wiley. pp.105-176.

Saarni, C., Mumme, D. L., & Campos, J. J.(1998). Emotional development: Action, communication, and understanding. In W. Damon., R. M. Lerner., K. Deanna., R. S. Siegler., N. Eisenberg., I. E. Sigel., & A. K. Renninger(5th Eds.), *Handbook of Child Psychology*, 3, 237-309. NY: John Wiley & Sons, Inc.

Sandler, J. D. C., & Holer, A.(1972). Frame of reference in psychoanalytic psychology 2, The historical context and phases in the development of psychoanalysis. Br. J. med. *Psychol,* 45, 133-142.

Shachter, S.(1959). *The psychology of affiliation*. Stanford, California: Stanford University Press.

Skidmore, R. A., Thackeray, M. G., & Farley, O. W.(1991). *Introduction to social work*. Englewood Cliffs, New Jersey: Prentice Hall, Inc.

Smith, G.(1984). 『사회복지조직론』. 장인협 역. 서울: 집문당.

Specht, R. & Craig, G. T.(1982). *Human development.* Englewood Cliffs, NJ: Prentice-Hall.

Sternberg, R. J.(1986). A triangular theory of love. *Psychological Review*, 93, 119-135.

Stipek, D. J., & Maclver, D.(1989). Developmental change in children's assessment of intellectual competence. *Child Development*, 60, 531-539.

Sudsawad, P., Trombly, C. A., & Herderson, A.(2002). Testing the effect of kinesthetic training on handwriting performance in First-Grade students. *American Journal of Occupational Therapy*, 56(1), 26-33.

Sumner, W. G.(1971). On Folkways and Mores. In Marcello Truzzi(Ed.), *Sociology: The classic statements*. New York: Random House, Inc.

Tylor, E. B.(1971). On the Science of Culture. In Marcello Truzzi(Ed.), *Sociology: the classic statements*. New York: Random House, Inc.

Walker, L. J.(1980). Cognitive and perspective taking prerequisities of moral development. *Child Development*, 51, 131-139.

Warren, R. L.(1978). *The community in America*. Rand Mcnally.

Warren, Roland(1983). The Good Community: What Would It Be?. In R. Warren and L. Lyon(Eds.), *New Perspective on the American Community*. Homewood: Dorsey Press.

Wirth, L.(1938). Urbanism as a Way of Life. *American Journal of Sociology*, 44, 1-25.

Zastrow, C. H., & Kirst-Ashman, K. K.(2001). *Understanding human behavior and the social environment.* Belmont: Wadsworth/Thomson Learning.

■ 찾아보기

ㅁ

ㅂ

ㅅ

■ 저자소개

김재원

- 단국대학교 대학원 행정학 박사(복지행정 전공)
- 서정대학교 상담아동청소년과 교수
- E-mail : jwonkim@seojeong.ac.kr

박종섭

- 연세대학교 행정대학원 석사
- 서정대학교 상담아동청소년과 교수
- E-mail : jsp1070@seojeong.ac.kr

이지복

- 한국외국어대학교 대학원 행정학 박사 수료
- 서정대학교 상담아동청소년과 교수
- E-mail : jeebok@seojeong.ac.kr

인간행동과 사회환경

1판 1쇄 인쇄 — 2020년 3월 2일
1판 1쇄 발행 — 2020년 3월 5일

저　　자 - 김재원 · 박종섭 · 이지복
발 행 인 - 강철원
발 행 처 - 양성원
주　　소 - 경기도 파주시 검산로 173번길 29-20
전　　화 - 031-946-3861(代)
팩　　스 - 031-946-3864
이 메 일 - tnwpub@naver.com
홈 페 이 지 - tnwpub.co.kr
출판등록 - 2015년 8월 31일 제 2015-000211 호

ISBN 979-11-6126-264-2

정가 20,000원

※ 저자와 협의하여 인지는 생략합니다.
※ 저작권법 제136조(권리의 침해죄)에 따라 위반자는 5년 이하의 징역 또는 5천만 원 이하의 벌금에 처하거나 이를 병과할 수 있습니다.